弹性赋能

全世界优秀的企业如何应对供应链危机

［美］尤西·谢菲（Yossi Sheffi）/ 著

郭建龙 / 译

THE POWER OF RESILIENCE

HOW THE BEST COMPANIES MANAGE THE UNEXPECTED

机械工业出版社

CHINA MACHINE PRESS

本书内容源于作者对数十家公司的访谈，并吸收了 MIT（麻省理工学院）物流与运输中心的相关研究成果，包括对全球范围内的组织用于监控、预防和转移风险的策略的研究。书中提供了珍贵的、令人着迷的案例研究，记录了公司在经历混乱之后，如何应对供应链危机和变得更强大。在某些案例中，作者揭示了为何不同的公司采用相同的风险处理策略，而在另一些案例中，又解释了同一家公司如何处理不同类型的风险。目的就在于从横向和纵向两个角度展示风险管理和应变力，以阐述公司应该如何做，才能以相对较低的成本建立起灵活的流程和资产，从而做到未雨绸缪、防患于未然。所有的商业领袖都应该阅读此书，以便在新的全球经济中有效地管理风险和创造增长。

北京市版权局著作权合同登记 图字：01-2019-0744 号。

图书在版编目（CIP）数据

弹性赋能：全世界优秀的企业如何应对供应链危机 /（美）尤西·谢菲（Yossi Sheffi）著；郭建龙译. —北京：机械工业出版社，2020.4

书名原文：The Power of Resilience: How the Best Companies Manage the Unexpected

ISBN 978-7-111-64908-3

Ⅰ.①弹… Ⅱ.①尤… ②郭… Ⅲ.①企业管理－供应链管理－研究－世界 Ⅳ.①F279.1

中国版本图书馆 CIP 数据核字（2020）第 037051 号

机械工业出版社（北京市百万庄大街 22 号 邮政编码 100037）
策划编辑：李新妞 责任编辑：李新妞 廖 岩
责任校对：李 伟 责任印制：孙 炜
保定市中画美凯印刷有限公司印刷
2020 年 4 月第 1 版第 1 次印刷
170mm×242mm · 24 印张 · 320 千字
标准书号：ISBN 978-7-111-64908-3
定价：89.00 元

电话服务 网络服务
客服电话：010-88361066 机 工 官 网：www.cmpbook.com
　　　　　010-88379833 机 工 官 博：weibo.com/cmp1952
　　　　　010-68326294 金 书 网：www.golden-book.com
封底无防伪标均为盗版 机工教育服务网：www.cmpedu.com

— 业 界 推 荐 —

谢菲教授再次用大量鲜活、卓有成效的案例实践，系统总结了在全球化的世界里，企业可能面临的各种供应链风险，并提供了一系列有价值的系统解决方案。其核心思想是，供应链管理体系要具有适度的弹性，即以较低的成本建立具有灵活性的供应链体系和能力储备，以未雨绸缪，防患于未然；其核心目的是在复杂全球供应链的脆弱性和更好的风险管理带来的弹性之间的一系列竞赛中，让有准备的企业或组织取得优秀的战绩；其价值不仅为企业开展供应链风险管理提供行动指南，也为各国政府、国际组织构建和完善应急管理体系提供了有益借鉴。

——王微博士　著名物流政策与供应链战略专家　国务院发展研究中心
市场经济研究所所长

回顾过往，2001 年 9·11 事件、2008 年金融危机、2011 年日本海啸、2013 年非洲埃博拉病毒、2015 年天津港爆炸、2018 年开始的中美贸易战，还有当下的新冠肺炎，危机似乎从未离我们远去。而这一次次的危机，都对一个地区乃至全球供应链造成了不同程度的冲击。如何应对风险，甚至转危为机，成为了每一家企业都需要面对和解决的问题。本书作者通过调研在历次危机中有着卓越表现的企业，总结和提炼出了一套方法和理论，对于发展中的中国企业有着很好的参考价值。相信每一次灾难都将以社会的进步和知识的沉淀作为补偿！

——施云　畅销书《供应链架构师》作者，阿里巴巴供应链中台产品总监

在制造业全球化过程中，政治、经济、技术、交通、人文、社会、环境、疫情、气候等无一不对全球化产生挑战与影响，当今的国际供应链"断链"的风险大大增加，全球制造出现了危机。尤西•谢菲教授的新作为中国供应链经理人提高供应链决策，提供了借鉴和参考，而译者长期在制造业供应链高层管理的丰富经历和 APICS 授权导师的专业身份，使得本书的翻译更添专业色彩。

——俞志敏　SCOM 中国供应链与运营经理人俱乐部主席

尤西的书一如既往地充满丰富的案例，可读性非常强。本书是各类企业营运风险管理的实操指南，更是企业从粗放到精细运营、从国内到国际市场、从战术到战略、从供应链系统到商业生态转型升级过程中的必读书，有助于企业开阔视野，创造出能抵御风浪的、可延续的价值。

——岑雪品　国际项目投融资、全球供应链管理专业人士，麻省理工学院
招生办面试官

非常高兴地看到尤西-谢菲教授的著作中文版发行。我在最初阅读英文版的时候，就对此书爱不释手。谢菲教授引用了很多真实案例，来为我们揭示供应链中的各种风险，以及全球知名公司应对风险的最佳实践。他还结构化地把风险进行归类，总结出了风险的第三个维度，为我们提供了风险管理的理论指导。

2020 年新冠病毒肆虐全球，此书中文版的出版正是恰逢其时。风险永远不会消亡，企业管理者需要时刻保持警惕，并打造富有弹性的供应链。

——卓弘毅 美国供应链管理协会（ASCM）认证的供应链管理专家

在《弹性赋能》中，尤西•谢菲提供了大量来自大型全球企业的风险管理案例，这是前所未有的。高管人员将从中获得独特的见解，并能更有效地进行风险管理。

——弗雷德里克•W.史密斯（Frederick W.Smith）联邦快递（FedEx）创办人、
董事局主席兼 CEO

《弹性赋能》是一本优秀的书，所有的商业领袖都应该阅读，以便在新的全球经济中有效地管理风险和创造增长。

——李效良（Hau L. Lee）斯坦福大学商学院运营、信息与技术学院教授

尤西•谢菲是供应链和风险管理领域中最具创造力和最全面的思考者之一。对于那些希望通过培育应变力和提前准备获取未来战略竞争优势的企业而言，他的这本最新著作是必读书。

——克里斯·舒提米耶（Chris Sultemeier）沃尔玛高级副总裁兼物流服务部负责人

对于在充满活力的全球经济中运行的组织来说，应变力与风险管理同样重要。这本书是及时而重要的，因为它使商业领袖能够从概念上和情景上理解应变的力量。

——克劳斯•施瓦布（Klaus Schwab）世界经济论坛创始人和执行总裁

供应链——物流、交通和运输的历史地位从未像如今这么重要，对商业的影响如此之大。尤西•谢菲很好地解释了供应链在 21 世纪的重要地位，以及在当今巨变时代企业所面临的供应链风险。

——马修 •K.罗斯(Matthew K. Rose)美国 BNSF 铁路公司执行总裁

尤西•谢菲的《弹性赋能》一书，远超今年所有关于战略的商业书籍，非常好地涵盖了全球化风险中最重要的方面，以及从准备到监控到起草危机行动手册等所有的最佳实践。

——达夫•麦克唐纳（Duff McDonald），《策略与商业》（*Strategy + Business*）杂志

— 前　言 —

当太平洋板块在日本东北沿海挤压入鄂霍次克板块的时候，引发了 8.6 级的大地震。然而，受灾地区之外的人们并不知晓。建筑物、仓库和墙体在强震中坍塌，世界的其他地区却毫不知情。地震还接着引发了可怕的海啸，海啸涌入陆地 4 千米，吞噬了仙台平原和福岛地区的城镇和农田。但是身处欧洲、美洲、中东、中国的人们，甚至是在直接受灾地区之外的日本人全然不知发生了如此悲惨的灾难。

这次巨大的地震发生在公元 869 年。在那个时代，工业的动力来源于当地的马、牛、水车和风车，生产活动也只在当地进行。因此，对供应链的破坏也局限于当地。虽然地震、海啸、瘟疫和洪水的袭击发生在世界的各个角落里，但由于大多数产品并没有长距离流通所以影响也没有扩散。自公元 869 年以来，世界越来越依赖于长距离的供应链，例如"日本制造"的产品——来提供生活的必需品。现代科技除了提供新的能力，也带来了新的脆弱。

所以当日本东北沿海同样的板块在 2011 年再次断裂的时候，就不仅造成了地震和海啸，还影响了整个世界。公元 869 年的世界没有核反应堆、电网或者数字通信这些支撑着现代世界的基础设施，但这些基础设施一旦受到损坏，就会在很大程度上给企业经营和人类生活带来混乱。

然而这些新的脆弱可以被供应链弹性管理的新工具所弥补。本书探讨了企业的供应链在当今所面临的威胁，有哪些新的流程和工具可以用于防备和管理这些威胁，以及从这些破坏性影响中可以学习到的经验和教训。

我在 2005 年出版了《弹性的企业》（*The Resilient Enterprise*，麻省理工学院出版社，2005。中文版由上海三联书店于 2008 年引进出版，中文书名为《柔韧：麻省理工学院供应链管理精髓》），这本书的写作动机来自于"9·11"恐怖袭击。2002 年在剑桥大学学术休假期间，我参加了英国内政部的一次会议，会上谈到了重要的基础设施和系统的脆弱性问题。大家意识到至少在西方世界里，私营企业拥有并且运营着这些基础设施。一名高级的政府官员询问是否有人了解这些企业在预防和应对可能发生的破坏时的准备程度。在场的无论是来自学术界、国家安全机构还是企业界的人士，无人能够回答。于是我开始了一项为期三年的研究项目，项目组包括了麻省理工学院运输与物流中心（CTL）的 30 多名学生和研究人员，研究成果最终汇聚成《弹性的企业》一书。

2011 年，我在写《弹性的企业》这本书的过程中采访过的几位企业高管建议我应该写一本新书了。新的威胁已经产生，与此同时，企业也增加了在业务延续、风险管理和供应链弹性方面的投资。于是，我再一次召集了麻省理工学院运输与物流中心的一组学生和研究人员，开始了新的研究并出版了现在这本书。

在《弹性的企业》一书发行之后的十年里，供应链风险和企业实施弹性管理的环境已经发生了变化。全球的 GDP 从 2003 年到 2013 年增长了 30%，全球贸易增长了 55%，甚至超过了经济增长。中产阶级消费者的数量几乎翻倍，增加到 20 亿，为了向这些消费者提供服务，企业的供应链也需要向上游和下游扩展。像卡特丽娜飓风、日本海啸、泰国洪水这样的自然灾害，以及对全球气候变暖日益加剧的忧虑，社会剥削，人口老龄化，网络脆弱性，等等，诸多的事件和趋势不断地考验着企业的应变能力和弹性。许多企业从这些破坏性影响中学习成长并且创造了更加有效的预防、察觉和反应的办法。风险在不断增加，但是弹性管理也日渐成熟。

《弹性赋能：全世界优秀的企业如何应对供应链危机》既不是《弹性的企业》一书的续集也不是第 2 版，这两本书是独立的。虽然这两本书在关于供应链冗余和灵活性方面的中心思想上有重叠，但它们有各自不同的重点并采用了不同的案例。并且这两本书在风险的分类和风险减轻的方法上也有所区别。《弹性赋能》更关注于供应链深层的风险、企业的社会责任风险、网络安全风险、全球原材料供应风险、长期破坏性影响、业务延续计划、紧急运营中心、风险察觉以及系统性破坏的可能性。读者会发现《弹性的企业》这本书更适用于货物运输安全、灵活性、文化和供应链延迟策略的深度解决方案。

《弹性赋能》这本书得益于对数十家企业的访谈，以及麻省理工学院运输与物流中心在企业发现、预防和减轻各种风险中采取的广泛的策略方面的研究。《弹性赋能》在一部分内容里介绍了不同的企业如何应对相同的破坏；在另一部分内容里又解释了同一家企业在不同时期如何应对不同的破坏。这样做的目的是为了在风险和弹性管理方面分别提供横向和纵向的视角,告诉企业如何能在风险尚未发生的时候就准备好资源和流程,一旦发生就能立刻用较低的成本增加备选方案和灵活性。

大灾难剖析

单纯从供应链角度来看,2011 年发生在日本的地震、海啸和核灾难是近年来最大的一次自然灾难。它影响了全世界众多依赖日本庞大工业网络提供半导体、电子产品、特殊化学品和其他产品的企业。本书的第 1 章深入描述了这次灾难以及英特尔公司采取的应对措施,以此阐明在大的破坏面前企业面临的诸多问题以及可以采取的各种办法。这一章结尾简短地介绍了构建供应链风险管理的三个要素:what、who 和 where(内容、组织和布局)。

第 2 章快速地介绍了当今企业面临的各种不同的风险和破坏。这一章介绍了经常被用来对风险进行分类和排序的"影响—可能性"(impact-and-likelihood)二维框架。同时也介绍了第三个维度,风险的察觉(detection),用来区分哪些破坏性影响可以被预测(比如飓风),哪些破坏性影响直到发生之后的很长时间才可能被察觉(比如严重的产品缺陷)。最后还提供了对于破坏性影响的已知部分和未知部分的思考方法,以及相关的重要知识。

2011 年的日本地震影响了许多企业,同时表明了供应链的深层破坏是个日益严重的问题,也就是供应商的供应商受到了影响。第 3 章讨论了通用汽车公司如何处理日本危机,以及通用汽车公司对于所谓"空白"(white-space)的管理,这里的"空白"是指在破坏发生之前剩余的零件供应库存水平和供应链复苏之后库存重建目标之间的缺口。这个空白的概念帮助企业根据不同类型的破坏来预估受风险威胁的价值,从而对风险预防的措施进行优先排序。

第 3 章讨论的是通用汽车公司对于单一破坏的应对,第 4 章则从不同的视角,用各种不同的简短的案例来审视不同企业在应对危机时的其他诸多因素。这些案例突出了企业在正常状况下和危机状况下运营方式的区别。危机通常会对企业运营中的人员、物理和信息的基础设施与能力造成破坏。

2008 年全球的金融体系接近崩溃。第 5 章说明了资金供应链的破坏会给物理供应链的供应和需求两端造成哪些破坏。那场危机在全球范围内造成了

"牛鞭效应",将消费端的支出下滑向供应链上游放大。虽然那场危机几乎像经济大萧条一样残忍,但是它也刺激了许多企业采用更加系统的方案来评估供应链的风险。金融危机也说明了管理一次当地的、短期的、以具体事件为中心的破坏(比如风暴或地震)和管理一次为期数月甚至数年的全球性突变的区别。

凡事预则立

前五章主要讲的是企业如何对破坏进行反应,第 6 章开始讨论如何更积极主动地做准备。这些准备包括建立供应链冗余和灵活性的基本步骤。风险管理的成熟也让企业学会准备一些其他特殊的风险管理资源,例如业务延续计划、紧急运营中心和管理破坏性影响的正式流程等。

全球化意味着供应商在企业的风险和应对风险的措施方面扮演着越来越重要的角色。第 7 章讨论了企业如何通过对采购进行细分,从而对供应商风险进行主动管理。这种管理方法一方面是基于从供应商采购的内容的复杂度和风险,另一方面是基于供应商的年度采购金额。这一章还讨论了随着供应链变得越来越长和越来越不透明,假冒仿制材料问题也日益突出。

企业对于供应链风险的日益重视以及更多科技的运用,也增加了风险察觉的重要性,这也是第 8 章的内容。企业越快察觉风险,就能越快地处理风险;率先锁定备胎供应商的企业就更有竞争优势.新的科技和服务可以帮助企业比以往更快地察觉供应链的风险。

新出现的威胁

互联网技术现在是企业内部和企业之间不可缺少的沟通工具。但是互联网的开放性以及企业和个人信息的潜在高价值让这些系统成为犯罪分子、恐怖分子和间谍的目标。与此同时,随着物联网的兴起,越来越多的消费产品和工业系统中加入了数字"智能",数字系统的脆弱性引发了物理系统的脆弱性。第 9 章描述了这些威胁并提供了可能的解决方案。

中国、印度、巴西和其他新兴经济体的崛起对供应链的全球化做出了贡献,提供了新的市场和新的供应来源。然而,过去十年的经济全球化也带来了新的一类与价格冲击和大宗原材料短缺相关的供应链风险。石油、谷物、金属、稀土和其他原材料的价格都经历过极端的波动，一些关键原材料的价格在短期内可能翻了一倍、两倍，或者大跌，给依赖于它们的企业带来了巨大的影响。第10章讨论了企业面对原材料价格波动和短缺可以采取的几个策略。

随着社交媒体的兴起和7天24小时不间断的新闻报道，企业的品牌日益暴露在公众对于企业供应商的行为的看法所带来的风险之中，尤其是那些直接面对消费者的企业。第11章介绍了企业社会责任风险，企业或者企业的任何一家距离遥远的供应商一旦出现被公众认为是违法的行为，都可能导致企业的公共关系危机，从而破坏市场需求，并可能导致影响巨大的法规变化。因此，在很多情况下，这些由社会活动家推动的破坏性影响导致企业采用不同的策略加强对供应链合作伙伴以及更深层供应商的管控。

例如，人口趋势、气候变化、破坏性创新这些影响世界的长期变化会造成市场供应和需求模式的长期转变。第12章探讨了这类影响的本质和后果，同时这类长期影响造就了"新常态"，而不是快速地回到原有状态的短期振动。这一章就如何应对这些长期变化以及如何从中受益提出了建议。

脆弱、弹性和竞争优势

第13章探讨了本书的另一个主题，就是企业越来越依赖于深层的供应商，供应资源越来越集中，因此在全球经济中产生了脆弱的阻塞点。虽然我们尚未真正地目睹任何一种主要产品的供应链发生过系统性崩溃，但这些阻塞点和其他一些事故的信号已经预示着更严重的事件可能发生。供应链风险管理是一场在复杂全球供应链的脆弱性和更好的风险管理带来的弹性之间进行的竞赛。

本书的最后一章将读者从困扰着每一位负责风险、弹性和业务延续的管理者的具体风险管理和应对措施的讨论中抽离出来。当风险没有发生，所有这些风险管理措施看起来都像是在浪费资源的时候，我们该如何证明它们是必要的？这一章强调了供应链弹性管理和保险的不同之处，保险只有在危机发生后才有回报，而供应链弹性管理还可以推动企业在成本、运营、销售收入、声誉和敏捷性方面的日常进步和改善。一家企业是否能自信地管理风险，代表着这家企业是否有能力承担战略风险并创造增长。反过来，这也意味着一家有弹性的企业能够避免最隐蔽的风险：也就是避免在迈向未来不断变化的全球经济中停滞不前、落后于时代。

致谢

本书中有很大一部分内容来自我们所做的基础研究，其中包括对遍布全球的许多企业高管的访谈。因此我要对那些慷慨地抽出时间、提供数据并给我指出新的研究方向的人们表示深深的感谢，没有他们这本书不可能写成。

本书末尾列出了为本次研究工作提供帮助的所有人员的名单（如有遗漏表示抱歉）。在此我还想特别感谢通用汽车公司的比尔•赫里斯（Bill Hurles），英特尔公司的杰基•斯特姆（Jackie Sturm）和吉姆•霍尔科（Jim Holko），伟创力公司的汤姆•林顿（Tom Linton），以及沃尔玛公司的克里斯•舒特梅尔（Chris Sultemeier），他们不仅抽出个人时间而且还帮助安排了与其他人的访谈。

还有很多人直接对本书的研究和写作提供了帮助。首先是来自 Worker Knowledge 的才华横溢的安德里亚（Andrea）和达娜•梅尔（Dana Meyer），她们帮助我构建了这本书的概念，并且确保我写的内容在英文阅读上通顺流畅。我在麻省理工学院的学生，珍妮佛•伊普（Jennifer Yip），帮助我完成了部分概念的思考；还有丹•多尔金（Dan Dolgin），负责编辑和提供了很多建议，帮助我完善了手稿。

最后，我想感谢陪伴我 46 年的妻子，安娜特（Anat）。我无法想象还有比她更好的伴侣能够陪伴我一生。此书献给我的妻子。

目 录
CONTENTS

第 1 章

震断供应链

日本，2011年3月11日下午

　　杰基·斯特姆、杰夫·赛尔瓦拉（Jeff Selvala）和其他几位英特尔公司的同事们坐在日本东京的成田机场。在和日本供应商开完会后，他们正等候长途航班准备回家。会议上，他们讨论了日常运营、品质改善、接下来的生产计划以及技术路线图，用以保证英特尔年产值365亿美元的全球工厂的特殊原材料的正常供应。要永远走在全世界对芯片的极大需求前面，就必须对遍布全球的供应链进行完美的安排，也意味着他们必须时常出差到日本去访问许多为英特尔芯片提供硅片和特殊化学材料的供应商。

计划变了

　　不论是这几位英特尔员工还是整个世界在那一刻都还不知道地壳的能量集聚到了一个爆发点。当地时间下午2点46分，在距离日本沿海大约72千米的地方，太平洋板块突破了锁定的断层线并开始向下和向西方向剪切，与此同时鄂霍次克板块则向上和向东突出。积累了上千年的张力瞬间爆发，以每小时7000千米的速度向整个太平洋释放出巨大的地震波，巨震导致震中周围的断层线像损坏的拉链般裂开。日本岛东面大约500千米宽的地壳向下滑入日本岛，海岸线下沉了大约半米，相邻的海床提升了三米，导致那部分的日本国土向北美洲方向伸出了两米。[1] 当板块移动的时候，不断延长和增强的地震波向四周发散，不到一分钟的时间，第一次地震波就到达了日本。

几分钟后，地震波到达成田机场。居住在日本或者曾经在日本待过的人都知道，普通的地震只是提醒人们这里是日本，但这次绝不是普通的地震。在成田机场，地震带来了长时间低沉的隆隆响声，并且造成越来越强烈的摇摆。所有人立刻明白了这是一次大强震，原先站立的人们开始坐下，随着地震的持续，人们坐在地上保持了大约四到五分钟时间。

日本人民知道他们生活在一个时常面临地震、海啸甚至是火山爆发危险的岛屿上。基于痛苦的经历以及历史上成千上万的伤亡教训，今天的日本通过建造牢固的房屋和海堤来抵御他们可能遇见的最严重的灾难。但历史并不一定只是重复过去，接下来的灾难比日本人预期的要严重得多。

幸存者开始评估局势

当震动停止时，在成田机场的每个人环顾四周并长舒了一口气。他们仍然活着，而且没有受伤。设计优良的机场经受住了地震的冲击，但恐惧随之降临：他们开始担心家人、朋友和日本同事的安危。英特尔公司在日本有两家工厂大约600名员工，还有来自长期合作供应商的无数朋友和相识的人。他们还担心在美国的家人听到地震的新闻后会怎么想，于是立刻开始打电话、发短信、发邮件确定大家是否安全，以及向自己的家人报平安。

此时他们发现通信变得困难，密集的电话阻塞了当地的通信网络，互联网连接也时断时续，在还能使用的座机前面人们排成了长队。更糟糕的是，通信无法到达受灾最严重的地区，地震摧毁了电厂、破坏了电力线路以及通信电缆，导致日本有三个县完全停电，另外两个县部分停电。

地震还不是最糟的

虽然最强烈的震动已经结束，检查人员开始在成田机场的各个位置确认损失，但真正的灾难才刚刚开始。太平洋火山带上发生的地震很可能产生巨大的水墙。当太平洋岩石板块向下挤压，日本岛陆地向上抬升，此时太平洋海床上数千米深的水也随之抬高，就好像朝浴缸里扔了一块石头搅动水面向四周漫出。当几千平方千米的岩石因海底地震而移动的时候,海水的翻滚将是巨大的。日本人对此非常清楚,他们有精细的流程来探测地震、估算地震造成的海啸规模,同时向沿海的管理机构发出海浪高度的警报。

在日本全境 3 700 个地震传感器传送地震数据的时候,[2]日本气象厅的地震学家很快地估算出了地震和海啸的量级并在地震后三分钟内拉响了警报。但不幸的是,这个系统太快了,它采用了第一分钟的地震数据,而不是整个震动过程的数据,所以最初计算出的地震等级是 7.9 级。实际上,这次地震有 9 级,是日本有历史记录的 1 500 年以来最强烈的地震。坚实的工程、牢固的钢筋混凝土建筑和高耸的海堤可以抵御强震,但 9 级地震远远超过一般的强震。9 级地震释放的破坏性能量是 8 级地震的 31.6 倍,是 7.9 级地震的 44.7 倍。[3]

在地震结束后的半个小时,一场比预计严重两到三倍的海啸摧毁了沿海的防线并淹没了离震中最近的沿海地区。在一些地区,一场海啸的方向和陆地、港口、海床的形状之间的拼合将海啸集中成了一面 20 米高的水墙。大型的集装箱货轮被抬升到码头船坞之上并被海水冲上陆地。沿着仙台海岸,海水漫灌进了陆地 4 千米。当海水退去的时候,无数的房屋、车辆和成千上万的居民被同时卷入大海。在一些地区,地震造成的碎石被直接从陆地上抹净。

地震带来的剧烈震动、海啸和火灾摧毁了日本北部大片地区的将近 120 万栋建筑。更严重的是伤亡人数,超过 1.9 万人丧生,大约 5 万人受伤,40 万人无家可归。在死亡的人里,有近 3000 人被卷入海底,永远找不到遗体。建筑毁坏的 80% 和死亡人数的 94% 是海啸直接造成的。[4, 5]

反应堆过热

即便日本人立即开始了他们的救援和检查行动,但灾难仍在持续。在距离震中大约 180 千米的地方坐落着拥有六个核反应堆的福岛核电站,这个核电站是日本用于摆脱对外国化石燃料供应依赖的战略的一部分。3 月 11 日当天,有三台反应堆处于工作状态,另外三台因为例行检修而停机。当地震来袭之时,三台核反应堆紧急停机,控制棒落下,停止了电力生产。

日本人以为他们掌握了地震可能给福岛核电站带来的风险。福岛附近长期的地震记录和认真细致的故障模拟暗示着在这个地区的地震和海啸的风险是可控的。福岛县政府网站上写着这段话："福岛有着坚固的地质基础而且历史上罕有大地震，所以是企业生产经营的安全地点。"[6]

但是模拟地震的模型没有包括可能出现的同震耦合，也就是一次断层的破裂导致日本岛上其他断层的更大破裂的连锁反应。[7]地震的强度超过了那三个核反应堆的设计极限。目击者的叙述和震后的情况表明地震对核反应堆的冷却系统造成了严重的破坏。[8]

冰冷的海水原本是核电站选址海边的原因，现在却成了核电厂的噩梦。地震后的 50 分钟，海啸到达。海面升高到核电站上方 10 米，海水开始涌入并继续升高。在 30 分钟到一个小时之间核电站的各个部分都已经浸泡在海水里。[9]海水淹没了备用的柴油发电机组，关键的控制器完全被腐蚀性的海水浸泡，造成了电路系统的短路。

即使当发电停止后，核反应堆芯燃料棒内的放射性物质仍然产生出巨大的热量。由于没有持续的冷却水，反应堆室内剩余的水开始沸腾并升高了室内的压力。为了避免更大的灾难，紧急阀门被启动以排放放射性蒸汽。更糟糕的是，当水沸腾后暴露出反应堆芯，高温的化学反应就会产生爆炸性的氢气。

如果反应堆芯的大部分被暴露，温度会升高到 2800 度，熔化掉堆芯组，可能会让不受控制的核裂变产生出大量的热量和放射性碎片。被熔化的超高温的核反应燃料会直接熔穿核反应堆的底部，接着熔穿所有的隔离墙，然后开始熔解核反应堆的混凝土基础。

核反应堆不是唯一的麻烦。福岛核电站的工作人员面临着浸泡在相邻冷却池里的乏燃料棒的威胁。由于没有循环冷却水，这些冷却池开始升温到沸点。一旦冷却池沸腾并蒸发，燃料棒将暴露在空气中，接着温度升到极高，开始直接向空气中释放放射性物质。

地震和海啸导致了一场试图冷却核反应堆和燃料棒的绝望的战斗。核电站操作人员每次采取的行动，都面临着核泄漏、核爆炸以及造成核反应堆无法挽回损失的可怕风险。电力中断和设施的破坏意味着操作人员对情况的了解和控制极其有限。他们英勇地试图去冷却反应堆芯和燃料棒，他们使用消防车和直升机向反应堆里灌水。为了避免由于缺水导致爆炸，他们用海水来冷却反应堆，即使知道海水里的盐分会腐蚀反应堆并可能堵塞管路。

但是由于缺乏电力，缺乏大量的淡水，缺乏能够探测到内部情况的传感器，缺乏进入充满放射性物质的核反应堆内部的能力，操作人员阻止一场大灾难的希望非常渺茫。海啸发生后仅 24 小时，一次氢气爆炸就粉碎了核电站的 1 号机组，接着 3 月 14 日 3 号机组发生了相同的爆炸，然后是 2 号机组（3 月 15 日），最后是 4 号机组（3 月 15 日）。每一次爆炸都造成了对于大规模核泄漏以及核电站系统未知破坏的恐惧。灾后分析显示 1 号机组完全被熔毁，2 号和 3 号机组部分被熔毁。[10, 11, 12]

应对核灾难

灾难的第三阶段来自于从受损的反应堆里释放出来的核辐射物质。在接下来的很多天里，核辐射物质顺着海水流入了太平洋。与此同时，核辐射还"飘"向了内陆，迫使人们从核电站周围撤离，引发了对日本各个城市水源的担忧。（放射性物质甚至横穿太平洋出现在美国的空气和雨水中。[13]）由于看不见的放射性物质可能会覆盖在物体表面并被吸收进植物和动物体内，因此造成了受灾地区的居民、企业、农民和渔民对于短期和长期安全的恐慌，对在受灾区域有经营活动的企业也造成了担忧。没有人知道核辐射会扩散多远，也不知道是否会污染从日本销往全世界的产品。

电视画面里看到了爆炸和火灾带来的可怕后果，被粉碎的建筑以及从废墟里不断冒出的核辐射烟雾。关于事故动态的消息接二连三：反应堆温度持续升高、冷却水位持续下降、救援人员又采取了哪些新的尝试来稳定局面、情况又怎么变得更糟。随着核辐射的威胁继续增大，日本当局不断扩大疏散区域的范围：2 千米、10 千米、20 千米到 30 千米，并要求更大范围的居民留在室内。但疏散区域是否足够大？后来披露的事实表明核电站的运营商（东京电力公司）和日本政府一直在淡化危机的严重程度。

从核电站里泄漏出来的放射性物质以及风向的转移加大了人们的担忧。英特尔公司曾经考虑撤离在日本的所有员工，但员工自己否决了这项建议。

在日本有业务的企业，包括购买日本产品的或者是仅仅通过日本海域运输产品的企业开始担心：产品是否被核辐射污染了？对于食品、原材料被核辐射污染的担心造成了对日本产品安全性的疑问。英特尔和其他企业开始担心他们经过日本港口的货物，其货柜集装箱上是否会落有放射性灰尘。英特尔的7000条从日本始发和以日本为目的地的海运航线，以及所有可能经过日本附近海域的亚太航线都可能受到影响。另外一家企业，化工产品巨头巴斯夫公司，则担心放射性物质是否会进入最终消费产品里，例如巴斯夫为宝洁公司生产的口红提供的化学原料。为了确保来自日本原材料的安全性，巴斯夫公司在日本和德国都安装了用于测量辐射的盖格计数器。

此外，英特尔还担心即使芯片本身没有受到核污染，但在生产和运输过程中暴露在核辐射下可能会影响它的功能。芯片受到辐射不会让自身带有辐射性，但是会降低它的长期可靠性。英特尔原本就制定了关于辐射的技术规范但还从来没有执行过。这次英特尔不得不要求主要供应商确保硅片在所有生产阶段都不能暴露在辐射当中。除了努力解决当前的危机，随着政府要求的疏散区域的扩大并影响到更多的供应商，英特尔还必须要扩大它的危机应对措施。

日本去核电

地震发生时，福岛第一核电厂提供着日本全国电力需求不到1%的电力。当时地震区域里的其他核电厂正在停机检修，平时这些核电厂提供日本电网4%的电力。但是由于地震还给日本非核能的电厂和电力网络造成了破坏，而且由于日本采用独特的分割式电力网络，最后造成了全日本一半的地区电力短缺。停电问题持续了将近一个月。[14]

于是政府开始了号召国民节约用电的宣传运动。鼓励人们通过关灯、调节空调温度、根据温度选择穿着等方法尽量节约用电。商铺关掉了霓虹灯，写字楼一片漆黑，电梯停止使用，火车降速，一些工厂甚至开始实行错峰生产来减轻平时用电的峰值需求。东京银座区商铺也不再像往常那样灯火通明，纷纷关闭了光彩炫目的巨大霓虹灯，来倡导节约能源。[15] [16]

随着福岛危机的恶化，公众对于日本一直采取的能源战略开始有了不同意见，[17]与核辐射的危险相比，依赖于外国化石燃料的风险似乎没那么严重。[18, 19]政府对核能源丧失信心并开始逐步关闭所有的核电设施。[20]到 2011 年 8 月，日本四分之三的核电设施被关闭；到 2012 年 8 月，日本所有 54 个核电反应堆中只有两个还在运行。[21]这给整个国家的电力供应带来了更大的破坏，减少了超过 30%的电力供应。在地震后的三年多时间里，日本仍然受到电力不足的困扰，特别是在炎热夏季的用电高峰时期。[22]

芯片停产

地震发生时，英特尔就开始执行经过多次演练的危机管理流程。业务单元的危机管理团队在地震当天就召开了启动会议。3 月 12 日，星期六，英特尔激活了总部紧急运营中心（CEOC），负责从最高层级协调应急措施。作为处理类似事件的标准程序，英特尔把日本灾难应急反应工作分成了两个并行的工作流。

应急管理：稳定局势

首先，英特尔的应急管理团队确保了在受灾地区的英特尔员工和设施的安全。英特尔派出了事先指定的当地应急团队以及当地的紧急运营中心的工作人员前去稳定局面并防止进一步的伤亡。地震发生时，有 300 名英特尔公司员工在东京市中心工作，同时在东京东北约 100 千米的筑波市也有相当人数的员工。

英特尔在东京市中心的办公室完好无损，然而在筑波的设施却支离破碎。英特尔在日本没有制造工厂，但在筑波有 300 名员工，分别从事物料管理、品质检验、信息技术、电子商务和其他相关的工作。[23]虽然筑波设施的结构没有受损，但是地震毁坏了房顶的消防喷淋管道，因此办公室淹水，水位一度达到十英寸深，造成电路短路，筑波的设施也无法使用。

地震毁坏了 120 万座建筑，想为这 300 名员工找到临时工作场所是非常困难的。许多企业不得不因为地震、海啸和福岛的疏散行动从工作场所撤离。吉姆·霍尔科，英特尔总部应急管理项目经理说："我们的 CRESD 部门（不动产和厂房设施管理部）不分昼夜地努力寻找其他的工作场所。"[24]即便是依靠总部的资源，英特尔仍然无法找到足够大的场所，只好将这 300 名员工临时安置在两个不同的场所，同时还要在两个场所分别安装互联网等通信设施。

与此同时，英特尔动用了平时负责建设英特尔制造工厂的全球建设部门，来加快筑波设施的修复，还派了结构工程师、水电暖通工程师和其他技术人员飞到日本检查设施情况，确定修复工程的要求，并且找到当地承包商进行修复。

业务延续：确保正常运作

英特尔危机处理的第二个工作流，业务延续（Business Continuity, BC），关注英特尔的产品生产和流程的延续。BC 团队必须确保所有原材料流动、芯片制造和与客户有关的活动不中断或者尽快地恢复。应急管理团队处理安全相关的问题花了几周时间，但 BC 团队处理业务延续问题花了六个月。

英特尔在业务延续方面的第一步工作是确定灾难对公司和供应商运营的影响。因为英特尔在日本没有工厂，所以供应商的问题是业务延续的工作重点，英特尔评估了 365 种原材料的供应状况。3 月 15 日，地震后的第四天，英特尔确定了它的直接供应商也就是第一级供应商没有受到大的影响。虽然有几家一级供应商停产了几天，但是对于英特尔的生产计划没有构成威胁。

追踪了解更深层级的供应商，也就是英特尔一级供应商的供应商的状况花了更长的时间。到 3 月 20 日，英特尔确定了第二级供应商也只受到小的影响，但是第三级、第四级和更底层的供应商就遇到大的问题了。英特尔发现一共有 60 家供应商出了大问题。许多供应商是独家采购的特殊化学材料供应商，要制造只有几个原子厚度的芯片必须依赖专业度极高的特殊化学材料。就像英特尔负责技术和制造的副总裁以及全球采购总经理，杰基·斯特姆说的："某些情况下，全世界只有一家供应商甚至只有一家工厂有能力让这些微小分子用正确的方式'跳舞'。"[25]

即使英特尔确定了许多供应商受到了影响，但是仍然无法确保查出了所有的影响。英特尔负责全球原材料装配测试的总监杰夫·赛尔瓦拉说："我们在地震后的前 10 天就预测到了地震可能造成的每一个风险，但是到了第 11 天还是不能确定这些就是事实的全部。"[26]于是英特尔继续进行排查，寻找更多的问题。任何有关其他芯片制造商影响的新闻报道都会促使英特尔问更多的问题，不断地挖掘更多隐藏的破坏和风险。虽然在第 10 天后英特尔没有发现新的问题，但是排查持续了至少一个月。

超过 50%的英特尔装配和测试原料的供应商在日本有制造工厂。由于日本集中了大量的特殊化学材料制造工厂，这个比例对于英特尔更深层级的供应商来说就更高了。英特尔发现约有 75%的装配和测试材料都面临风险。最大的挑战之一是如何确保硅材料的足够供应，硅是英特尔遍布全球的每一家工厂生产的所有芯片的原材料。地震刚停止五分钟，斯特姆就在成田机场的停机坪上给英特尔负责材料供应的人员打电话，确认硅材料的供应状况。

地震和晶圆

2011 年，在日本白河的信越半导体公司的工厂生产着全球 20%的 300 毫米硅片，这种浅盘状的晶圆被用来制造半导体芯片。[27]这家工厂精密的拉晶机缓慢地生产滚球硅，也就是直径 300 毫米的重硅锭，然后每个月切割出 60 万到 70 万个晶圆。[28]

要给 250 千克重的熔解硅足够时间凝聚成完美的晶体，设备需要在一天多的时间内缓慢地将新生的滚球从硅熔池中提拉出来。地震撞击了这些熔池，扰乱了晶体的生长，最终破坏了晶体。停电之后，这些用于价值几千万美元芯片的还在孕育的滚球硅，冻成了死胎状的冷灰色肿块。

信越公司的第一道指令是确保员工的安全，有三名员工在地震中受伤。接着，信越公司需要检查他们生产设施的受损情况以确保能够尽快恢复生产。但即使开始了检查和维修，他们的生产设施仍然面临着在 80 千米之外的福岛第一核电厂核辐射的威胁，更何况这家工厂的电力供应正是来自福岛核电厂。虽然白河地区不在日本政府下令疏散的范围内，但是有些居民自行撤离了。当地居民巨大的恐慌迫使东京电力公司同意向当地的所有儿童和孕妇支付每人 20 万日元（大约 2600 美元），作为对居民恐惧和额外成本的补偿。

信越公司还开始了一系列的沟通工作，向整个商业世界通报生产设施损坏情况以及生产恢复工作的进展。[29]地震后的第二天，信越就通报了三家工厂因地震受损，其中包括在白河的半导体工厂。3 月 15 日，信越宣布它发现了白河工厂生产设备受到破坏但尚不能确定修复的时间。3 月 17 日，信越决定尽可能地将晶圆生产转移到其他的工厂。检查和评估花费了近一个月时间。4 月 11 日，信越开始从白河工厂挽救库存以此增加晶圆出货。直到 4 月 28 日信越才恢复部分生产。白河工厂在地震后的三个月也就是 7 月 1 日才全面恢复生产。[30]

信越的复苏面临的更大障碍来自地震后续影响。日本在地震后经历了严重的电力短缺和轮流停电。对于个人和很多企业来说停电造成了不便和生产效率的损失，但对于信越这样生产工艺非常精密的企业来说，一旦停电就会面临安全风险并造成设备损坏。在 3 月 22 日发布的一份报告里，信越公司是这么恳求的："我们希望电力公司能够提供稳定的电力供应，因为我们的工厂和设备需要不间断的运行以确保安全。"[31]

获取、寻找和延长原材料供应

只要有可能，英特尔会尽量依靠现有供应商和认证过的原材料来维持业务的延续。英特尔从三个方面着手来努力维持业务延续，首先是尽快地从现有供应商处获取更多的原材料，例如英特尔必须获取更多的硅片来填补部分供应商工厂停产造成的缺口，所以第一步就是联系主要的供应商，要求它们增加给英特尔的配额。[32]但是尽管供应商们做了最大努力，全球的晶圆工业却没有多余的产能来填补地震造成的损失。

英特尔的第二个策略是在供应链上下游寻找关键原材料的库存。所有供应链在不同层级都存有库存，部分是事先设计的，部分是由于效率不高导致的。企业通过持有库存来避免需求波动造成的影响，或是以此获得生产和运输中的规模效应。库存水平取决于交货期、制造技术、需求和流程的不确定性（参见本章的另一小节"不同视角"看风险）。同时，企业间缺乏沟通、错误的激励机制和其他因素都会导致企业时常持有更多的库存。[33]塞尔瓦拉说："你确实有一些时间，因为你有库存，你的供应商有库存，它们的供应商也有库存。所以总是自然地存在着缓冲，你就会有一些时间来解决问题。"[34]

第三个策略是尽量通过减少芯片生产的每一道工序中的消耗量来延长受限原材料的供应。例如英特尔稀释了一种关键的化学材料，这种新的配方在认证后被使用了八周时间。还有一个工程团队也发现了一个方法，将原本要报废的测试用的晶圆清洁后再次使用。英特尔还将这种策略向供应链上游推广，和第三级供应商一起减少第四级供应商提供材料的消耗量。通过从备选供应商中增加采购量，尽可能寻找更多的原材料并延长使用，英特尔希望能够在受影响的供应商恢复正常生产之前填补供应缺口。

备用方案：替代受灾的供应商

某些情况下，在日本供应商恢复期间，英特尔没有足够的其他现成的供应商，也就没有丰富的库存或者产能来满足生产需求，尤其是一些独家供应的原材料。由于没有备选供应商，因此英特尔可能就面临生产中断。但是英特尔在业务延续上的一切努力都是为了避免这样的中断。

生产中断的威胁迫使英特尔开始寻找替代的供应商和原材料。在正常情况下，英特尔生产经理们对快速认证替代的化学品和原材料是抵触的。但现在是非常时期。英特尔必须尽快认证和购买以前没有被认证的原材料，并确保它们的品质能够符合英特尔的高标准。

工程师们开始寻找替代的原材料并且优先处理认证的流程。英特尔授予采购经理们充分的自由去进行大数量的采购以备不时之需，并且加快了物料采购批准的流程。赛尔瓦拉说道："我们用一切手段来保证供应。如果可以的话我们只发采购意向书，必要的时候才下正式采购订单或者不可取消的采购订单。"[35]

在寻找替代原材料的时候，英特尔还要确保新材料的交货期要短于原有供应商恢复供应所需的时间。英特尔的供应商合同里通常都有"转移生产"的条款，根据这个条款，在原有供应商无法满足合同要求的情况下，英特尔可以将有专利的原材料转移给其他供应商生产。但是多数时候，在其他地方生产所需的时间比原有独家采购的供应商恢复交货的时间还要长。

危机中的协作

英特尔不是唯一受到地震影响的芯片制造商，信越工厂的损失造成了全球硅材料的短缺，其他芯片制造商开始寻求英特尔的协助。硅材料的短缺造成了整个个人电脑供应链的不平衡，英特尔也协助其他厂商寻找额外的供应。杰基·斯特姆说："如果我们知道哪里有产能，我们就会尽力帮忙，因为整个行业都受到了影响，[36]即使英特尔自己还能继续生产，如果其他供应厂商不能继续提供其他芯片和电脑零件的话，个人电脑制造商就无法获得生产电脑所需要的全部零件，这样也就不会找英特尔购买芯片了。"

英特尔还采用了其他的方法。英特尔和一些日本企业一起请求 METI（日本经济贸易产业省）加快关键供应商工厂周边电网的修复，并允许这些工厂免于强制停电的规定。虽然说服 METI 花了一些时间，不过这样的努力最后有了很好的效果。日本的其他区域一直被停电困扰着，但英特尔的供应商却能够获得持续的电力供应。[37]

斯特姆说道："如果我们发现有任何机会可以帮助解决困难局面，我们会和当地政府合作并参与进去。如果需要的话我们还会和竞争对手合作。"[38]这种做法不是英特尔独有的。本书后面的章节也描述了在面临其他破坏局面的时候，很多企业也会和政府、供应商甚至竞争对手合作。

回归正常：降低应急响应强度

英特尔应急反应行动的一部分措施在地震之后不久就结束了。随着业务延续行动取得进展，会议召开的频率也下降了。在危机开始的前两周，全球材料部门的危机管理团队每天都要开会讨论硅片、化学材料和后端供应的问题。到了四五月份，开会的频率减少到一周三次。到六月份，减少到一周一次。斯特姆指出没有一家工厂因为硅片短缺停产。

当一切开始稳定之后，紧急运营中心（CEOC）于 4 月 6 日停止运作。4 月 7 日，在解决了如何调整航线避开核辐射的问题之后，物流危机管理团队也偃旗息鼓。其他的一些危机管理团队持续工作到 6 月 30 日。整个业务延续行动持续了六个月，虽然还有些工作需要跟进，但整体的运营已回归正常。筑波办公室的完全复原花了十个月时间。在整个危机过程中，英特尔的工厂没有一家被迫中断生产。

供应链全球化

为什么日本地震和海啸这样遥远的破坏会影响全球的企业和经济，答案要从理解供应链开始。从单个企业的角度来看，供应链是供应商、子供应商和服务商组成的网络，[39] 它有以下五个不同的方面：

- 进入成品的零部件
- 生产这些零部件的供应商网络
- 零件和成品加工、装配以及分销的地点
- 零件和成品的流动（包括在供应链里的物料运输），以及信息和资金的流动
- 在供应链不同阶段存储的物料、零件和成品的库存

以上五个不同的方面可以帮助我们洞察供应链运营所面对的不同风险。

展开 BOM（物料清单）：供应链的 "What"

对任何一种产品，例如汽车，供应链的第一个方面是所有进入这个产品的

原材料和零部件，也就是这个供应链的"What"。为了管理生产成品所用的半成品组件、零件和原材料（比如一辆汽车可能有 5 万个零件），企业会创建一个包含这些所有材料的物料清单（BOM）。一辆汽车的 BOM 可能包括：一个车身、一台引擎、一个传动装置、四个门组件、两个轮轴、四个刹车组件、五个轮胎组件、一个导航系统等。一个组装好的引擎可能包括一个机体、六个活塞、六个喷油嘴、六个火花塞、十二个阀等。每个活塞又包括：一个连接杆、三个活塞环等。BOM 画出来就像一棵树，一组树叶组成一根细枝，一组细枝组成一根粗枝，整组的粗枝组成最后的成品。

生产多种产品的企业对于每一种产品都有一个独立的 BOM，每种产品包含的零件种类和数量都不一样。为了按计划在装配线上生产，企业使用 MRP（物料需求计划）来确保根据足够的前置期生产或者购买正确数量的零件。根据生产计划，每个期间内的每个成品的计划量乘以每个成品所需要零件数量的结果就是企业在此期间内所需要生产或者购买的零件数量（例如：一台有 6 个活塞和每个活塞有 3 个活塞环的汽车就需要 18 个活塞环）。MRP 根据每个零件的前置期将生产计划生成采购计划。每个供应商也依次用它们自己的 MRP 来按时购买或者生产所需要的原材料，确保将成品所需要的零件准时交到成品制造商手上。

供应链里的组织：供应链的"Who"

供应链的第二部分是生产 BOM 里面的零件、将零件装配成成品以及配送和销售成品的企业与工厂组成的网络，也就是供应链的"Who"。这方面涵盖了一系列的制造策略，在这些策略的一端，供应链可能是垂直整合的。这种情况下，一家企业在自己的一家或者多家工厂里完成几乎全部的生产过程。例如著名的福特汽车胭脂河工厂，就是从它自己巨大的工厂的一端输入铁矿石、玻璃和橡胶，然后从另一端输出汽车。一个更现代的例子是三星，它生产诸如处理器、存储芯片和显示器等众多零件，用在自己生产的电视、智能手机和电脑产品上。

相反一端的策略是供应链外包，企业从一个大范围和多层级的独立供应商组成的网络中购买复杂的、预组装的零件，每个供应商负责生产过程的一个或者多个步骤，包括单一的简单零件或者单一的完整组件。实际上，还有些企业将整个制造过程外包，从合同制造商那里购买包装好的成品。例如思科、微软和苹果，它们自己没有生产基地，只负责产品的设计、营销和供应链管理。

企业的供应链垂直整合度无论高低，它的直接供应商都被称为第一级供应商。第一级供应商既包括给福特汽车冲压厂提供钢材和铝材的公司，也包括给苹果公司生产电脑、手机和平板电脑的伟创力、鸿海/富士康、和硕。[40]企业的一级供应商的供应商就是二级供应商。三级供应商供应给二级，以此类推。这些层级通常对应 BOM 树枝的层级。

今天的供应链可能有非常深的层级。例如英特尔要追溯微处理器里重要的钽金属，必须通过十几个层级，从含有钽金属的电子零件到金属冶炼、矿石出口、矿石运输、矿石集采，一直到采矿工匠（见第 11 章）。有时候，BOM 的结构还更复杂，因为企业有可能同时购买和销售某种零件，或者一个零件可能会被相同的供应商"访问"，并进行多次不同的生产工序，这在 IT 行业里很普遍。

生产和服务的地点：供应链的"Where"

无论是垂直整合还是外包，供应链还有地点布局上的不同，也就是供应链的"Where"。在决定生产地点的时候，制造商可能会选择靠近原材料供应的地区（例如化工厂靠近油田），或者劳动力充足的地区（例如低成本或者有高技能劳动力的地区），或者靠近市场的地区（例如主要客户或人口集中地区），或者选择在工业集中区（相同行业互相靠近），或者政府鼓励的地区（例如有鼓励政策）。

供应链从获取、运送原材料/零件到最后组装的结构（供应链的"上游"）是由供应商的选择决定的。在多数制造企业里，供应商的选择由采购部门负责。当然工程部、财务部和物流部门也参与决策，来确保品质、产能、财务可行性和零件原材料的准时交货。最后诸如风险管理、合规和企业社会责任的部门也会影响供应商的选择和工厂的选址。

把产品送到市场（供应链的"下游"），这部分供应链包含了分销的功能。分销部门决定了企业的仓库和分销中心的地点和运营。分销通常也管理着产品到客户的运送过程，包括零售分销中心、零售点、电商物流中心，或者直接送给消费者。许多企业外包了分销功能，要么将成品卖给批发商，要么使用物流服务商来管理仓储和配送，把产品送往下游的零售商和消费者。

供应链里的产品流动

所有这些供应、生产、分销和需求都是通过流动连接起来的，这也是供应链的第四个方面。供应链包含三个基本的流动：物流、信息流和资金流。最显著和最耗费成本的流动是物料流动。总体来说，物料向下游流动，从矿山和农场到加工原材料的工厂，到生产零件和半成品的工厂，到生产成品的 OEM，到分销商和零售商，最后到达消费者。每个阶段都创造价值，把原材料变成各种各样的零件或产品。原材料、零件和产品通过各种运输工具如卡车、火车、货轮、驳船、飞机和管道在供应链之中移动。例如英特尔就管理着遍布全球的 1.4 万条航线，这些航线将这家芯片制造商和它的供应商、它自己的工厂以及它的客户连接起来。

在物料向下游流动的同时，资金随着消费者付款给零售商、零售商付款给分销商而向供应链上游流动。以预测、订单、发货通知和发票等形式存在的信息则向两个方向流动，协调供应链里的所有活动。实际在某种程度上，物料和资金也是双向流动的，因为退货和不良品会回到制造商那里，返利和折扣会从供应商流向客户。如今在供应链管理中退货这一环节越来越重要，企业需要对产品进行有责任的处置、回收、再制造或者回收包装材料。

承运商也有自己管理和安排货运线路的策略。基本策略有两种："直接操作"（DO）和"合并操作"（CO）。直接操作就是使用专用的运输工具将货物直接从始发地送到目的地（像出租车那样）。具体如整车运输、火车专列和各种形式的租赁的运输工具。对于小件货物，直接操作成本过高，所以小件货物通常会按地区合并集中到转运枢纽，例如 UPS 在路易斯维尔、联邦快递在孟菲斯或 DHL 在莱比锡的货站。合并操作的模式（想象一下公共交通或民航枢纽）包括散货拼车、厢式列车、集装箱货轮等。合并操作的模式还包括车载整合，例如发往不同目的地的货物其收货和送货都由同一辆车完成（类似邮递服务）。决定具体运输方式选择的有非常多的因素，包括运输工具的规模效应、运输网络的范围效应、转运的效率、交货时间的要求，以及在供应集中地（大型工厂）之间的协调和区域需求的扩散（零售网络）。[41]

库存的故事

生产和运输的规模效应意味着产品通常是以一定的最小批量运输的。在库存持有成本和订货成本之间的优化选择决定了经济订货量，也就是生产或者运输的批量。生产和运输的批量性决定了制造商和客户必须持有库存，制造商持有库存是因为批量生产更有效率，或者是因为足够数量的运输才合算；客户公司将持有一定的产品周期库存直到它销售完毕。此外，供应链的每个层级也会持有额外的库存——安全库存——来应对客户需求和零件供应的随机波动。最后，因为供应链的流程，特别是运输过程需要时间，因此库存也存在于路上、海上，或者存在于制造过程中，也就是在制品库存（WIP）。

库存是有代价的。库存需要耗费企业资产负债表上的资本，需要存储空间，需要人工来存放、维护、管理和分拣包装。库存会有损耗（例如易腐烂变质的食品、药品和化学品），也会过时报废（例如去年的服装或者硅片），因此企业要努力实现最少量的库存。丰田汽车公司在 20 世纪 50 和 60 年代开创了丰田生产方式，其中包括 JIT（准时化生产）和供应链库存管理方法，这些工具帮助减少了供应链的库存并同时提高了其品质和服务水平。后来这些工具推广到了全日本和全世界。JIT 和精益生产/精益供应链帮助企业减少库存并且更快地对市场需求做出反应。

不同视角看风险

供应链的这五个方面为我们提供了观察供应链各种风险的视角。供应链的

"What"（内容）与物料的获得性、不良品，以及各种原材料零件的价格风险相关。

供应链的"Who"和"Where"（组织和地点）关系着供应链的地理位置和运营风险，例如自然灾害、供应商破产和法规风险。外包，尤其是离岸外包会降低企业对制造过程的控制并使企业暴露在地理、法规和政治风险之下。"Who"和"Where"还影响了自然资源的占用（能源、水和碳）以及供应链的社会责任风险（见第11章）。

供应链的"流动"则描绘了供应链的物流、财务和信息的基础结构之间的关联风险。物料流动关系着运输及时性的风险，以及主要运输枢纽、航线的破坏风险。信息流方面突出了全球供应链面对信息技术破坏（计算机故障、软件故障或网络攻击）的脆弱性。资金流方面说明了金融危机、破产和汇率风险对于企业的影响。

最后，供应链的"库存"包括了地理风险、产品品质风险和产品过期报废风险。但是，库存也是用来缓冲和抵御风险的一种方法，可以让企业在面临破坏时维持物料和产品的流动。

供应链日益脆弱

英特尔在面对日本地震时的脆弱，以及本书后面提到的许多例子，都说明了当今的各种趋势促使企业的供应链变得更复杂、更庞大、更长和更脆弱。

贸易增长、距离拉长、交期延长、参与者众多

供应链日益脆弱的首要原因是全球贸易量的激增。全球商品出口总额从2003年的7.38万亿美元增加到2012年的17.93万亿美元。[42]快速降低的通信成本和快速提升的物流效率促进了贸易的发展，但也拉长了供应链。数字通信技术让企业与在地球另一端的工厂、供应商和分销中心的协同作业更加容易。

运输工具的集装箱化和大型化降低了全球贸易的运输成本。在1999年，

世界上最大的集装箱货轮可以装载 8 700 个 TEU（标准箱），有 90%的货轮可以装载 4 500 个 TEU，或者较少的数量（例如为了能通过巴拿马运河而被称为巴拿马运河船的较小型货轮）。随着贸易增长，对于大型货轮的需求也在增加。到 2013 年，最大的货轮已经可以装载 18 270 个 TEU，[43]而有近 50%的货轮超过了巴拿马运河船的装载量。[44]大型货轮、大型飞机、长距离火车和重型卡车在每吨英里的成本上比小型运输工具低。一直以来运输行业的趋势是通过增加运输工具的装载量来降低远程贸易的运输成本。但是当数量增加的时候，集中起来的风险也增加了。

全球竞争还促使企业在全球市场寻找最好的价格和产品。当企业将制造外包到遥远的地区和供应商的时候，交货周期延长了，出错的概率也增加了。包括供应商、服务商以及各个政府和管理部门的更多影响因素加了进来，因此进一步增加了复杂度和失败的风险。

品种多样化

全球贸易、全球竞争以及市场差异化的需求意味着企业销售的产品种类（所谓的 SKU-产品库存单位）越来越多。比如作为在美国市场销售牙膏的 16 家企业之一的高露洁，就拥有 14 种型号的牙膏。更多的 SKU 意味着每一个 SKU 的销售量相对更小，需求的预测就更加困难。因为需求预测常常受随机波动的影响。可以用波动系数（coefficient of variation）衡量需求的波动，波动系数等于需求数量的标准差和均值之比。当每个 SKU 的平均销量变小时，这个比率就会变大（因为均值是线性减小，但标准差是平方根减少），于是导致需求预测难度变大，造成库存过高或过低，并增加了成本。预测总是错的——这个需求预测的第一法则在今天比以往任何时候都正确。

技术增加了复杂度

许多产品因为植入了更多的信息和通信技术变得更加复杂。如今一台汽车有 30~100 个微处理器，车内的每一个子系统都有自己的控制器和软件。每个前灯、气囊、后视镜、座椅和车门也有自己专门的微处理器。[45]甚至是简单的产品，如咖啡机或者其他家用电器也使用了各种微处理器和相关的电子系统。新技术不仅包括电子方面，如今的产品还越来越依赖于各式各样的工程材料、添加剂、色素，以及各种提高效率、性能和市场认可度的处理技术。

产品的复杂度越高就需要越多的供应商，供应商还有更多的子供应商，因此供应链愈发复杂。以前一个汽车座椅就像一件家具，只需要有提供布料、皮革、填充物和金属或塑料结构的供应商。如今汽车座椅成了一种高科技产品，包含了开关、马达、加热装置、传感器和无处不在的控制处理器。甚至座椅材料也更为先进，采用了高科技海绵和更耐用、更时尚的织物。[46]

因为复杂和庞大，所以脆弱

计算机可以让复杂的全球供应链变得更有效率，更容易管理，却不能帮助降低风险。通过复杂的供应链可以更容易地生产复杂的产品，但是这样的系统本身就更脆弱，因为现代计算机和通信技术让运营更加严谨和精益，库存也更低。虽然这些控制和流程可以让企业变得更有竞争力，但同时也使这种更精细化的全球网络在面对危机破坏时更加脆弱。此外，更复杂的供应链也意味着有更多层级的 BOM 和更多层级的供应商。企业虽然可以要求它们的直接供应商协助管理风险，但是往往对更深层级的供应商知之甚少，而且没有足够影响力来要求它们增强弹性或者遵守行为准则。

最后，全球贸易的兴起意味着在供应链中产品和物料的移动距离更长，而系统的冗余更小。随着全球人口增加和经济增长，严重的供应链破坏是不可避免的。所以，当日本或者其他地方发生地震时，全世界的企业都感觉到了震动。

第 2 章

灾难的分类

俄国作家托尔斯泰写过："幸福的家庭总是相似的，不幸的家庭却有各自的不幸。"[1] 这个安娜·卡列尼娜法则也适用于供应链的破坏，每一种破坏都有其一连串的不幸，有一系列的原因，以及一连串的影响。没有哪两种破坏的剧本是一样的，但对于风险和破坏的管理活动基本包含三个方面：预防、监测和反应。这三方面的活动构造了企业的弹性。

一连串的不幸遭遇

在为了进行弹性管理对各种供应链破坏分类之前，企业需要分析发生破坏的各种可能性。由于复杂的全球化和有着众多的利益相关方，供应链可以有很多种失效模式。破坏可能是由自然原因导致的，可能是因为疏忽或者是蓄意造成的。破坏还关系到供应商、员工、客户、竞争对手、人文环境、自然环境、政府部门、非政府组织，或者它们之间的任一组合。破坏性事件可能直接打击企业，也可能打击企业底层的供应商或者客户的客户。

自然灾害

2010 年，冰岛火山爆发喷出的火山灰造成整个欧洲的航空瘫痪，而且还击垮了非洲新鲜食品和花卉的出口商。2011 年，泰国洪水淹没了 877 家工厂，[2] 中断了全球 30%的硬盘生产，[3] 造成 PC 行业几十亿美元的损失。2012 年，美国中西部的旱灾造成农作物减产，导致玉米和大豆价格飞涨。价格上涨打击了食品生产商，特别是肉类和奶制品生产商。[4] 每一年大自然都要对依赖于全球供应链平稳运作的企业造成新的伤害。供应链和物流就像是户外进行的体育比赛，客户不希望听到比赛因为下雨而取消的消息。

2011 年，自然灾害总共造成 3 600 亿美元的损失。[5] 这一年发生了一连串严重的灾害：洪水、飓风、地震和海啸。这些灾害造成了人员伤亡、建筑毁坏、基础设施瘫痪，极大影响了人们的生活。许多自然灾害，像泰国洪水和日本地震影响了大片地区和整个工业。一项企业年度调查显示，在 2009 年[6]、2010 年[7]、2011 年[8]、2012 年[9] 和 2013 年[10]，每年有 50%的供应链破坏都是源于恶劣天气。天气是造成供应链破坏的最普遍原因，此外大约 20%的供应链破坏是由地震或海啸造成的。

许多自然灾害的发生和水太多有关，有些却是因为缺水。2012 年，美国中西部的旱灾导致密西西比河的水位降低，影响了河流的通航能力。[11] 内河运输承担了美国 60%的谷物出口运输，20%的煤炭运输，[12] 还有其他大宗商品的运输，如钢铁、石油、化肥和建筑材料。发生在 2012 年年底到 2013 年年初冬季那两个月的影响造成了 60 亿美元的经济损失。[13] 莱茵河是欧洲大宗商品运输的主要航道，在干旱的年份也面临着类似的问题。

事故、安全违规

由于松散的安全管理可能会引起一系列的事故破坏，大到火灾、小到一些关键设备的简单故障。一个生产环十二碳三烯的德国工厂发生爆炸，世界各地的汽车厂商突然意识到，生产每一辆汽车所需的成千上万的零部件都可能受到影响。[14] 莱茵河上的一艘驳船翻船了，因此河道关闭了 20 天，造成 450 艘驳船堆积在一起，影响了 1 700 万吨货物的运输。[15] 一家玩具商的合同制造商的喷漆供应商需要找颜料的替代供应商，但是由于时间过于紧急没有进行测试。后来，新的颜料里被发现含有铅，导致 150 万件玩具的公开召回。[16] 一架新型飞机在长途飞行结束后，尾舱内的锂离子电池起火，美国联邦航空局下令全球停飞这个机型，这是 34 年来联邦航空局首次采取这样的行动。停飞给飞机制造商和航空公司造成了数亿美元的损失。[17, 18] 孟加拉国一家服装工厂倒塌，造成 1 100 名工人死亡，大众指责西方主要服装企业应该对孟加拉国工厂的人员伤亡和悲惨的工作条件负责。事故和安全违规不仅会破坏物流基础设施、生产设备、产品和零件的流动，还会让企业在声誉和品牌忠诚度上多年的努力付诸东流。

无论如何自然灾害都会发生，但对于常备不懈的企业来说，其他非自然破坏的可能性是能降低的。谨慎的安全管理和品质管理可以降低事故和违规发生的可能性。但是，由于供应链企业间的相互连接以及对关键原材料和关键运输线路等共用的资源的依赖，即使最谨慎的企业也会因为其他企业的不小心和不走运而受到影响。

蓄意破坏

蓄意破坏有多种形式。2012 年 12 月，400 名办公人员在洛杉矶和长滩的港口罢工，造成每天价值 7600 万美元的货物停止移动。[19, 20] 2005 年，恐怖分子袭击了安保不严的伦敦地铁和公交系统，而不是安保更严密的希思罗机场。为了抗议因为种植采集棕榈油而对热带雨林的破坏，绿色和平组织闯入了雀巢公司 2010 年的年度股东大会。激进分子中的一部分人在位于德国法兰克福的雀巢公司的总部外面装扮成黑猩猩，另一部分人则在股东大会里举着横幅抗议。[21]

蓄意破坏包括袭击企业的资产和流程，目的是破坏企业的运作或者实施抢劫。这些破坏包括各种犯罪行为，如网络攻击（例如拒绝服务攻击和窃取客户数据），偷窃货物、敲诈、绑架、贪污、企业间谍活动，还包括其他法律行动如罢工、管理停工、激进分子的抵制和抗议。

蓄意破坏与自然灾害或事故相比有两方面的本质不同。首先，袭击者会选择影响力最大的地点和时间，例如码头工人选择在圣诞节前那个月举行罢工，因为此时货物吞吐量最大、产能最吃紧。[22] 其次，他们会选择破坏最薄弱的目标。虽然预防和保护措施影响不了飓风或者地震这样的自然灾害，但是加强某个目标抵御蓄意破坏的能力可以降低遭受非自然袭击的可能性。此外，虽然预防措施可以保护这些采取措施的企业，但是却可能增加袭击者去袭击其他保护措施不够的目标的可能性，比如袭击其他企业或竞争对手。

创新带来的破坏

自从苹果公司在 2007 年推出 iPhone 之后，触屏智能手机的崛起击垮了原先移动手机的领先者，如诺基亚、黑莓和摩托罗拉。20 世纪 70 年代发展起来的丰田生产系统导致了美国制造业在成本和品质上的竞争劣势，因此美国政府在 1981—1994 年对日本进口的汽车实行了所谓的"主动"配额制。[23]克莱顿·克里斯坦森（Clayton Christensen）在他开创性的书《创新者的窘境》[24]里给出了很多新产品和新业务流程对现有产品和流程造成破坏的例子，如晶体管收音机、液晶电视和小型钢铁厂等。创新会导致企业丧失市场领导地位、利润流失甚至消失。（关于破坏性创新详见本书第 12 章）。

创新具有破坏性，但正如进化论所说，"适者生存"会给企业、行业和经济带来持续的竞争力。竞争激励着产品、服务、成本和消费者选择的创新。根据物种进化理论，一个行业中的个体竞争越剧烈、个体越容易失败，整个行业会更强大（见第 13 章）。[25]

此外，企业还会面临造假者的非法竞争。根据美国移民和海关执法局的数字显示，2010 年以仿冒流行服装鞋帽品牌为主的全球假货贸易大约价值 6 000 亿美元。[26]造假者还销售了 750 亿美元的假冒药品，给服用假药的人带来了危害。[27]此外根据全球软件联盟对盗版的调查，"2011 年全球 42%的个人电脑软件是盗版的。"[28]虽然受到侵权的企业、政府和国际组织一直都在努力打击非法贸易，但是由于全球化和电子商务的发展，非法贸易也一直在增加。[29]

其他的一些威胁，如竞争对手的掠夺性定价很难被证实，需要长时间的法律程序或无法预估的政治力量来解决。微软在 1996 年开始免费提供 IE 浏览器，此举将网景赶出了市场，同时也引发了针对微软的反垄断诉讼。[30]欧盟的监管机构也认为谷歌免费推广安卓系统的行为是掠夺性的。[31]由于认定中国的轮胎制造企业享受着政府补贴以及人为控制的低汇率的好处，美国政府在 2009 年对进口的中国轮胎加征了 35%的关税。[32]

危机蔓延的时代

1997 年，一场泰国货币的崩盘造成了金融危机，波及了亚洲经济，[33] 甚至蔓延到了美国、欧洲、俄罗斯和拉美的金融市场。[34] 2008 年，一场房地产泡沫导致的房屋赎回权危机引发了全球金融体系的崩溃。信贷供给和消费需求的明显收缩触发了全球的长鞭效应，导致进口下滑、全球供应链紧缩和破产。

金融危机传染不是引发全球危机的唯一原因。2003 年，亚洲爆发 SARS（非典型性肺炎）疫情并快速扩散到几十个国家。[35] 新疾病的未知性和高死亡率导致了各种隔离措施和旅行警示。[36] SARS 爆发的十年之后，全球卫生组织又开始紧密监控一种相关的传染病——MERS（中东呼吸综合征）。[37] 2014 年，世界各国政府开始采取措施阻止埃博拉病毒的传播。[38] 卫生部门还担忧，每次爆发的流感可能会重演 1918 年杀死 5 000 万到 1 亿人的西班牙大流感。[39] 传染病不仅可能会造成死亡，还会妨碍人类和货物的自由流动并因此影响全球供应链。

最后，还有国家内部和国家之间的政治冲突。日本和中国关于无人居住的岛屿的主权争议导致中国抵制日货，日本在 2012 年 6 月到 11 月之间对中国的出口额下降了 17%。[40] 2014 年，当中国决定将石油钻井塔建到与越南有争议的海域之后，越南的暴民袭击了在越南的外国工厂，造成全球相关制造业的停产。[41] 2011 年，由于食物中毒的恐慌，德国下令禁止从西班牙进口黄瓜，导致西班牙果蔬出口商在一周之内损失了 2 000 万欧元。[42]

全球经济日益紧密的联结导致各种危机更加容易蔓延。各种医疗和金融方面的问题往往通过人与人之间的网络进行扩散，相应地也在供应链网络扩散。自然灾害、工业事故和恐怖袭击更多的是造成当地性的破坏，但全球危机对于多数国家和多数行业造成的打击几乎是同步的。此外，特别是对于医疗健康和金融问题蔓延的恐惧，会造成产品需求的下降，还会因为产品囤积导致供应不足和价格上涨。虽然在危机面前人人都可能会受到冲击，但是没有做好防备的企业遭受的损失最大。

灾难的象限分类：影响和可能性

我们前面讲的关于供应链破坏的故事和调查说明了两个问题，这两个问题影响了企业如何对风险管理措施进行优先排序。首先，不同的破坏其影响程度是不同的。例如，一场把整个工厂拖到海里的海啸，其影响程度比一个零件的短缺要严重得多。其次，不同的破坏发生的频率和可能性也不同。灾害天气比大火灾、传染病和破坏性的创新发生得更加频繁。

于是，许多危机处理专家根据影响和可能性将潜在发生的破坏进行归类，创建了如图 2-1 所示的 2×2 矩阵。同时这个图表还表示了各种假设的破坏类型会分别落在影响和可能性组成的四个象限里。图表还根据破坏的原因（如洪水、风灾、经济衰退）和对供应链的破坏（如关键供应商损失、IT 故障和运输中断）来定义不同的事件。

估算影响和可能性

企业可以通过历史数据、客观分析和主观判断等方法来估算破坏的影响和可能性。潜在的影响可能表现为销售减少、营收下降、商誉受损、股价下跌和市场份额减少。破坏性事件发生的可能性可以根据以往发生的频率和各种分析模型来估算，也就是保险公司用来估计风险和计算保费的方法。虽然工厂停工或者供应商无法交货的影响大小与这些破坏产生的原因无关，但估算发生的可能性就需要分析它们产生的原因以及被触发的概率了。

如果没有良好的数据来估算影响和可能性的话，企业只能使用更主观的评分办法了。例如，一家大型饮料企业采用的方法是将每个坐标轴分成五个级别，建立一个 5×5 的矩阵（而不是图 2-1 里的 2×2 矩阵），而且每一个级别的数值不是线性的。用横坐标轴表示影响，五个级别分别是 1、3、7、15、31；纵坐标轴表示可能性，五个级别分别是 1、2、4、7、11。这样定义的逻辑是因为影响（例如 X 供应商两个月无法出货会怎样？）通常比可能性（X 供应商受到破坏的可能性多大？）容易估计，所以影响的权重更大。这也就意味着高影响/低可能性的事件比高可能性/低影响的事件具有更高的风险评分。

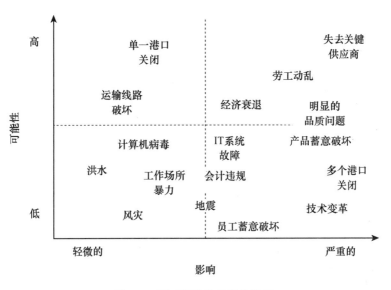

图 2-1　给可能发生的事件排序

　　然后将影响数值和可能性数值相乘就得出一个风险评分,分数从 1 到 341,从可能性低影响小的微不足道的风险到可能性高影响大的最坏情况的风险。这些数值就是破坏性事件的数学预估值,预估值越高,就应该投入越多的资源进行风险防范和提高弹性。当然我们在本章的后面也会谈到,最坏情况的破坏不一定是那些预估值最高的。

影响和可能性的幂律分布

　　据地震学家统计,平均每年大约会发生 1 300 次 5 级到 5.9 级的地震,他们还检测到平均每年还会发生大约 134 次 6 级到 6.9 级的地震,这些地震的破坏强度是前那些的 32 倍,但发生的概率只有前者的 1/10。最后,地震学家还记录了平均每年发生大约 15 次 7 级到 7.9 级的地震,强度同样比前一等级大 32 倍,概率小 10 倍。破坏性程度增加但可能性下降的模式,也就是事件的严重性每增加一定倍数就伴随着可能性显著下降的模式(破坏性每增加 32 倍可能性就下降到 1/10)被称为幂律分布。[43] 幂律分布也被广泛地称作帕累托法则或 80/20 法则,也就是 80% 的破坏性事件是频繁的小事件,而只有小比例的事件会造成大的影响。

所以许多破坏性事件，包括地震、火山爆发、飓风、龙卷风、水灾、山体滑坡、森林火灾、停电，以及人为破坏如恐怖袭击、网络犯罪、战争和物价波动，通常都符合幂律分布。这些事件表现为在可能性和影响程度之间的乘法逆关系。图 2-2 表示了在 90 年里，[44] 美国每年累计发生的地震、海啸和洪水的数量和平均每次灾害事件的损失金额的关系。图 2-2 和图 2-1 类似，表示了破坏性事件发生的可能性和影响的关系。

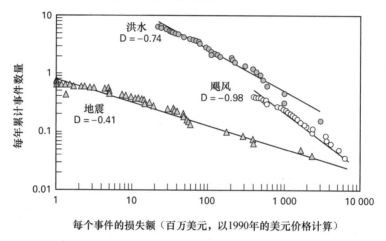

图 2-2　飓风和地震的损失　1900—1989 年；洪水损失　1986—1992 年

但是，图 2-2 在四个方面有所不同。首先，图 2-2 表示的是一种破坏类型的所有事件，比如有不同影响程度和可能性的所有地震。相反的，图 2-1 仅仅是把所有地震汇总并显示平均的影响程度和可能性。

其次，图 2-2 上面的点表示的是实际发生的事件，所以图中显示的是历史记录，而不是图 2-1 里对未来可能性的预测。当然，这些历史记录就可以成为可能性和影响的预估输入。图上的线就可以用来预估事件未来发生的可能性和影响的趋势，假设未来的趋势和过去一样。

然后，图 2-2 在横纵坐标轴上都使用了高度非线性的双对数坐标。发生在图表上半部的可能性很高的事件比图表下方一半的事件的发生概率要高 10倍、100 倍甚至 1 000 倍。同时在图表右半部的影响程度高的事件比左边的影响程度低的事件的破坏性要大 10 倍、100 倍甚至 1 000 倍。

最后，图 2-2 表示的是整个美国的企业情况。一家单独的企业往往由于只在个别地区有工厂和供应商，所以遭受自然灾害打击的可能性相对小，但一旦受到打击，其遭受的破坏会更大。因此，对于一家具体的企业这个双对数坐标图的斜率会更小。

幂律分布还影响不同等级破坏带来的损失。如果 10 倍大影响程度的事件发生的可能性是影响小的事件的 1/10（图上斜率为-1.0），那么长期来看频繁发生的小事件的累积损失等于同时期内稀有的大破坏造成的损失。但是从风险管理的角度看，高可能性/影响小的事件不需要强有力的反应，总体上不代表现实的威胁。相反，影响大的破坏，无论可能性高低，都是风险管理需要关注的。

微小破坏的日常管理：小影响事件

小影响事件每天都对企业的正常运作造成破坏：延迟交货、数字通信故障、低产出率、工作场所事故等。这种小规模的破坏会造成发货延期、客户承诺改变或者生产力降低，但是不会给企业带来大的威胁。即使是显著的需求激增、关键设备故障或者原材料价格波动，也不会对大多数运作良好的企业造成威胁。这些小破坏就像"每日运球"训练一样，由企业的日常运营来管理。企业常规的业务流程就是被设计来处理这些不值得过分重视的小影响的破坏。

无法想象的意外：大影响、低可能性的破坏

2013 年 2 月 15 日，一块直径约 65 英尺的小太空岩石以 4.3 万英里的时速落到了俄罗斯中部。虽然这颗流星陨石没有直接击中任何东西，但它在大气中爆炸，其威力相当于 500 吨级核弹。爆炸破坏了 20 英里之外的 7 200 座建筑，并造成俄罗斯车里雅宾斯克附近 1 500 人严重受伤。[45]

研究流星和近地太空环境的科学家们担心更大的陨石撞击地球，虽然发生的可能性很低，但却是不可避免的。[46] 一颗大流星的直接撞击可以摧毁一座城市，并产生巨大的海啸。虽然大流星或小行星的撞击概率非常低，但是会造成毁灭性的伤亡和经济影响。

除了流星撞击之外，风险管理者可能也无法预测其他类型的破坏事件。1986 年发生的切尔诺贝利核事故释放的放射性物质是广岛原子弹的 400 多倍，严重污染了 10 多万平方千米的地区。[47] 在 1984 年发生的博帕尔工业惨案中，50 万人暴露在联合碳化物公司的一家工厂泄露的异氰酸甲酯气体中，造成数万人伤亡。[48] 2010 年，英国石油公司（BP）在墨西哥湾的深海钻井平台爆炸导致了 11 人死亡，这是石油工业史上最严重的泄漏事故。[49] 诸如此类的事件，还有 2010 年冰岛艾雅法拉火山爆发、2005 年卡特里娜飓风以及 2011—2013 年阿拉伯之春，无法事先预测，结果都造成了严重的破坏。

这类事件还包括所谓的黑天鹅事件，就是那些在实际发生之前被认为不可能发生或者无法想象的事件。"黑天鹅"一词源于历史经验，即欧洲人见过的每一只天鹅都是白色的，所以人们认为世界上不存在黑天鹅，直到 1697 年欧洲人在澳大利亚发现了黑天鹅。这个词开始流行起来，是因为纳西姆·塔勒布（Nassim Taleb）在 2007 年提出，用它来代表关于前所未有的事件的错误推理：[50] 没有发生破坏的证据，并不能说明没有发生破坏的可能性。如第 1 章所述，日本人低估了海啸的潜在高度，比如袭击福岛县的海啸。他们掌握了数百年的地震和海啸数据，但错误地认为像 2011 年这样规模的海啸是不可能发生的，因此核反应堆可以免受这种威胁。"黑天鹅"代表了一种比一般可能性更深层次的不确定性，通常专家们错误地判断"黑天鹅"事件发生的可能性为零，但事实并非如此。

"大问题"来了：高影响、高可能性的破坏

每年，大西洋盆地平均会形成 12 次有命名的风暴，其中 6 次成为飓风。[51] 因此，墨西哥湾的 600 个载人石油平台每年都面临着被破坏的高风险。2012 年，当艾萨克飓风威胁该地区时，超过 90% 的平台通过关闭生产和疏散人员进行准备。[52] 同样，每年在极端北纬地区的官员通过补充道路盐、维护扫雪设备、补充机场除冰混合物等方式来为严重的冬季风暴做准备。对于某些类型的破坏，问题不在于"是否"发生，而是"何时"发生和"有多严重"。任何

基于损失预期使用统计推理的人都会将高影响/高可能性事件评估为最坏的事件，它们发生得相对频繁，而且受到的打击也比较严重。这些是企业通常防备的事件。例如石油钻井平台运营商为季节性飓风做好准备，这是将破坏的可能性和影响加入产品设计的方法所针对的事件。预期损失高、发生的可能性相对较高，因此有理由采取主动措施来降低影响的可能性。这些事件具有足够的显著性，企业可为其制定具体的缓解手段和流程以减轻影响，并与供应商协调制定针对这些潜在破坏的响应计划。当然，"高可能性"一词是相对的。正如幂律分布所表明的，特定的高影响事件发生的可能性仍然很小。然而，第 1 章指出，全球化增加了供应链的长度、宽度和复杂性。尽管低可能性事件个别不太可能发生，但全球企业现在往往因为复杂而精益的供应商网络而暴露在大量不太可能发生的风险之中。换句话说，供应商的设施在特定时间发生特定破坏的可能性可能非常小。然而，在某一年的某个时候，在全球供应链中某个地点发生重大事件的可能性不容忽视。

有讽刺意味的预期损失焦虑

影响和可能性共同影响每个风险的总体优先级。如上所述，风险管理的标准逻辑是根据损失的预期价值来确定风险的优先级，损失的预期价值等于影响乘以可能性。从象限法来看，高影响/高可能性的风险具有最高优先级，低影响/低可能性的风险具有最低优先级，高影响/低可能性和低影响/高可能性风险具有中间值。然而，预期价值在风险分类方面只起部分作用。特别是，高影响/低可能性的风险或许比它们的预期价值所暗示的更危险，因为它们的稀有性意味着企业里没有人会有与该事件相关的经验，并且容易忽视这种不太可能发生的风险。

更有可能发生的与不太可能发生的破坏之间的对比，说明了组织如何思考风险和不确定性并确定其优先级的一种常见模式。组织为可预见的事件做计划（例如飓风季节），因为它发生的可能性在历史上是很高的，但他们不太注意极不可能发生的事件（"黑天鹅"），他们甚至也无法预见这种事件的破坏性质。

但是如果组织对某一事件进行了全面的准备，并制订了风险缓解计划，那么该事件应该被重新归类为低影响事件，因为企业可能减轻了这些影响。也就是说，风险管理本身可以调节企业的风险。

将风险缓解工作的影响逻辑提升到一个新的水平，意味着可以给对不同类型破坏的实际危险提供不同的看法。最危险的事件不是组织有丰富经验的和有深思熟虑的"行动手册"的众所周知的高影响/高可能性的事件，而是那些高影响/低可能性事件。原因是此类事件要么是不可想象的，要么是非常罕见的灾难，以至于在最近的记忆中从未发生过，即使曾经发生过，也不在风险管理者的"雷达屏幕上"。此类事件即使可以想象出来，也会被评估为不太可能发生，因此不会采取诸如缓解程序或行动手册等主动预防措施。

"未知的未知"的高度风险

在 2002 年 2 月 12 日的新闻发布会上，美国国防部长拉姆斯菲尔德说："就我们所知的，有些事情是已知的已知，这些事情我们知道自己知道；有些事情是已知的未知；也就是说，我们现在知道有些事情我们其实并不知道；但也有一些事情是未知的未知，这些事我们并不知道自己不知道。"[53]

风险管理者们可以在供应链风险管理情境下思考这三类情形的类比。"已知的已知"是那些每天出现的问题，也就是本章前面提到的"每日运球"。它们还包括季节性变化和长期趋势，如人口老龄化、城市化和发达国家汽车保有量下降。

"已知的未知"是可预见的、但随机的破坏性事件，其概率可以从历史数据、幂律分布外推和逻辑来估计。"已知的未知"事件包括俄克拉荷马州的龙卷风和墨西哥湾的飓风。这种破坏可能很严重，但它们并没有被视为"超出可能性的范围"。这些是高可能性/高影响的事件，可以通过行动手册、演练和经验进行准备，也可以投保，因为概率密度是已知的，因此可以计算出定量风险。

最后，还有"未知的未知"，这些事件不仅无法计算可能性，而且事件本身也无法想象。此类事件应该从不确定性而不是风险的角度加以讨论。由 9.0 级地震引发的海啸袭击日本，导致核灾难和随后的电力短缺，这是任何计划者想象不到的也不曾在历史有过先例的事件。同样，9·11 恐怖袭击也让美国措手不及。此外，在 2008 年之前几乎没有人预见到美国房地产泡沫的加剧，而且也很少有人采取行动来缓解随后的金融崩溃国际金融体系的濒临崩溃并没有进入大多数高管的风险管理计算。在比较这三个类别时，拉姆斯菲尔德总结道："纵观我国和其他自由国家的历史，最后这一类事件往往是最棘手的。"[54]

重大而罕见的事件的统计数字背后隐藏着诅咒。无论上一次"大"破坏有多糟糕，下一次"更大的"破坏都是不可避免的。随着历史的推移，重大破坏的数量不断增多。下一次"更大的"破坏可能需要很长时间才能到来，或者明天就会发生；但不幸的是，没有什么是不可能的。随着全球人口和经济的增长，最大的灾难总是存在于未来的某个地方。

但是，企业不会为流星撞击、灾难性事故、灾难性风暴和其他自然事件做出专门准备。此类事件也极少发生，尤其是在单个企业及其供应链范围内。应对突发事件需要建立总体的弹性——从任何事件中"反弹"所需的能力和流程（参见第 4 章和第 6 章）。

对结果的弹性 vs.对原因的弹性

五花八门的破坏种类说明了灾难产生的原因无穷无尽。从恶劣的劳资关系到有毒的铅污染，从病毒到火山爆发，从监管到创新，企业的持续经营面临着无数的威胁。媒体每天都报道着远近发生的灾难，让世界看起来充满危险。然而，思科公司发现，关注灾难发生的每一个原因并不是思考风险管理的最佳方式。尽管对原因的关注确实"吓唬了"企业，促使思科对风险管理进行投入，但以原因为中心并没有带来有效的风险管理。[55] 每个原因总体上的罕见性意味着明年的原因几乎不可避免地与去年的有所不同。

2006 年台湾地震后，思科改变了对风险的审视方式。[56] 相反，与其在一个多样化和复杂的世界里担心无休止的新破坏的原因，思科开始关注风险的影响，尤其是"如果我们不能生产和交付既定产品时该怎么办"的问题，而不管原因是什么。与原因不同，这些影响是可处理和已知的，因为它们直接与公司的产品组合及其全球供应商和合同制造商网络直接相关。虽然思科既无法预测下一次灾难发生的原因，也无法预测其可能性，但它可以从产品收入中断的角度考虑灾难对每种产品的潜在影响。产品的风险确实遵循幂律分布——思科产品中，相对较少的产品占其潜在风险的一半以上，从而简化了风险优先排序工作。[57] 第 3 章中描述的影响估计方法和危机管理仪表板就重点关注产品。

注重影响的观点反映了一个事实，即被破坏的东西比为什么被破坏更重要。医疗器材和技术公司美敦力（Medtronic）的供应链 EMEA（欧洲、中东和非洲）高级主管弗兰克·施普维尔德（Frank Schaapveld）说："我们确实考虑到了自然灾害或停电等内部根源，但我对灾难的性质并不感兴趣，我只关心其影响。某个地点会有一小时、一天或一个星期处于关闭状态吗？会持续多久没有关键人员在岗？而造成这种影响的原因就没那么重要了。" [58]

原因和可能性之间的联系

尽管以影响为中心的观点可以帮助消除 24 小时不间断的"噪音"，但思考原因还是有用的。以影响为中心的方法与任何破坏的可能性无关，它只是一种"如果……会怎样"的分析。然而，一些产品依赖于来自高风险地区和高风险设施的供应商提供的高风险技术。破坏的可能性是确定风险防范工作优先级的一个重要因素。以原因为中心的方法的第二个用途是了解相关风险，两种不同的影响同时发生（例如两个供应商或两个产品同时遭受破坏）并且造成更大的破坏或扰乱备选供应商的可能性。以原因为中心的方法让风险管理者思考不同类型破坏的影响范围。例如，工业事故或火灾可能会破坏特定供应商的单个设施；洪水或地区政治动荡可能会破坏多个地点；破产或罢工行动可能会扰乱供应商的所有设施。

灾难的三维立体：二维象限和可监测性

除了可能性和影响这两个维度外，破坏还有第三个关键维度：可监测性。

有些类型的破坏可以在对企业产生影响之前进行预测,而其他破坏则在毫无预警的情况下发生。可监测性为破坏性事件的分类添加了时间维度,定义为从知道事件即将发生到事件产生第一次影响之间的时间。值得注意的是,事件的可监测性可以是正数(影响前监测到)、零(发生瞬间监测到)、甚至是负数(破坏发生后才监测到)。

　　图 2-3 显示了在图 2-1 象限图里的两个维度之上增加了可监测性维度。可监测性的坐标轴可分为四个主要部分:媒体充分讨论的长期趋势,企业有时间为此进行战略准备;一些在短时间警告后出现的破坏(如飓风);在无预警的情况下出现,但一旦发生就立刻被识别的破坏(如罢工);还有隐蔽的且在事后一段时间才被发现的破坏(如产品污染和设计缺陷),或根本不被发现的破坏(如工业间谍活动)。

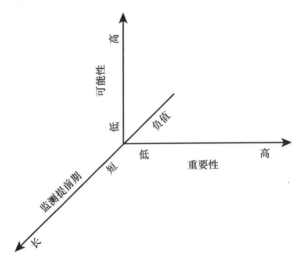

图 2-3　可能性—重要性—可监测性轴

预警才能预防:风险监测有足够提前期

　　西方世界、中国和日本的人口老龄化趋势并不令人惊讶,而且可以提前几年甚至几十年监测出来。中国、印度和其他新兴市场对能源和自然资源的需求也几乎是不可避免的,同时影响了供应和价格。城市化、移动电话的使用、撒哈拉以南非洲的经济增长、机器人(包括无人机)、食品价格上涨和水资源短缺等长期趋势将影响投资和供应链模式。长期趋势和任何其他风险之间的区别在于，企业有机会将这些趋势纳入战略并从中获利。然而，就像谚语中所说的"温水煮青蛙"，一些企业可能无法发现、准备或利用缓慢变化的趋势。

劳动合同的终止日期在合同签订之日就是已知的，但一些企业还是忽视了在那个时候更强的罢工风险的信号。重大监管变更的逐步生效（例如关于有毒化学品）同样需要数月或数年的过渡时间。大多数供应商的破产应该不足为奇（参见第 5 章）。在供应商达到破产点的前几个月，企业就应该可以发现哪些供应商的资产负债表不稳定、利润模式不利或现金流为负数。此外，发货错误、质量问题和退款缓慢可能预示着在财务数据体现出来之前，供应商就已经陷入困境。

其他威胁难以在短时间内提前被监测到，但是仍然有一些预警的机会。尽管天气似乎反复无常，但潮湿空气在不同海拔和不同温度下流动的物理原理并非神秘莫测。飓风、洪水和冬季风暴现在都能提前数小时或数天预警。当飓风冲进墨西哥湾时，石油钻井工人就知道该怎么做。他们经过培训，可以执行一系列"关机"程序，关闭关键阀门并固定设备，从而减少风暴来袭时发生漏油的概率，并在风暴过后实现快速重启。预警可以让企业启动防范和恢复工作。

甚至地震在发生时就可以被监测到，从而能够对远离震中的人进行早期预警。2011 年地震时，位于东京的企业和居民在地震到达前大约 80 秒就得知地震会来，而且在海啸抵达东京湾之前有长达 40 分钟的预警。数据比灾难跑得更快（参见第 8 章）。

砰！即时命中：风险监测的零提前期

2010 年 12 月 8 日上午，位于三重县四日市的东芝存储芯片厂的电力供应突然停止了 0.07 秒。电力故障导致工厂设备重新启动，损坏了生产中的全部晶圆。这也造成了 NAND[59] 闪存生产中断两个月。[60] 当时东芝提供着全球 35.4%的 NAND 闪存供应，[61] 而故障影响了东芝约 20%的产量。ThinkEquity

的分析师克里希纳·尚卡尔（Krishna Shankar）表示："我认为没有比现在更糟糕的影响了，因为智能手机、平板电脑、数码相机和音乐播放器等产品的快速增长造成对 NAND 闪存的需求激增。"[62] 没有人能预测这件事。东芝没有任何预警，但它在一瞬间就知道破坏已经发生了。

有些事件在很少或根本没有预警的情况下发生，例如技术中断、工厂爆炸或恐怖袭击。前一分钟，一切都很顺利，下一秒，混乱就爆发了。之后会发生什么取决于事件发生的可能性。突然爆发的高影响/高可能性的破坏会触发基于经验和演练的响应行动。高影响/低可能性事件更让人吃惊，需要大量的信息收集、评估和创造性解决问题。

在这两种情况下，监测时间已经包括企业充分了解所发生的事情和发起适当响应所需的时间。例如在 9·11 事件期间，第一架撞击世贸中心的飞机被认为是一起事故。直到第二架飞机撞击后，美国政府的情报机构才意识到发生了什么，军方才出动战机，并在美联航 93 号航班在宾夕法尼亚西部坠毁之前拦截它。[63] 大的破坏会影响整个行业，在这种情况下，及早确定问题性质和严重程度的企业可以赶在竞争对手之前确保供应、运输和使用，从而将影响降至最低。

隐藏事件中潜伏的危险：负的监测提前期

2007 年年初，美泰的一家长期涂料供应商因为无法从主要供应商那里获得更多的着色剂而缺料。供应商迅速地通过互联网找到了一家备用供应商，他们保证可以提供经认证为无铅的安全着色剂。油漆供应商没有测试新的着色剂，因为测试会延迟生产。尽管油漆工人指出，新油漆的气味与原来的配方不同。[64]

在两个半月里，美泰的合同制造商生产和运送了大约 100 万件涂有替代着色剂的玩具。玩具从中国通过海运流向分销商和零售商。2007 年 7 月初，一家欧洲零售商的检测结果显示，有一些美泰玩具的油漆和涂料中含铅量超标。美泰立即停止了玩具生产，调查原因，并确认油漆含铅。2007 年 8 月初，美泰召回了近 100 万件 83 种不同类型的玩具。

幸运的是，由于 2/3 的受污染玩具仍在分销链中，因此影响并没有那么严重。然而，美泰仍然需要提醒消费者退回玩具，因为这 30 万件玩具是美泰在意识到问题之前的两个半月内售出的。[65] 随后的检测又发现了其他受铅污染的玩具，迫使美泰在那年秋季召回另外 100 万件玩具。[66] 美泰还因违反了联邦对铅涂料的禁令而支付了 230 万美元的罚款。[67] 这次召回意味着美泰还必须承担识别、收集和销毁有毒产品的巨额物流成本。更重要的是，这一事件玷污了美泰在消费者和媒体眼中的品牌形象。结果，美泰的股价在召回事件中从 2007 年的最高点下跌了 25%。[68]

虽然当地震来袭时每个人都知道，但有些灾难却有一个隐藏的开幕。食品污染事件可能需要数周时间才能浮出水面，因为食品到达消费者手中需要时间，食源性病原体有潜伏时间，以及追溯到特定食品类型和品牌也需要时间。通常发现隐藏问题的滞后期越长，影响就越大，损失也越大。由设计错误或材料质量造成产品缺陷的问题，往往要等产品在客户手中使用很久之后才能确定。

有些破坏具有更隐蔽和不太可监测的特征，它们是未知的未知。例如，几十年来，玩具中一直含有磁铁而且没有安全问题，但一种新的高强度磁铁却造成了一个不可预见的和严重的安全问题。与前几代的磁铁不同，如果这些类型的高强度磁铁从玩具中松动，然后一个孩子在一段时间内吞下多块磁铁，那么磁铁可能会将孩子的肠子的两部分挤压在一起，造成穿孔，并导致严重的感染。在健康和安全官员发现问题并强制进行大规模召回之前，玩具制造商在九年内售出了数千万件含有此类磁铁的玩具。[69]

管理各类风险

企业有许多战略选择来管理它们面临的各种风险。风险管理可能包括预防可避免的风险、应对常见破坏的行动方案，应对意外或非常罕见的破坏的一般弹性，以及提高对初期风险和持续破坏的认识。

减少可能性还是减少影响？

可能性和影响的象限框架提出了两种降低风险的补充方法。首先，企业可以通过遵守法规、保持社会关注、保持良好的劳资关系以及避免陷入高风险的境地（例如，避免使用在洪泛区或不稳定的国家的供应商）来降低风险。企业还可以采取安全、质量和安保措施，[70]包括网络安全，以防止可能的蓄意攻击。然而，预防和减少可能性的措施不能完全消除风险。此外，预防措施一般针对可预见的破坏，这意味着它或许不会减少未知风险的可能性。

其次，企业可以通过采取及时有效的响应措施来减少影响。备用库存、备用产能和替代供应商等备用资源可以将影响最小化并加快恢复的速度。灵活的流程可以帮助企业快速高效地做出响应。为此，企业可以创建紧急运营中心、业务延续性计划和预先规定好的上报程序，以帮助协调危机响应（请参阅第 6 章）。提高灵活性和添加备用资源可以增加供应链的一般弹性，帮助解决"未知的未知"的威胁。

从未知到已知：加速风险监测

快速监测是减少影响的一个重要部分（参见第 8 章）。越早预警，企业就能越早进行准备，例如将库存和资产从受影响区域转移、准备恢复所需的材料或找到第二供应来源。监测还意味着了解破坏的范围和程度。加速企业的信息流动以及决策过程是风险监测和快速响应的重要因素。

温度和烟雾传感器可以发出火灾警报，许多工业场所将这些传感器与自动灭火、火灾疏散警报和应急响应装置连接起来。类似地，太平洋周围的海啸传感器不仅能探测即将来袭的海啸，还能自动启动警笛和疏散警报。

同样，面向消费者的企业利用社交媒体来监测产品的问题，甚至避免问题的扩散。例如，戴尔和百思买利用社交媒体来监控产品问题并与受影响的客户沟通，从而迅速做出反应，以避免负面宣传的扩大。一些企业还会在社交媒体上插入"解决方案"（例如，"我听说公司知道这个问题，一种新的键盘将在两个月内发布……"），而不仅仅是"倾听"社交媒体的讨论。

2013年6月7日，达美航空公司（Delta Airlines）在YouTube上发现了一段对自己不利的视频，视频中从阿富汗返回的美国士兵抱怨托运第四件行李就会被收取额外费用。这段视频迅速传播开来。[71] 达美航空公司立即意识到这可能会演变成一场公关灾难。当天晚些时候，该公司发表了道歉声明，并第二天早上改变了政策，允许因公出行的士兵免费托运四件行李。政策的改变意味着必须更新软件系统，修改机场自助登机程序，并通知世界各地的员工。到第二天中午，达美航空公司更新了它的博客和Facebook页面，提醒公众注意政策的变化。[72] 这次快速行动避免了让该视频成为另一个臭名昭著的"美联航弄坏了我的吉他"事件。[73, 74]

监测长期影响的趋势意味着要监控环境的变化；监测瞬间影响的事件意味着要监控运营、供应商及其运营区域；监测影响隐蔽的事件意味着要对供应链中不太明显的要素进行密切监控；例如，更深层次的供应商、影响行业的边缘群体，以及客户中不寻常的负面事件，这些事件可能意味着企业的产品或流程中出现了未知异常的信号。

风险监测是一个更广泛和更深层次的策略，而不仅仅是安装烟雾报警器或社交媒体监控；相反，风险监测意味着对特定的近期事件和可能造成破坏的潜在事件的警惕。风险监测取决于提高供应链的透明度，本质上是把未知及时地转变成已知。通过风险监测，企业可能从：①甚至不知道因为它的关键原材料的底层供应商位于墨西哥湾，所以自己暴露在墨西哥湾的飓风破坏的风险之下；到②知道自己暴露在风险之下，但只有根据精算数据而估计的可能性和影响；到③知道供应商将在三天后遭受飓风袭击，但该供应商在内陆配送中心有四周的库存，并且有为期五周的业务延续性计划，在飓风登陆一个月后可能出现一周的供应缺口。这样一来，风险监测就将"未知的未知"转变为"已知的未知"，最终将"已知的未知"转变为"已知的已知"。

第 3 章
减 少 空 白

通用汽车底特律总部距离日本有 6 400 英里。英特尔在日本有 600 名员工，严重依赖日本庞大的半导体供应商网络，但通用汽车与该地区的关联却少得多。通用汽车仅有 2% 的汽车零部件来自日本，而且通用汽车 1.85 万家一级供应商中只有 25 家在日本。然而，通用汽车在 2011 年地震中的经验表明，企业之间的关联程度已经发展得如此之深，未知风险也可能大大超过已知风险。

应对来自远方的破坏

地震和海啸发生在底特律时间 3 月 11 日星期五凌晨 1 点左右。当通用汽车的高管们在早上得知这场灾难时，他们仅仅是对这 25 家位于日本的一级供应商有些担心，但并不认为他们将面临一场全公司范围的危机。通用汽车的采购部门整个周末都在工作，试图从日本供应商那里获得相关信息。然而，与许多其他公司一样，通用汽车很难联系到这些供应商，受灾地区的电力和通信都中断了。日本的公路和铁路被关闭，等待检查损坏情况，因此工人无法到达工厂。到星期一，通用汽车收到了一些关于损失的严重程度以及哪些供应商受到影响的初步报告。

作战室集结

截至 3 月 15 日星期二，通用汽车估计有 30 家供应商和 390 个零部件受到地震和海啸的影响。虽然一辆普通汽车的零部件总数约为 3 万个，其中 390 个似乎微不足道，但只要缺少一个零部件就无法完成汽车的生产和发货。对现有库存的初步估计表明,这些零部件的停产将在八天内导致许多通用汽车装配厂的生产中断。预计到 3 月底,通用汽车在全球的所有工厂都将关闭。更糟糕的是,预计生产可能中断至少七个月。这时候,整个通用汽车公司都敲响了警钟。过去发生的危机可以帮助公司发展新的技能,通用汽车也不例外。2005年,从通用汽车公司分拆出来的德尔福公司宣布破产。为了应对失去最大供应商的惊人危机,通用汽车创建了"D 项目"。这一努力为六年之后应对日本地震、海啸和核灾难的"J 项目"提供了一支骨干力量和方法。供应商破产和发生地震的原因可能截然不同,但它们对关键原材料供应链的破坏是类似的。通用汽车公司采取的第一步行动是建立了一个危机作战室,作战室实际上是三个房间:一个用于 J 项目的集中协调,一个用于针对危机的特定要素制定供应链解决方案,一个用于为受影响的零部件制定工程解决方案。这三个房间都坐落在通用汽车位于密歇根州沃伦的未来主义的 VEC(车辆工程中心),距离通用汽车底特律总部文艺复兴中心 15 英里。VEC 驻扎着通用汽车的工程和设计部门以及供应链管理部门。通用汽车全球各分部的其他规模较小的危机作战室也加入到了这一项工作中来。

发动团队

通用汽车有 390 个零部件受到影响,并且所有 16 家装配厂面临着在几周内停产的危险,因此需要一支善于在压力下快速解决棘手问题的团队。这就是 D 项目的经验提供的第一个好处。全球车辆工程运营部经理罗布·汤姆(Rob Thom)说:"我非常清楚,我的意思是从第一天起我就知道哪些人是我们想要的,因为我找的就是为 D 项目工作过的人。"[1]由于此次危机是供应链中断,所以供应链人员负责管理整个项目。全球供应链执行总监比尔·赫勒斯 (Bill Hurles)领导了这项供应链组织和工程组织之间密切合作的项目。

每日循环:沟通、行动、报告

该小组迅速建立了一套日常程序,重点针对优先级最高的问题进行沟通和协调。坦诚的沟通有助于将工作重点放在最棘手的问题上。"这是比较困难的地方，因为你并不想传达坏信息，但有时你必须这样做。我分享了我所知道的一切信息"，通用汽车零件控股公司董事罗恩·米尔斯（Ron Mills）说，他是通用汽车工程部门的关键发言人。[2]

每天上午 6 点，他都会致电包括副董事长史蒂夫·吉尔斯基（Steve Girsky）在内的高级领导。米尔斯说："我给每个区域打电话，整个北美都受到了这场危机的影响，我们在电话里讨论我们现在的情况是怎样的，我们了解到哪些情况，我们面临的停产时间，我们今天遇到的挑战。"

接下来，团队会明确达到当天的目标所需要完成的工作。各分队还有自己的会议，例如上午 7:30 的供应链会议。到上午 8 点，危机小组的领导开始向所有处理危机工作的团队提供信息。上午 10:30，危机团队还会向销售、服务和营销团队提供最新报告。

"然后，在下午 4 点，我们会跟进这一天了解到的信息以及取得的进展"，米尔斯说。这样就实现了危机复苏工作的闭环。定期持续地沟通项目状态、目标、行动和结果，使团队朝着自己的目标稳步前进。鉴于事件的全球性和问题的严重性，许多团队成员全天候工作。"我们一周七天，每天 24 小时连轴转。"米尔斯说。

危机响应的工作任务

为了最大限度地减少危机对通用汽车的生产和后续的销售的影响，需要制订一个多方面的行动计划。危机作战团队的工作有五项基本任务：识别受影响的零部件、评估所涉及的风险、延迟零部件短缺、减少任何短缺以及优化破坏期间的生产。这些任务主要涉及组织的供应链、采购、工程和营销等部门。所有的任务必须同时进行。

任务 1：监测潜在的破坏

从地震当天开始，通用汽车的首要任务是确定所有受影响的零部件及其对通用汽车运营的影响。虽然团队能够立即得知大约有 20 个供应商和 390 个零部件受到影响，但这些只是非常初步的关于直接影响的估计。

汤姆描述了恢复工作的开端，"团队第一次见面时的场景是这样的，'好吧，谁是团队成员，谁知道具体情况？'我们没有任何信息。于是，他们把 390 个零部件编号发给我们，一个小时后，他们又说，'哦，顺便说一下，我们还有 100 个'。"[3] 供应链中更深层次的破坏会随着时间的推移而浮出水面，但通用汽车越早发现这些隐藏的问题，就能越早解决这些问题。

现代汽车是个电子奇迹，拥有各种传感器、计算机和执行器来管理发动机，尽可能降低尾气排放并产生高效可靠的动力。汽车的仪表盘使用计算机化的显示屏和触摸屏，为驾驶员和乘客提供更多的控制和便利。尽管仪表盘组件或防抱死制动模块可能由美国一级供应商在美国制造，但电路板上的某些零部件可能来自日本。鉴于日本在电子制造业方面的实力，这次危机很大一部分来自电子零部件也就不足为奇了。通用汽车的所有汽车的电脑芯片、传感器、显示器、收音机和导航系统都含有日本制造的零部件。然而，电子零部件并不是唯一的问题。通用汽车很快发现，许多不同车型上的几乎每个部分都需要某些来自日本的东西。Xirallic 是雪佛兰科尔维特汽车所用油漆中的一种闪闪发光的添加剂，它就来自日本，车身装饰的特殊塑料来自日本，涡轮增压器上的高科技镀铬也来自日本。冷却风扇、散热器盖、空调压缩机、起动马达以及其他的很多零部件都与日本供应商有一定的关系。

与大多数公司一样，通用汽车与这些更深层次的供应商没有直接的业务关系。每个第一层供应商通常负责更深层次的工程和采购决策。此外，供应商认为这些关系是专有和保密的，是供应商知识产权的一部分，从而限制了通用汽车对地震如何影响各个供应商的生产和恢复措施的认识。幸运的是，通用汽车的团队已经从正在进行的一些工作中获益，得以绘制更深层供应链的结构图。甚至在地震之前，该公司就知道它在半导体供应上面临着风险。比尔·赫勒斯说："我们已经有了一个非常好的路线图，它帮助我们顺利渡过难关。"[4] 与工程部门的合作也起到了帮助作用。在许多情况下，通用汽车的工程师会认识一些第二层和第三层供应商，因为他们知道每个具体的子系统内使用了哪种传感器或芯片。然而，团队挖掘得越深，他们发现的问题就越多。通用汽车的一些非日本供应商也有日本供应商。通用汽车的一些非日本供应商的非日本供应商还拥有日本供应商，等等。"名单每天都在增加。对我们来说，目标一直在移动。"汤姆说。[5]

受影响的零部件从 3 月 14 日的 390 个，增加到 3 月 24 日的 1 551 个，到 3 月 29 日的 1 889 个，最后在 4 月 13 日惊人地增加到了 5 329 个。在地震后的一个月里，通用汽车平均每天发现 160 个受影响的零部件。这个问题还因为福岛核电站危机以及持续的电力短缺而加剧。

随着受影响零部件的数量增加到数千个，跟踪每个单独的零部件变得很困难。庞大的零部件数量阻碍了沟通并影响了工作。为了应对这种情况，团队从跟踪各个零部件转向跟踪所谓的"商品种类"，也就是大多数汽车中使用的常见零部件或组件类别，如座椅、门垫或收音机。5 329 个受影响零部件的长串清单变成了 116 种更容易管理的受影响的商品种类清单。而且，由于通用汽车的采购、工程和供应职能主要围绕商品种类进行组织，因此，这种分类方法正好适合寻找相对应的内部和外部人员来处理每个受影响的商品种类。

最后，人们花了两个多月的时间才知道了受影响的零部件数量。受影响零部件的最终数字为 5 830 个，比最初估计的位于日本的一级供应商的 390 个高出近 15 倍。每个缺失的零部件都可能导致通用汽车整个系统的某处生产停产。

任务 2：绘制空白图

从一开始，随着受影响零部件数量的增加，通用汽车需要一种方法跟踪危机发展的影响。它需要一个直观的"仪表盘"，一目了然地显示哪些车辆平台受到影响，哪些零部件受到影响，关键零部件何时用完，何时会出现新的零部件或替代品，以及其 16 家装配厂什么时候可能因缺少零部件而停产。同样，公司在 D 项目方面的经验提供了解决方案。"我们称之为空白图，"米尔斯说。[6]解决方案是一个很长的、跨房间的白板图，沿着一条水平轴显示通用汽车 16

家全球装配厂的时间表。"这是我们为了展示危机的影响程度而想出来的，它帮助我们向领导层汇报问题所在。"米尔斯说。

在时间轴的左边缘是当天和近期的周数。这些近期的周数用更深的颜色来标注，以显示任何零件的短缺何时可能影响该装配厂。时间轴上的圆圈显示某些车型的零部件耗尽的时间点，但通用汽车可以通过继续生产其他型号来延续生产。三角形则表示影响生产的潜在问题。而"X"标志着生产的彻底中断。随着通用汽车从供应商那里收集数据，各种标记开始布满这张巨型的图表，显示着每家工厂的各种时间表。

每家工厂的时间表涵盖了未来的月份，在图表的右侧延伸到将近一年之后。图表的这一边显示了通用汽车通过以下三种方法之一重新恢复生产的时间：恢复原始供应商、替代供应商上线或寻找工程替代方案。它还显示了之前计划的停产，如传统的夏季停产，因为那时公司会进行大修和重新开模、新车型切换以及给工人放假。

图表中间是空白区域——这是通用汽车在供应耗尽和问题被解决之前的一段情况不妙的时间缺口。危机初期，16 行图表中的每一行都出现了令人厌恶的"X"，甚至有时候这个标记，随处可见。这些标记表明，通用汽车将因零部件短缺而被迫停止该工厂的生产。

危机团队对图表的两侧用不同颜色做了标识，以反映在管理供应缺口方面取得的进展。红色意味着他们还没有制订计划；黄色意味着有了计划但尚未实施；绿色意味着计划正在执行。由于不同的团队在图表的两侧同时进行努力，左侧是延长现有供应商的供应，右侧是恢复供应，因此图表两侧可能有不同的颜色。通用汽车应对危机的首要目标是消除所有的空白区域。此外，随着工作的进一步开展，他们还旨在使空白区域的两侧变为绿色，以显示对零部件供应和恢复计划的信心。

通用汽车员工也用同样的颜色表示法谈论不同品类的状况。在汽车涂料上，我们是红色的。在加热座椅模块上，我们是黄色的。到 4 月 13 日，在已知受影响的 116 个品类中，通用汽车正在执行 44 种（状态：绿色）品类的恢复行动，61 种品类已经有计划（状态：黄色），只有 11 种是无计划的"红色"品类。到 5 月 27 日，影响的范围从 116 种增加到 118 种，但工程师和日本供应商在寻找替代品或恢复生产方面取得了重大进展。标记为"红色"的品类数量从 11 个减少到只有 2 个。被视为"绿色"的品类数量从 44 个增加到 82 个。

任务 3：推迟停产

通用汽车公司董事长兼首席执行官丹尼尔·阿克森（Daniel Akerson）表示："最初几周是令人惊悚的一段时间。"[7] 每次一旦获得另一个零部件受到影响的一点消息，团队就迅速重新估计零部件何时会耗尽，以及哪些车型将受到新短缺的影响。这些预估导致在空白图的左侧增加了更多的"X"标记，并重新定义了空白区域的边界。

供应链团队努力寻找任何可能存在的受影响零件的额外库存，在日本一个未损坏的仓库中、在运输到通用汽车公司的途中、在合同制造商的工厂里等。团队在供应链上下游进行搜索。他们甚至还利用了在市场上和经销商处的备件库存。每次当他们发现更多零件的时候，就能够把关键的"X"标记进一步向后推，并缩小这一侧的空白区域。

这些拖延战术奏效了，空白区域的左侧边缘也越来越向未来推移。3 月 14 日，对危机的第一次评估预计所有工厂将在 3 月底关闭——只剩两周的时间。到 3 月 24 日，团队已经找到了足够的供应，能够让所有的工厂一直运行到 4 月 11 日。到 3 月底，预计停产时间被推迟到 5 月 16 日，为寻找最棘手问题的其他解决方案提供了 6 周多的时间。

任务 4：缩短恢复时间

在通用汽车的供应链人员努力延长供应以推迟停产的同时，通用汽车的工程部门也在寻找方法，尽快恢复零部件的供应和生产。为了缩短恢复时间，采购和工程部门在帮助受影响的供应商恢复生产的同时，还努力寻找替代零部件。零部件替代包括同时寻找新供应商，以及寻找方法让有库存的其他零件，以此弥补受到地震影响而短缺的零部件。

例如，拥有全球汽车微控制器 40%市场占有率的瑞萨电子（Renesas Electronics）就受到此次灾难的重创。幸运的是，通用汽车公司首席执行官丹·阿克森（Dan Akerson）是另外一家此类芯片供应商飞思卡尔（Feescale）的董事会成员。"所以我拿起电话，给飞思卡尔的首席执行官打了电话，我说，'我知道你们生产这种芯片'。于是，我们想出了解决方案。"阿克森说。在寻找第二供应来源的同时，通用汽车还让在日本的供应商质量工程师帮助恢复供应商生产。"因此，我们就有了一个双轨解决方案。"阿克森总结道。[8]

然而，找到一个可替代的零部件不仅仅意味着把不同的零部件放进汽车里那么简单。在正常情况下，工程师需要 6～12 个月的时间才能认证新零件或新供应商。在制造有多年使用寿命并行驶数万英里的汽车时，必须严格认证每个零部件，以确保其有效、安全和可靠。认证新零件需要测试该零件在高温、寒冷、机械应力和暴露于汽油、机油、防冻液等方面有承受多年预期寿命的能力。替代零部件的尺寸、重量和材料必须与车上已有的其他零部件和材料兼容。最后，工程师需要确保每个零部件都与汽车装配工艺兼容（例如，如果装配工人必须将替代的软管弯曲后才能将其放置到位，那么所选的软管必须不会被损坏）。

工程师还必须确保他们所做的任何更改不会对车辆的其他部分造成不利影响。例如，发动机罩中的闩锁重量会影响保持发动机罩打开所需的弹簧强度。如果用较重的闩锁替代，那么发动机罩就需要更重的弹簧，但是发动机罩组件的重量又会影响前悬架，等等。零件认证过程的一个重要部分是尽量减少级联变化的威胁。由于需要同时评估若干个不同零件的替代品，所以情况也变得更加复杂。

恢复还意味着供应商必须努力为新零件或更改的零部件创造产能。汽车制造依赖于许多定制零部件，而这些零部件只适用于很有限的车型。供应商通常使用专用模具来生产形状复杂的零部件，如密封件、垫片、地板垫、橡胶靴和塑料装饰，以及冲压、锻造或铸造的金属零部件。任何可见的内外部零部件还需要颜色匹配。因此，认证新供应商的零部件，甚至仅仅是认证现有供应商的新工厂的零部件，都需要时间。

任务 5：根据需要分配稀缺物资

负责通用汽车全球采购和供应链的副总裁罗伯特·索西亚（Robert Socia）在 5 月中旬表示："我们仍有问题，我们现在面临的问题越来越难以解决。"[9]尽管在寻找库存、替代供应商和替代工程解决方案方面做出了英勇的努力，但通用汽车并不能完全解决缺口。"现在的瓶颈似乎是半导体。"阿克森说。[10]芯片的特殊性、损坏的程度以及漫长的恢复时间意味着一些空白区域依然存在。由于一开始就面临着无法彻底消除空白缺口的威胁，所以通用汽车也一直在仔细考虑如果不能消除所有空白区域该怎么办。在许多情况下，发动机控制器、大流量气流传感器和制动控制模块等部件被多种车型共用。正如比尔·赫勒斯指出的："我们在处理的很多东西是可以分配的。我们可以决定在欧洲、中国和北美的多种产品中使用同一发动机控制器。"[11]

"我们的目标是全部照旧，"赫勒斯继续说道，"但如果我们陷入一种情况，需要确定优先级，我们会制定一个规则。"首先，从一开始，通用汽车就根据每种车型对公司财务贡献的大小，然后对图表上有空白缺口的所有装配厂进行优先排序。如果破坏情况比预期情况糟糕的话，这就确保了危机小组将精力集中在目标车型上，这些车型可以帮助通用汽车更好地维持运营。

第二，通用汽车还考虑了在市场上的运营库存水平。以销售天数计算，经销商手上有多少辆汽车，这个数字比计划的低还是高？停止生产库存天数少的车型会增加销售损失的风险。通用汽车北美计划和订单履行部门经理鲍勃·格鲁布津斯基（Bob Glubzinski）解释道："因此，库存水平将决定不同车型的相对重要性。"[12]3 月 21 日，由于担心近期内气流传感器出现短缺，通用汽车在路易斯安那州什里夫波特暂停了一周的雪佛兰科罗拉多小型卡车的生产。虽然这一举措登上了新闻头条，但它并没有影响销售，因为通用汽车及其经销商有足够的整车库存。通用汽车之所以采取这一步骤，是因为知道他们早暂停低优先级工厂的生产，就能确保向生产全尺寸卡车的工厂提供更多的气流传感器，而这些工厂的利润空间也更大，库存也更低。最后事实证明，通用汽车甚至不需要暂停生产，因为随后发现，它有足够的传感器供应其所有的卡车工厂，什里夫波特工厂的生产在第二周重新启动。

关键教训

最终，通用汽车安然渡过了危机。从普通购车者的角度来看，几乎什么都没有发生。经销商仍然可以供应大量的汽车，虽然一些型号的某些颜色在一段时间内缺货。在通用汽车内部，这是一个重大事件，数百人投入大量的时间，使经销商和客户绝缘于半个地球之外的灾难。正如一位通用汽车员工开玩笑说的："我的邻居认为我离婚了，因为我有九个星期没有回家。"

通用汽车的成功告诉了我们一个应对大规模供应链破坏的重要教训。在面对复杂的生产运营时，团队成员应坚持自己的角色和专业知识，以避免阻碍进度，并尽量减少不必要的额外工作，它还突出了高级管理层的作用。

"留在你的泳道里"

通用汽车企业风险管理助理董事兼经济学家马克·罗宾逊（Marc Robinson）博士说："因为这是一个显而易见的危机，每个人都在努力成为自己部门中的英雄。"[13] 对于通用汽车来说，最严峻的挑战之一是如何驾驭每个人努力尝试寻找解决零部件短缺问题的良好意愿。通用汽车有着一大批经验丰富和对公司极其忠诚的老员工。他们对公司的车型和工厂的情况一清二楚。这意味着每个人都有很多关于如何解决零部件短缺的想法。

然而，人们善意的干预很容易造成其他问题。同样的，在技术上更换零部件对其他零部件具有关联影响，更改制造方案对其他计划和供应链也具有关联影响。以加热座椅为例，其电子控制模块面临供应中断。格鲁布津斯基说："我们受到了来自工程部门的巨大压力，要求我们停止为尚未生产的车辆订购加热座椅。"[14] 但通用汽车希望避免这种对公司产品构成的善意改变可能带来的三个方面的影响。

更改产品构成的第一个关联影响是潜在的产能问题。赫勒斯解释了逻辑链："我可以制造没有加热座椅的车辆。但因为几乎所有的加热座椅都使用了皮革。如果我们改变了产品结构，不再使用加热座椅，但普通座椅使用的是布料，那么我们就制造出了布料供应的问题。"[15] 此外，使用布料或皮革的选择还会影响到某个具体车型的基本款、运动款和豪华款的销售相关的其他配置。因此，一个小的变化可能会对其他零部件的需求数量产生重大影响，造成未受影响的其他零部件的短缺。"我们可能会把自己直接带入到一个更大的风暴中。"赫勒斯总结道。

第二个关联影响是由通用汽车的供应链和制造系统的复杂性造成的。制造汽车涉及精心编排的、为期数周的在全球范围内协调一致的生产活动。取消加热座椅意味着所有预定好要装配进带有加热真皮座椅的车辆的子组件和零部件都会滞留在供应链的某个地方。格鲁布津斯基说："供应链已经处于一种非常脆弱的状态，无法承受更多的变化。"

最后，第三个影响来自销售方面。经销商和消费者可能不希望见到更多的布料座椅车辆。与其他提供加热座椅的汽车制造商相比，不能提供加热座椅可能使通用汽车在市场上处于竞争劣势。"我们希望向经销商提供卖得好的产品。他们知道自己想要什么，他们也知道自己可以卖什么。我们希望尽我们所能提供它，"格鲁布津斯基说。赫勒斯补充道："我们所有的努力就是为了每天根据计划生产每一款产品，尽量减少对产品构成的更改。"

赫勒斯继续说："我仍然记得那天晚上我给约翰·卡拉布雷斯（John Calabrese，全球车辆工程副总裁）和罗恩·米尔斯打电话说：'伙计们，我需要你们的帮助。我看到人们开始决定改变产品的构成组合，我不能让他们这么做，也不需要这样做。这是一个好意，但如果他们开始移除 A 零部件，我就会有 B 零部件的问题。所以我需要你们清楚地告诉所有人，他们未经我们的授权不能做出改变。'"

这场旨在限制善意干预造成的意外后果的斗争变成了一句口头禅："留在你的泳道里。"尽管危机团队希望每个人提供创造性的解决方案，但他们不希望每个人单独行动，这会影响到其他部门并在其他地方制造更多的问题。通用汽车必须在给予员工解决问题的灵活度和不干扰公司其他部门运作的纪律性之间实现平衡。

来自高级管理层的大力支持

从一开始，危机团队就得到了通用汽车高级管理层的大力支持，而且高级管理层最大的贡献可能就是不介入细节。通用汽车公司副董事长史蒂夫·吉尔斯基对作战室团队说："你们是智囊团，告诉我你们需要什么帮助，或者我就不打扰你们。"高管们说到做到。一位团队成员非常惊喜地注意到："高管们亲自去吉米·约翰斯（Jimmy Johns，当地一家三明治店）取外卖，确保我们（危机团队）能够继续工作。"[16]

在危机期间，随着危机团队几乎稳步地找到了解决所有问题的办法，高级管理层的支持也越来越大。"团队证明了他们能够应对这次生死存亡的危机，因此给了领导层信心。在以后的危机中，领导层甚至不需要到危机室去。"赫勒斯说。

寻找跨职能的灭火队员/工程师/供应专家

通用汽车发现，这次危机和其他危机一样，涌现出了那些具备必要的心理素质和相应技能的人，帮助公司加深了人才的板凳深度。在 2011 年日本地震发生后，通用汽车的米尔斯说："我知道该给谁打电话，谁能在危机中表现出色，谁拥有正确的技能，谁有耐力在危机中生存，谁能够胜任自己的部门以及跨部门之间的工作。"他补充说，"你的工程师不能只懂转向系统，除了了解转向系统，他还要了解供应链，并了解现有方案之外的其他有竞争力的替代方案。同时你自身也必须有一定的广度和深度，你要知道自己的组织里谁是这样的，这非常有帮助。"

其他公司的应对措施

许多公司都采用了类似的策略,在日本地震期间和其他危机期间也有类似的经历。德尔福公司在日本地震和海啸期间,经历了为期五天的信息中断,这使得评估局面变得困难。英特尔也必须争取时间,对涉及复杂产品的替代方案进行验证。然而,其他公司使用不同的应对措施来处理灾难反应中的多项任务。

风险识别:在不确定性之下的分类

2011 年 10 月,一场大规模的洪水袭击了泰国曼谷,淹没了该国的工业园区,超过 1 000 家工厂被淹,包括许多计算机和电子行业的供应商(见第 7 章)。受影响的公司包括总部位于新加坡的大型全球合同制造商伟创力。伟创力知道,它从可能位于受影响地区的数十家供应商那里购买了大约 2 000 种不同的电子元件。但由于来自受灾地区的信息不足,伟创力无法确切知道哪些零部件实际受到了影响,也无法做出最佳响应。

为了在高度不确定性下集中努力,伟创力给所有零部件定义了四个相互排斥、共同详尽的类别。"绿色"类别包括库存超过三个月的零部件。这些零部件不太可能导致生产端缺料和客户端缺货,因为它们不太可能耗尽。这些大量的库存可能覆盖了恢复生产所需的时间,或者用通用汽车的话来说,这些零部件没有空白缺口。"黄色"类别包括双源部件,也就是伟创力可以从其(已经合格的)第二供应商处获得供应,因此也不太可能短缺。联系第二供应来源大概可以保证快速恢复。

最后两个类别包括单一来源和低库存零部件,这些零部件极有可能造成供应中断。然后根据对销售收入的影响确定这些零部件的优先级。"橙色"类别的零部件用于销售收入较少的业务活动,"红色"类别是对销售收入影响大的零部件。

总体而言，这种分类法让伟创力从 2 000 个可能受影响的零部件清单中挑出大约 100 个高优先级的零部件。然后团队确定了恢复策略，例如进行风险采购、认证备选来源或调整生产计划并将可用的库存分配给优先级较高的产品。利用这些信息，团队能够针对"高风险"列表中的 100 个零部件与供应商和客户进行有针对性的对话。按采购、库存和收入影响进行分类对于确保首先解决风险最高的零部件至关重要。

影响：空白区=风险的价值

通用汽车评估空白区的方法为企业大致估计未来可能的破坏的影响提供了一个总体框架。空白区代表的数天或几周的供应中断持续时间可以转换为财务数字-风险价值（VaR），即将中断的生产（或销售）的空白持续天数乘以每天的生产量（或销售量）所影响的日收入或日利润。尽管实际的 VaR 可能会因为不同的供应中断和企业应对措施的细微差别而有所不同，但这种 VaR 估计值可以为量化影响提供一个起点。估计 VaR 需要以下四部分所描述的术语。

下面计算的 VaR 是一种以结果为中心的风险视角，是对供应中断（无论原因如何）对企业的财务影响的估计。它是损失的有条件估计值，而不是损失的预期值：如果发生供应中断，则 VaR 可能会等于影响。计算不同类型的供应中断的 VaR 有助于企业在危机应对期间确定主动的风险缓解措施或被动的恢复措施的优先级。

空白区的左边缘=影响发生时间

估计风险价值的第一个因素是根据空白区的左边缘定义的，它是破坏性事件从其发生的时点（如地震）到企业生产、销售或交货开始中断之间的时间间隔[17]。在零部件的供应来源和客户之间存在的库存可以确保企业在破坏性事件爆发后维持一段时间的运营，这里的库存通常以供应天数（Days of Inventory-DOS）来衡量。这个数字表示在供应链中的任意节点可能存在的库存，例如供应商仓库、工厂来料的安全库存、在制品和成品。这些库存会推迟受影响的零部件开始短缺的时间，一旦短缺就无法生产和发货给客户。每增加一天的库存意味着减少一天的生产、销售（和利润）损失。这些库存帮助企业在客户受到影响之前维持运作的时间就是影响发生时间 （Time-to-Impact：TTI）。

空白区的右边缘=恢复时间

第二个因素是预期的恢复时间（Time-to-Recover： TTR），就是从破坏性事件发生到企业恢复正常生产之间的时间间隔。TTR 是通用汽车使用的图表中空白区右边缘标记的点。如我们在"任务 4：缩短恢复时间"一节中所述，TTR 是下面几个时间中最早的。这些时间包括恢复受影响供应商的生产和交货所需的时间；从第二供应来源寻找、认证、购买、使用替代零部件所需的采购和工程流程的时间；使用其他类型的零部件或产能所需的产品和制造流程再造的时间。TTR 还包括可能需要加急的运输周期。

TTR 的概念引发了一个疑问，什么才算是恢复？通常，恢复生产的供应商或新的第二供应来源需要一段时间才能从零产量提升到完全生产。例如，汽车芯片制造商瑞萨电子在 2011 年地震后重建时，宣布了一系列不同时间的预期恢复水平：12 周后恢复产能的 10%，16 周后恢复 35%，20 周后恢复 55%，24 周后恢复 75%，28 周恢复 100%。[18] 后来，该公司宣布加速恢复计划，将100%的恢复时点从 28 周缩短到 24 周。[19] 使用新的或现有的第二供应来源在提升产能满足替代零部件交货的要求上也有类似的时间问题。

不同的企业可能会使用不同的 TTR 阈值来管理风险。例如，思科使用100%的 TTR 定义，这样相对保守并且可能高估了影响，因为受影响的供应商很可能在 100%恢复之前就开始了部分生产。相比之下，美敦力使用 50%、90%和 100%的 TTR 点来模拟产能恢复的提升。此外，如果受影响的企业可以优先将有限的供应分配给其最有利可图或最重要的产品线和客户，就会进一步减少影响——50%的供应恢复可能会产生超过 50%的销售额或利润恢复。

预计的影响发生时间（库存用完时）与预计的恢复时间（恢复生产时）

之间的差距是预计的客户影响时间（Customer Impact Time-CIT）。换句话说，CIT = TTR − TTI。对通用汽车来说，这是无法完成经销商的订单的空白区或停产时间。对于其他公司，CIT 是他们无法完成客户订单的时间。

每日财务影响

评估受影响的零部件或设施的风险价值的第三个因素是对企业的财务影响。为了评估每日的财务影响，我们可以使用物料清单（BOM）数据识别出使用缺货零部件的所有产品，然后使用企业资源规划系统（ERP）的订单数据评估对不同渠道、产品或客户的每日财务影响。

每个受影响产品的每日财务贡献可以根据所售产品的单位财务贡献和每天售出的数量计算。每日财务贡献就是使用受影响零部件的所有产品的每日财务贡献的总和（还计算了每个产品中使用的此类零部件的数量）。它可以基于收入（例如，销售/天）、毛利、净利润或每天财务结果的一些其他衡量指标。当然，每个产品的单位贡献也可能因不同客户而有所不同。

如上所述，就 VaR 而言，财务影响只是假设需求不变的粗略初始估计，假设供应中断对客户关系没有其他副作用、客户服务良好。[20] 企业的危机响应行动、客户需求模式、客户重要性、零部件相关性、竞争对手的产能和行为，以及许多其他因素意味着在供应中断期间的实际影响可能不同。

部分供应

在许多情况下，零部件生产并未完全停止。第二供应来源、受损供应商的未破坏的产能以及替代零部件，可用于在 TTR 期间提供部分零部件供应，并在 CIT 期间进行部分生产。在某些情况下，供应中断前的库存加上部分供应就足以满足整个恢复期间的需求。[21] 然而，一旦现有库存用完（假设成品库存和零部件库存在尽可能长的时间内满足所有需求），则零部件的部分供应意味着公司只能在到达 TTR 之前满足部分需求。[22]

CIT 期间销售损失的影响取决于未被满足的销售量，而销售量又取决于缺料的水平（以 1 减去部分供应计算）。因此，如果部分供应能够覆盖正常产量的 25%，则缺料部分将占 75%，粗略估计，在 CIT 期间，企业将失去正常收入或利润的 75%。在部分供应的条件下，受影响零部件的 VaR 的近似值等于每日总影响乘以 CIT 和缺料部分的比例。

缓解 VaR

对 VaR 的简单估计可能会高估供应中断的潜在影响，因为企业有许多策略来最大限度地减少财务影响，例如：优先分配资源、竞卖、稀释和替换。每种策略都可以通过更好地利用有限的供应来提升被满足的需求量，或者通过增加受影响产品的财务回报来缓解 VaR。

分配的算法

2011 年日本地震期间的通用汽车和 2011 年泰国洪灾期间的伟创力都将稀缺的零部件优先分配给了财务贡献最大的产品或客户群。通用汽车使用了一个保密的利润率指标以及市场上的成品库存水平来决定在 J 项目期间的供应分配。伟创力的分配决策是基于风险价值计算的，但在这之上做了些调整，因为不同的产品线代表不同的合同制造客户。伟创力还考虑了盈利能力、客户的总体价值以及对客户的影响等问题。

客户规模很重要。市场情报公司的项目副总裁鲍勃·奥唐奈（Bob O'Donnell）表示，在泰国洪灾造成的硬盘供应中断期间，惠普、戴尔和苹果等大型个人电脑制造商"在优先获得产品的清单上名列前茅"。[23] 在这些顶尖制造商之后是个人电脑的原始设计制造商，最后才是渠道零售商。[24] 然而并不总是大客户会遇到零部件短缺的问题。惠尔丰（Verifone）的全球供应链高级副总裁帕特里克·麦克吉文（Patrick McGivern）评论说，小客户可能会获得不错的分配，因为它们的销售量非常小，供应商可能会同情这些小客户，因为它们没有更多的选择并且可能面临生死威胁。

当然，企业的供应商也会进行分配。伟创力的采购主管和首席供应链官汤姆·林顿（Tom Linton）表示，在 2011 年日本地震后的前两天，每个人都疯狂地想知道发生了什么；然后疯狂地急于锁定供应商。一些供应商分配"公平"（他们没有把有限的供应只承诺给那些先打电话的客户或最好的客户），其他的供应商却不是如此。当泰国的洪水摧毁了一些硬盘制造商时，希捷的首席执行官斯蒂芬·卢佐（Stephen Luczo）说："看谁拿到硬盘，谁没有拿到硬盘，这将是非常有趣的事情。"[25] 财务和营销方面的考虑以及企业的文化和法规都会影响企业决定先服务哪些客户以及如何服务。

优先分配对 VaR 的影响

优先分配稀缺供应，通过只生产那些从最少的零部件中获得最高财务回报的产品，可以减轻供应链破坏的财务影响。这种分配取决于每单位产品的财务回报和用于生产该产品的稀缺零部件的数量（或金额）。例如，财务贡献为一美元的产品只需要一个受影响的零部件，那么优先级就高于财务贡献为两美元但需要五个受影响零部件的产品。因此，对于单个受影响零部件的简单情况，产品可以按其订单对财务的贡献进行排名，然后排名较高产品的订单可以先于排名较低产品的订单得到供应保障。

优先分配的可行性取决于三个主要先决条件。首先是要有库存或者部分供应来支持一定的生产和销售。其次，每个稀缺零部件影响的产品的财务贡献必须因产品或客户而异。如果所有产品和客户在每单位稀缺零部件上的财务回报相同的话，那么优先分配就没有任何益处。第三个先决条件是，企业必须具备足够的自由、合同灵活性以及文化意愿来牺牲低回报的产品和客户。

如果企业可以采用优先分配，那么在理论上，因分配而缓解的 VaR 可以通过正式的优化分配流程进行估算，该流程将每个短缺的零部件分配给各种产品，从而将 VaR 降低到最小。结果是 VaR 得到缓解，缓解后的 VaR 比每个产品或客户的需求都得到部分满足的公平分配下的 VaR 要小。[26]

如果有多个零部件和多个产品受到影响，那么计算缓解 VaR 的优化流程可能会变得相当复杂。在实际的供应中断期间，由于时间限制、动态变化和持续的不确定性，这种优化并不实用。正如通用汽车的 J 项目和伟创力在泰国洪灾期间的行动所证明的一样，在这种情况下，企业依靠在工程、供应链和客户方面的知识，使用启发式和创造性来缓解 VaR。

即使在计划模式下，当目标是优先考虑有风险的零部件（和供应商）时，考虑到即使是中等规模制造商的零部件和产品数量都非常大，风险优先级的正式优化可能是没有用的。更重要的是，鉴于需求、定价、库存、恢复时间和部分供应水平方面的动态的不确定性和不可预测性，正式优化可能毫无用处。出于对风险进行优先级划分的目的，可以通过模拟各种场景并以关键参数为函数对 VaR 建模，来估算缓解后 VaR 的数值。

最重要的参数是使用供应中断的零部件的所有产品中每单位产品的财务贡献的波动性。一组一次性仿真（通过嵌入式优化来计算每个得到缓解的 VaR）可以为企业提供数据，以估计由供应中断的零部件或零部件组合造成的 VaR 缓解的近似值。因此，对于各种潜在的供应链破坏中缓解 VaR 的估计，可以用财务贡献的波动性和每个产品受影响的零部件数量、预期销售量、库存水平、部分供应量和 CIT 的函数来表示。[27]

如果使用受影响零部件的所有产品具有相同的财务贡献，那么优先分配就不起作用，但如果波动很大，那么影响也会很大。高价值和低价值产品之间的财务结果差异越大，企业就越能通过优先生产高价值产品或只为高价值客户提供服务来降低风险。在供应不足的情况下，优先分配的影响会特别大，因为企业会由于供应不足，将其分配给最高价值的产品，而且缓解风险的效果也会大于当企业有更多的供应并生产更多的平均价值产品的情况。

价高者得

在泰国洪水发生后西部数据公司（West Digital）的硬盘生产能力锐减，因此希捷（Seagate）暂时从被扰乱的这一竞争对手手中夺得了第一硬盘制造商的桂冠。希捷还采取了一种不同寻常的分配方法，即将一些硬盘拍卖给出价最高者。[28]"除了为那些没有签订 LTA（长期协议）的合格客户，或者 LTA 数量不足以满足其需求的客户提供硬盘之外，这么做还可以让我们充分理解和衡量边际定价。"希捷的首席运营官威廉·大卫·莫斯利（William David Mosley）说。[29]希捷的举动还促使更多客户签署 LTA，以避免拍卖可能导致的价格飙升。[30]

但拍卖的方式可能会影响客户关系。"希捷的这种拍卖玩法——谁付的钱多谁就得到产品——给许多 OEM 留下了非常不好的印象，"一位业内人士解释道，[31]"OEM 和希捷开展业务是因为现在没得选择。一旦一切恢复正常，我觉得希捷将失去很多市场份额。"[32] 很显然，当西部数据公司恢复其产能时，也重新占据了领先地位。[33]

在供应链破坏后拍卖稀缺商品看起来似乎是敲诈勒索，但一场精心设计的拍卖实际上提高了经济效益，因为它将资源分配给那些能够利用这种资源创造最大价值的人。此外，高价格鼓励那些有办法不依赖稀缺商品的企业部署其灵活性或替代选择，从而给那些没有这种选择的人留下了更多的稀缺商品。事实上在许多情况下，政府拍卖的合理性正是基于拍卖机制的这一特点。例如，美国联邦通信委员会主席里德·亨特（Reed Hundt）在美国宽带个人通信服务拍卖信息包的开幕信中写道："我相信，我们选择的拍卖方法将把通信频谱交到那些最重视它、对它的使用有最好想法的人手中。"[34]

希捷的一些企业客户对此次拍卖的反应表明，这种方法应该谨慎使用，或许永远不要在消费市场上使用，因为社交网络和"平等活动家"可能会损害公司的声誉。在混乱期间使用拍卖，尽管有其理论上的吸引力，但充满了暴利气息。

让我们公平些

其他企业坚持出于商业、文化或法律方面的原因进行公平分配。最常见的公平分配是给每个客户相同的订单比例。捷普电子（Jabil）全球供应链管理副总裁乔·麦克贝斯（Joe McBeth）指出，2011 年地震后，许多日本公司采用了严格的公平分配方案。英特尔表示，作为个人电脑行业的大型供应商，它通常采用公平的分配方法，以避免被认为有偏袒。

然而，公平并非易事，特别是当客户知道自己只能拿到订单的一小部分时，试图通过索要大额订单来钻空子。如果客户预测未来会出现短缺，他们也可能会过度订购以囤积供应。当然，过度订购使得企业更难以满足所有客户的需求。为了避免这些困难，许多供应商采用了基于历史销售水平的分配公式。

大陆特维斯公司（Continental Teves）是汽车、工业和农产品的供应商，它不得不在 9·11 后美国所有航空运输关闭并中断了美国与加拿大和墨西哥之间的跨境货运。9 月 11 日下午，该公司收集了所有客户和供应商的未完结订单的数据。最重要的是，它收集了北美客户的库存水平数据。从过去的订单模式中了解到这些客户的生产速率后，大陆特维斯公司计算了每个客户在零部件耗尽前的零部件供应库存天数。供应天数的统计数据是大陆特维斯公司进行公平分配的基础，它试图确保其所有客户都有相同的供应天数。

稀释也是一种解决方案

另一种方法是稀释——在配置产品时尽量减少关键原材料的使用，以延长供应。稀释这种方法可以通过延长现有库存供应天数以及有限的供给来降低 VaR。第 1 章介绍了英特尔在日本地震后如何成功使用这一策略来延长某些专用化学材料的供应。但是，尽管适当改造的和合格的生产过程可能会容忍稀释，而客户可能不会接受。

2013 年 2 月，高档波旁威士忌酿酒商美格马克（Maker's Mark）出现了波旁威士忌缺货的情况。"事实是，对波旁威士忌的需求超出了我们的生产能力，这意味着我们的供应量很低。"罗布·塞缪尔斯（Rob Samuels），公司创始人的孙子和首席运营官写道。[35] 他们选择不提高价格，找到了一种在不影响口感的前提下添加更多水的方法，将其产品的酒精含量从历史水平的 45%或 90 酒精纯度稀释到 42%或 84 酒精纯度。罗布·塞缪尔斯在给客户的一封信中写道："这将使我们能够在保持口感的同时增加有限的供应，从而使市场上有足够多的美格马克酒，我们也将继续扩大产能。"[36] 然而，正如第 4 章所述，客户对这种行为并不满意。

替代

另一个缓解风险的因素是客户用同一公司销售的其他产品来替代。当通用磨坊食品公司（General Mills）评估原料短缺的影响时，它知道一种通用磨坊早餐麦片的短缺并不意味着消费者会停止购买早餐麦片。相反，消费者可能会购买不同口味的麦片，这通常是通用磨坊的另一种产品。只要消费者选择购买不同口味的麦片，通用磨坊就不会失去销量，从而降低了潜在的影响。替代产品帮助缓解风险的程度取决于那些愿意选择替代产品的客户的百分比、公司推广替代产品的努力、原产品与替代产品的财务贡献的差异（在计入特殊促销费用后），以及用以满足替代产品的增量需求的多余产能。替代产品可降低 VaR。在计算其他缓解风险的方法，如拍卖、稀释和优先分配的影响时，应考虑到替代产品的可获得性以及可替代程度。

第4章

危 机 响 应

当灾难来袭时，企业的首要任务是帮助最初的响应者。这些响应者可能是消防员和医务人员，也可能是负责执行紧急程序以防止进一步破坏的工厂员工，例如有害物质释放到环境中或财产损失这一类的破坏。与此同时，企业开始努力将影响降至最低，并尽快恢复正常运作。这样做需要采取非常规性的手段：建立特别行动小组，创建临时供应链，向利益相关者沟通异常状况，并与他人（甚至竞争对手）协作。就第 2 章讨论的"事件象限"而言，这些响应活动都旨在减少事件的不良影响。（此时，事件发生的概率为 1，它已发生。）

醒来后闻到飓风的气息

每年，大西洋平均形成 6 次飓风，尽管 2005 年创纪录地出现了 15 次飓风。[1] 平均而言，其中几乎一半被归类为大风暴（第 3 类或更高），这些风暴是致命的，可以造成重大破坏。尽管每场风暴都遵循自己的轨迹，但长期统计、短期预测和丰富的经验使企业知道如何应对这些事件，即使具体细节可能因风暴而异。

暴风雨正在酝酿

卡特里娜飓风形成于巴哈马附近的热带低气压。随着风暴的加强，宝洁公司（P&G）开始跟踪潜在的威胁。宝洁在美国南部沿海拥有多家工厂，并在该地区拥有数百万顾客，因此他们小心观察。当卡特里娜飓风向北转向路易斯安那州时，风暴对宝洁公司构成了严重威胁。宝洁公司一半的咖啡生产和 20%

的美国家庭饮用咖啡都是在位于新奥尔良以东路易斯安那州根蒂利的福尔格斯工厂烤制、研磨和罐装。宝洁还在同一地区运营着其他几家工厂：毗邻根蒂利的小型米尔斯通咖啡厂、咖啡储存场和拉科姆咖啡配送中心。

2005 年 8 月 25 日，在卡特里娜飓风登陆前四天，宝洁启动了应急预案，尽管当时预计风暴不会袭击新奥尔良。启动的工作包括将产品移出该区域、获取备份数据磁带以及为可能的关闭做准备。库存从新奥尔良运往辛辛那提。8 月 27 日，在登陆前两天，飓风朝北移动，转向新奥尔良。宝洁在周六晚上 10 点（8 月 27 日）关闭了新奥尔良的设施，并要求员工撤离。[2]

8 月 29 日凌晨 5 点 10 分，卡特里娜飓风在路易斯安那州登陆。上午 8 点 14 分，美国国家气象局以工业运河有一处堤坝决堤为依据，向新奥尔良几个行政区发布了山洪预警。到了下午，又有三座堤坝决堤。几小时之内，因为堤坝系统灾难性的坍塌造成新奥尔良市被洪水淹没。上涨的海水从沿海向内陆推进了 6~12 英里，[3] 洪水淹没了许多低洼地区，包括根蒂利。[4] 死亡人数达到 1 836 人，财产损失估计为 810 亿美元。[5]

响应团队在行动[6]

就在卡特里娜飓风袭击海岸时，宝洁在辛辛那提总部召集了危机管理团队。当卡特里娜飓风猛烈冲击路易斯安那州时，在总部开会的团队成员有两个优先事项：帮助宝洁的员工，以及拯救公司业务。宝洁需要在 10 月前恢复供应链，因为 10 月至 12 月是消费者购买咖啡的高峰期。

当风暴离开该地区时，宝洁的团队进驻了。他们在巴吞鲁日建立了一个指挥中心，这里距离新奥尔良 80 英里，这是他们能够到达的距离受灾地区最近的地点。危机团队负责监督恢复工作，他们采用两周工作两周休息的工作制。巴吞鲁日也成为宝洁的建筑材料、救灾物资和发电设备的物流中转站。

无法进入灾区：从空中评估灾情

宝洁的首要任务是评估损失。但这是不可能的，因为进入该地区的所有道路都无法通行，当局禁止进入灾区。宝洁甚至不知道道路何时通车，也不知道何时能被允许进入其设施。宝洁没有等待政府提供的评估，而是在风暴过后租用了一架直升机，对其设施、周边地区以及新奥尔良受损的道路、铁路和港口进行了数百次空中拍摄。

照片显示了喜忧参半的图像。第一个好消息是，宝洁的工厂位于高地上，在一条长长的铁路路基的保护下免于决堤带来的洪水破坏，工厂本身只遭受了大风造成的轻微损坏。

坏消息是基础设施的糟糕状况。周围所有的道路都被洪水淹没，并被大风和洪水带来的碎片所覆盖；宝洁的团队在 12 天内无法通过公路进入工厂。铁路的轨道和运行的列车也受到了损坏。几乎每条铁路都停运了几个月。宝洁进口咖啡豆的新奥尔良港口有 1/3 被毁。除了物流基础设施受损外，宝洁还面临公用设施供应不足的问题：电力和天然气供应中断两周，电话中断数周。

帮助员工

宝洁面临的最大不确定性和最大挑战之一是追踪员工的命运。风暴过后，宝洁试图找到员工并确保他们的安全。由于新奥尔良的电话系统完全中断，因此这项任务也十分艰巨。宝洁使用当地的广播系统和自己的电话网络，要求员工拨打辛辛那提的免费消费者关系热线。幸运的是，没有宝洁员工在这场风暴中丧生。然而，宝洁花了三周时间才得知每个人都还活着，因为很多员工已经撤离该州。

除了恢复根蒂利的咖啡工厂，宝洁还帮助员工解决了他们在生活中面临的三大问题。首先，公司承诺，无论工厂何时重新开放都会继续支付员工工资，这样员工就知道他们的生计得到了保障。此外，公司还向需要紧急资金的员工提供无息贷款，并在 24 小时内获得批准。第二，由于风暴对当地的公司领导和员工造成了创伤，宝洁从没有受影响的地区派领导来帮忙，并为员工提供咨询。第三，大多数员工在洪水中失去了家园。事实上，洪水导致新奥尔良地区的大多数房屋都不适合居住，因此出现了房屋和酒店住宿的紧缺。公司需要为员工和正在修复设施的建筑工人提供住所。公司考虑了三种选择：租用一艘游轮、与酒店合作或建造拖车村。

宝洁的解决方案是建造一个拖车村，这个方案提供了最大的灵活性，在施工阶段需要扩大容量，施工后只有公司员工才需要住宿。它被命名为根蒂利村，拥有125辆拖车，容纳500多人——包括员工和他们的家人，以及承包商，村里有洗衣机和娱乐设施。为了安置那些家庭已疏散到其他州的工人，宝洁每月为员工支付两次探亲费用，并制定了七天工作七天休息的制度，让工厂员工有时间在灾后重建他们的家园。为了应对食品商店和餐馆缺乏的问题，宝洁还设立了自己的厨房和自助餐厅，每天提供三餐，并全天候提供小吃，免费提供给在现场工作的员工和承包商。

恢复的挑战

眼前的挑战之一是向工厂提供饮用水。最初，该公司安排了20辆卡车从巴吞鲁日取水进行循环连续补给。然后，由于工厂在满负荷运转时每小时消耗1.8万加仑的饮用水，宝洁决定挖一口井（钻700英尺深）以获得所需的水。钻井的决定被证明是有先见之明的，因为直到12月中旬城市用水才恢复。由于成本更低，宝洁即使在市政供水系统恢复后仍继续使用该井。

在危机期间，宝洁每天召开三次会议（上午9点、中午和下午6点）组织恢复协调计划，审查恢复的各个方面。上午的会议讨论业务延续性问题，中午的会议处理资源问题，下午的会议处理工程技术问题，以确保所有任务按计划进行。

寻找替代产能

宝洁的应对措施之一是寻找替代供应来源，以弥补根蒂利工厂恢复期间损失的生产。面临的挑战是如何快速地获得额外的咖啡生产能力。宝洁希望避免因缺货导致商店货架空无一物，同时避免竞争对手可能借机用他们自有的产品来填补零售商货架并长期取代宝洁。

为了获得紧急的替代供应源，宝洁临时更改了谈判大型供应交易的程序，允许采购团队使用已有的竞价分析当场做出决策，以确保宝洁得到可接受的合同条款。新合同的两个指导原则是确保产品符合品质要求，同时宝洁仍然有盈利。宝洁使用"应该的成本"方法估算第二来源供应的合理成本。预先计算成本可以加快与供应商的谈判，避免官僚程序的延误，同时不会因为对所需产能支付过高成本而损害利润率。如果符合这些原则，员工被授权承诺合同，以确保宝洁产品能够送到零售商的货架上。除了一个案例之外，宝洁成功地获得了所有所需的产能，并阻止了竞争对手抢占零售份额。

政府关系

除了风暴造成的破坏外，当地监管机构还造成了进一步的生产缓慢。该地区实行了戒严令，从黄昏到黎明实行宵禁，阻碍了宝洁公司前往其设施和运送所需物资的努力。幸运的是，宝洁能够解决这些官僚问题，因为许多当地管理层之前已经与当地政府官员建立了良好的关系。这有助于加快与涉及基础设施问题的四个不同机构的合作进程。由于这些关系，宝洁公司甚至能够得到警察的护送通过公路检查站，否则会因为需要确认通行许可证而增加数小时的延误。

生产重新振作

宝洁的新奥尔良工厂在飓风发生三周后于 9 月 17 日开始生产。工厂重新上线的每个操作都通过了质量保证，并在两天内通过了 FDA 的审核。到了 10 月份，工厂已经满负荷运转。恢复团队和最高管理层对整个过程中每个步骤的完成进行了庆功。这种认可有助于团队继续保持每周工作七天、持续工作六周的积极性。

总之，宝洁是飓风过后第一家恢复运营的公司。州长称宝洁为榜样，布什总统于 9 月 20 日视察了宝洁工厂。[7] 从业务角度来看，尽管受到干扰，但宝洁 2005 年的出货量仍然占上一年销量的 96%，2006 年第一季度的销量创历史新高，业务恢复到比以往更加强劲的水平。

创建临时供应链

其他公司面临的情况与宝洁在卡特里娜飓风期间一样，供应链中断迫使它们建立临时供应链，即产品、回收材料和人员的临时流动，这与公司日常运行的供应链不同。这些临时供应链可能会围绕供应网络受损的节点重新安排产品运输路线，使用没有受到破坏的运输方式，采用紧急采购程序，或将备用供应商连接到网络中。

灰烬中升起的凤凰

就在圣诞节前七周，即 2005 年 11 月 1 日星期二，英国服装零售商普里马克（Primark）有限公司遭遇了一场毁灭性的仓库火灾。随着 TNT 时尚集团位于拉特沃思（Lutterworth）附近的麦格纳公园 44 万平方英尺的仓库被烧毁，大约 5 000 万英镑的服装（占其库存的一半）付之一炬。[8] 火灾通常是一种重大的破坏，它不是一种罕见的或超范围的危险，这使得它属于高影响/高可能性的风险类别（见图 2-1）。"火灾非常糟糕，但我们设计了灾难恢复计划来应对它。失去一个关键的配送中心是我们清单上的前十大风险。"普里马克的一位发言人表示。[9]

"我们的首要任务是恢复仓库管理系统。第二个优先事项是为新仓库所在地提供必要的设备。"TNT 时尚集团的 IT 总监吉姆·弗拉德（Jim Flood）说，同时该公司还负责普里马克的仓库。[10] "我们在星期三上午 8 点 30 分前已经开始了同一园区的另一个替代仓库的运作。"普里马克的发言人说。[11] TNT 时尚集团启动了与 IT 供应商签订的恢复合同，将设备运送到新地点。到周三下午，TNT 时尚集团已开始将普里马克的数据从备份磁带上传到基于数据中心的仓库管理系统。到周四，TNT 时尚集团已经安装好硬件，开始在本地运行仓库管理系统。[12]

该公司采取了不属于其通常的供应链战略的三个步骤。首先，公司向供应商紧急追加订单，以替代损失的库存。[13] 第二，该公司租用了一架俄罗斯六引擎安东诺夫-225 型飞机，从上海、香港和达卡空运替代库存。[14] 第三，公司将发货路线直接改道至零售店，以减少配送延误。[15] 加快供应链确保了普里马克在 2005 年假期季的良好销售业绩。

你现在能给我加油吗？

当飓风"桑迪"肆虐纽约市时，风暴潮将大西洋的海水推入曼哈顿市中心，地下公用设施管道被腐蚀性海水淹没。六英尺深的海水包围了威瑞森电信（Verizon）在曼哈顿市中心的主交换机室，淹没了一楼和四间装满设备的地下室。威瑞森花了一周时间抽出近 10 亿加仑的水。在城市周边地区，大风刮倒树木、电线和通信塔。威瑞森面临着重大挑战：修复被洪水淹没的设备箱、修复被损坏的线路和修复受损的基站。

该公司带来了它在该地区预先备好的数百辆卡车、数百名线路工人，以及数以吨计的维修和替换设备。但这还不足以支持威瑞森完成维修工作。风暴带来了三个方面的破坏：加油站停电、当地的炼油厂关闭、港口关闭，这些影响造成了纽约市燃油供给的减少。威瑞森每天需要 5 万加仑燃油来运行卡车和紧急备用发电机。

因此，除了为维修带来所有必要的电信物资外，威瑞森还不得不创建一个燃油供应链。该公司使用 1 000 加仑汽油罐和 500 加仑柴油罐，在该地区建造了 18 个临时燃料库，这些设施还配备了泵和安全设施，比如防泄漏围挡和消防设备。该公司获得当地政府的特别批准，其可以进行大量燃油的储存和处理。然后，它从路易斯安那州和得克萨斯州运送燃油，司机们携带大量现金，用以支付进入纽约市的 200 美元的大桥通行费。最后，威瑞森成功地通过卡车运输为 220 台饥渴的备用发电机供应了燃油。

与卡特里娜飓风期间的宝洁一样，威瑞森还必须为纽约/新泽西地区的 900 名技术人员、工程师和管理人员的恢复工作提供交通、住房、食品、水和必需品。为了容纳更多人，威瑞森找到了一家有 250 个房间的酒店。该公司找来一台大型发电机，将其接入到酒店的电力系统中，使酒店成为救灾团队的临时家园。

临时运输方式

甚至在 2011 年泰国洪水退去之前，企业们就开始提取设备、原材料、库存和办公记录，通过将生产转移到其他地点开始恢复工作。例如，日本的小型电机制造商尼德科公司（Nidec Corp.）在其拉亚娜（Rajana）工厂的屋顶上凿了一个洞，派潜水员进入工厂断开设备，然后将设备吊到船上运走。[16] 而在其他工厂，几十名工人步行穿过浑浊的水，将原材料徒手运送到可以在浅水区航行的小艇上。

在洪水区作业的工人从来不知道他们会遇到什么：沙、泥、污水、溢出的燃料、工业废料和偶尔出现的鳄鱼。当恒诺微电子（Hana Microelectrnoics）公司的工人在黑暗、潮湿、被洪水淹没的工厂中遇到一条潜伏的眼镜蛇时，他们迅速撤离，然后对大楼进行熏蒸。"现在的问题是员工的健康，因为这种水非常脏。我们带来了很多洗澡水，以及饮用水和食物，因为当他们从脏水中出来时，每个人都想做的第一件事就是清洗。"恒诺微电子公司总经理布鲁斯·斯特罗姆斯塔德（Bruce Stromstad）说。[17]

取回设备和材料后，公司需要仔细清洁设备、校准机器并重新进行品质认证。"通过了初步评估的设备将被运送到我们的派恩赫斯特（Pinehurst）园区，"一家泰国的精密光学、机电和电子制造服务供应商法布里内（Fabrinet）说，"当设备经过进一步测试可以正常工作后，还会进行校准然后存放在受控环境中。其余设备继续进行清洁和调试，这项工作既费力又费时。"[18]

危机沟通：从困惑到自信

供应链包括三种流动——物资流、资金流和信息流。破坏当然会打击物资流动，但也阻碍了信息的流动。事实上，关于供应链破坏带来的令人不安的未知状况，完全源于在损坏程度、缓解努力和预期恢复时间方面的信息流的中断。处于被破坏供应链中的客户会寻找尽可能多的信息，以便规划和实施适当的响应。但是，被打乱的供应商往往不知道受损的程度，也不知道他们能够多快恢复正常。

从一抹黑到光明

严重灾害往往会给电力和电信基础设施带来物理破坏，并造成通信完全中断。日本地震后，有部分供应商长达五天无法联系到。同样，飓风"桑迪"使790多万人断电问题[19]，并损坏了受风暴袭击的10个州的1/4的基站。[20] 风暴还破坏了连接基站与世界其他地区的关键回程链路。

在2011年埃及骚乱期间，政府关闭了电信系统，以阻止反政府武装指挥协调骚乱或袭击。[21] 事先预料到会发生此类情况，英特尔公司为其每个业务场所配备了卫星电话。不幸的是，据英特尔公司应急管理项目经理吉姆·霍尔科说，在2011年动乱期间，英特尔公司的埃及销售办公室经理无法接电话，因为电话在塔里尔广场附近的一个办公室里，而塔里尔广场是警察和示威者之间发生严重冲突的中心区域。

即使基础设施没有受损，灾难也会引起系统两级拥塞而导致通信中断。首先，大量的通信需求堵塞了电信基础设施，这导致信号繁忙、电话掉线以及难以联系到位于受影响区域的人员。此时，使用其他通信渠道会有帮助，如短信和电子邮件，这两种渠道占用的通信带宽比语音通话少得多。单个短信文本消息占用的网络容量比一秒钟的语音通话的一小部分还要少。在2011年日本地震或飓风"桑迪"等灾难中，当许多人试图联系亲人时，语音通信网络通常会崩溃，但短信仍然能够使用。2004年，在阿托查火车站发生恐怖爆炸事件后，马德里市的通信网络也出现了类似的问题，同样情况还发生在2005年7月7日伦敦爆炸案之后，

其次，获取最新信息的要求使受影响地区的人们和企业不堪重负，每个客户都不断地打电话以获取最新信息。例如，在2012年赢创工业公司火灾之后（请参阅"大规模横向协作"部分，了解有关该事件的更多内容），德尔福公司遇到了如何向客户沟通有关 PA-12 树脂短缺影响的挑战。该公司需要向每个可能受到短缺影响的客户提供每个供应商的每个部件或组件的状态。德尔福公司使用电子表格，通过网络分享平台（SharePoint）分发，用于内部以及与客户和供应商的双向沟通。唯一的问题是其他人也有同样的想法，每个客户都使

用自以为聪明的格式来管理与危机相关的数据,这让德尔福公司感到沮丧。"我们在努力使用他们的格式来提供数据上面花的时间比追踪零部件的时间还多。"德尔福公司的全球卓越运营总监里克·伯奇(Rick Birch)说。[23] 德尔福公司希望 AIAG(美国汽车行业行动集团)在应对赢创危机上的适度合作有助于协商出共同的方法和格式。

在为本书进行的采访中,英特尔、通用汽车、德尔福、伟创力等公司都提到了受危机破坏影响的供应商被客户电话和需求淹没的问题。一些企业试图减少这种情况。例如,合同制造商捷普电子公司在日本地震后对供应商的联系进行集中管理,这样它的 59 家工厂就不会同时打电话给相同的供应商而造成混乱。"我们通过全球采购管理团队进行集中管理,并为每个供应商安排一名联络人。"捷普电子公司的全球供应链副总裁乔·麦克贝斯说。[24]

杂音和不信任

2014 年 3 月 8 日凌晨 1 点 19 分,马来西亚航空公司 370(MH370)航班在泰国湾上空飞行时停止了与空中交通管制员的通信。最终,飞机的失踪引发了对这架喷气式客机及其 239 名乘客和机组人员的大规模搜寻。但搜寻工作并不顺利。搜索中遇到的一些问题是无法避免的,包括有目击者误以为他们看到了飞机坠毁,[25] 卫星图像把垃圾误认为是飞机残骸,[26] 把船的燃料误认为是海上的浮油,[27] 以及一架大型飞机如何在最后一次例行通信后又飞了七个小时,最后神秘地消失。更深层次的问题源于如何应对灾难和向世界传达信息。"马来西亚官员不仅沟通能力不足,而且最糟糕的是无能。"美国政府国家运输安全委员会前常务董事彼得·高尔兹(Peter Goelz)说。[28]

信息发布的延误始于马来西亚航空公司,它们直到飞机失联六小时以及预定着陆时间一小时后才宣布飞机失踪。[29] 随后,马来西亚军方雷达披露在 370 航班失踪时探测到一架不明飞机,但没有向任何人发出警报。当记者询问更多有关飞机被发现地点的信息时,马来西亚当局表示,答案"太敏感了"。代表 154 名中国乘客的中国政府一再敦促马来西亚"准确并及时地报告他们获得的信息……。"[30]

　　由于人们对此航班的命运知之甚少，有关它的每一点信息都受到家人、媒体和政府的密切关注。例如，3 月 15 日，马来西亚总理报告说，驾驶舱里的最后一句话是"好，晚安"。[31] 专家和乘客家属试图猜测飞行员的精神状态，并通过这简短的话语来评估恐怖主义、劫持或自杀的可能性。但两周后，公布的空中交通管制记录显示，最后一句话是"晚安，马航 370"，而且没有解释与先前报告的差异。[32] 马来西亚当局关于事件发生时间的各种报告中也出现了类似的不一致信息，[33] 飞机是否飞过马来西亚领空，[34] 以及驾驶舱里有人故意关掉应答器后是否还有通信。[35] "马来西亚当局对 MH370 的下落一直提供着错误信息和更正。"高尔兹说，他告诉 CNN，这是他见过的最糟糕的灾难管理。[36]

　　造成这一问题的一个主要原因是在沟通上缺乏协调。马来西亚总理、交通部长、马来西亚警察督察长、马来西亚海事执法局、民航局和民航局长以及马航的代表们都在不同时间点发布信息。"看来马来西亚人自己内部没有进行一致的沟通。"麻省理工学院安全研究项目的泰勒·弗拉维尔（Taylor Fravel）说。[37] 延迟和不一致的信息激起了人们对马来西亚当局的不信任，并引发了关于马来西亚空军击落飞机或马来西亚密谋掩盖飞机真实位置和失踪人员命运的推测。[38] "我们永远不会原谅对我们隐瞒真相和拖延救援任务的罪犯。"遇难者家属代表江辉说。[39]

　　当然，在灾难面前，马来西亚政府并不是唯一有沟通缺陷的政府。2014 年埃博拉疫情、卡特里娜飓风或利比亚班加西袭击事件后，美国政府模糊不清和自相矛盾的言论，都是类似缺陷的例子。例如，在埃博拉危机期间，美国疾病控制和预防中心多次改变其建议。[40] 雪上加霜的是，白宫还发表了相互矛盾的声明，一些州自行采取措施，发布了自己的防疫和隔离规则，然后又改变了规则，因此增加了混乱和恐惧。[41] 同样，2011 年日本东北部地震和海啸后，日本政府和东京电力公司官员的声明也动摇了人们的信心并加剧了公众的担忧。

这些政府在危机中未能明确沟通的例子为企业敲响了警钟。来自组织内部不同部门的各种消息可能会增加混乱，而不是平息客户和投资者的恐惧。最重要的危机预案工作之一是危机沟通规则。通用汽车的口号"留在你的泳道"在危机沟通方面起的作用和运营决策一样重要。无处不在的社交媒体、全天候的新闻报道，放大了谣言和错误信息的影响，凸显了协调一致的危机沟通的重要性。

2014 年 12 月 28 日亚航损失了一架从印度尼西亚飞往新加坡的飞机后，该公司的首席执行官因其始终一致和开放的沟通方式，以及从一开始就愿意承担责任的态度而受到赞扬。"我是这家公司的领导人，我愿意承担责任。"亚航创始人兼首席执行官托尼·费尔南德斯（Tony Fernandes）说。[42]

2007 年 2 月 14 日情人节，一场冰风暴袭击了纽约市地区和捷蓝航空在纽约肯尼迪机场的枢纽。捷蓝发言人说："当时我们有飞机在跑道上，也有飞机正在降落，还有飞机停靠在闸口。我们陷入了混乱。"[43] 数以百计的乘客被困在停机坪上的飞机上，因为飞机无法起飞也没有空余的闸口可以返回。肯尼迪机场的运行中断使航空公司陷入混乱，迫使其在六天内取消了 1 000 多个航班，破坏了超过 13.1 万名乘客的旅行计划。[44]

当时公司首席执行官大卫·尼尔曼（David Neelman）列举了多起运营失误，它们使危机雪上加霜。罪魁祸首包括：不完善的沟通规则（用他的话说，是"鞋带沟通系统"造成的）指挥着公司的 1.1 万名飞行员和乘务员；一个不堪重负的预订系统；以及缺乏经过交叉培训的能够在紧急情况下在非主要职责领域外工作的员工。[45] 首席执行官补充道："公司里有很多人想帮忙，但他们没有受过相关培训。我们有一个紧急控制中心，里面挤满了不知道该做什么的人。我们有乘务员在酒店房间坐了三天却找不到我们。还有飞行员给我发电子邮件说：'我有空，我能做什么？'"[46] 航空公司失去了在客户中长期的声誉，三个月后，首席执行官被撤换。

当然，沟通的一致性要求沟通的策略和获取信息的一致性。对于企业来说，这意味着业务连续性计划和危机管理行动手册应包括在危机期间与所有利益相关者进行有效沟通的计划。此类计划可能包括一个特别媒体中心、指定和授权一名发言人，以及指派能够支持媒体中心的各种技术专家。在发生重大危机的情况下，最高管理层通常作为企业的面孔担任领导角色。例如，日本地震发生后，通用汽车公司首席执行官丹尼尔·阿克森多次向记者讲述了该公司在缓解混乱方面所做的努力和取得的进展。[47, 48, 49, 50]

市场营销/客户关系[51]

在处理卡特里娜飓风的余波时，宝洁公司向三个受众：消费者、零售商和公众进行了有针对性的沟通。首先，宝洁需要处理消费者对其从咖啡的备选供应源进行紧急采购的反应。宝洁通过投放电视广告向公众保证继续销售优质的咖啡，但因为宝洁需要从备选来源购买咖啡，所以消费者会看到不熟悉的包装。

第二，宝洁还知道竞争对手正在拜访零售连锁客户，试图从宝洁手中夺走宝贵的货架空间。一些竞争对手试图散布对宝洁承诺恢复咖啡生产的担忧、不确定性和疑虑。对宝洁而言，这意味着要安抚零售商，向他们展示宝洁的恢复计划，分配可用产能，并按计划进行复苏。

第三，宝洁采取了不同寻常的步骤（与它的典型政策相矛盾），开展慈善活动并宣布这是卡特里娜飓风复苏努力的一部分。宝洁通常不会直接宣传自己所做的慈善活动，但该公司意识到为了加快重启新奥尔良工厂的工作，它需要这样做。宝洁不想被认为是在残忍地"迫使"飓风受害者重返工作岗位，因此在媒体面前对其整个计划做了平衡、直率的介绍。

人人都会犯错：从毁灭到救赎

波旁生产商美格马克决定通过稀释瓶装饮料来处理不可持续的需求激增（见第 3 章），但这激起了消费者的愤怒。[52, 53] 吉姆·马特尔（Jim Martel）是美格马克的支持者，自 2001 年以来一直担任品牌大使，他说："他们往我最喜欢的波旁酒里掺水以'满足市场需求'。换句话说，这样比姆公司（美格马克的母公司）就可以多赚一点钱。我会通过停止购买来帮助他们减少需求。"[54]

该公司被迫对这些批评做出回应。"在过去的一周内，我们一直很谦卑。"美格马克的总裁比尔·塞缪尔斯（Bill Samuels）谈到客户的负面反应时说。[55]"我们的重点是供应问题。这导致我们专注于解决方案，"塞缪尔斯说，"我们完全错了。"[56] 公司撤销了稀释产品的决定。"你们反馈的信息，我们看到了，我们真诚地向你们道歉，我们让你们失望了。"2月17日，在宣布稀释产品八天后，美格马克在其脸书页面上写道。

公开道歉和政策扭转起到了帮助作用。近 2.8 万人在脸书上点赞。《福布斯》杂志文章标题写道："美格马克的愚蠢举动成了营销妙手。"[57] 最后，美格马克的销量猛增44%。"毫无疑问，随着决定的改变，我们确实看到了消费者购买的迹象。"比姆公司的首席执行官马修·沙托克（Matthew Shattock）说。[58] 具有讽刺意味的是，人气的激增加剧了原来的问题，即陈年烈酒的短缺。一瓶美格马克酒需要五年多的时间才能酿制，所以产能恢复的时间很长。

类似地，捷蓝航空对它称为"情人节大屠杀"的危机的反应赢得了许多喝彩，并帮助它迅速地恢复了声誉。首席执行官立即公开道歉，航空公司向滞留在停机坪超过三小时的乘客提供了退款，并签发了"乘客权利清单"，为各种客户服务故障提供补偿，包括支付 1 000 美元给受航班超售影响的旅客。虽然道歉帮助了公司，但不足以保住首席执行官的工作。

互联网技术=沟通的新机会

美格马克和捷蓝的故事通过现代化的沟通媒介实现。脸书和推特等社交媒体为客户提供了新的沟通渠道，将单向广播媒体和双向互动讨论渠道的特性融合在一起。此外，它们还起到感知和发现问题的作用。社交媒体渠道在危机沟通中的重要性可能会上升，原因有几个：智能手机的普及率不断提高；社交媒体拥有巨大的用户数量；互联网通信相对于语音或视频通信的带宽精简性和更精细的颗粒机制，使发送者和接收者能够控制他们想看到的信息或者想发送给谁。

人人为我，我为人人

在许多大型危机中，企业往往倾向于互相帮助。显然，在商业角度上，帮助有困难的客户是合理的。在为本书的研究进行采访时，大多数企业都称赞它们的供应商不知疲倦地帮助它们。当企业依赖供应商的材料或零部件时，企业帮助陷入困境的供应商也是有意义的。供应商和客户之间的此类协作通常称为"垂直协作"，即供应链上下游的协作。然而，大规模破坏也会使处于供应链同一层级的公司（甚至是竞争对手）进行协作，此时资源集中和联合行动可以加速复苏，这被称作"横向协作"。

客户和供应商互相帮助

2011 年 9 月，当热带风暴"李"在东海岸肆虐时，路易斯安那州、密西西比州、亚拉巴马州、得克萨斯州、宾夕法尼亚州和纽约州的企业都做好了应对暴雨和局部洪水的准备。位于宾夕法尼亚州布卢姆斯堡的汽车地毯制造商欧拓（Autoneum）有 72 小时的时间来做好防备，以应对势必来袭的洪水。[59] 不幸的是，雨水导致当地的水坝决堤，七到八英尺深的泥水淹没了地毯工厂，毁坏了设备和正在生产的地毯。

欧拓向包括通用汽车在内的六家不同汽车制造商供应地毯，这些制造商向陷入困境的欧拓派出了一批专家。然而不同的制造商的行动方式也不同。通用汽车的人帮助欧拓清理泥泞的工厂车间，而其他几个制造商的代表则待在会议室里催货。通用汽车派来了 200 名电工，并使用自己的供应链人员及供应商来确保欧拓获得所需的材料。

对于通用汽车派往欧拓的团队来说，在他们逗留期间最令人痛心的部分是看到当地小镇上所有受到损坏的房屋。工人们每天工作 12 小时努力恢复工厂运营，下班后还要清理被洪水袭击的家园。因此，通用汽车还帮助恢复士气——为每个人购买比萨，并分发通用汽车夹克。欧拓以更好的服务作为对通用汽车的回报。通用汽车的需求一点都没有被耽误，而其他 OEM 厂商被迫把成千上万辆汽车停放在工厂里，等待后续安装地毯。

大规模横向协作

2012 年 3 月 31 日，德国马尔的一家化工厂，一个装满高度易燃的丁二烯的罐体发生爆炸。强烈的火焰和浓密的黑烟从赢创工业公司的环十二碳三烯（CDT）工厂滚滚而出，这是位于工业高度发达的鲁尔河谷的一所拥有 7 000 名工人的化工设施。大约 130 名消防队员与大火搏斗了 15 个小时，以防止火势蔓延到其他设施，最终他们扑灭了大火。爆炸和火灾造成两名工人死亡，工厂严重受损。[60]

环十二碳三烯听起来像一种不起眼的化学物质，事实上，它被用来合成环十二烷、十二烷酸和十二内酰胺，这些化学物质对大多数读者来说可能毫无意义。但是 CDT 是制造某些聚酰胺的关键成分，聚酰胺通常被称为尼龙的高强度塑料。CDT 被用来制作一种高科技类型的尼龙—— PA-12 或尼龙-12，这种尼龙其因其耐化学性、耐磨性和抗疲劳性而倍受重视。这使得 PA-12 成为汽车行业的宠儿，该行业将这种坚固的塑料用于燃油管路、制动管路和塑料外壳的制造。此外，使用尼龙会使汽车变得更安静、更省油。2011 年，轻型汽车平均使用超过 46 磅的尼龙，而在 1990 年仅为 7 磅。[61, 62]

汽车制造商也不是唯一使用这些材料的行业。PA-12 还用于太阳能电池板、运动鞋、滑雪靴、光纤、电缆导管和铜线的阻燃绝缘材料。CDT 是制造许多其他化学品的关键前体，如溴化阻燃剂、香料、热熔胶和缓蚀剂。[63] 2012 年 3 月，马尔的爆炸和火灾几乎摧毁了全球 CDT 一半的生产能力。更糟糕的是，在爆炸发生时，由于在蓬勃发展的太阳能电池板行业中的应用，CDT 的供应已经很紧张。对于汽车公司来说，赢创火灾带来的潜在风险价值与 2011 年日本地震时相似。他们生产的每一辆车都依赖 PA-12，大火给汽车生产带来长期严重破坏的威胁。

当一家燃油管路和制动管路制造商——邦迪汽车管路系统（TI Automotive）

对赢创火灾的可怕影响发出警报时，整个汽车行业立即行动起来。4 月 17 日，该行业在密歇根州特洛伊召开了紧急峰会。峰会由中立的第三方——汽车工业行动小组（AIAG）主持。[64] AIAG 是一个由志愿者运营的非营利性组织，为汽车行业的 1 000 家成员企业提供质量、企业责任和供应链管理方面的专业技术、知识和标准的服务。[65] 200 人参加了此次峰会，代表 8 家汽车制造商和 50 家供应商。[66] 汽车供应链中所有受影响的部门都来了，包括大型的 OEM、其一级供应商、组件制造商、聚合物树脂制造商，以及赢创和巴斯夫等化工企业。[67]

参会者有三个目标，需要整个行业的集体专业知识。首先，他们希望了解和量化全球 PA-12 库存和整个汽车供应链的生产能力现状。第二，他们希望集思广益，从战略上延长目前的 PA-12 供应能力，以及寻找替代材料或设计来弥补预计的产能短缺。第三，他们希望寻找和使用必要的行业资源，以便对替代方案进行技术审查、测试和批准。

该小组成立了六个委员会，帮助迅速制订行动计划，以减轻短缺对零部件和车辆生产的影响。[68] 每个委员会都要处理一项任务，如管理剩余库存、提高现有供应商的产量、确定生产树脂的新公司以及寻找替代材料。[69, 70] 在随后的几周内，该小组就这些问题进行了多次技术跟踪会议。[71]

这种多方面的合作是克服挑战的关键。在会议后的一周内，顶级 OEM 联合起草了一项加快零部件认证流程的计划。[72] 协调认证流程确保供应商不需要为每个 OEM 客户使用不同的流程。其他行业的供应商为汽车应用提供了产能。例如，位于堪萨斯州的斯丁马斯特（Stainmaster）地毯制造商英威达（Invista）公司，将产能释放出来用于生产 CDT。[73] 最终，尽管赢创工厂直到 2012 年 12 月才恢复生产，也就是爆炸和火灾发生的 9 个月后，但是汽车生产流水线并未停止。[74]

行业级的灵活性：邻居互助

2012 年 6 月 29 日晚上，一场破坏性的雷暴（称为"德雷科"）使中西部和中大西洋岸地区超过 420 万用户断电。[75] 巴尔的摩燃气和电力公司（BGE）是遭受重创的公用事业公司之一，导致 76 万客户断电。为了在复苏期间增加自己的人力，BGE 打电话求助于 MAMA（大西洋中部互助），这是一个由九家公用事业公司组成的互助网络，[76] 同时也是东南电力交易所，[77] 另一个互助网络。

公用事业公司通过各州机构或美国公共电力协会（APPA）单独订立半正式的互助协议，为大规模中断做好准备。在 21 世纪的头 10 年，当 APPA 与联邦紧急事务管理局和全国农村电力合作社协会（NRECA）合作并制定《APPA-NRECA 互助协定》时，这类互助得到了加强。APPA 负责工程服务的高级副总裁迈克·海兰（Mike Hyland）表示："几乎每家合作社都签署了协议，大约有 880 家，还有近 1 000 家公共电力公司签署了协议。"[78] 互助网络里的成员借用彼此的维修人员奔赴全国各地抢修设施。

互助网络通常以同心环为基础从内到外激活，受灾的公用事业公司首先向网络内最近的邻居寻求帮助，然后再向更远的公用事业单位发出呼救。当更大的雷暴导致邻近的公用事业公司也需要援助时，这种求援呼叫会跨出美国进入加拿大。[79] 在 2012 年这次雷暴袭击中，共有来自两国各地的近 2.5 万名公用事业工人致力于恢复电力供应。[80] 这些网络在飓风"艾琳"和"桑迪"期间也起到了帮助作用。[81] 其他公用事业，如供水和废水处理，也有类似的互助网络。[82]

公用事业并不是唯一通过合作来创造灵活性的行业。共享运输版图的铁路公司也有互助协议。例如，BNSF 和联合太平洋是服务于美国西部的两家最大的铁路公司——从太平洋沿岸到密西西比河，一直延伸到更东边的地方，他们在运输市场上是激烈的竞争者。但是，当两家铁路公司出现重大服务中断时，它们有时会协商出临时备用线路来帮助彼此保持稳定的货运流量。此类服务中断可能是火车脱轨、洪水或其他影响轨道或列车运行的问题，以及计划中断（轨道维护和施工）造成的。此外，由于作为并购或其他相关协议的一部分而施加的监管条件，一些铁路公司获得了在某些路段上的共享权益并可以在这些路段协调运营。事实上，联邦太平洋公司的一组职员就在 BNSF 庞大的网络运营中心工作，为两家公司联合运营的部分铁路网提供运营协调。因此，虽然 BNSF 和联合太平洋公司是竞争对手，但在某些情况下，它们会在运营能力上进行合作。

竞争对手的合作

在飓风"桑迪"的恢复过程中，手机运营商们努力修复它们的网络，以尽快为客户提供服务。为了加速恢复客户服务，AT&T 和 T-Mobile 同意让彼此的客户共享网络，因为两家运营商使用相同的 GSM 技术。AT&T 供应链和运营总裁蒂姆·哈登（Tim Harden）表示："在当时，共享网络有利于国家和社区，而不该考虑彼此是竞争对手。"[83] 把两个网络的能力汇集起来有助于弥补因破坏而导致的通信网络缺口。T-Mobile 首席技术官内维尔·雷（Neville Ray）说，消除网络缺口的策略是"责任分担"，两家公司一起努力恢复一个网络，而不是两家公司分别努力恢复两个网络。[84]

从灾难中学习

德国哲学家弗里德里希·尼采在 1888 年出版的《偶像的黄昏》一书中打趣道："那些杀不死我的，只会让我更强大。"对于经历过运营破坏的公司，它们只有从经验中学习，总结相关教训，并改进风险管理和灾难复苏流程，这句话才是对的。

经验帮助强化能力

从卡特里娜飓风中恢复后，宝洁公司重新审视了应对工作，在两个方面发现了潜在的改进机会：恢复的成本和所需时间。随后，宝洁评估了如何加固设施以便未来在应对飓风时降低成本和减少恢复时间。新奥尔良炎热潮湿的气候下的一个主要教训是，在工厂停电和没有空调的时候，霉菌繁殖非常快，公司需要花费数百万美元来根除它。如果他们有应急发电机，就可以立即打开空调，防止霉菌的损害。[85] 在泰国水灾中受损的企业也被同样的问题困扰着。

同样，更好的密封食品容器比加固屋顶更重要。宝洁还决定在现场提供一些紧急住宿设施，以便救援团队可以及时进入驻扎并开始工作。该公司还在研究其供应来源，增加新奥尔良以外的供应商网络，并帮助其供应商建立与宝洁一样的强大响应能力，为下一次灾难做准备。

人与产品：管理紧急情况 vs.确保连续性

2008 年成都附近发生的汶川地震是中国历史上最严重的地震之一。这次 7.9 级地震是自 1976 年唐山大地震以来中国发生的最致命、最强烈的地震。2008 年的这场地震造成近 7 万人死亡，37.4 万人受伤，480 万人的家园被毁。[86] 由于英特尔坚持抗震建筑设计原则，使其在成都的工厂、装配和测试设施基本上没有受损。该公司迅速地恢复了运营。

尽管英特尔的准备和应对工作奏效了，英特尔的工厂在地震发生后七天内就恢复了 95%的产量，但事后总结显示，在照顾成都当地员工和维持全球业务持续之间的优先级和工作范围方面，英特尔内部关系比较紧张。英特尔副总裁兼全球采购总经理杰基·斯特姆解释说，在成都地震发生后，英特尔决定将危机响应行动拆分为两个独立的工作流。应急管理部门（EM）更愿意关心人员和当地设施的安全，而不必担心更广泛的业务问题。在应急管理部门照顾受影响的人员时，业务延续部门（BC）则专注于解决业务问题，例如受影响的在制品库存、替代工厂、物流、产品和客户。在新的架构下，EM 在灾难期间立即启动（是第一响应者），然后 BC 迅速跟进。一旦确保了每个人的安全，EM 的工作就会结束；BC 的工作持续到恢复生产和正常运营。EM 在当地运作，而 BC 涉及全球活动，例如将生产转移到其他设施。如第 1 章所述，英特尔使用这种切分的响应结构来应对 2011 年的日本地震和海啸。

以字母命名的项目 D、J、T 和 E

过去十年，通用汽车每一次处理重大供应链破坏事件的项目都是以字母来命名的。"D 项目"是 2005 年德尔福破产事件,"J 项目"是 2011 年日本地震,"T 项目"是 2011 年末泰国洪水,"E 项目"是 2012 年赢创火灾,"S 项目"是 2012 年的超级风暴"桑迪"。每个项目都提供了一个学习机会。通用汽车全球车辆工程运营经理罗布·汤姆在谈到 J 项目的时候表示:"老实说,我认为如果我们没有经历过 D 项目,我们会犯更多错误。"[87] 通用汽车零部件控股项目管理和产品工程总经理罗恩·米尔斯补充道:"一旦陷入危机,你会发现你学得如此之快,这让你变得富有创造力。"[88] 因此,每次危机都积累了更好的应对技巧和方法。危机过后,许多企业会检讨并分析组织对事件的反应。这可能包括两个阶段:事件发生后立即进行初步的复盘,之后进行更仔细的分析。[89] 据汤姆介绍,到 E 项目发生时,通用汽车公司能够更好地意识到潜在的深层次问题,在空白区分析方面更加现实,在内部信息共享方面更加协调,在认证备选方案方面速度更快。

在泰国洪灾发生几周后,日产首席执行官卡洛斯·戈恩(Carlos Ghosn)说:"未来肯定会有另一场危机。我们不知道会是什么样的危机,也不知道它将在何时何地袭击我们,但每次危机发生时,我们都要从中吸取教训。"[90]

虽然许多自然灾害或事故发生在某个具体的地点,但有时候影响却是全世界范围的。

第 5 章

金融危机和资金供应链

回顾第 1 章关于供应链的讨论，具体来说，供应链管理的基础有三个流：物流、信息流和资金流。大多数破坏（例如海啸、罢工或盗窃）都会影响从供应商到客户的物料流动。物流的破坏通常伴随着信息流的破坏（见第 4 章）。相反，金融危机破坏了资金和信贷的流动，影响了消费者从零售商和制造商处购买产品，以及零售商和制造商从供应商处购买零部件和产品的能力。因此，虽然许多破坏影响了供应，但金融危机还影响了需求。

资金链的破坏

如果真正的海啸需要几分钟或几个小时才能造成破坏，那么债务的海啸则需要数个月或数年的时间。正如一场大地震源于几个世纪累积的地壳压力一样，2008 年的金融危机起源于更早的 20 世纪 90 年代。2001 年经济衰退后的低利率使借款人更能负担得起住房，并造成对于高价住房需求的不断增长。同样的低利率促使贷款人和投资者寻求具有更高回报率的创新投资，以及创造新的金融工具来转移和隐藏违约风险。

累积至崩溃

2002 年至 2006 年，美国房价翻了一番[1]，包括西班牙、爱尔兰和英国等其他国家房价也大幅上涨。[2] 房价越是上涨，住房对购房者、房地产投机者和抵押贷款投资者的吸引力就越大。证券化等金融创新——债务的捆绑和再分配——使全球投资者能够分享房地产繁荣的利润。如果房价只能上涨，那么即使对于那些信用不良、没有首付的人看起来也像是安全的投资。次级抵押贷款占全部抵押贷款的比例几乎翻了三倍，达到20%。[3]

2002 年至 2006 年间，仅在美国就发行了约 14 万亿美元的抵押贷款支持证券（MBS）。[4] 这数万亿美元不仅为建筑业和相关耐用品（如家用电器）的需求激增提供了资金，而且现金融资和房产净值贷款还让房主将他们迅速上涨的房产净值转化为现金，用于购买其他产品（汽车、房车、平板电视等）。2002 年到 2008 年间，美国房主将大约 4.5 万亿美元的房产净值转换为现金，并不断增加个人债务。[5] 由于资金供应充足，全球供应链的流动显著增加。从 2002 年到 2008 年，美国的出口[6] 和进口[7] 都翻了一倍。

2004 年 6 月，美联储开始提高短期利率，以降低货币刺激，但最初的加息没有效果。事实上，长期利率如抵押贷款利率反而下降了。时任美联储主席的艾伦·格林斯潘说，"目前，世界债券市场普遍出乎意料的行为仍是一个难题。"[8] 尽管美联储继续加息，但住房、GDP、出口、进口和股市仍然呈现繁荣上涨的态势。

泡沫之顶

但债务推动的房地产泡沫经济不可能永远增长，一系列高峰预示着即将到来的衰退。首先，新房销售达到高峰（2005 年 7 月）。接着，新房开工率达到高峰（2006 年 1 月）。然后，房价在 2006 年 4 月达到顶峰。[9] 随着房地产活动下滑，银行收紧了对商业地产（2006 年第四季度）和住宅抵押贷款的贷款标准（2007 年第一季度）。[10]

利率上升打击了许多每月还款额较高的抵押贷款借款人。更严格的贷款标准和不断下跌的房价把他们关在进一步融资的大门之外。依赖快速倒手的房地产投机者被那些无法出售的房屋所困。2006 年，拖欠和丧失抵押品赎回权的情况有所增多，并开始侵蚀银行的财务状况。2007 年年底，银行进一步收紧了商业和工业贷款的贷款条件，并上调了这些贷款的利率。[11, 12]

当证券化的次级抵押贷款无法兑现承诺的利润时，债务大厦开始摇摇欲坠。银行和借款人都发现自己过度扩张，这使得美国经济在 2008 年 1 月陷入衰退。[13] 到 2008 年 8 月，失业率上升，耐用品销售额下降了 5%，汽车销售额下降了 20%。经济的衰退揭示了潜伏在金融泡沫之下的风险岩石。或者，正如沃伦·巴菲特所说："只有当潮水退去时，你才会发现谁在裸泳。"[14]

2008 年 9 月 15 日（星期一）午夜后不久，经济衰退进入一个更危险的阶段，此时美国第四大投资银行雷曼兄弟宣布破产，由于次级抵押贷款的巨额损失，债务总额达 7 680 亿美元，资产价值仅为 6 390 亿美元。[15] 当天股市下跌了 4%。美国国际集团（AIG），这家保险公司负债 1 万亿美元，其中包括信用违约掉期，为其他金融机构持有的 600 亿美元次级抵押贷款提供的担保，[16] 这样就似乎成了下一家濒临倒闭的公司。全球金融体系正在迅速瓦解，这一风险非常真实，即一家公司所持股份的清算可能会压低资产价格，迫使其他公司进行清算。为了阻止多米诺骨牌效应，美国联邦储备委员会于 9 月 16 日安排了 850 亿美元的紧急援助计划。[17] 作为援助的一部分，美国政府成为拥有 79.9% 的 AIG 公司股权的股东。[18]

从崩溃到牛鞭效应

雷曼破产给整个金融体系和整体经济带来了冲击，影响了几乎所有产品的需求，美国消费者支出下降了 8%。[19] 受冲击最大的是资产性产品行业，因为资本供应受到了限制。新房销售量下降了 80%，[20] 新车销售量下降了 30%，[21] 耐用品新订单下降了 40%。[22] 克莱斯勒于 2009 年 4 月申请破产，通用汽车于 2009 年 6 月申请破产。服务业需求也下降，餐厅营业额和航空公司旅客数量下降。受全球经济衰退、欧洲银行对美国抵押贷款的风险敞口、东欧债务、国家巨额债务以及爱尔兰和西班牙的房地产泡沫的共同影响，欧洲也陷入泥潭。欧洲出口下降，欧盟外围国家的经济大幅下滑。

需求的迅速萎缩引发了上游供应链活动的放大反应，随着需求中断在供应商链中蔓延，这种反应变得越来越极端——这种现象被称为"牛鞭效应"。[23] 在牛鞭效应的假设性例证中，如果零售商看到销售额下降了 X%，那么他会推断未来销售额也很低，因为大多数预测都是基于过去的经验。此外，如果未来销售额继续低迷，它可能会认为当前库存过高。因此，零售商可能会削减批发商的订单，例如 2X%（反映了未来销售额的下降和减少高库存的愿望）。批发商看到零售商的订单下降了 2X%，他们可能会因为担心未来的销售下降和库存过多而将批发商的订单削减 4X%。在供应链的每一层，需求的下降都引发了供应商订单的更大幅度的下降——每家公司都认为需要迅速削减产量（以适应销售下降），并减少膨胀的库存。

被夸大的订单下降对与生产资本相关的固定成本较高的上游供应商破坏尤其大。福特首席执行官艾伦·穆拉利（Alan Mulally）试图通过恳求美国参议院银行委员会拯救他的竞争对手，来缓解金融危机期间的牛鞭效应。他认为，如果不这么做的话，汽车业的一级供应商将会破产，然后他们的供应商也将破产，最后将影响整个美国汽车工业。

当需求恢复时，牛鞭效应将逆转，因为每个层级都会增加订单量，以满足不断增加的销售量，并迅速补充已耗尽的库存。这种效应会通过越来越大的订单量向供应链上游放大。然而，由于在经济低迷时期产能削减，上游的企业就需要更多时间来响应订单。随着订单大量涌入，交货期延长，供应商开始将部分发货分配给客户，然后客户进一步增加订单来确保获得更大比例的分配。所有这些都会导致库存和订单的大幅波动，尤其对于供应链上游的企业，其波动幅度会更大。

在需求波动不大的正常经济环境中，牛鞭效应会导致供应链各层级的波动，即批发商的需求量比零售商的更不稳定，制造商的需求量比批发商的更不稳定，而供应商的需求量将最不稳定。这种现象在消费品行业、[24] 食品、[25, 26] 半导体制造[27] 和其他行业都有记录。

2008 年金融危机期间的宏观经济数据显示，牛鞭效应的影响规模更大。例如，美国零售总额（代表消费者需求）下降了 12%；但美国制造商库存减少了 15%，制造业销售额下降近 30%，而进口骤降 30% 以上。[28] 金融危机在全球制造了一个巨大的牛鞭效应。90% 以上的经合组织国家出口额和进口额同时下降 10%以上。[29] 一项对 125 家荷兰公司的调查发现，与最终消费者相比，第一级和第二级供应链企业的收入下降了 25%，而第三和第四级的下降幅度为 39%~43%。[30] 牛鞭效应表现在个别公司的财务数据上，如生命科学和材料公司科宁克利克 DSM，荷兰跨国企业阿克苏诺贝尔，德国企业集团蒂森克虏伯股份公司，以及通常被称为飞利浦的荷兰多元化科技公司科宁克利克飞利浦。[31] 法国进出口交易数据的研究也发现了金融危机期间牛鞭效应的证据。[32] 牛鞭效应在一定程度上解释了全球金融地震如何改变了支撑经济的构造板块，并引发了破坏全球经济的海啸。

扰乱贸易融资

银行体系的中断也直接影响到全球贸易。[33, 34] 银行和其他金融机构作为对外贸易的金融中介机构，它们签发信用证，为跨越国界的付款提供担保。这些金融工具需要银行之间的信任，而雷曼破产造成了信任短缺。代表世界上最大的银行之间在短期日常交易中相互借贷意愿的泰德利差[35]，从 2007 年 4 月的 0.3%飙升至 2008 年 10 月中旬的 4.5%以上。[36] 银行根本不知道谁受到了有毒债务的影响——在某些情况下，银行自己都无法意识到自身投资组合中潜伏的风险。出口国的类似信贷利差甚至高于泰德利差。[37]

2008 年至 2009 年间，SWIFT[38] 网络中的信用证电文下降速度快于商品贸易的下降速度。[39] 大多数银行收紧了与贸易相关的贷款准则，并提高了向出口商提供贷款的成本。[40] 与空运或陆运相比，这个问题对海运国际贸易的影响更大，因为运输时间更长，所以银行担保涵盖的时间也要长得多。[41] 简而言之，国际贸易的资金供应枯竭了。

扰乱需求

虽然物理上的灾害通常具有明显的中心位置，但金融危机会造成更广泛的不确定性。起初，企业无法确定对需求和供应的影响。是否会出现银行挤兑？房地产价格会下跌多少？股市会跌多少？失业率会攀升到多高？消费者、客户、零售商、供应商和政府该如何应对危机？哪些供应商、物流公司和零售商会破产？没人知道。随着信贷紧缩以及消费者和企业财务状况的不确定性，消费者的需求也在下降。

由于资金供应中断，以及通常资金是从零售端进入供应链，所以零售商在危机中首当其冲。许多美国零售商都破产了，包括 Circuit City，Linens'n'Things，Filene's Basement，Eddie Bauer，Ritz Camera Centers 等。2009年美国 19% 的大规模裁员来自于零售商，[42] 虽然零售业只占美国国内生产总值的 6%。[43]

消费者转向节俭

这种不确定性造成了各地的焦虑，尤其是消费者在消费支出方面。消费者为了控制他们有限的预算开始节约支出。[44] 尽管大型连锁超市肖氏（Shaw's Supermarket）公司认为，由于人们必须吃饭，因此相对来说它可以抵御经济衰退，但该公司却注意到消费者的购买习惯发生了强烈的转变，从高价且高利润的商品转向价格较低的商品。虽然食品的单位销售额保持不变，但收入和利润都随着意大利面和坎贝尔汤等廉价主食的销售增长而下降。金吉达公司（Chiquita）发现，香蕉销量增加了，但优质沙拉的销量却下降了。其他零售商，如史泰普（Staples），也注意到了消费者节俭的趋势。

虽然大多数公司受到负面影响，但那些提供低价商品的企业却获得了更多的需求。一家全国性零售投资银行和咨询公司的董事长霍华德·戴维多维茨（Howard Davidowitz）表示："沃尔玛卖的是你需要的东西，而不是你想要的东西。"[45] 同样，当人们外出就餐时，他们会去麦当劳等廉价场所。[46] 为了应对这种转变，一些企业开始提供"物有所值"的产品，以吸引更多注重价格的消费者。例如，经济低迷迫使星巴克提供一美元咖啡和新的速溶咖啡，以抵消其优质咖啡饮品销量的下降。[47]

矛盾的是，经济低迷实际上还造成了一些行业的供应短缺，原因有两个方面。首先，订单取消率的上升导致供应商推迟生产。供应商不想为可能被取消的订单购买原材料。他们削减库存，等待确定的订单，把订单积压作为"缓冲"。供应商不愿在没有确定订单（和预付款）的情况下开始生产，造成供应短缺。[48] 其次，变化后的需求模式带来了低价商品和自有品牌的短缺（现在销量更高）。[49] 肖氏和史泰普等连锁超市都发现，从名牌产品向自有品牌产品的转变，使生产这些非名牌产品的合同制造商产能吃紧。[50]

节俭扰乱了需求预测

消费者购买行为的变化颠覆了企业用于预测的历史数据。危机发生前，食品连锁超市肖氏公司"知道你下周晚餐会吃什么"。[51] 这家拥有 169 家门店的零售商使用 10 年的数据来准确预测消费者会购买什么，甚至对促销的反应。然而，在危机期间，需求发生了很大变化，以至于在 2009 年末至 2010 年初对全球 342 家公司进行的一项调查发现，供应链绩效面临的两大挑战是"需求波动性或低预测准确性"（74% 的受访者），以及"缺乏对当前市场需求的可见性"（33%）。[52]

同样，办公用品零售商史泰普（Staples）表示，其预测不再像以前那样准确。其他企业经历了突发的客户事件，改变了需求模式。例如计算机和其他电子产品的制造商惠普公司（Circuit City [53] 的最大债权人），这意味着业务突然转移到其他零售渠道，需求模式突然改变。[54] 历史不再是预测未来需求的好方法了。

应对不准确的预测

预测可靠性的下降迫使企业在策略上被动应对，而不是事先计划。肖氏超市既没有足够的历史数据，也没有合适的预测模型来估算消费者突然寻求的自有品牌产品的新需求。因此，该公司不得不变得更加灵活并关注短期需求，使用临时沟通方式以及手动下单给供应商。不是肖氏的促销活动推动销售和市场，而是消费者行为推动市场——与过去完全相反；因此，公司的关注点变成了下周，而不是下个季度。

企业转向求生模式

"节衣缩食"保生存是许多行业中客户、供应商和企业的普遍行为。为了应对客户订单的下降，企业进一步削减了对供应商的订单，因此加剧了牛鞭效应。麻省理工学院运输和物流中心对 20 家企业进行的访谈表明，削减成本是应对危机的主流方法。[55] 许多企业削减了预算，裁员，以及取消了非必要的费用。2009 年，另一项调查发现，企业通过谈判降低供应商成本（75%的受访者）、降低库存水平（60%）、转向成本较低的供应商（44%），减少供应商数量（40%）。[56]

甚至像医疗和教育这样不受经济衰退影响的行业也受到了冲击。医疗器械制造商看到医院等客户存在融资问题。麻省理工学院和哈佛大学这样资金雄厚的大学也发现他们得到的捐赠下降了 25%～30%。这导致大学削减运营预算，并停止了许多资本支出项目。

小批量、低速运输模式

成本削减从两个方面影响了物流需求模式。首先，第三方物流供应商罗宾逊（C.H. Robinson）注意到，客户希望更少的发货数量。企业从使用整车运输（TL）转向零担运输（LTL），从零担运输转向包裹运输。尽管较小的运输量可能会导致更高的单位运输成本，但托运人还是选择了较小的订单量，因为他们更担心库存过高以及不能收到客户货款。[57]

其次，金融危机爆发的同时，高昂的油价和大众对于温室气体排放问题的日益担忧也减少了对更快运输模式的需求。UPS 和联邦快递的客户从空运服务转向更便宜的地面递送模式。2008 年至 2009 年间，联邦快递的空运发货量下降了近 5%，但陆运发货量增长了 1%，[58] 国际空运总量下降了 25%。[59] 任务关键型零部件服务提供商注意到客户要求的服务级别下降：例如，两小时的服务要求变成了四小时，四小时的服务要求变成了八小时。[60] 高昂的油价还促使远洋运输公司采用"减速航行"（另见第 10 章）来节省燃料。[61, 62] 减速航行造成了交货延迟并增加了在途库存。运输时间延长，还增加了客户破产、港口中断和关税提高等多种跨洋贸易风险。

装运规模、速度、成本和库存的相互影响会产生复杂的权衡，许多企业通过细分其供应链来解决这些权衡。例如，肖氏考虑使用低成本运输模式，如铁路，而不是卡车。铁路运输更便宜，但需要 21 天才能将铁路集装箱运至全国各地，这增加了库存成本。并非所有产品都适合铁路运输，比如草莓容易腐烂，但像华盛顿苹果这样的坚硬水果可以踏上铁路之旅。精明的企业会频繁地评估运输成本，因为燃料价格在经济衰退的后半段下跌，使得卡车运输有时变得更具有吸引力。

削减成本之前要着眼全局

随着需求低迷，巴斯夫（全球最大的化工公司）在运营其昂贵、庞大的化工厂方面面临着艰难的选择。由于需求减少，一些工厂的生产量低于经济产量，所以管理层希望关闭工厂以控制损失。然而，巴斯夫在它的内部网络中有许多垂直整合的零部件，这一战略被称为"verbund"（德语意为"链接"或"集成"）。[63] 这种集成结构意味着巴斯夫工厂的一些最重要的供应商和客户本身就是巴斯夫的其他工厂。

巴斯夫没有孤立地分析每家工厂（即某家工厂是否有足够的直接客户需求来证明其持续运营的合理性），而是着眼于内部供应链的全局。尽管某个工厂单独来看可能在产量上不够经济，但如果这个工厂生产的中间产品被其他工厂用于生产仍然有利可图的产品的话，巴斯夫将继续维持该工厂的运行。这与第 3 章最后一部分中描述的价值风险计算类似，这里是指巴斯夫计算中间化学品生产中断对所有使用该化学品的下游产品的总体影响，以及对全公司的财务绩效的影响。因为巴斯夫可以通过控制所有业务部门来实现成本分摊，所以这种全局策略是有效的。大多数其他企业的情况并非如此，因为他们依赖外部供应商，而其中一些供应商可能破产并造成供应短缺。

低迷的积极面

经济学家保罗·罗默（Paul Romer）表示："浪费危机反而更可怕。"他指出危机反而是做出困难改变的好时机。[64] 在低迷时期，改变遇到的阻力更小，企业可以让工作量不满的员工去接受改组后的任务。在这种思想指导下，一些企业很好地利用了金融危机。办公用品巨头史泰普通过合并两套 IT 网络做出了重大改变来改善运营。家得宝（Home Depot）实施了新的分销战略，整合了交叉配货中心，提高了配送效率。

虽然一些企业对经济低迷的反应是挤压供应商以降价，相反，另一些企业却寻求可靠和稳定的供应商。因此，EMC 公司（IT 存储硬件解决方案制造商）全球供应链管理副总裁兼首席采购官特雷弗·希克（Trevor Schick）看到了一些客户出现"向质量飞行"的现象。希克还注意到，最大的企业在经济衰退中获得了新市场份额，而实力较弱的企业则失去了市场份额。在存储设备行业中有 5 家大企业和 80 家初创企业，对初创企业生存的担忧促使客户向大型供应商采购。

有些企业利用经济低迷开始扩张计划。巴雷特配送中心趁机利用低迷的房地产价格在新市场购买仓库用以地域扩张。还有些企业利用经济低迷从竞争对手处挖掘关键人才。总部位于密尔沃基的一家拥有 2 400 名员工的投资银行 Robert W. Baird & Co.在 2009 年雇用了 70 名高管，其中许多来自竞争对手，而且根据这家投行的执行董事罗伯特·维纳布尔（Robert Venable）说，这样的"挖墙脚"比 2008 年明显增多。[65] 即使在经济下滑的时候有将近 半（49%）的企业认为"挖墙脚"是个令人担忧的问题。[66] 62%的公司担心，由于经济衰退期间的裁员，关键人才会流失。[67]

培训员工是另一种低成本、高影响的战略，利用多余的劳动力为之后的复苏创造更多机会。例如，丰田没有裁员，而是启动了培训和质量提升项目，负责制造和质量的高级副总裁威尔·詹姆斯（Wil James）表示："我们利用停产时间进行环境、职业安全健康和多元化培训，以及提高解决问题的能力和标准作业。"[68] 一些国家如德国和新加坡，政府向雇主提供支持，承担员工的部分工资,以留住和重新培训员工,而不是裁员。[69, 70] 这些计划使企业、员工和政府受益:企业以较低的报酬留住员工,员工保住工作并接受培训,政府的实际成本也低于支付全额失业救济金和社会的不和谐成本。

经济低迷的开始并不意味着创新或新产品的结束。在经济低迷时期专利申请数量仍然有所增加,这种情形也出现在包括大萧条在内的其他经济衰退中。[71] 苹果公司在经济衰退期间发布了 3G 版的 iPhone,销量增长了 240%。[72]首个基于谷歌安卓系统的 iPhone 竞争对手——HTC Dream,在雷曼破产后约一个月推出,而且在经济衰退最严重的两个季度售出了 100 万部。[73] 时任宝洁公司首席执行官的 A.G.拉弗利(A.G.Lafley)说:"我认为,在经济衰退中更有必要继续创新……继续为消费者带来颠覆性的新品牌和新产品。"[74]

供应链里的破产

资金供应的中断和需求的下降,在全球供应链中回荡并到处造成破产的风险。伟创力公司在 2009 年年报中总结了这些风险。报告指出,公司面临的风险来自"当前信贷和市场状况可能对我们的客户和供应商的流动性和财务状况产生的影响,包括其履行合同义务的能力。"[75] 在 2009 年麻省理工学院运输物流中心的会议上,参会的企业一致认为,他们都在为供应商和客户的问题而苦苦挣扎。

需求中断变为供应中断

2009 年 2 月,汽车车顶模块制造商埃德沙宣布破产。当汽车销量骤降 30%时,供应商的收入进一步下降,给他们带来了财务压力。[76] 由于牛鞭效应,汽车供应商不仅遭受了销售额大幅下降的打击,而且在工具和设备方面进行了大量投资,因为许多供应商都是资本密集型的企业。因此,许多供应商背负着高额债务负担,并且受到信贷市场混乱的影响。埃德沙遭受了近 50%的销售额损失,这使得这家价值 11 亿欧元的公司处于破产边缘。[77] 在北美,近 60家供应商的工厂在 2008 年之后的三年内关闭,裁员约 10 万人。[78] 2007 年至

2009 年期间，汽车行业的破产企业数量增加了两倍多。[79]

一所企业业务连续性研究机构在 2009 年夏季进行的一项调查发现，28%的企业在过去 12 个月中因供应商的财务破产而遭受影响，52%的企业则认为这将会是未来 12 个月里的一个重大威胁。[80]制造业受到此类问题的打击尤为严重，其中 58%的企业宣布其存在供应商财务破产情况。[81]在另一项调查中，40%的受访企业将"供应商破产"列为最有可能影响其供应链的风险之一。[82]

管理供应商破产风险

在经济深度低迷之时，一家企业表示："现在供应商中断是企业第一风险。金融危机中的风险管理就是迅速做出反应，因为如果一家战略供应商破产，我们就会损失数百万欧元。我们越快知道供应商何时违约，我们损失的钱就越少。"[83]第 8 章对这些努力进行了更深入的讨论。

经济危机期间，在供应商风险评估和重新评估频率方面的支出急剧增加。例如，一家汽车企业将所有一级供应商和部分二级供应商的评估周期从六个月一次变为每周一次。[84]在经济低迷时期，EMC、波士顿科学公司和肖氏超市等公司对供应商品质的担忧日益加剧。他们认为供应商的产能和裁员是对质量的潜在威胁；更少的人手意味着技能存在更大缺口、更多的零星生产运行、更少的人员负责影响品质的关键工作，例如设备维护和检验等。

对供应商的财务支持

供应商财务状况岌岌可危，迫使一些企业向境况不佳的供应商直接提供支持。埃德沙的破产对宝马公司来说是一个打击，宝马需要供应商的车顶模块来生产新的 Z4 敞篷车和其他车型。宝马说："我们必须帮助埃德沙稳定局面。我们无法选择其他供应商，因为这将需要六个月的时间，而我们没有。"调查发现，9%～12%的企业向供应商提供财务援助。[86, 87]

由于风险和企业自身节约资本的需要，大多数企业明确回避对供应商的直接投资。相反，这些企业通过许多其他的方式帮助财务陷入困境的供应商。例如，巴斯夫、惠普等公司通过加快付款或代表供应商购买原材料来帮助一些供应商。如果供应商不能取得自己的贷款，部分企业会为供应商预付模具或其他资本支出。[88] 据时任奥迪公司物流总监赫尔曼·克罗格（Hermann Krog）博士说，他们为供应商获得银行贷款提供担保。

英特尔全球采购副总裁兼总经理杰基·斯特姆表示，他们协助供应商制订财务计划，并寻找其他客户或投资者。[89] 而且在某些情况下，英特尔又更进一步，它为供应商的生产提供运营资本。英特尔甚至持有少数供应商的股权，结果在经济复苏时，他们还从这些投资中获利了。

客户破产的解决方案

供应商破产并不是企业面临的唯一风险，客户也会面临破产的风险。例如，根据伟创力 2011 年年报显示，仅在 2009 年，伟创力产生了与北电和其他客户相关的 2.627 亿美元的费用，这些客户有的申请了破产或重组保护，有的遇到了严重的财务和流动性困难。[90] 客户破产可能意味着付款的无限期延迟。2009 年春季的一项调查发现，7% 的企业为客户提供财务援助。[91]

耐普罗（Nypro），一家价值 12 亿美元的全球塑料零件制造商，在危机期间，有时会每天审查其所有"风险客户"。对于某些客户，它可以确保获得应收账款。对于无法保证付款的客户（如汽车行业客户），该公司为客户提供提前付款折扣，以降低财务违约风险。在这项计划里，一些客户的付款期降到了 15 天。《世界贸易》杂志的一项调查发现，43% 的企业为了节省运营资金，向客户提供了提前付款的价格折让。[92]

与以前的经济衰退相比，外包和合同制造业的兴起在 2008 年金融危机期间为客户带来了新的风险。例如，耐普罗可能为低风险的大公司制造零部件，比如宝洁的瓶盖或诺基亚的手机外壳。但是由于 OEM 企业的外包行为，实际上耐普罗的零部件可能会在运往 OEM 之前发送给小型区域合作包装商或中国的合同制造商。这些中间制造商负责向耐普罗付款。这种安排使耐普罗面临合同制造商（而非 OEM）的信用风险。更糟糕的是，当耐普罗与宝洁或诺基亚等大型 OEM 公司谈判达成协议时，耐普罗甚至可能还不知道这些合同制造商是谁。因此，耐普罗向 OEM 寻求担保或帮助，对合作包装商和合同制造商展开尽职调查。

复苏：牛鞭效应的第二阶段

在经济低迷时期，美国的失业率增加了一倍多，在 2009 年 12 月达到 10%。[93] 2009 年 3 月，企业破产率比衰退前增加了 30%，达到了每季度 3.5 万件。[94] 尽管 2008 年秋季雷曼破产后，世界可能会迈入金融深渊，但全球的弹性却吸收了冲击。万亿美元的货币刺激政策稳定了金融市场，财政刺激帮助限制了经济下滑的深度。政府接管了境况不佳的金融机构，或者同意从银行资产负债表上剥离不良资产。中央银行和政府采取的这些协同努力，避免了更严重的通缩和银行挤兑，以及导致 20 世纪 30 年代大萧条的其他类型的价值毁灭过程。2009 年 3 月之后零售业开始复苏，到 2009 年 6 月，美国经济衰退正式结束。

反弹中的风险

在经济低迷时期进行管理是很困难的，但反弹期间的管理也并非易事。在接下来的 12 个月里，零售额小幅回升了 7%，而进口猛增了 27%，因为分销商和零售商开始为预计要增加的销售而建立库存。牛鞭效应又开始起作用了。

惠而浦公司供应链副总裁布赖恩·汉考克（Brian Hancock）表示："有时，衰退时期的管理比在上升时更容易。恢复产能需要付出相当大的努力，而且每个人都对增加产能犹豫不决，担心经济无法恢复到 2006 年和 2007 年的水平。"[95] 2009 年第三季度，技术研究机构 AMR 的一项调查发现，近 1/4 的受访者担心经济低迷会持续下去。[96]

为了管理复苏，年销售额 32 亿美元的美国建筑材料制造企业 USG 公司使用了先进的计划软件。当房地产泡沫破裂时，该公司战略性地削减了产能和成本。随着建筑业缓慢反弹，他们谨慎地计划增长，并优化使用制造工厂来生产特定市场的特定产品。[97]

"现在，我们正在研究未来 5～10 年的长期预测和运行模型，以帮助我们确定何时以及需要恢复多少产能，"USG 建筑系统物流高级总监蒂莫西·麦克维蒂（Timothy McVittie）说。麦克维蒂解释道："由于既要保持精益又要满足客户期望是个挑战，所以找到正确的平衡是很难的。"他接着说："考虑到行业的需求如此之低，市场对于削减过度且无法再有效服务客户的制造商几乎没有耐心。"[98] AMR 研究中心在 2009 年第三季度进行的一项供应链风险调查证实了这一观点，44% 的受访者认为复苏周期会在 2010 年构成最大的风险。

在经济脆弱时期过度依赖供应商

企业纷纷担心供应商应对经济反弹的能力；如果供应商没有做好准备，那么企业自己不可能做好面对增长的准备。EMC 指出，2000 年至 2001 年技术行业的衰退是痛苦的，因为供应商削减产能的速度太慢。相比之下，在 2008 年至 2009 年期间，EMC 对技术供应商的反应速度之快感到惊讶。例如，DRAM 内存芯片产能迅速下降。但是，在收缩上过于激进可能和过于谨慎一样具有破坏性，因此 EMC 通过执行要求供应商保持 20% 的上行产能的合同来为恢复做好准备。当 EMC 拜访供应商时，它会确保该供应商将资源用于 EMC，并且如果供应商削减了产能，则不会削减专用于 EMC 的产能。

汽车行业也经历了类似的影响。当汽车制造商从 2010 年开始增加产量时，这一增长让供应商倍受压力，其中一些供应商增长过快，缺乏充足的资本。特别是小型供应商仍然无法获得资本，而由于其他供应商对经济前景的不确定，所以无法进行必要的资本投资。企业对这些供应风险的部分担忧是由美国持续的经济不确定性导致的，如美国的"财政悬崖"、债务上限、预算封存战、欧洲主权债务危机、政府紧缩等措施，以及有关经济复苏稳健性的混合数据。

丰田公司会特别关注那些以每周七天生产的计划对产能恢复做出响应的供应商。尽管根据传统衡量标准判断，这些供应商的财务业绩令人印象深刻，但实际上许多供应商由于延迟维护、缺乏设备更新和员工过度工作，在转型时而变得更加脆弱和更具风险。丰田北美采购主管鲍勃·杨（Bob Young）说："昼夜不断的生产实际是一个警报信号。这意味着我们必须访问供应商，以了解他们的真实情况。"[99] 随着复苏的推进和丰田北美公司计划提高产量，该公司在 2013 年 4 月将供应商观察名单从 2012 年的 20 家增至到 40 家。

考虑到长期关系和整个供应基础的稳定性时，企业会根据需要对选定的供应商进行援助。他们会考虑购买模具、加快付款、为供应商购买材料、贷款等。例如，一家大型企业在供应商出现麻烦时直接收购了供应商。本田汽车公司北美采购主管汤姆·雷克（Tom Lake）承认，本田不能只凭一句"更多"，就期待供应商马上提升产能。"由于许多汽车制造商都在增加产量，因此供应商必须就投资何处做出选择。"[100]

现金为王：减少营运资本

金融危机揭示了利润和现金流之间的明显区别，使现金成为衡量企业健康的重要财务指标。[101] 资金供应的中断以及由此引发的经济衰退意味着，企业首先必须依靠留存收益或预先存在的现金储备。格兰特·桑顿和《世界贸易》杂志的一项调查发现，90%的受访者在 2009 年努力减少营运资金（高于 2008 年的 78%）。[102] 金融危机带来了紧迫性，也创造了一个降低运营成本和释放供应链中稀缺资本的机会。结果之一是企业的财务部门和供应链部门之间加强了协作。

即使是实力雄厚的企业也面临着流动性问题。例如，耐普罗就面临两项与现金相关的挑战。首先，它在生产塑料制品所需的注塑机和模具上面的资本成本很高。每增加 100 万美元的收入，耐普罗需要大约 30 万～60 万美元的资本支出。其次，耐普罗是员工私人持股的企业。当员工退休时，耐普罗必须用现金购买退休人员在公司的股份。在 2010——2014 年间，耐普罗需要用 2 亿美元现金来支付给即将退休的员工。如接下来的"钟爱条款：减少营运资本"一节中所述，最后耐普罗从其供应链中获得了所需现金。

一些企业从破产的竞争对手手中获得了市场份额，随着经济的复苏，它们需要资本来增长。丘奇&德怀特（Church & Dwight，一家以 Arm & Hammer 和其他商标著称的个人护理、家庭及特殊产品的制造商和销售商）通过收购而发展壮大。2001 年至 2007 年，该公司收购了 14 个关键品牌，这一战略需要现金和资金实力。该公司还有大量需要偿还的债务，这导致该公司决心寻找自由现金流和减少债务的机会，而不是简单地降低成本。[103]

物料流产生现金流

尽管企业的供应链运营通常不会在企业财务方面获得头等关注，但它们对现金流和营运资本需求有三个显著影响。首先，DPO（应付账款天数）是企业尚未支付给供应商的账单，代表供应商向企业提供的事实上的现金贷款。其次，DSO（应收账款天数）是客户的未付账单，代表企业向客户提供的事实上的现金贷款。第三，DIO（持有库存天数）是企业捆绑在库存上的现金。企业可以通过延迟向供应商付款（增加 DPO）、加快向客户收款（减少 DSO）或减少库存（减少 DIO）来降低其营运资本水平。2009 年春季的一项调查发现，55%的企业延长了对供应商（DSO）的付款期限，25%的企业致力于缩短客户付款期限（DPO），44%的企业致力于减少供应链库存（DIO），通过这种方法来控制企业的营运资本。[104]

钟爱条款：减少营运资本

在金融危机之前，多数销售人员基本不关注客户的付款条件。这使得他们的企业应收账款天数过高且需要更多的营运资本。经济衰退使企业更加意识到在营运资金上慷慨让步所带来的成本。他们中的许多人希望通过严格的客户付款期限来减少应收账款天数。企业根据合同付款期限仔细审查了客户实际付款期限，发现实际付款期限比合同中规定的时间长，尤其是那些因现金短缺而试图延迟付款的客户。当耐普罗将其实际的应收账款天数与合同平均值进行比较时，发现其平均合同约定的应收账款天数为 52 天，但实际平均付款是在交货后 65 天收到的。该公司开始聚焦处理长期延迟付款的客户，以降低这一平均值。

同样，金融危机也促使企业开始审查供应商的付款条件。例如，在过去，耐普罗让它的每个工厂自己负责谈判和管理供应商付款条件，但结果是付款条件从 30～75 天不等。在危机期间，耐普罗与排名前 50 的每家供应商签订了全球供应合同，并努力延长付款期限。耐普罗取得了一些成功，因为它的财务稳定性和及时付款的声誉使供应商更愿意接受延长条款。

耐普罗的计划是创建现金平衡的供应链的更大努力的一部分，为越来越多可能消耗现金或资本的活动增加了纪律性。例如，耐普罗开始对包括大宗销售报价的所有新计划进行资本和现金流分析，避免公司对超额的项目或销售做出承诺。此分析包括任何新计划或报价对资本、库存、条款和 ROAE（平均股本回报率）的影响。通过加入现金流和资本分析，项目经理和销售人员开始与公司的财务目标保持一致。

现金平衡也影响了供应链活动。如果企业只面临来自客户的应收账款天数的增加，那么就会通过增加应付账款天数将它传递给供应商。保持双方的付款条款匹配，可以避免对现金的意外需求，以支持供应链运营。耐普罗还通过租用而不是购买设备，实现灵活的产能变动来支持预计增加的需求。这样，如果需求未能实现，耐普罗在账面上就不会有多余的产能。从金融危机开始到 2009年 10 月，耐普罗总共释放了 1 亿美元现金。

后备箱里杂物太多：减少库存

2010 年 1 月的一项调查发现，在 2009 年 60%的企业都降低了库存水平。[105]丘奇&德怀特（Church & Dwight）和 L Brands 公司都努力通过更精益的库存来变得更加以需求为导向。事实上，丘奇&德怀特开始用金额而不是周数来衡量库存，以强调库存的财务负担，而不是库存作为缓冲的作用。该公司通过改进产销规划（S&OP）流程、收紧安全库存要求、集成原材料计划和优化供应商寄售来减少库存。该公司还特别重视滞销和多余库存，在经济低迷期间，由于需求下降以及需求模式的变化这部分库存的规模有所增长。这有助于改善其他财务变量，如库存冲销和仓库空间占用的资本。[106] 2006 年至 2009 年间，丘奇&德怀特将滞销库存从 12%减少到 4%～5%。

供应链中的相对信用质量：打赢战役却输掉战争

减少营运资本需求的策略可能产生意想不到的影响，延长对供应商的付款期限意味着这些供应商的财务状况会恶化。物料和零部件库存过低导致企业没有足够的缓冲应对任何供应问题。成品库存不足可能会降低企业的客户服务水平，使其与客户的关系紧张。即使收紧付款条款，缩短企业获得客户付款（削减 DSO）的时间，也会面临风险，尤其是在经济低迷时期，客户会要求更好的价格或其他额外服务，以换取削减 DSO 或将业务转向提供较长付款期限的供应商。

先进汽车零部件（AAP）是位列财富 500 强的一家汽车零部件、配件和维护项目的零售商，它在与供应商重新制定条款时非常谨慎。对于 AAP 来说，应付账款天数的增加和改善意味着它的供应商的应收账款天数的恶化。在 AAP 看来这是一场零和博弈。公司会因为在应付账款天数上的过度激进而将自己带入一个更糟糕的境地。首先，如果 AAP 的供应商由于延长付款而必须借入额外的现金，则这些借款成本将体现在供应商的价格中。如果供应商的信用评级比 AAP 差，则供应商就一天的应收账款所支付的费用将超过 AAP 为其一天的应付账款所支付的费用。其次，延长对供应商的付款期限可能会增加供应商破产的风险。AAP 设计了一个创新的供应链融资计划来解决这个问题。

AAP 在危机期间表现良好。虽然许多消费者停止购买新车，[107]但多数人仍然拥有汽车并且需要维护保养。车辆老化带来的维护需求对于 AAP 等汽车零部件零售商来说就是好光景。[108]虽然克莱斯勒请求政府救助并陷入破产，但 AAP 在获得优惠贷款方面几乎没有遇到什么困难。

该公司的许多小型供应商生产汽车备件，包括为陷入困境的 OEM 供货。鉴于供应商规模小，汽车行业动荡，供应商急需现金，但即使它们能借到钱也付不起利息。

AAP 与一些金融机构共同制订了供应商融资计划，[109] 在该计划中，金融机构以快速折扣方式支付供应商的发票，期限短到 20 天。但是，该计划没有使用基于供应商信用评级的折扣系数，而是使用 AAP 自己更优的信用评级。这个利率大约是大多数供应商自己可以得到的一半。结果是供应商愿意提供给 AAP 的付款期限明显延长，高达 240 天。AAP 在如此之长的付款期限里向金融机构支付供应商的发票金额。

AAP 注意到该计划要发挥作用需要确保三个关键细节。首先，AAP 要及时完成进料检验，以便向银行担保供应商有资格获得快速付款。20 天的提前付款期限反映了 AAP 确保订单的质量和正确性所需的最短时间。其次，仔细的文件存档还确保 AAP 留有必要的审计记录和萨班斯-奥克斯利法案要求的合规性。第三，AAP 与其外部审计师和评级机构合作，确保该计划将计为应付账款，而不是公司资产负债表上的普通债务。这一逻辑是有效的，因为融资与 AAP 和供应商之间的交易直接相关。此外，供应商（不是 AAP）控制了"贷款"的期限，因为供应商决定何时向银行索要款项。

该计划中的三方财务关系帮助了三位参与者。AAP 的付款期限更长，这使得公司可以节省现金，而不会在资产负债表上产生更多的债务。该计划还降低了 AAP 的供应商风险，因为它有助于提高供应商的财务实力。供应商获得快速付款，但也具有灵活性，可以按优惠利率条件管理来自应收账款的现金。供应商没有被迫使用该计划或因未使用的借款而支付任何费用。金融机构通过支付给供应商的金额和从 APP 获得的付款金额之间的差额赚取利息。该计划的互惠互利使 AAP 能够吸引多家金融机构以及大量的主要供应商加入该计划。[111]

当黑天鹅降临

某些非常罕见、影响大的危机会导致新奇的反应，例如，在企业、资金短缺的供应商和规避风险的银行之间建立互惠关系的聪明方法。然而，其他类型的危机产生的原因并不特殊，而造成的影响却很频繁。对于此类危机，企业可以在发生之前做好准备，以加快恢复并减轻影响。当一些不可预测的现象使企业、行业或经济走向危机时，这些准备工作可能会有所帮助。

第6章

一盎司的准备

一次特定的高破坏性危机在一个特定的地点和时间发生的可能性很小。然而，在某个时间某个地点发生某个重大事件并扰乱一家在全球拥有数十个设施和数千家供应商的跨国企业的可能性并不小。伟创力的首席采购和供应链主管汤姆·林顿说，"我有 1.4 万家供应商。我保证，目前在这 1.4 万家供应商中，至少有一家供应商表现不佳。"

风险管理者的职责之一是为危机管理者及其团队准备选项。选项代表的是采取行动的权利，而不是义务。这里讨论的选项类型不是财务方案，而是所谓的实际选择或投资，为危机管理者提供一种工具或能力，让他们在出现危机时可以自行选择使用。例如，当一家公司投资于建筑物的灭火器时，它实际上获得了在发生火灾时使用灭火器的选项。

建立有弹性的企业涉及两大类选项：构建供应链资产和流程的冗余与灵活性。除了供应链本身的设计之外，还有一组包括运营响应能力的相关方案：在危机期间部署冗余和灵活资产所需的专门场所、人员以及流程。沃尔玛、思科和英特尔等公司通过创建一套特殊计划、指定人员、专用地点和特定流程来建立响应能力，以加速和协调有效的危机响应。

真实的选项：准备的价值

金融股票期权的概念提供了一种方法来思考危机响应准备工作的价值。真实的选项是一种有形资产，它给予所有者一种采取行动的权利而不是义务。[1]

例如，仓库中的额外库存或工厂的备用产能是供应链设计产生的一个真实选项；所有者可以使用备用库存或额外产能来应对供应中断或需求激增。同样，针对某种类型的危机破坏，制订业务延续性计划可以允许危机管理者在需要时激活该计划。

选项的估值

实际的选项有两部分内容：一个是事先已知的成本（例如额外产能的投入成本或者培训和演练的成本），一个是基于未来事件的不确定的回报（例如一旦用到多余的产能后业务得以延续的价值）。计算实际选项的时候要比较使用该选项的收益和建立该选项的成本。计算模型要考虑未来一段时间内收益的可能性以及这段时间内的资金成本（第 14 章对比了选项的价值和保险范围）。

评估选项的分析方法不在本书的讨论范围之内，[2]但大概的结果是清晰的。如果需要某个方案的可能性足够高，或者使用某个选项的收益相对其成本也足够高的话，那么投资该选项就是值得的。最关键的是，拥有一个选项的价值随着需求或供应的波动增加而增加（如果企业面临更多的危机破坏），此时例如额外产能的实际选项就更有价值。相反，如果不存在破坏或者意料之外的需求波动，那么对用不上的备用能力的投资就没有价值了。

好的预案包括一系列的选项，如额外的库存、产能、供应来源，或者改变生产计划和运输线路的灵活性。冗余和灵活性延展到整个供应链。"你需要在供应网络中创建可互换的产能以应对需求高峰，你必须拥有一组事先认证过的供应商，然后根据需求增加或减少订单。"管理咨询公司 Booz&Co.的副总裁玛莎·特纳（Martha Turner）说。[3] 除了利用平常的供应链资源来创建选项之外，企业还可以创建特殊的风险管理工具。有适当的选项可以缩短恢复时间、减轻客户中断并避免负面的长期后果，从而增强企业的弹性。

行动开始

当超级风暴"桑迪"威胁东海岸时，美国电话电报（AT&T）公司派来了

COW（Cell On Wheels），它代表"车轮上的基站"，即一种特殊的拖车，可以随时随地建立一个高容量的蜂窝网络基站。这种拖车上有一个伸缩塔及上面的多波束天线、发电机、网络设备和冷却设备。不同的COW提供不同的功能，例如5和18波信号塔、移动指挥中心和微波回程，用于将组合流量从蜂窝信号中继到远程的大容量互联网连接。[4] 该公司还拥有一支规模较小的COLT（Cell On Light Truck），即轻型卡车上的基站，使用卫星上行链路提供服务。

如果发生自然灾害，AT&T可以派这些车辆立即恢复移动电话服务，同时进行更加困难的修复倒塌的基站和电路的工作。"我们设计了这种拖车，拖车上的设备和我们运营中心的设备完全一样。我们可以把这些拖车拉到任何地方。把它们放在停车场，停车场就变成了我们的运营中心。"AT&T网络灾难恢复总监罗伯特·德西亚托（Robert Desiato）说。[5] 在超级风暴"桑迪"发生时，该公司提前五天得到了风暴即将来临的警报，因此得以重新安排分布在全国的COW车队，做好了为受灾地区服务的准备。

然而，COW不仅仅是用来处理灾难期间的网络中断。2012年，AT&T向印第安纳波利斯派出了九个COW，用在超级碗比赛中，以支撑因8.5万名球迷、媒体、工作人员和球员将体育场和周边地区淹没时造成的手机使用量的激增。[6] 该公司将COW部署到体育赛事、节日、大型公众集会，或者其他预计手机使用需求会局部激增的场合。像超级风暴"桑迪"这样的事件造成了供应中断和需求激增。AT&T供应链和车队运营总裁蒂姆·哈登（Tim Harden）表示，风暴摧毁了电力和移动通信塔，与此同时通话量比日常平均数增加2~4倍。无论是超级风暴桑迪还是超级碗周日，这些专门构建的资产为AT&T提供了一个选项，可以为不论什么原因造成的供不应求的通信需求提供所需的带宽。

冗余：稍微多一点点的选项

库存、生产能力和多个设施等标准的供应链资产的冗余量为危机管理者提供了一个显而易见的选项。这些资产的创建不需要额外的专业技能，也不需要对运营流程做出质的改变。它们只需投资创立和维持多余资产的意愿，为危机管理人员提供降低危机破坏程度的选项。

冗余的第一条：额外的库存

医疗设备制造商美敦力的 EMEA（欧洲、中东、非洲）供应链高级主管弗兰克·舒普维尔德（Frank Schaapveld）说："在中美洲飓风期间，我们在计算安全库存水平时加入了所谓的飓风因素，确保我们在该地区拥有更多的库存。"[7] 成品和零部件的额外库存可在供应中断后立即使用。即使库存不足以覆盖整个恢复时间，它也能让危机经理"喘口气"，并组织响应，在保持运营的同时，收集供应商的数据、和客户进行沟通并启动各项危机恢复工作。

所有企业都持有一些库存，以支持日常生产和运输周期之间的平均需求水平（周期库存），同时支持供求的日常波动（安全库存）。库存管理的数学计算帮助企业估算出在生产和运输的经济性与库存持有成本之前做到平衡所需的周期库存量，以及估算出在面对不确定的需求时要保证一定客户服务水平所需的安全库存量，如第 1 章的"库存的故事"中所述。此外，在制品库存是指零部件或产品经过某些供应链流程（如运输或生产）时持有的库存。

库存的本质是在供应链的节点之间实现脱钩。库存管理的传统观点是，周期库存允许供应链的每个阶段（如订购、生产或分销）以自己的最佳节奏运行，从而创建与每个供应链活动参数一致的最优订单量、生产批量和运输量。根据该活动的参数，安全库存允许供应链活动与随机波动脱钩。因此，配送中心的库存将生产过程与随机波动的客户需求脱钩，而制造工厂的零部件库存用来应对原材料流入的波动。这些运营中的安全库存数量的决策通常会假定统计波动符合正态分布，同时随时可能重新下单购买更多产品。

此外，企业可能会保留额外的库存，以减轻可能对运营产生重大影响的更大规模的破坏。这些额外的库存也起了脱钩的作用：将企业的客户和供应中断隔离开。企业是否选择持有这些额外库存取决于风险的价值、持有足够库存应对风险的成本、在发生破坏时采购备用供应品的成本/可能性/时间，以及发生破坏的可能性。保留库存以防止大规模破坏可能不符合成本效益，因为应对长时间的供应中断需要大量的额外库存。此外，大规模破坏发生的低频率意味着，这种额外的库存必须长期持有才能实现其价值。

好时公司（Hershey）是北美最大的巧克力制造商。它在宾夕法尼亚州的赫尔希（Hershey）经营着两家相邻的工厂，因此容易受到局部破坏的影响。为了减轻这种风险，该公司将六个月的牛奶巧克力库存放在一个冷藏仓库中（以尽量减少受氧化的巧克力数量）。[8] 大多数企业无力承担六个月的零部件、原材料或成品。但是，在长而复杂的供应链里很多节点可能会积累库存，这样就可以在危机来临时使用。

充满了隐蔽库存的供应链

当生产汽车催化转化器内的陶瓷蜂窝载体的制造商出现严重的良品率问题时，通用汽车面临着转化器供应的潜在中断。大约 40%的精密蜂窝载体被报废，这意味着没有足够的供应来满足需求。产能瓶颈发生在多级供应链的深层，这种载体由第四级供应商生产，第三级供应商在上面涂覆催化剂，第二级供应商将其安装在金属外壳中，第一级供应商将其组装成完整的排气管系统。

通用汽车通过加快催化转化器供应链的生产和运输流程，避免了汽车生产中断。它还在供应链的上游层级和在途的产品中发现了隐藏的在制品库存和安全库存。供应链中每个层级都有这些隐藏的库存，而且这些库存可以在危机期间提供数周甚至数个月的供应。从转化器载体到整车的三个月生产周期意味着在这个供应链的不同阶段有三个月的催化转化器库存。

据通用汽车全球供应链的装配和冲压部门总监弗雷德·布朗（Fred Brown）介绍，该公司努力加快每个阶段的生产和每一次运输，将周期时间缩短至不到一个月。尽管快速和精益运作的成本更高，但缩短周期让通用汽车能够获得在供应链中两个月的转换器库存。这弥补了生产缺口，同时载体制造商解决了良品率问题。一旦产出提高，载体制造商将生产更多的载体，补充供应链中的库存，然后回到标准的三个月周期时间。

同样，其他公司，甚至那些供应链比较精益的公司，也发现全球供应链中隐藏着库存可用于缓解中断。例如，英特尔经受住了 2011 年日本海啸的影响，部分原因在于这些隐藏的库存分散在原本精益的供应链中。

但是，请注意，对于供应链中"下游"发生的中断（换言之，在 OEM 工厂或一级供应商处），找到"隐藏库存"并加速材料和零部件流动的机会将更少。在上述案例中，通用汽车能够利用隐藏的库存并加速流程，正是因为中断发生在供应链深层的第四级。

库存的上限

虽然周期库存和传统安全库存在精益供应链中的数量可能适中，但对于高影响的供应链破坏来说，如果恢复时间长，则所需的额外库存可能相当大。此外，如上所述，这种破坏的罕见性意味着这些大量库存必须长期持有。因此，在大多数情况下，这种冗余的成本太高。

此外，某些材料可能受危险品法规的约束，这些法规对大量危险品库存施加了额外的成本或限制。当英特尔面临高级盐酸供应的潜在中断时，它很难找到一个愿意储存四个月高腐蚀性原料的设施（见第 7 章）。最后，这些库存品的寿命期可能有限。在一些行业，如时装和高科技，商品很快就过时了，当推出更新和更好的型号之后，库存商品的价值就降低了。英特尔副总裁兼晶圆厂材料总监蒂姆·亨德里（Tim Hendry）指出，在化工、食品和制药等其他行业，材料的保质期都有限制。无论是由于成本、监管法规、市场力量还是材料属性，许多企业所能保持的库存量都有实际限制。

正如丰田生产系统所揭示的，额外库存的最高成本可能是品质的成本。精益系统中更快的库存周转能够更快地发现和减少产品缺陷和品质问题。在传统的先进先出且按库存生产的库存管理系统中，制造过程中产生的缺陷零部件可能直到最终投入生产或销售之后才被发现。相反，更快的库存周转意味着更快发现、学习和改善，这些是丰田生产系统中 Kaizen（持续改善）概念的关键。

因此，虽然增加库存可以使企业在中断后（至少一段时间内）继续满足客户的需求，但它会增加成本并带来产品质量风险。

其他类型的冗余

冗余有多种形式。企业拥有两家具有不同风险状况的供应商会引入冗余，这样能够使用其中任何一家没有出现供应中断的供应商的材料或部件。但是，在许多情况下，额外的供应商会带来额外的成本，因为每个供应商提供的量较小，为固定成本（如模具、工程和合同管理）的规模经济和摊销提供了较少的机会。当车轮零部件供应商的中断迫使通用汽车从多个供应商那里采购零部件时，成本随之攀升，因为每个供应商只承接了一小部分业务（参见第 11 章）。此外，如果供应商知道它的 OEM 客户也与其竞争对手合作，它们可能就不愿意与 OEM 共享创新技术。最后，在高科技、汽车、航空航天、化工等行业，引进多个工厂制造某种材料会使工程和质量保证的流程复杂化。

思科在评估与新产品相关的新供应商的弹性时，既考虑双重生产基地，也考虑备用生产基地的资格。此评估以及供应商的库存水平、产能预留、制造权利和其他缓解措施，直接有助于提高思科自己的弹性能力指数（参见第 7 章）。这一指数是思科用于所有新产品导入的评分机制。[9]

除了库存之外，企业也可能在自己的生产设施和生产能力方面设置冗余。例如，美敦力在欧洲开设了第二个配送中心，因为风险评估显示，只有一个配送中心带来的风险太大。[10] 企业还可以建立和使用不只一个制造工厂来生产一种产品。当然，运营多个生产基地的影响除了供应链弹性之外，还有许多影响，例如，增加工厂或仓库将影响成本、税收、当地就业、企业社会责任风险和客户服务水平。

终极选项：灵活性

灵活性是增加给定资产的潜在用途的策略，这同样适用于可配置为生产多种产品的生产线、使用零售商店进行电子商务，或者对员工进行交叉培训，以便根据需要在不同工作任务之间移动。例如，工厂可以是专用的（一个工厂只能用一组零部件生产一种产品），也可以是灵活的（每个工厂可以用许多不同的零部件生产许多不同的产品）。灵活性可实现弹性。如果一个资产或供应商出现破坏，则可以通过重新部署其他灵活的资产，以生产、存储或移动原来由受破坏的资产处理的产品。

灵活性和冗余互相补充。冗余尤其表现为额外的库存，可以提供即时的支持，但仅限于一个确定的期限。灵活性可以通过转移资产的部署来覆盖持续很长时间的供应中断，但实施起来可能需要一些时间。因此，冗余为组织提供了时间，通过重新配置设备、重新调整机器用途、联系备用供应商、重新分配人员、将原材料运送到备用设施等，来"启动"其灵活资产。冗余和灵活性都是减少从供应中断到生产、服务和供应开始恢复之间空白区的手段。

灵活制造：可以制造任何东西的选项

灵活性能够保证在薯片生产中断后，不会长时间停产。例如，2003 年的龙卷风刮掉了位于田纳西州杰克逊市的宝洁公司品客薯片厂的屋顶。损坏威胁到了该公司在美国、拉丁美洲和亚洲的薯片供应。幸运的是，宝洁在比利时梅赫伦拥有第二家工厂，也可以生产品客薯片。宝洁订购了额外的原材料，加快了交货期，提高了比利时工厂的产量，还利用欧洲库存来弥补美国产量的不足。

然而，对剩余产能进行灵活安排确实需要花费一些工夫。由于装箱数量差异（每箱 14 个与 18 个单位），比利时只有两条包装线可以生产在亚洲销售的SKU。另外必须组建一个特殊的质量保证团队，监督日本市场产品所需的独特口味的生产。总体而言，比利时工厂交付了 1 860 万罐薯片，宝洁公司还借此发现了一些改善其供应链的机会。[11]

完全的灵活性能够在任何地方制造任何东西，通常代价高昂或不可行。机器和人工的专业化意味着完全的灵活性成本太高。然而，研究表明，一家企业可以在公司层面实现极高的灵活性，而在工厂级别只有适度的灵活性。[12] 在策略上要求每个工厂能够正好生产两种不同的产品，但要以特殊的方式来安排这种灵活性。

例如，假设有四个工厂，A、B、C 和 D，以及四种具有特定灵活性模式的产品，1、2、3 和 4：工厂 A 可以制造产品 1 和 2，工厂 B 可以制造产品 2 和 3，工厂 C 可以制造产品 3 和 4，工厂 D 可以制造产品 4 和 1。如果工厂 B 生产中断，威胁到产品 2 和 3 的交付，则工厂 A 和 C 都可以切入以弥补工厂 B 的损失。即使工厂 C 已经处于满负荷运行，它仍可以通过将生产产品 4 的职责转移到工厂 D 来接管产品 3 的生产。只要网络中的某处存在一些备用产能，就可以转移生产。通过创建在工厂间分配产品的"菊花链"，企业可以在网络中真正实现切换生产，并创建一个足够灵活的系统，即使一个工厂中断，也能生产出每个产品。

灵活性需要一定量的系统范围内的冗余。假设上面的示例中每个工厂的产能相同，产品需求相同，则这种灵活性策略将要求每个工厂平均提高约 33% 的产量，以弥补第四个工厂的生产中断。当然，这种安排的部分好处是，对于多余产能的需求是所有工厂平均的，而不一定是每个工厂。与第二来源供应商产能增加的情况一样，企业可能会使用加班、额外轮班，或者可能延迟日常维护计划以临时提高产量。

灵活的分销网络：紧急状态下的重组

沃尔玛的样式俱全和每天低价的策略依赖于其分销网络的顺利运作。沃尔玛在美国有 158 个配送中心（Distribution Center，DC），每个配送中心在 200 英里半径范围内为大约 90～100 家商店提供服务。[13] 如果一个配送中心由于天气、自然灾害、停电或设施等其他问题而中断运营，那么对该区域商店网络的及时补货就会停止。为了应对这种类型的突发状况，每个配送中心都有两个到三个邻近的备份配送中心。如果一个配送中心停止，那么就会对区域内的备份配送中心进行重组以填补空缺。

这种灵活性要求沃尔玛在每个 DC 中都有一定的备用产能，以便它可以在继续为其原区域服务的同时还能为运营中断 DC 的区域提供服务。尽管简化的分析表明，两个或三个备份 DC 中的每一个都需要 33%到 50%的额外产能，以弥补另一个 DC100%的损失，但实际上所需的冗余产能要小得多。首先，每个备份 DC 都可以通过加班和额外人工来增加输出。更重要的是，密集的 DC 覆盖范围意味着，由于备份 DC 将其产能的一小部分用于为缺少 DC 的区域提供服务，备份 DC 所服务的区域可能会出现短缺。但是，这些 DC 也有备份 DC，可以帮助弥补原备份 DC 的产能不足。

为了向客户提供当日即达的服务，亚马逊于 2011 年启动了一项雄心勃勃的计划，在美国各地建立数十个配送中心。虽然旨在支持其激进的服务水平目标，但大量的设施自然允许亚马逊在发生中断时为每个设施提供备份，从而增强了亚马逊的弹性能力。

风险池：聚合有助于风险缓解

风险池是一种统计现象，根据这种现象，灵活的系统比专业的系统具有更低的波动性风险。例如，Dr. Pepper Snapple 集团（DPS）在加利福尼亚州的维克托维尔建立了工厂，该厂拥有灵活的装瓶生产线，每个生产线都能处理冷灌装和热灌装产品，包括碳酸软饮料、能量饮料、茶、果汁和瓶装水。此外，每条生产线还可以处理不同的容器尺寸。[14] 在同一设备上制造不同产品的灵活性使风险得以集中，通过聚合多种风险或波动性，降低总体风险或波动性。

由于消费者偏好变化无常、零售商促销、季节性和天气等因素，各种饮料瓶尺寸和口味的需求波动很大。如果每种饮料的品种和尺寸使用不同的装瓶线，则每条生产线的利用率也会非常不稳定，许多生产线在大部分时间里都会闲置，而其他生产线则耗尽产能。然而，饮料的总体需求波动要低得多，人们每天都要喝点什么，因此，每天对某种口味或类型需求下降时，而对其他口味或类型的需求却上升。平均而言，这种随机变化往往相互抵消，因此，使用柔性装瓶线的波动性将低于每种口味或尺寸的需求波动性。

风险池尤其适用于负相关的产品种类。如果人们在某一天购买更多某品牌的早餐麦片，那么竞争品牌的销量可能会更低。但是早餐谷物的总销售额，无论如何，都不会像任何一个品牌的销售额一样，从某一天到另一天的波动程度那么大。这也是配送中心集中持有库存会降低为受随机需求波动影响的零售商店提供服务所需的总体库存水平的原因。即使采购是独立的，风险池也会减少提供给定服务水平所需的库存量。对于独立和相同的零售网点，所需库存将按比例减少，与所服务的网点数量的平方根成比例。（当然，将许多资产集中在一个设施中会产生不同的风险。）

风险池主要是一种降低运营需求波动性的策略，但它也是一个能在供应中断时提供帮助的灵活性因素。例如，如果一场重大自然灾害导致瓶装水需求激增，或者调味品供应商的设备故障阻碍了某些产品的生产，Dr. Pepper Snapple 公司就能用较合适的成本快速转移生产。

灵活的库存：延迟策略

延迟是一种制造策略和供应链架构，可以将特定的中间产品快速定制成许多不同成品中的任何一种。它涉及产品和生产工艺的设计，以便尽可能将差异化的发生点延迟。不持有每个成品变形的大量库存，而是在未完成的中间状态持有库存，并在订单或需求更确定时执行最后一步（定制）。延迟的好处在于风险集中后未完成的中间品所需的安全库存相对较低——未完成的半成品的库存受益于所有成品变形需求的平均。当邻近销售旺季，需求预测相对准确时，定制产品就可以按订单进行生产。

使用延时策略的企业包括惠普（针对不同国家定制的打印机）、[15] 锐步（根据各种运动队明星定制的粉丝装备）、[16] 众多汽车制造商（针对多种车型使用相同的"平台"）、Bic（零售包装延迟）、[17]油漆制造商（根据不同颜色定制的油漆罐），等等。

虽然延迟策略主要是处理需求方风险的一种方式，但它也可以在供应中断期间提供帮助。持有半成品库存意味着在短缺的情况下，成品可以分配给最重要的客户。

范围预测：量化灵活性

范围预测也是管理供应链波动的一种方式，尤其是在需求方面。"每个人都担心供应风险，但更糟糕的是需求风险。"安美半导体全球供应链运营高级副总裁夏洛特·迪纳（Charlotte Diener）说。安美半导体遇到过一家客户给出从未出现过的高需求预测的严重问题。"当我们正在提高我们的能力和产量时，客户的预测却又突然下降，"她说，"在一个月内，我们似乎只有不到一周的产品供应库存，最后，我们的库存却超过 40 周。"现在，该公司使用范围预测来管理风险。[18]

范围预测不是预测需求或需要制造的物料数量的单个数值，而是预测需求的可能值范围的两个或多个估计值，如高、中、低值。了解范围可以让企业估计它真正需要多少灵活性，并使其能够使用可靠的计划来管理波动性。更重要的是，它让企业习惯于期待变化并做出反应，无论是需求波动还是供应中断带来的变化。

企业还可以使用范围预测让供应商建立应急措施。例如，惠普使用范围预测为每个新产品建立灵活的供应商合同组合。惠普根据"低"预测值（惠普确信可以达到的销售值）制定零部件合同，使用保证购买合同来获得保证量的低价。对于中位值的预测需求，惠普会在供应合同中使用灵活的条款。也就是说，惠普会告诉供应商，供应商将获得介于低预测值和高预测值之间的一定数量的订单，但不能保证实际购买。此类合同涉及可选增加数量以及相关付款条件的条款，有时还包括产能选项。对于高预测值，惠普不与任何供应商签订合同。相反，如果需求非常高，该公司将使用现有的供应商和现货市场。即使现货市场价格相当高，对产品的高需求将确保销售量会提供足够的利润。[19]

同样，捷普芯片公司采用灵活的供应合同，合同可能要求供应商一周内提升 25% 产能，四周内提升 100% 产能。在 2011 年的一项调查中，72% 的全球企业高管认为提高供应链灵活性的最重要杠杆是供应保证。[20] 调查发现，拥有灵活供应链的企业与主要供应商合作，在产能受限的情况下制定优先交货时间表。他们还和供应商协作制定流程实现向下和向上的最大化灵活性，这样供应商就能够更轻松地应对可能由预测错误、需求增加或供应中断造成的波动。

为最糟糕的状况做好准备：业务连续性计划

二战盟军最高指挥官、美国第 34 任总统艾森豪威尔将军说："在准备战斗时，我总是发现计划是无用的，但计划又必不可少。"[21] 业务连续性规划（Business Continuity Plan，BCP）是应对供应链破坏的响应流程。"英特尔的集体响应强调了创建和维持精心准备的响应和恢复能力的重要性，速度至关重要。"英特尔副总裁兼全球采购总经理杰基·斯特姆谈到英特尔在成都工厂应对 2008 年四川地震的响应时说。

当局面变得艰难时，使用行动手册

自 2008 年以来，思科创建了 14 个供应链事件管理行动手册。这些行动手册（思科对于 BCP 用的术语）涵盖了相对高可能性的破坏性事件。该公司对行动手册的态度是："如果你吃了两次亏，那就是你的耻辱。"[22] 行动手册因地点而异，具体取决于这些地点通常经历的供应破坏类型。例如，得克萨斯州有龙卷风，而泰国有季风和洪水。根据克兰菲尔德大学的乌塔·约特纳（Uta Jüttner）博士的研究，BCP 涵盖的意外事件包括 IT 损失（91%的被调查组织有相应的管理计划），其次是火灾（68%）、厂房设施损失（62%）、员工健康和安全（52%）、供应商损失（43%）、恐怖袭击（37%）和利益团体抗议（22%）。[23]

思科通过整合现有行动手册的相关元素，并使用供应链风险管理（Supply Chain Risk Management，SCRM）的分析和知识，来创建一个新的行动手册。每次事件发生后，思科都会审查自己和供应商的响应措施，以收集经验教训并改进未来的行动手册（或创建新行动手册）。例如，在 2011 年泰国洪灾之后，思科考察了供应商如何处理洪水（例如，如何将精密的测试设备移到二楼或在关键建筑物周围设置屏障），并将这些策略纳入其洪水行动手册中。

思科的行动手册列出了在危机中需要回答的问题，例如，该地区有多少供应商，它们生产什么零部件或产品，它们可能受到什么影响，是否有备选供应商，以及如何评估现场的事件影响。行动手册还包含用来帮助管理和缓解供应链破坏的模板、检查清单和其他材料。

同样，美敦力使用基于检查清单的以行动为导向的 BCP。清单上的每一项包括一个任务、其状态、负责人、任务的时间安排和可选的证明资料。[24] 美敦力的规划流程强调恢复和连续性所需的信息、人员以及行动。BCP 的信息流要素确保适当的人员通过大规模通知系统尽快了解事件，并确保从事连续性工作的人员获得完成工作所需的信息。[25]

美敦力业务连续性计划背后的理念是使公司能够以预定的最小能力或服务水平来运营，并在灾难期间满足客户需求。[26] 由于美敦力的医疗器械产品对患者的健康至关重要，因此供应的持续是必要的。美敦力的每一项计划都针对最坏的情况，因为大灾难需要尽可能多的规划才能加快响应速度较小的灾难总是可以使用计划的一部分。虽然计划可能不完美，但可以帮助公司仔细考虑并预先确定他们可能如何应对破坏、谁应该参与响应工作，以及应该提前准备哪些资源。

给我你的 BCP

美敦力还希望供应商创建和维护美敦力的 BCP，并能够在需要时向美敦力展示其 BCP。公司希望每个供应商的业务连续性策略包括行动计划、活动清单、沟通计划、上报程序以及明确团队、角色和责任。美敦力希望供应商的计划包括各种业务中断所需的恢复时间、关键设施的联系信息以及对设备、材料、供应部件和劳动力风险的评估。[27] 同样，咨询公司普华永道（PwC）的 2013 年业务连续性洞察调查发现，64%的受访者将关键供应商纳入了他们的业务连续性管理计划。[28]

同样，思科希望供应商使用 BCP，并询问他们有关具体的支持连续性的资产的情况，例如备用发电机（和燃油）、防火和洒水系统、IT 恢复策略和总体的设施恢复计划。思科的目标是帮助供应商更好地了解如何快速恢复受损设施，它还要求供应商提供预期恢复时间。如果思科发现供应商的 BCP 存在漏洞，就会通过思科的供应商品类经理与供应商合作解决。

行动手册传递给员工

只有当员工开始练习使用时，BCP 的主要价值才能够实现。与思科一样，瞻博网络（Juniper Networks）制订了一系列业务连续性计划，以涵盖与设施、地点、供应商和地缘政治事件相关的中断。正如瞻博网络全球采购副总裁史蒂夫·达林格（Steve Darendinger）所描述的那样，每个 BCP 都以 PPT 演示文稿的格式保存，无论员工身在何处，都可以推送到员工的计算机。如果计算机网络不可用，则这些计划还可以通过 USB 闪存进行物理分发。瞻博网络为其 BCP 创建了在线视频培训课程，截至 2012 年，已培训了其全球约 75% 的运营人员使用 BCP。其他公司（如美敦力）使用第三方事件管理软件在需要时向利益相关者分发 BCP。

全局视野：从 BCP 到 BCM 到 ERM

在美敦力和其他公司，业务连续性计划是更大范围的业务连续性管理（Business Continuity Management，BCM）的一部分。BCM 是规划、传播、执行和改进 BCP 的总体过程。反过来，BCM 是企业风险管理（Enterprise Risk Management，ERM）的一部分。BCM 往往只关注运营风险，例如供应、生产、分销和服务中断。ERM 考虑运营风险以及许多其他风险，如财务风险、监管风险、竞争、客户中断、人才风险、产品质量、知识产权风险、合规风险、企业社会责任风险等。[29]

BCM 产生于组织保持连续性的内部动机，而 ERM 的采用和结构有一些外部驱动因素。2002 年美国《萨班斯-奥克斯利法案》要求在美国证券交易所上市的企业必须管理风险，尤其是与财务报告和合规相关的风险。[30] 特别是，该法第 404 条要求对财务报告控制、重大错报风险、实体级控制和交易控制进行自上而下的风险评估。[31]《萨班斯-奥克斯利法案》鼓励企业采用 ERM 标准，如 COSO [32]和 ISO 31000 [33]，这些标准随后应用于其他企业风险。

人员：紧急情况下，请联络×××

英特尔联合创始人安迪·格鲁夫在他的著作《只有偏执狂才能生存》中写道："你需要像消防部门一样制订计划。它无法预测下一场火灾将发生在哪里，因此必须塑造一个能够应对意外情况且充满活力和高效的团队。"[34] 沃尔玛、通用汽车、英特尔和思科都强调了为应对中断的团队成员做准备的重要性。这意味着准备好联络人列表、预先定义可能的角色以及进行培训和演练，以便人们能够快速进入其紧急角色。美敦力供应链欧洲、中东和亚洲高级主管弗兰克·舒普维尔德（Frank Schaapveld）表示："我们很重视灾难恢复所需的人员，这些人员的选定基于他们的经验。"[35]

谁在甲板上，谁在预备队

业务连续性规划的一部分是在出现问题之前让人们做好准备。正如思科供应链转型高级总监约翰·奥康纳在谈到风险的持续时间和影响所说的："你的应急响应行动手册需要确定关键基础设施和利益相关者。"[36] 例如，在 2011 年日本地震后的两天内，思科的团队成员就使用他们的行动手册建立和配备了"作战室"的人员。行动手册定义了与各种类型事件相关的关键联系人以及每个职能部门的结构。

由于很少发生大规模破坏，因此大多数团队成员都有其他日常工作，直到某些状况发生。即使在最大的企业里，也只有少数员工全职从事与风险管理相关的活动，如监控、风险分析、规划以及演习和培训的准备和执行。例如，思科的事件管理团队由全公司近 7 万名员工中的 9 名专职人员组成。

如果事件达到思科所谓的"激活"阈值，公司将从预先确定的 100～150 名"志愿消防员"名单中拉人，他们随时待命但平时有其他工作。公司建立了一个响应团队来指挥事件的跨职能部门的缓解工作。[37] 这份预先确定的名单与通用汽车为 2011 年日本危机和后来的危机而挑选的人员名单类似，该公司从每一次危机中了解到哪些人具备应对危机的技能和精神韧性。

同样，沃尔玛也有少数长期固定人员，加上预先指定的一组紧急支持职能部门的成员，包括应急管理、运输与物流、销售与补充、设施、电力、安保、公司事务和企业捐赠。在美敦力，业务连续性团队中的关键人员与危机中通常会发生的三种活动保持一致：第一响应、救援和运营恢复。[38] 主要响应人员包括设施级的应急响应人员以及公司层面的人力资源和沟通人员。救援和恢复团队包括 IT 恢复、物资抢救、运输、配送和客户服务方面的特定灾难管理人员。美敦力的运营恢复工作人员主要来自制造业务和配送中心运营部门。

供应链联络信息

2008 年四川地震后，思科意识到需要将合同制造商和物流合作伙伴等关键外部参与者纳入其事件管理团队。[39] 同样，沃尔玛全球应急管理高级主管马克·库珀（Mark Cooper）也提到，沃尔玛的应急运营中心有关键外部人员的席位，如红十字会和救世军，他们帮助沃尔玛了解社区的需求。

思科和其他公司还汇编供应商的联络信息，确保他们知道如果出现问题，该呼叫谁。然而，这些联络名单有一个小问题和一个大问题。小问题是，供应商员工的更替和晋升意味着联络人名单上的名字会随着时间而过时，公司必须定期更新名单（通常每六个月一次）。更大的问题是，这些联络人列表很浅，它们大多只包括第一级供应商，很少到供应链更深层级。然而，供应链破坏的很大一部分源自比第一级更深的层级。[40] 例如，来自非营利性供应链审计组织 Sedex 的数据显示，与第一级供应商相比，在第二级供应商中每次审核发现的不合规事件高出 18%，在第三级供应商中则高出 27%。[41]

地点：紧急运营中心

在沃尔玛位于阿肯色州本顿维尔中心地带的总部有一间空荡荡的房间。乍一看，它可能是一个休息室，有十几张桌子和大约 50 把椅子。代表不同部门的桌面名牌似乎暗示着为即将到来的午餐会分配座位。然而，人们和午餐似乎从未来过。仔细一看发现这里有更实际的用途，桌子上的每个位置都准备着电源线和电脑的连接线。墙上挂着大屏幕显示器和沃尔玛运营的地图。这个房间是沃尔玛的紧急运营中心（EOC）。在角落里，一些工作人员监视着全球新闻动态、气象图、地震报告等。当出现重大供应链破坏需要协调响应时，EOC会立即采取行动。幸运的是，大部分时间这里都很安静，需要的时候房间就在那里。

在 EOC 站点附近是沃尔玛的 911 紧急调度中心。如果沃尔玛商店或设施有问题，无论在全国的任何地方，商店员工都可以致电这个 24×7 小时运行的紧急运营中心。该中心还可以通过店内传感器和远程摄像机监测商店情况。无论是收到商店员工的呼叫，还是自动监测，紧急运营中心都可以派遣保安、消防员、医疗援助或其他任何需要的人员。该中心每年处理 40 万个呼叫，相当于洛杉矶市消防局的呼叫量。绝大多数的呼叫都是轻微的事件，如屋顶漏水或烟雾探测器的误报警。有些呼叫是比较严重但局部的事件，例如，在停车场打架，或者有人滑倒。一些则成为头条新闻，例如，2013 年 6 月一个疯狂的人企图用刀绑架一个蹒跚学步的孩子。[42] 还有一些是需要更多协调应对的较大规模的问题，如区域停电或飓风。

本地和全球的 EOC

沃尔玛总部为整个公司设立了一个 EOC，而英特尔在全球每个价值数十亿美元的大型工厂都设有一个 EOC。每个英特尔的当地 EOC 都有一部卫星电话（如所有其他通信连接中断，请参阅第 4 章）和一组关键响应人员（例如安全、人力资源、环境健康和安保人员）。地震地区的 EOC 具有建筑之外的设备能力（帐篷、便携式发电机等）。除了这些当地的实体 EOC 之外，英特尔还有一个可以将所有高管召集起来的虚拟的总部 CEOC（Corporate EOC），因为英特尔的高管并不都在一个地点办公。CEOC 包括工程、采购、制造、物流甚至公共关系领域的专家，它在发生重大破坏且英特尔必须在站点之间转移资源和经营活动时发挥重要的作用。

政府的商业 EOC

美国国家安全商业主管组织负责公私合作的高级副总裁林恩·基德（Lynne Kidder）表示："卡特里娜飓风给政府敲响了警钟，他们意识到自己无法处理应急响应。"[43] 在卡特里娜飓风之后，看到沃尔玛有效补充必要物资并在路易斯安那州迅速重新开店，美国应急管理决策者意识到，私营部门可以而且应该在人道主义领域发挥关键作用。[44] 鉴于私营部门在正常状况下供应粮食和其他必需品的主导地位，在灾难期间利用私营部门的供应链是明智的。然而，政府使用私营部门的库存和资产需要某种形式的公私伙伴关系，以便共同协调救灾工作。"每一场灾难都不相同，而且情况是动态的。我们需要持续进行对话。"加州应急管理机构规划、保护和准备司助理秘书蒂娜·柯里（Tina Curry）说。[45] 因此，商业应急运营中心 BEOC（Business EOC）诞生了。

BEOC 是与本地、区域或联邦政府的 EOC 关联的实体或虚拟场所，用于与在 EOC 管辖社区（如公用事业、零售商、银行和主要雇主）中运营的企业协调事件响应。例如，路易斯安那州 BEOC 有 44 人，其中 40 人代表商界，包括行业协会、商会、经济发展理事会和关键基础设施运营商。路易斯安那州立大学斯蒂芬森灾害管理研究所执行主任约瑟夫·布斯（Joseph Booth）说："我们的想法是，路易斯安那州的每家企业在中心里都有一名代表。"[46] 许多州和大都市区的灾难规划中都有 BEOC 或类似 BEOC 的元素。美国甚至在华盛顿特区的联邦紧急事务管理局（联邦紧急事务管理局）总部设有国家级的 BEOC。[47]

艾奥瓦州国土安全和应急管理局局长大卫·米勒（David Miller）说："我们意识到，如果企业不能生存下去，社区就不会复苏。"企业看到，如果社区受到影响，员工就无法重返工作岗位。因此，让整个社区恢复运行符合双方的利益。[48]

任何一个 BEOC 的主要职责是协调和管理信息的双向流动。BEOC 从基础设施状况和社区需求的角度提高了企业对状况的了解。斯蒂芬森灾害管理研究所副所长安德烈斯·卡尔德龙（Andres Calderon）说："我们希望让政府避免向已经恢复正常供应的地区发放食物和水。"BEOC 还提高了政府对于私营部门资源情况的了解，例如，哪些商店开放或关闭，以便政府可以将其援助工作重点放在供应不足的地区。这种组合还提高了响应的有效性。例如，在2008 年古斯塔夫飓风期间，公私协调帮助优先重新开放路易斯安那州的道路和恢复电力，以便当地餐馆能够为避难所中的人们提供食物。餐厅提供的膳食充分利用了当地的食品供应和配送资源，避免了对特殊资源的需求。[49]

流程：事件管理的警报级别

许多企业都有应对灾难的结构化流程，通常称为事件管理或危机管理。例如，思科使用事件管理的六步周期：监控、评估、激活、管理、解决和恢复。事件管理的第一个关键步骤是决定事件：是否与企业无关；小型本地事件最好由现场人员处理；或需要更大的区域或全公司范围响应的重大事件。事件管理包括启动 EOC、召集事件管理团队以及调动其他公司资源的决定。

扣动扳机：警报持续升级

思科、沃尔玛和英特尔都使用几个预定义的升级警报级别。思科有从 L0到 L3 的四个级别的警报状态。[50] 最低级别警报 L0 的意思是"仅供参考，我们正在跟踪这件事"；L1 适用于预计有影响但影响可能较小的事件；L2 适用于预计影响约 1 亿美元订单的大型事件；L3 适用于对订单的影响达到或超过10 亿美元的极端事件。[51]

大多数时候，这些警报是内部警报，但如果客户担心状况会进一步恶化（例如 2008 年的飓风），公司会向客户通报。[52]在评估阶段，公司将联系受影响地区的供应商和物流运营商，以评估进站、转换、出站和装运业务的状态。随着警报级别的升级，公司会激活其危机团队，使用其 EOC，并让高级管理层参与。

对于美国上市公司，重大事件还可能触发使用美国证券交易委员会（SEC）

的 8-K 表格来发布"重大事件"的监管报告。[53]例如，2011 年，希捷科技提交了一份关于泰国洪灾影响的 8-K 报告。[54] 尽管 SEC 列出了许多需要提交 8-K 报告的具体事件（例如，高层管理人员的变化），但关于供应链破坏等事件报告的指引是模糊和矛盾的。SEC 将重要性评估交给企业来做[55]，但并不鼓励企业由于对股东诉讼的恐惧而导致"过度披露"，[56]因为投资者可能会迷失方向。[57] 一些公司（如美敦力）定义了一系列关于重要性大小的标准，其中规定了关键影响指标，例如收入损失、受影响客户百分比、新产品发布延迟的持续时间以及生产中断的程度。[58]

启动危机管理团队

思科分派了两名供应链风险管理（SCRM）团队的成员监控和评估全球事件带来的潜在影响和风险。思科在"激活"阶段，也就是建立响应团队和指挥跨部门的风险缓解工作时引入补充人员。例如，激活公司 SCIM（供应链事件管理）团队的触发因素是可能在未来 24 小时内影响发货和销售收入的事件。团队随后开展恢复活动，使供应链运营恢复正常。随着团队开始管理事件并解决了破坏，与事件相关的资源级别就会下降。[59]

在沃尔玛，一级警报是活动的基本级别，是每家拥有数千个设施和每月数亿客户访问量的大公司中稳定发生的一些小问题。二级警报针对一些较大的问题，例如，热带风暴或小飓风的威胁。对于二级事件，沃尔玛将紧急支援部门成员置于待命状态，并使用虚拟会议来协调行动。只有当事件达到三级警报时，人们才会来到 EOC 预先指定的岗位，每天工作 12 小时，并在关键时刻召开多方参与的电话会议。四级警报是为最严重的灾难保留的，如卡特里娜飓风——那些影响大片地区、关闭许多商店、需要更密集的恢复和人道主义努力的破坏。这些破坏不仅需要人员配备齐全的 EOC 全天候运作，还需要关键的高级管理人员参与。

与沃尔玛一样，英特尔也定义了多个警报级别，其中一级是局部小插曲；二级是由当地设施的 EOC 处理的轻微破坏（例如，设施中的轻微火灾）；三级是需要 CEOC 关注的重大事件。EOC 是一个更广泛的系统的关键部分，英特尔公司应急管理项目经理吉姆·霍尔科说："因为我们有 CEOC 结构，而且我们有紧急通知系统，每个人都接受过这方面的培训，所以，通常情况下，我们很快就能稳定下来。"[60]

思科甚至开发了一个叫"技术和持续"的应用程序。思科供应链转型高级总监约翰·奥康纳表示："信息和可见性是事件响应的支柱，这些工具必须在危机发生前到位。"[61] 信息和通信技术能够迅速协调活动。例如，当艾雅法拉火山的火山灰迫使欧洲大片空域关闭时，欧盟各国交通部长利用视频电话会议讨论了这一问题。[62] 通过蜂窝或 Wi-Fi 网络运行的移动宽带的兴起，改变了在破坏期间的透明度和协调程度。风险经理现在可以使用移动应用程序来缓解破坏。[63] BCP 可以通过 PLANet 和 Quantivate 等应用程序部署到移动设备上。[64]企业甚至可以通过 WebEOC 等工具运行虚拟的 EOC。[65]

另一项相关的技术是云计算，即第三方 IT 系统在独立于企业受破坏设施的异地计算机网络上托管关键数据或提供服务。基于云的共享文档环境（如 Dropbox、Google 文档和 TeamViewer）支持在破坏期间连接到远程设施、供应商和在家工作的员工。[66] 任何人都可以从世界任何地方访问这些云资源。例如，美敦力使用外部托管的业务连续性和事件管理系统。[67] "如果某个设施受到影响，我们可以允许人们在家工作。我们已经改变了政策，每个人都有笔记本电脑，而不是台式电脑，我们有一个系统，让人们知道他们应该待在家里、登录系统并等待指示。"美敦力的施普维尔德说。[68]

虽然这些技术选项得益于基于互联网的自然灵活性和稳健性，但此类系统仍然依赖于电信链路和电力能源。无论是 2011 年的日本地震，还是 2012 年的飓风"桑迪"，许多企业都遇到了停电、线路损坏或电路过载造成的通信问题。沃尔玛已经预先制订了针对无法将需求传达给总部的商店进行补货的应变计划。尽管如此，持续的创新和大批量制造正在降低信息和通信技术的成本，并创造新的弹性解决方案。例如，如今太阳能 Wi-Fi 中继器的成本只有几百美元。[69]

演习开始

2009 年 10 月 15 日（星期四），中国官员注意到在广东、上海和北京，急性呼吸道感染异常增加。截至 10 月 21 日（星期三），中国卫生部长宣布中国出现流感疫情。两天后，当卫生部长暂时关闭广东省的中小学和大学时，思科的 SCRM 团队组建了一个 SCIM（供应链事件管理）小组，并处于待命状态，监控情况并评估对于思科的风险。[70]

随着流感疫情的恶化，SCIM 于 10 月 25 日（星期日）从"待命"升级为"激活"，SCRM 团队就疫情对思科的潜在影响进行了详细的风险评估，并准备了缓解方案，以便在星期一进行讨论。10 月 26 日（星期一），思科要求选定工厂的物料经理分析其零部件库存水平是否，能够建立额外的成品库存。然后，思科要求某些工厂将产能提高至最大加班水平，以备在工厂被迫关闭时创建缓冲。SCIM 成员也开始联系供应商，以确定其运营状况以及他们是否受到猪流感疫情的影响。[71]

10 月 27 日（星期二），世界卫生组织（WHO）将其六个级别的大流行警报系统的警戒级别提升至第四级。第二天，随着流感的蔓延，世界卫生组织将其警戒级别上调至第五级。10 月 29 日（星期四），中国国家主席建议所有相关企业关闭五天，并要求公众待在家里，以阻止病毒的传播。思科决定将其广州工厂关闭到 11 月 2 日；幸运的是，它的风险评估显示，当时它有足够的库存可以暂停生产，且不影响销售收入。

SCRM 小组的进一步调查显示，虽然广州发生了严重的流感疫情，但其他城市没有疫情。因此，SCRM 团队转向监测城市情况，而不是依赖世界卫生组织的一揽子警报级别。最终，当局意识到这种流感不像他们担心的那样致命，企业、大学和中小学校开始重新开放。思科停止了提前准备库存的工作，SCIM 团队警报级别降至"仅监控"活动。尽管流感继续在世界各地蔓延，但危机感有所减弱，思科也对事件进行了事后分析。

实际上，并没有发生流感疫情。这只是思科 2009 年年度 BCP 演习的一部分。[72] 思科每年都会举行 BCP 演习，以确保其计划可操作，并纳入过去的教训。[73] 例如，尽管此次演习模拟了中国的疫情大爆发，但 SCRM 团队意识到，鉴于墨西哥对思科业务日益重要，它需要更密切地监控其在墨西哥的业务。思科与墨西哥的几十个供应商和合作伙伴的工厂合作，其中一些工厂位于易受飓风袭击的地区。演习促使 SCRM 成员讨论在飓风袭击该地区时，为确保供应的连续性可以采取的积极步骤。

思科所进行的演习也用于培训危机管理人员：谁负责什么、期待的结果是什么以及如何应对。演习还测试了 BCP 或行动手册的有效性和完整性，以及救灾资源的准备情况。企业有时会发现其在备灾方面的重大漏洞。当一家企业在模拟其总部发生地震时，大部分事件都按计划进行，但一个关键的细节出现了问题。参与者发现，对于 100% 的公司销售额有着至关重要影响的关键计算机服务器，在受袭击的总部大楼之外没有故障保护。因此，该演练能够发现风险缓解工作的差距，并在真实的紧急情况发生之前加以纠正。

卡特里娜飓风过后，沃尔玛首席执行官小李·斯科特（Lee Scott Jr.）在谈到所有这些准备工作和规划的价值——制定管理破坏的选项时说："我们有一个基础设施，允许我们做出反应。" [74] 如宝洁的福尔格斯咖啡厂一样（见第 4 章），沃尔玛在卡特里娜飓风登陆前几天就开始准备。它在密西西比州布鲁克黑文的配送中心装载了 45 辆满载重要物资的卡车，并等待飙风减弱。[75]它设法在 48 小时内重新开放了受灾地区 66% 的商店。在一个星期内，93% 的商店重新开业。[76] 沃尔玛及时有效的应对措施赢得了高度赞扬。新奥尔良郊区杰斐逊教区主席亚伦·布罗萨德（Aaron Broussard）在一次新闻节目的采访中含泪说："如果美国政府能像沃尔玛那样做出反应，我们就不会陷入这场危机中。" [77]

第 7 章

买家自负其责

第 6 章中提到的创建弹性的选项，以及本章后面描述的构造活动（业务连续性规划、紧急运营中心和事件管理系统）都有助于组织在供应链破坏发生后做出响应并缓解影响。相反，管理采购风险的战略和流程可以帮助在风险发生之前防止或监测到供应链破坏，从而实现有效的缓解。全球化推动了离岸采购并增加了供应链运营的风险，因此这一点尤其重要。

评估供应商风险

供应商风险评估通常依赖于第 2 章中介绍的可能性、影响和可监测性的三重分析，但又侧重于企业的每家供应商及其对企业的输入。鉴于大型企业可能有数千家供应商提供数以万计的不同组件、零部件、材料、软件和服务，因此许多企业将精力集中在由某些指标定义的关键供应商上。供应商优先级指标可以包括材料对企业的重要性、替代供应商的可获得性、变更的速度（供应商或材料）、总"支出"（在一段时间内从供应商采购的金额）、供应商位置，或供应商对企业业务的财务贡献的更正式的分析。在业务连续性研究所调查的企业中，大多数供应链风险管理者（81%）表示，作为供应商风险分析的第一步，他们已经确定了全部或几乎所有关键供应商。[1]

了解供应来源

为了应对 2009 年金融危机期间供应商破产的风险，位于马萨诸塞州的先进医疗器械制造商波士顿科学公司确定了产品组合中的哪些组件来自唯一来源、单一来源、双来源或多来源供应商。"唯一来源"是指可能由于知识产权、技术、合资企业或合同等原因没有其他现成的供应来源，[2] 而"单一来源"是指其他供应商可以供应，但是由于经济性或方便性的原因只能从一家供应商采购。

苏黎世金融服务集团全球供应链产品经理尼克·威尔古斯（Nick Wildgoose）表示："一些供应链专业人士通过'支出'来衡量供应商的重要性。相反，应该采用自上而下的方法来衡量：我们最有利可图的产品或服务是什么，以及我们依靠哪些供应商来实现这一点。"[3] 思科的全球零部件风险管理（Global Component Risk Management - GCRM）流程就是一个例子。尽管思科销售的产品种类繁多，但公司大部分的收入来自于数量相对较少的产品，这些是最关键的产品。思科用从 1 000 多家供应商采购的 6 万多个零部件生产了 1 万多种产品。然而，某些零部件（某些供应商）比其他部分更关键，因为它们用于顶级产品或多个思科产品，这些产品共同产生了其收入的很大一部分（或风险价值，第 3 章里提到的术语）。GCRM 会根据每个此类零部件的采购状态（单一或多来源）、质量历史、技术状态（旧或新）和生命周期（新的、持续的、生命周期结束）来定期评估每个零部件的风险，并制定相应的缓解策略。

影响、可监测性和可能性

如第 1 章所述，大多数制造商对其一级供应商以及可二级供应商有一定可见性，但它们对深层级供应商的可见性很小。通常，它们甚至不知道这些供应商是谁。因此，当一个深层级的供应商出问题时，企业需要一些时间才能意识到发生了问题。然而，因为企业自身受到影响也需要一段时间，这一点得到了一些缓解。正如压裂断层线的影响从震中向外波及更远的位置一样，供应商的影响也从供应商向外波及更远的客户。供应中断前装运的零部件（与每个中间层的库存、工厂和运输过程中的在制品以及成品库存）都意味着，供应链的中断越深，客户感觉到影响的时间就越长。

此外，一旦供应商恢复过来，由于供应商加快努力并加快发货速度，恢复生产所需的时间就更少。因此，供应链在恢复过程中的供应补充速度比在中断期间供应耗尽的速度要快。这也解释了为什么在福岛灾难发生后，通用汽车的一些日本芯片供应商连续数千月停产，但通用汽车从未停止销售汽车。

快速发现深层次的中断至关重要。这样通过寻找替代供应商、认证新材料或帮助深层级供应商恢复，可以为企业赢得评估问题和缓解中断的时间。这也使得企业在确保供应方面比竞争对手有优势。一种新型的警报软件工具，如Resilinc、[5] Razient、[6] 和 SourceMap，[7] 旨在帮助企业快速发现其在全球供应链中发生的中断，并量化此类中断的潜在影响（参见第 8 章）。

特定供应商或供应商设施中断的可能性取决于地震、火灾、罢工、破产等原因的综合可能性。波士顿科学公司使用风险轮对事件风险进行评分，并将其汇总到供应商总体风险概率指数中。风险轮的外环列出了一系列问题，如服务问题、交付问题、质量问题、罢工、所有权变更、破产和自然灾害等潜在供应链中断。使用从绿色（极低风险）到红色（非常高的风险）的五级定性频谱对每个供应商的每个风险进行评分。中间同心环将风险分成更广泛的中断类别，如绩效、人力资源、财务，这些类别的风险分数来自于外环中不同事件的风险分数的总和。例如，外环中的潜在质量、交付和服务问题被聚合到中间环的"绩效"类别。中心是总风险评分，称为风险概率指数。[8] 此概率指数与受威胁的销售收入（类似于第 3 章中描述的每日影响）结合起来，确定企业对该供应商带来的总风险敞口。

如第 2 章所述，可以使用基于过去数据的模型以及政治风险、劳工关系或财务困境指标的定性估算来预估中断的可能性。为了做好工厂选址决策，英特尔还了解了消防员和警察的响应时间，因为这可能会影响发生重大损失的可能性。

评估与地点相关供应风险的一个挑战是，SAP、Oracle 或其他 ERP 系统中的供应商主数据通常只包括供应商的行政管理地址或总部。风险评估需要了解生产设施、仓库和配送中心的实际运营地点。为此，思科和英特尔等公司以及第三方警报服务提供商会收集有关供应商运营地点的数据，而不仅仅是行政管理地点的数据。

为什么没有供应商是"低风险"的

即使供应中断的可能性较低或影响较小（例如，有多个工厂或恢复时间较短），供应商也可能存在重大风险。这种风险源于企业暴露于任何可能影响企业品牌的供应商的企业社会责任（CSR）违规行为。

2010 年，绿色和平组织用模仿雀巢公司奇巧（KitKat）巧克力棒广告的视频攻击雀巢。[9] 该视频暗示雀巢公司正在杀害大猩猩，因为雀巢从破坏印度尼西亚热带雨林的供应商处购买棕榈油。[10] 尽管雀巢从来不在任何具体的种植园购买棕榈油，而是在商品市场上购买棕榈油，但这个激进组织还是发起了对雀巢的抵制。正如负责雀巢制造部门的何塞·洛佩兹（Jose Lopez）所说："你必须通过显微镜才能在零食中看到棕榈油。"[11]

面向消费者的企业对品牌声誉问题特别敏感，这就是为什么维权人士通常攻击消费者品牌企业，而不是可能有社会责任劣迹的供应商或中间商。例如，森林道德协会开展了一项长期运动，迫使企业避免购买由加拿大产的焦油沙提炼的柴油。[12] 尽管许多受攻击的制造商和零售商根本不直接购买柴油，因为他们依赖卡车运输公司来运输其产品，但面向消费者的企业更容易受到公众压力、示威和抵制的影响。"卡车运输公司更关心他们的客户想要什么，而不是我们想要什么。"森林道德协会的美国抗议运动总管亚伦·桑格（Aaron Sanger）解释道。[13] 我们将在第 11 章更深入地讨论这个问题。

具体风险的具体分析

企业内的特定职能部门可以与采购专业人员协作，处理特定供应商的风险评估任务。例如，财务部门通常评估供应商的财务状况，预估破产风险（使用类似于客户财务风险评分的方法）以决定适当的付款和信用条款。一家能源公司的经理指出："在金融危机之前，我们对供应商的财务没有进行非常专业的评估；现在我们有一个完善的系统。"[14] 同样，舒曼公司，一家定制化合物和树脂的国际供应商，对采购人员进行了更多的财务培训，以便他们将财务指标纳入供应商评估。波士顿科学公司创建了一个供应商健康方案，专门评估一级供应商的财务破产风险。

企业雇用一组不同的专业人士来评估供应商因企业社会责任实践而造成声誉风险的可能性，包括环境可持续性、工厂的工作条件、强制加班、使用童工、不安全工作条件、对水和空气污染的贡献，以及森林砍伐。在巴塔哥尼亚（Patagonia）等公司，企业社会责任是品牌的使命和关键要素，社会和环境责任部门对供应商选择拥有否决权。据巴塔哥尼亚社会和环境责任总监卡拉·查孔（Cara Chacon）介绍，在 2013 年针对供应商的 18 个新工厂的筛选过程中，有 5 个获得批准，另外 11 个工厂获得有条件批准（但须履行某些改进承诺），其中还有 2 个被巴塔哥尼亚的企业社会责任（CSR）部门否决。

新产品中的供应商风险

在工程师就新产品的材料和制造做出最终决定之前，思科降低了设计阶段与采购相关的一些风险。"在新产品导入流程的早期阶段，最早在客户看到产品前的 18～24 个月，我们就考虑了产品设计的弹性以及价值链的所有要素（零部件供应商、制造地点、物流）。"思科的约翰·奥康纳说，当时他是供应风险管理的主管。[15] 用一种记分卡式的工具从 17 个风险因素中分析物料清单（BOM），例如，供应商的恢复时间、单一来源零部件、生命周期末尾的零部件、供应商风险管理流程的成熟度以及物料清单的稳健性。该工具给新产品评出总分，并提供增强产品弹性能力的特定缓解措施。这些结果给了开发工程师时间，在设计最终确定之前，考虑可替代或更具有弹性的供应商。[16]

思科将每个新产品弹性分析视为指导，而不是强制命令。使用生命周期末尾的零部件来创建一个流行的产品线的简单延伸也许有充足的业务理由。思科也可能会利用年轻的独家供应商进行创新，实现思科产品的差异化。因此，思科在供应中断风险与企业增长目标（换言之，阻碍增长的风险）之间进行权衡。时任思科全球业务运营副总裁的凯文·哈林顿（Kevin Harrington）

表示："在产品生命周期的早期考虑风险，使我们能够采取更积极的态度控制自己的命运。" [17]

供应商风险记分卡

一些企业将所有这些因素汇集到一个多维记分卡中。除了上述风险概率指数外，波士顿科学公司还使用了与交付、审计和质量相关的 10 个指标。该公司监控这些指标的绝对水平和上升或下降的相对值，以跟踪关键供应商风险趋势。波士顿科学公司持续对供应商的产能、员工流失率等进行调查。该公司还使用邓白氏（D&B）商业数据库来监控财务问题，如留置权、破产或针对供应商的判决。因为 90% 的供应商都是私有企业，波士顿科学公司使用与供应商财务风险相关的第三方数据，包括 PayDex、财务压力评分和商业信用评分。据波士顿科学公司全球采购高级经理迈克·卡尔福普洛斯（Mike Kalfopoulos）说，该公司只针对 57 家核心供应商使用这种记分卡系统，这些供应商共同影响了公司 75% 的收入。 [18]

苏黎世保险公司的供应链风险评估[19] 包括 23 个风险分级因素，其中大多数反映了三个层面的供应方风险：①供应方行业；②供应商；③供应商设施。苏黎世保险公司针对每个关键供应商进行详细的风险评估。评估包括 77 个深入的问题，主要围绕七个方面：与公司的关系、质量体系、风险管理实践、劳动力和技能水平、运营细节、物理环境以及供应商自己的供应链。

复杂性与支出

许多不同维度的风险会影响采购策略，包括财务影响、中断的可能性、恢复时间和产品利润率。然而，与供应基础性质相关的另外两个维度为研究供应风险和采购战略的交叉点提供了一种有效的方法。第一个维度是支出，即每年（或任何其他时间段）在给定零部件上或给定供应商采购所花费的金额。高额的支出可能是大宗商品或高科技、高价值产品，如手机的触摸屏显示面板。低额的支出可能是将产品固定在一起的螺钉，也可以是汽车轮胎中的压力传感器。然而，风险价值可能与支出无关，发动机零部件的成本可能是几美元，但却可能造成每辆数万美元的汽车停产。

由于两个因素，支出会影响企业的成本效益或可行的采购战略。首先，支出反映了库存成本，对于高额支出的原材料来说，为保护生产不受一周的供应中断影响所需的库存成本更高。其次，也是最重要的一点，支出水平代表了另一个更难预估的指标：企业业务对供应商的重要性。企业对供应商的重要性会影响供应商通过优惠分配或快速恢复流程来降低风险或减少中断对企业影响的意愿。企业投入大量资金进行采购的供应商更有可能与该企业合作，采取降低风险的步骤，接受企业的业务连续性和 CSR 准则，并在供应中断发生时把该企业放在优先地位。

第二个维度是采购的复杂性，体现在需要努力确保第二个供应来源或应对主要供应商的全部损失。有些原材料易于采购，例如卡车的柴油、PC 硬盘或6061 铝合金棒材，因为它们是具有标准化规格和众多供应商的大众商品。相反，由于需要与供应商协调、定制零部件的工程时间、样品的昂贵认证、供应商的审核等，某些材料需要更复杂的采购周期。诸如定制成型零部件、专用机床、超高纯度化学品、半导体芯片和有品牌的成分等原材料可能价格昂贵、耗时或者不可能找到第二供应来源。在某些情况下，知识产权问题（如商标成分或专利成分）排除了第二个来源，迫使企业重新设计其产品以使用另一个供应商的原材料。

图 7-1 描述了这两个维度。纵轴代表了采购复杂性从"简单"到"复杂"的范围。横轴表示某物料或该物料供应商的"支出"。这个 2×2 矩阵界定了四类采购条件：战术采购（简单采购、低支出）、杠杆采购（简单采购、高支出）、关键采购（复杂采购、低支出）和战略采购（复杂采购，高支出）。

飞利浦公司直接从约 1 万家一级供应商和 3 万家服务提供商进行采购，这促使该公司优先考虑其供应商风险评估工作。为此，它根据支出和采购复杂性对供应商进行分类，从地理、关系类型和业务风险等因素来衡量。2012年，飞利浦使用这些参数将 497 家产品和组件供应商以及 97 家服务提供商确定为"有风险"。飞利浦对这些供应商进行常规的定期审核。[20]

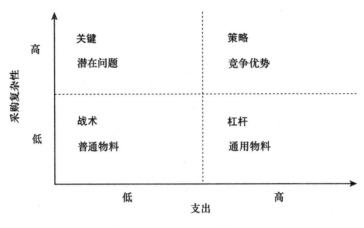

图 7-1　支出或风险采购矩阵

简单项目的采购

简单项目的采购既包括战术性采购低支出的普通物料，也包括杠杆式购买高支出的通用物料。在这两种情况下，都可以很容易地获得第二个来源。因此，采购过程中的主要目标是降低成本。

战术性采购是指数量少和随时可获得的普通物料。由于交易量低，交易成本占支出的比例相对较高。通过使用采购卡、电子订购和合并交易，可以降低成本。有时，使用供应商管理库存（VMI）的方式来管理普通物料，这样供应商可以将交易和交货成本分摊到多个客户之间。为了最大限度地减少交易成本并将低支出物料的数量折扣最大化，企业不太可能从第二来源购买这些普通物料。因为如果第一个来源被中断，它们很容易就能找到第二供应来源。如果低支出、易于采购的物料具有高风险价值或具有很高的发生供应中断的可能性，那么企业可能会持有一些额外的库存，以保障从其他来源开始交货所需的适当的提前期。低支出物料的库存成本通常低于同时维持两个供应商的管理成本。

杠杆采购是指高支出项目。降低此类采购成本的主要策略是尽量减少项目成本，包括交付、服务、管理等所有相关成本。为此，企业会以所有部门和地点的采购量为杠杆，甚至可能加入采购联盟。如果企业对一个物料的供应恢复时间有任何顾虑，则有可能寻找第二供应来源，而不是持有额外的库存。第二来源的管理费用可能低于持有所需大量库存的费用，即使库存只需要覆盖很短的供应中断时间。

战略性采购：下金蛋的脆弱的鹅

"我们有几个供应商，由于它们的创新能力、价格和业务连续性规划，我们有目的地选择它们作为单一供应来源，如果供应商的一家工厂出现状况，他们可以从不同的工厂为我们提供支持。"英国家用和医疗保健产品制造商利洁时公司（Reckitt Benckiser PLC）全球采购高级副总裁克劳斯·霍夫曼（Klaus Hofmann）表示。[21] 一些供应商"值得冒险"，因为它们给客户带来了独一无二的产品、流程或服务。

战略性采购通常是提供竞争优势的项目或服务。企业经常与关键供应商建立长期、深入的伙伴关系，涉及组织之间的多层次联系。除了在创新、效率和供应链绩效方面进行合作外，这些伙伴关系还包括在降低相互依赖性风险方面的联合工作。例如，思科与其顶级供应商合作制订"变好的计划"，以减轻供应商的风险并缩短恢复时间。向供应商提出的建议可能包括在第二层开发第二供应来源、建立备用生产地点、搬迁到风险较低的地区或加快设备采购速度，以便供应商可以在替代地点进行恢复。思科的哈林顿说："不仅仅是告诉供应商这是风险敞口，还告诉它们'有五种方法可以分散风险'。"[22] 同样，英特尔的杰基·斯特姆说："我们和供应商保持非常紧密的联系，一起开展实践创新和流程，但这只是针对首选供应商。"

这种密切的关系涉及长期合同，有时还进行收益分享、联合产品开发和创新共享，甚至共同投资。与此同时，企业还监控这些关键供应商是否有出现麻烦的迹象，这是众所周知的"把所有鸡蛋放在一个篮子里，然后非常仔细地照看篮子"的策略。惠而浦公司的布赖恩·汉考克在谈到惠而浦监控的关键供应商时补充道："我们很快地找出我们能够帮忙的地方。"[23]

关键采购：至关重要的制造商

"企业不应忽视失去一个生产基础但必不可少零部件的供应商的风险。一旦损失就可能导致严重的供应链中断。"联想全球供应链高级副总裁格里·史密斯（Gerry Smith）表示。[24] 必要原材料的低支出是有风险的，特别是如果这意味着你不是该供应商的重要客户。

例如，通用汽车和惠尔丰（VeriFone）都依赖于各种电子行业供应商。但是，许多供应商更关注手机和电脑制造商，因为这些客户往往使用最新的高利润产品，而不关注芯片的其他客户。反过来，像卡特彼勒（建筑机械）和迪尔（农用设备）这样的公司则觉得它们和大型汽车制造商相比处于次要地位，大型汽车制造商才是汽车零部件供应商的重要客户。即使是手机制造商也有地位之分。一位不愿透露姓名的 HTC 高管告诉《华尔街日报》，身为手机制造商的 HTC 很难获得足够的摄像头组件，因为它不再是一级客户。[25] 从本质上讲，每家企业都是其某些供应商的次要客户，而这种状况增加了供应中断的风险。

关键、低支出、难以采购的项目的风险缓解策略是保持高库存。"现在我们手头有一些关键零部件的库存，尤其是电子产品，因为供应链很长。过去，我们可能要求供应商维持所有洗衣机的小脚垫库存，但现在不这样做了。"惠而浦的汉考克说。[26] 根据定义，低支出材料库存的持有成本较低，该战略不需要供应商合作。此外，由于风险随时间而变化，企业可以根据风险水平调整库存，例如，美敦力安全库存的"飓风因素"（参见第 6 章中的"冗余的第　条：额外的库存"）。然而，使用库存来降低风险受到材料保质期的限制。

从战略上讲，关键项目的采购风险最大。由于缺乏替代方案，而且成本相对于支出更高，双重采购可能不可行。因此，缓解工作应侧重于更改技术规范（以避免唯一性），从而降低复杂性并将项目转移到"战术采购"象限。例如，思科会尽可能使用新产品弹性指数对零部件进行标准化。另一种不同的风险缓解是以三种方法整合采购。首先，企业可以减少零部件种类，将更多的业务输送给关键供应商。惠而浦的汉考克说:"以前,20 种洗衣机可以有 20 种不同的控制器。现在,20 种型号的洗衣机可能只有 4 种不同的控制器。"[27] 其次,企业可以将所有产品部门对关键零部件的采购合并到同一供应商,并将采购工作与其他企业结合起来,创建一个采购联盟,从而增加支出和供应商对于企业的重视程度。第三,企业可以将其他非关键零部件和材料的采购直接给关键供应商,从而成为更重要的客户。这三个方法都有助于将关键项目及其供应商转移到"杠杆采购"象限。企业还可以将这些方法与投资、股权、联合创新计划和其他类似方法结合使用,从而将供应商转移到战略采购象限。

联想的格里·史密斯说,长期供应商协议有助于承诺相互协作和共存亡。[28] 当 PC 制造商在泰国洪灾后面临硬盘短缺时(参见第 3 章中的"价高者得"),它们中的许多与希捷、西部数据或两者同时签订了长期协议,从而将其视为战略供应商。此举旨在保证硬盘的供应,尽管长期协议削弱了 PC 制造商获取未来价格折让的能力。

同样,惠而浦在 2007—2009 年金融危机期间也采取了这一策略。该公司没有通过招标获得最低价格,而是将更多的业务交给了一小部分承运商,并巩固了与它们的联系。汉考克说:"在住房市场和零售市场出现如此波动的情况下,我们无法控制银行和经济,但我们可以控制供应商关系。"[29]

多源采购

"我们不能只依赖一个来源,也不能把我们的未来绑在一个解决方案上,"通用汽车首席执行官丹尼尔·阿克森在谈到通用汽车在日本海啸后的芯片供应时说。[30] 然而,多种来源并不总是有效的,可能代价高昂,甚至会增加某些风险。有一种方式是保持一个供应商,并投入大量精力维持关系和监控供应商。对方关系的维持包括派驻代表到供应商处,详细分析供应商的财务状况,不断进行审计,并在选择第二层甚至更深层次的供应商时拥有发言权。有时,这种关系甚至延伸到影响供应商高级管理人员的选择。与战略供应商(有时是关键供应商）建立深厚的关系通常是合理的，但是，这种深厚关系的代价也是昂贵的。因此，当有其他选项时，许多企业选择双源或多种来源，尤其对于非战略产品。

不要把所有的篮子放在同一个洪泛区

硬盘似乎是非常容易采购和获得第二来源的项目。制造硬盘需要遵循众所皆知的机械、电气和软件标准。尽管不同的硬盘在性能和可靠性方面确实有所不同，但除了用于最苛刻的应用程序外，它们几乎是可以通用的。在 2011 年，硬盘行业有五家大型供应厂商在竞争。[31]此时，暴雨来袭。

2011 年 3 月，泰国所有地区都经历了高达正常月降雨量十倍的暴雨。这些降雨造成局部洪水，淹没了地面，并将河流和水库水位推至正常水平之上，而且这发生在雨季之前。2011 年 6 月下旬至 10 月初，超常季风加上五个热带气旋系统袭击了东南亚，在泰国高地倾泻暴雨。总排水量超过 10 亿立方米的径流开始向泰国中部的低地排放。在几周内，洪水上涨，200 多万人流离失所，7 510 家工厂被淹，1 700 条道路、高速公路和桥梁受损。一些工厂被洪水淹没了五个多星期。[32]

这场灾难证明，第二采购来源并不总是能降低风险。泰国中部的工业园区已成为制造硬盘及其组件的集群。五大硬盘驱动器供应商中的四家（西部数据、希捷技术、日立全球存储技术公司和东芝）都在泰国设有工厂或关键供应商。泰国洪灾后，这四家公司的产能都大幅度下降。[33] 总的来说，泰国提供了全球 45%的硬盘，2011 年的洪水造成大部分硬盘生产中断。[34] 因此，在 2011 年第四季度，PC 行业面临 35%的硬盘供应缺口。[35]

供应链集中的地理风险也可能延伸到运输。沃尔玛拥有 10 万多家供应商，分布在数十个国家的数百座城市，但大部分进口商品通过西海岸的极少数港口流动，如洛杉矶/长滩的港口综合体。2002 年西海岸港口停摆[36]说明了依赖于极少数入境港口的问题。从那时起，沃尔玛将其进口的运输网络多样化，扩展到休斯敦、萨凡纳、诺福克、芝加哥[37]和其他港口。到 2010 年，沃尔玛已经重新配置了进港运输，使公司通过任何一个港口进口的货物不超过 20%。[38]
此外，在正常时期让货物在多个港口进出有助于在港口中断期间实现更快的响
应。在各个港口预先建立的关系，以及被当地海关所熟悉，有助于沃尔玛在必
要时提高通过某个港口的运输量。

认证第二个来源：以防万一 vs.根据需要

企业是"以防万一"还是等待"根据需要"才去认证另一个供应源，这取
决于在供应中断期间支付前期认证成本与面临潜在的认证延迟之间的权衡。查
找和认证第二个来源的成本可能不小。在某些行业，如汽车或医疗产品，第二
供应来源需要监管机构的批准。这可能需要安全测试，例如，针对英国汽车
制造商所要求的一系列安全气囊碰撞测试，每次碰撞测试需花费 3 万英镑
（4.8 万美元），仅仅是因为汽车制造商更换了汽车内饰的皮革来源。[39] 此外，
企业可能并不总是有决定这个问题的自由。正如伟创力在米尔皮塔斯
（Milpitas）的运营总经理蒂姆·格里芬（Tim Griffin）所说：对于合同制造商
来说，添加第二个来源可能需要客户（OEM）的批准。[40] 有时，正如通用汽
车动力总成/GMCH（GM 公司控股）供应链总监迈克·莱普（Mike Lypka）
所评论的那样，OEM 可能会要求定向购买，指示第一层供应商使用指定的第
二层供应商的零部件，从而限制第一层供应商的选择。[41]

其他的认证测试或法规批准也需要时间，这意味着如果企业等到供应中断
发生的话，恢复时间可能会很长。例如，测试尼龙燃油管材的长期可靠性和安
全性，要求在热燃油中浸泡候选塑料管 5 000 小时（7 个月），以模拟数十年对
燃油的暴露。[42] 波士顿科学等医疗产品制造商需要等待 12～24 个月的流程，
以获得供应商制造设施的监管批准。但是，许多企业发现，在供应中断期间，
可以通过加班和推迟其他工程任务来加速内部认证流程。2011 年日本地震发
生后，思科不得不从 65 家供应商那里承接 900 多个与中断零部件相关的新制
造资格认证工作，并在平时 1/3 的时间内完成这些工作。[43]

英特尔的风险管理方法使用五个层级来分析和实施双源采购，帮助公司在

"以防万一"和"根据需要"之间做出权衡。第一个层级是一个书面研究,它简单地评估当发生中断时使用双源的可行性。第二层级确定潜在的第二供应来源,并评估来自这些潜在来源的样品。在第三层级,工厂会在一段时间内对潜在的第二来源进行采样,以确定其品质一致性。第四层级是让第二来源进行试生产。只有到第五层级才是全面地实施双源采购,并直接减少主要供应商中断的初始影响。前四个层级通过缩短供应恢复时间来降低风险。

在赢创化工厂爆炸(见第 4 章)事件中,双源或多种来源没有帮助,因为没有第二个供应源有能力弥补赢创的损失,赢创生产全球尼龙-12 产量的 40%。全球对用于塑料组件、地毯、太阳能电池板和其他产品的尼龙需求量很大,这意味着在赢创火灾发生之前,尼龙供应就十分紧张。但是,如第 6 章"其他类型的冗余"所述,在中断期间,由于加班、机器延迟维护、加速各项流程和其他相关行动,产能可能会超过 100%。

多一个来源,多一份头痛

英特尔和通用汽车在双源采购方面都有些矛盾,甚至有些谨慎,因为第二来源在降低供应中断风险的同时,可能会增加一些风险。英特尔提到那些独一无二的供应商就像拥有魔法炼金术一般。英特尔发现第二来源总会有所不同,因此增加了品质的风险。同样,通用汽车将金属铸造描述为一种艺术,而不是一种常见的工艺,这促使通用汽车不顾风险从单一来源购买某些零部件。

克莱斯勒不得不召回 3 万辆 Jeep,应对与赢创火灾相关的尼龙-12 短缺所造成的问题。短缺促使克莱斯勒在 Jeep 的油箱燃料管上使用替代材料。但事实证明,替代的材料与现有的制造工艺不相容。使用替代尼龙制成的燃料管有时会卷曲,造成失速,甚至造成了一次事故。[44]

不完全一致的第二来源也会使产品线和售后支持复杂化。当日本地震切断了 Xirallic(一种闪闪发光的油漆添加剂)的供应时,现代汽车选择使用矿物云母作为外观相似的第二来源替代品。现代汽车北美首席执行官约翰·克拉夫奇克(John Krafcik)表示:"这是一种更容易获得的材料,而不像 Xirallic 那样来自单一来源。"但是 Xirallic 和云母看起来并不一样。这使得现代汽车的供应链和售后服务变得复杂。克拉夫奇克说："实际上我们必须重新命名、重新编码和重新指定每种油漆。"如今,现代汽车的经销商和修理店必须同时备好 Xirallic 和云母两种配方的车身油漆的库存,这也增加了油漆的库存水平。[45]

在多供应来源的情况下,企业社会责任(CSR)风险也可能恶化。企业拥有的供应商越多,其中一家(并且只需要一个行为不端的供应商就能制造问题)卷入涉及环境、劳工权利或政治问题的 CSR 丑闻的可能性就越大。避免多供应来源造成的企业社会责任风险恶化意味着要增加监控和合规性的成本。制药商辉瑞公司为了确保合规进行了供应商整合:"如果你与 150 个国家或地区的数千家供应商打交道,但还未实施这些控制措施,那么企业的风险就会大大增加,"科林·戴维斯(Colin Davies),辉瑞公司采购部高级主管说。[46] 联合国工业发展组织指出,较大的企业往往将其供应链合理地限制在少数较容易监控的大型供应商上。[47] 供应商关系需要谨慎管理:供应商越多,管理这些关系的成本就越高。如果企业不能仔细选择和监控每个新供应商,供应来源多样化的预期效益就可能会下降。

供应商关系:为快速响应播下种子

2011 年泰国洪灾对小型电机行业产生了重大影响,并证明了良好的供应商关系的好处。惠尔丰(Verifone)是一家为零售商提供信用卡处理设备的制造商,当时它面临着信用卡收据打印机使用的小型电机的短缺。该公司将获得所需零部件的优先分配归功于其与供应商的良好关系。[48] 在供应中断时,企业通常依靠供应商提供的额外产能、加速交货、额外分配库存,或者特殊服务,例如重新设计零部件以替代受影响的原材料。尽管供应商有尽快恢复供应的动力,但它们可能会为不同的客户优先安排其恢复工作,或者优先分配有限的库存或产能。客户与供应商的历史关系(以及供应支出和客户的重要性）会影响供应商的选择。因此，良好的供应商关系可以在需要的时候有所作为。

对于二级供应商的担忧：传递要求

回想一下，在 2011 年日本地震和海啸发生后不久，通用汽车估计只有大约 390 个零部件可能受影响，因为通用汽车知道它在受损地区有 20 家一级供应商。然而，由于对更深层次供应商的隐性影响，实际受影响的零部件数量接近 6 000 个，而通用汽车与许多公司一样，对这些供应商的能见度很低。同样，英特尔的斯特姆说："我们试图通过我们的供应商来了解更底层的供应链，如果它们愿意共享这些信息的话。"然而，一个主要的挑战是供应商通常选择沉默，因为供应商的供应商、它们采购的材料以及供应商之间的关系都是专有的，是供应商竞争优势的一部分。

一些企业没有试图提取有关更深层次供应商的敏感商业信息，而是鼓励其第一级供应商管理其第二级供应商，第二级供应商管理第三级供应商，等等。波士顿科学公司对其第一级供应商进行供应商记分卡系统的培训，以便它们可以使用该系统管理自己的供应商。AT&T 供应链和车队运营总裁蒂姆·哈登（Tim Harden）表示，该公司"要求第一级供应商确保它们免受第二级供应商故障的影响"。在日本地震和泰国洪灾期间，AT&T 避免了中断，因为它的一级供应商在地理上分散了下一级供应商。同样，汽车行业行动小组的项目经理塔尼亚·博尔登（Tanya Bolden）表示："汽车制造商正依靠其大型的直接供应商，向分包商层层传递有关安全和其他工作场所问题的培训。" [49]

英特尔技术和制造集团副总裁兼晶圆厂材料总监蒂姆·亨德里表示："我们正在努力让供应商与子供应商合作，了解它们的服务情况，坐下来讨论它们的业务连续性规划。"英特尔对供应商业务连续性规划（BCP）的期望包括通过要求供应商考虑以下问题进行更深入的风险评估：[50]

- 你是否与关键供应商讨论过业务连续性？
- 如果供应商无法交付，你是否有应急计划？

- 关键原材料有第二供应来源吗？在紧急情况下，这些备选来源能以多快的速度激活？
- 你的库存和备件策略是否允许足够的缓冲，以确保运营不会中断？
- 你是否有推迟供应中断的工程解决方案？

英特尔与供应商签订的合同规定了停机时间、流程和安全要求，[51]并公布了对供应商的 BCP 期望[52]。同样，思科针对大约 700 家供应商和合作伙伴每年做两次关于 BCP 问题的调查。[53]

如何确保减少"不可抗力"

许多供应合同包括"不可抗力"条款，以涵盖一方当事人因无法控制的自然因素和不可避免的灾难而未能履行义务的事件。宣布"不可抗力"使供应商在面临所谓的"天灾"或其他重大事件时免于违反合同的处罚。2009 年报告"不可抗力"调用的企业数量为 1/10。[54] 到 2011 年，近 1/4 的受访企业在过去 12 个月中经历了"不可抗力"中断。在制造业中，该情况 2011 年的发生率为 44%。[55]

然而，企业不希望"不可抗力"成为供应商未能管理风险的借口。例如，思科的合同具有应对"不可抗力"的恢复时间要求。[56]思科并非个例，2011年 BCI 的一项调查发现，40%的企业利用业务连续性问题来谈判更具体的"不可抗力"条款。[57] 他们要求供应商使用 BCP，承诺恢复时间，并谈判排除或包含在"不可抗力"中的事件类型。即使供应中断不受供应商的控制，客户也可能期望并要求供应商快速恢复供应。

根据相关的合同法和知识产权法，客户通常无权制造专有化学品或零部件，即使供应商出现中断、破产或只是决定停止生产某种材料。为了避免此类情况，英特尔与某些供应商协商"授权生产"的权限，以便英特尔可以让第二供应来源使用原供应商专利，或者必要时在内部使用它们。虽然英特尔从未行使过这些权利，但根据英特尔的斯特姆介绍，此类合同条款有利于促进供应商更有效地管理风险。同样，思科与某些供应商签订制造权利协议，以防最后一次购买的策略不可行,这里的最后一次购买是指企业一次性购买某产品生命周期内所需的某个零部件的全部需求,或者购买至找到另一个供应来源之前。根据这些协议,如果供应商的财务实力低于某个阈值,无论原因如何,思科都可以与其他分包商一起接管该供应商的运营。[58]

成为首选客户

"客户为王者",并非在所有行业都如此。以前有能力迫使供应商做出价格退让的有实力的企业正看到一个不断变化的世界。"我们处在一个供应商越来越强大的世界里,生产罗尔斯罗伊斯飞机发动机零配件的地方并不多。"英国航空公司的采购主管保罗·亚历山大(Paul Alexander)表示。[59] "航空公司是一个严重分散的行业,英国航空公司只拥有约 2.5%的市场份额,但供应链往往被严重整合或垄断。"亚历山大继续说道。[60] "我们正在进入一个稀缺的世界,特别是随着中国和印度的增长。"他补充道,"我们面临的最大挑战是与其他买家竞争,而不是看供应商之间竞争。"[61]

英国航空公司的解决方案是成为"首选客户",使自己得到尽可能最好的服务。"我们渴望与供应商建立一种他们重视我们的价值并真正希望与我们合作的关系。"在供应商占据优势的环境中,英国航空公司的目标是"尽最大努力确保供应商知道我们关心它们、我们理解它们对我们的价值,并确保它们在帮助客户实现价值主张方面真正占有一席之地"[62]。

面向消费者的企业促成了强大供应商的崛起。随着消费者在供应链中的实力不断增强,零售商之间的竞争加剧,大型零售商,如沃尔玛和塔吉特进行的成本削减引发了消费品供应商之间的合并浪潮,如宝洁在 2005 年收购吉列。同样的趋势也发生在汽车和其他制造业,创造了"超级供应商"。这也是因为供应商希望增加与零售商和 OEM 的讨价还价能力。此外,OEM 还整合了供应来源,以便更好地管理其采购内容。

许多企业表示愿意在可能的情况下帮助供应商,以巩固它们的关系。这种策略取决于供应商是否愿意让客户知道问题所在以及披露子供应商信息,以及客户与其他供应商的关系。例如，位于印第安纳州韦恩堡的一家通用汽车全尺寸皮卡的车轮供应商在开始新车型轮胎的生产时，在生产线上遇到了西门子逻辑控制器的麻烦。供应商需要在周日晚上 10 点 30 分前解决这个问题并开始生产，但这个小供应商无法及时得到西门子的帮助。

因此，供应商致电通用汽车寻求帮助。尽管通用汽车在北美的工厂并不使用西门子设备，但在欧洲的工厂有大量使用。利用与西门子在欧洲的牢固关系，通用汽车为车轮供应商找到了帮助，问题得到了解决。通用汽车组装和冲压厂主管弗雷德·布朗（Fred Brown）表示："我们尽力帮助我们的供应商，因为这是双赢的。他们不能单独解决问题。在许多情况下，我们确实有很大的影响力，我们可以利用双方的优势。所以，每个人都赢了。"

具有讽刺意味的是，作为风险管理手段的多元化采购策略，可能无法像预期那样降低供应中断风险，因为在供应商之间分配支出会降低企业对这些供应商的重要性。"'首选客户'的部分重要性在于供应安全，你要确保在危机情况下，你处在食物链的顶端。"利洁时全球采购高级副总裁克劳斯·霍夫曼表示。[63] 一项对高级销售主管的调查验证了"首选客户"战略对于风险管理、创新和降低成本的优点。调查发现，75% 的供应商经常将"首选客户"放在材料或服务短缺的分配列表的首位。82% 的供应商表示这些客户始终能够首先获得新的产品或服务理念和技术。此外，87% 的供应商为其"首选客户"提供了独一无二的成本降低机会。[64] 对汽车行业供应商关系进行 13 年的分析后发现，供应商关系与利润之间存在正相关关系。[65]

假货的真正问题

2013 年 1 月，爱尔兰食品安全局对 27 种汉堡产品进行了分析，其中 10 种产品的马 DNA 检测呈阳性，23 种产品的猪 DNA 检测呈阳性。[66] 然而，食品并不是唯一面临假冒商品的行业。美国国会进行了为期 14 个月的调查，破获了数千起假冒美国军用装备电子元件的案件。[67] 根据联邦航空管理局的数据，在民用航空中，每年约有 52 万件假冒或未经批准的零部件进入飞机。[68]

神秘供应来源之痛

爱尔兰肉类官员针对假冒汉堡肉追查到三家供应商身上，导致从欧洲各大零售商的货架上召回了 1 000 万个汉堡。"神秘肉"可能是一个古老的问题，但低成本 DNA 检测的兴起给欧洲牛肉供应链的黑暗角落投射了光明。这起丑闻使食品供应链各个层级上的著名企业陷入混乱，影响了 13 个国家的至少 28 家企业。[69] 像雀巢[70]和伊格洛食品集团[71]（Iglo 和 Birds Eye 品牌的制造商）这样的消费品制造商不得不召回产品。在零售商的自有品牌产品中也发现了马肉，如英国超市巨头特易购（Tesco）[72]、宜家的招牌肉丸[73]，以及以有机、本地采购的食品为荣的瑞士的合作食品连锁店。[74] 它还影响到快餐连锁店汉堡王[75]和塔可钟[76]。英国环境大臣欧文·帕特森（Owen Paterson）向英国议会表示："我们显然正在处理一个波及全欧洲的供应网络的问题。"[77]

更令人不安的是，食品销售企业对于食品供应链的可见度很低。外包和全球化在畜牧业生产者和零售商之间形成了复杂的中间商组合，无法追踪消费者关心的食品来源、质量、成分和其他方面（如第 11 章所述，企业社会责任实践的问题则更加严重）。

在冷冻食品制造商芬杜斯（Findus）的案例里，马肉起源于欧洲食品供应链的第四、五层，因此很难确定确切的欺诈点。这些马肉是由罗马尼亚的屠宰场合法加工的，但随后这些肉通过塞浦路斯的经销商，这家经销商又卖给荷兰的另一家经销商，后者将肉送到法国南部的一家工厂，该工厂将其出售给位于卢森堡的另一家法国工厂，最后成为在 16 个国家的超市出售的冷冻食品。[78, 79] 在链条的某处，有人把标签从"马肉"改为"牛肉"。

罗马尼亚官员为其肉类行业的安全进行了辩护，在罗马尼亚、法国和其他国家，马肉是合法食品。罗马尼亚总理维克托·庞塔（Victor Ponta）表示："我们目前掌握的数据并不表明罗马尼亚公司或在罗马尼亚运营的公司违反了欧盟的规定。"[80] 罗马尼亚食品工业联合会 Romalimenta 的负责人索林•米内纳（Sorin Minea）说，"他们把肉交给了塞浦路斯的某个人"，这暗示着欺诈可能是在供应链沿线的中间商处发生的。[81] 在其他案例中，马肉被追踪到波兰[82] 和威尔士的供应商。[83]

受影响的企业不得不进行大规模的召回。例如，宜家从几个国家的货架和商店自助餐厅撤下可能受影响的肉丸，直到在一个月后宜家确定了波兰肉丸的来源并更换了供应商之后才恢复了肉丸销售。其影响是显著的，因为宜家每年销售 1.5 亿个肉丸。为了应对声誉受损，宜家向欧洲食品银行捐赠了 350 万份"纯净"的肉丸。宜家发言人伊娃•马格努松（Ylva Magnusson）强调，从货架上撤下来的含有马肉的肉"变成了生物气体"。[84] 该公司还加强了对所有食品供应商的要求，提高了供应商的标准，并开始对这些供应商进行突击审计。

飞行中的假货

现代飞机使用带有计算机显示面板的所谓玻璃驾驶舱向飞行员展示各种关键数据，如航向、姿态、垂直速度、偏航、爬升速度、发动机性能、燃料使用、航线计划、天气和各种警报。2010 年，一架 C-130J 大力神军用运输机在执行任务时驾驶舱显示面板出现故障。2010 年 6 月，该飞机的制造商洛克希德公司将故障的显示器归还给供应商 L-3 显示系统公司。L-3 工程师确定三星视频内存芯片出现故障，看起来似乎是一个孤立的事件。然而五个月后，L-3 工程师发现显示面板内存芯片的内部故障率已经攀升到 27%。[85]

L-3 将有问题的芯片和库存样本送到一个独立的实验室，实验室发现了"多种异常"。特别是，有人通过去除原来的标记，重新粉刷芯片的顶部，并添加新的标记，翻新了芯片。[86] 进一步的分析表明，这些芯片最初是 10 多年前制造的，后来被使用、回收，重新制作成新的芯片。[87] 当被问及这些旧芯片的可靠性时，三星简单地回答："人们不要指望这样的零部件能够正常工作，想都别想。"[88] 没有人知道这些旧芯片的可靠性，因为没有人知道这些芯片在这十年中是被如何处理的。视频内存芯片故障可能导致图像退化、显示空白和数据丢失。[89]

L-3 发现所有芯片都来自加州全球 IC 贸易公司，该公司从中国深圳的 Hong Dark 电子贸易公司购买了这些芯片。[90] 可疑芯片进入 400 个显示单元，用于 C-130J、C-27J 战术运输机、C-17 运输机和 CH-47 海军陆战队直升机。[91] 由 Hong Dark 提供的其他国防航天项目中使用的另外两个零部件，也被发现是假的。L-3 总共从 HongDark 购买了 30 批电子零件，共计 2.8 万件。[92] 一半被怀疑是假冒产品，另一半在美国参议院就假冒零部件举行听证会时还没有经过测试。[93]

其他国防承包商也从 Hong Dark 购买芯片。共有 8.4 万个涉嫌假冒的 Hong Dark 电子零部件进入国防部供应链，包括用于飞机避免碰撞系统的芯片。[94] Hong Dark 也不是唯一的假冒零部件供应商。2012 年美国参议院军事委员会调查发现了 1 800 起伪造共计 100 万件零部件的案件。美国参议员约翰·麦凯恩说：“我们委员会的报告非常清楚地表明，整个国防供应链的漏洞使假冒电子零部件渗透到关键的美国军事系统，危及我们的国家安全以及保护国家安全的军人的生命。”[95]

美国国防后勤局发言人米歇尔·麦卡斯基尔（Michelle McCaskill）说：“供应链的全球化带来了显著的效率提升，但也更加容易被造假所破坏。”[96] 假冒的电子元件进入到许多类型的军事装备，包括直升机发射的地狱火导弹瞄准系统、拦截火箭的计算机和用于海军巡逻飞机的冰探测传感器。[97] 麦卡斯基尔说：“假冒的微电路危及武器系统和人员安全。”[98]

渥太华测试实验室 MuAnalysis 的西马尔-诺曼丁（Simard- Normandin）博士说，假冒产品变得“越来越好”。最近的一批货物看起来就像是真的。她说：“当我们收到这些芯片进行分析时，它们看起来绝对是全新的。但是，当在特殊的声学显微镜下检查时，我们发现它们内部都破裂和损坏了。这些是从电路板上取下、经过清理、重新粉刷和重新铺设的芯片，并放置了一个新的串行编号，然后作为新芯片出售。”西马尔-诺曼丁博士解释道，“最终，它们将失效。它们的平均质量也很差。”[99] 总部位于旧金山的设计链协会的托马斯·瓦利埃（Thomas Valliere）总结道："不法之徒有巨大的造假动机，尤其是当仅仅通过表面查看很难识别真伪时。"[100]

破坏和生命周期的终结意味着假冒的开始

2001 年至 2012 年期间，大多数（57%）的假冒零部件报告中涉及了过时或生命周期终结的零部件。[101] 艾睿电子的供应主管泰勒·摩尔（Tyler Moore）表示："假冒零部件问题只是供需失衡的一个征兆。"[102] 摩尔说："过时零部件的需求和供应失衡程度最高，由于这种不平衡，造假者才得以进入这个领域。"[103]

全球信息提供商 IHS 公司的供应链产品营销总监罗里·金（Rory King）补充道："过时的零部件是不可避免的，是假冒零部件检测和规避的主要因素。"[104] 金还说："行业数据显示，一个过时零部件的单一事件可能导致多达 64 周的停产时间且需要花费 210 万美元来解决问题。"[105]尽管许多假冒零部件的事件可能会导致较少的停产时间，但在风险管理中必须要了解和管理这些最坏的状况。

当欧盟在 2006 年实施 RoHS（有害物质限制指令）标准时，[106] 它迫使供应商停止许多产品的生产。供应商将 RoHS "环境合规性"作为 2006 年至少 20%的产品停产以及 2007 年至少 25%的产品停产的原因。[107] 供应商发现，要消除六种 RoHS 禁止的材料：铅、汞、镉、六价铬、多溴联苯和多溴联苯醚，重新设计原有零部件的成本是不划算的。金说："如果产品有 20 年或 20 年以上的历史，就根本无法避免出现过时的零部件，而这些零部件是假冒产品的主要滋生来源。"[108] 在这种情况下，与许多其他情况一样，旨在降低一种风险的行动（本例中为管制行动）可能会增加其他类型的风险。

金说："日本地震危机使更多行业的多家企业面临比以往更大的假冒和过时零部件的风险。"[109] 地震发生后，一些受影响的供应商加快了产品生命周期的终结，而不是投入资源来恢复老化生产线的生产。而客户在紧急寻求中断供应的第二来源时，被迫落入不太熟知的供应商的怀抱。金说："地震表明，每当出现供应中断时，供应链行为将发生显著变化，所有企业的风险都可能迅速增加。"[110] 罗切斯特电子联合总裁克里斯·格里什（Chris Gerrish）补充说：

"他们（造假者）可以非常迅速地运作，我们看到很多报道说他们可以快速地在一周内推出假冒产品。"[111] RS 组件亚太区电子产品营销主管 Lim Cheng Mong 表示："对于从一家制造商转移到另一家制造商设备上的简单重新制作，实现起来的技术很容易获得，而且可能发生在任何地方。"[112]

对正版产品进行标识

为了打击假冒零部件，美国军方开始使用一种叫作 SigNature DNA 的标识技术。[113] 该工艺使用含有供应商特定序列号的植物性 DNA 来涂覆武器系统中的微电路。这种标识无法复制或传输到其他物体。实验室的检测可以确认零部件的来源。[114]

像 SigNature DNA 这样的标识技术也可以用来将犯罪分子与被盗物品联系起来。例如，银行在墨水炸弹中使用 SigNature DNA 的技术。在一个案件中，警方追踪到一名犯罪分子，并在他家的地板下发现了很多钱。由于这些钱上有 SigNature DNA 的标识，因此警方追踪到大约 23 起不同的银行抢劫案，并判定全部是该男子所做。[115] 其他防伪技术包括全息标签、序列化条形码、射频识别、防篡改密封和特殊化学标签。[116]

客户对假冒产品进行测试

在欧洲的马肉丑闻之后，众多企业发誓要增加检测。雀巢表示："正在加强我们现有的全面质量保证计划，在生产之前，对牛肉进行新的马 DNA 测试。"[117] 同样，Birds Eye 宣布："未来我们将推出一个新的 DNA 检测计划，确保没有通过 DNA 检测的牛肉制品无法离开我们的工厂。"[118]

在产品生命周期终结和供应中断有关的采购中，假冒风险较高，这表明在这些情况下需要对任何新的第二来源进行更多的测试。设计链协会主席迈克尔·基什内尔（Michael Kirschner）表示："如果你迫切需要某些零部件，而你购买时没有充分信任它们的理由，那么你必须检测它们的功能性和材料成分。"[119] 然而，正如美泰的案例（参见第 2 章）所示，与供应中断相关的采购时间压力也阻止了额外的测试。预先准备好值得信任的第二个源的重要性就更高了（如本章前面"多源采购"一节所述）。

迪士尼供应链管理高级副总裁约翰·隆德（John Lund）表示："具有迪士尼知识产权的产品的安全性是我们最关心的问题。"[120] 该公司通过多方面计划确保产品的安全和品牌的安全。隆德说："根据合同规定，迪士尼要求被许可方和制造商遵守所有适用的法律和法规安全要求，并要求有程序来验证此类合规性。"他还补充说道："我们的专业人员监控并确认制造商和被许可方通过独立、经过认证的第三方测试实验室或同等程序进行产品的安全测试。我们还要求确认产品制造商是否遵守并紧跟当前和不断变化的产品安全标准。"[121]

第 8 章

监测供应破坏

伟创力的首席采购和供应链官汤姆·林顿在谈到 2011 年日本地震时说：
"无论你如何降低风险，你的响应时间总是会被衡量，因为一般来说，一旦发
生某些事情的时候，最重要的是你的反应速度。"通过快速地监测供应破坏，
企业可以快速地做出响应。"谁能最先确保供应？"林顿问。在破坏发生之前
就能够监测到，可以让企业有充分时间做好准备。

监测时间是从企业意识到将受到冲击的那一瞬间到实际破坏发生的时间。
因此，这是企业可以用来做好准备和缓解影响的警报时间，无论是飓风还是即
将到来的法规截止期限。监测时间几乎可以为零，就像发生地震和火灾时那样。
当企业在破坏性事件发生并受到冲击后才意识到，那么监测时间就是负数，例
如，产品有潜在缺陷或知识产权被盗的情况。

事件监控：提高警觉

企业依靠广泛的监控活动来察觉各种潜在的破坏。监控的目标是"情景感
知"，即反映可能影响企业及其决策的风险状况的相关且及时的数据。对于拥
有全球供应链的企业来说，这意味着在全球范围内监控各种事件。尽管监控整
个世界（包括数十种潜在的破坏）似乎是一项艰巨的任务，但企业可以依靠自
动软件和设备以及监控服务将大量原始数据转换为相关的警报。

为潜在破坏做好准备

2008 年，怀俄明州的黑雷煤矿——美国最大的煤矿——计划安装一个巨

大的新输煤管道，将煤炭运至一个筒仓然后再装车。当时担任 BNSF 铁路公司工程副总裁的大卫·弗里曼（David Freeman）第一次听到矿山的计划时，他认为铁路公司必须提供意见。该矿山计划租用一台重达 240 万磅的兰普森转运起重机，将 260 英尺长、50 万磅重的输煤管道吊到 150 英尺高空，然后将其放置在塔架上。复杂的安装工艺要将管道悬挂在三条铁轨之上，在这里每天有 80 列 BNSF 和联合太平洋（UP）公司的火车运载近 100 万吨煤炭到遍布中西部和东海岸的发电厂。美国 1/3 的煤炭运输会在这条 260 英尺长的管子下通过铁轨。

弗里曼的工作是对计划进行审查并确保密切协调，以尽量减少对 BNSF 客户的服务中断。因此，当起重机在 2008 年 5 月的一个星期六开始执行这项精密操作时，BNSF 和 UP 暂停了运输。弗里曼还派出了两组维修人员，带着四台大型的 D-9 卡特彼勒牵引车到现场协助。他还让一个团队在 BNSF 的沃思堡总部随时待命。

BNSF 的准备起了作用。星期六中午 12 点 30 分，弗里曼接到一个电话。"他们把管子掉在了铁轨上。"一位惊呆了的现场工人说。承担重型吊车的起重机发生坍塌，巨大的管道直接掉在了三条铁轨上。[1, 2] 三名建筑工人在事故中受伤。

弗里曼和他的团队立即赶赴现场，帮助矿山实施救援。鉴于有人受伤，MSHA（美国政府的矿山安全与健康管理局）要求进行事故调查。调查人员将在三天后的星期二到达，他们要求在完成调查之前，不得移动现场的任何东西。弗里曼解释说，这将影响 200 多列火车，可能影响电厂的煤炭供应，他必须尽快移开管道。MSHA 同意但要求 BNSF 必须非常小心地移动管道，不能破坏任何与倒塌的起重机有关的证据。

虽然移动巨大的输煤管道令人望而生畏，但 BNSF 有移动大型物体的经验，如一辆脱轨的机车或装载的轨道车很容易重达 45 万磅。利用这些专业知识，BNSF 在 21 分钟内完成了移动。将管道移走后，他们松了一口气，发现铁轨受到了轻微的损坏，火车很快在当天晚些时候恢复了正常运行。通过提前制订应急计划，BNSF 在现场做好了设备和人员准备。一旦获得移动管道的许可，他们可以迅速地完成任务。

天气观察员

平均而言，每年有 1 万次强雷暴、5 000 次洪水和 1 000 场龙卷风席卷美国，[3] 更不用说十几个有专门命名的大西洋热带风暴和飓风了。[4] 美国国家气象局通过来自地球同步轨道上的两颗气象卫星、[5] 164 个多普勒天气雷达站点、[6] 1 500 个实时监测站[7] 和近 29 万名经过训练的恶劣天气志愿观测者组成的 SKYWARN 网络来发现和监控这些风暴天气。[8] 美国的网络也并非是独一无二的。每个国家和地区都有自己的天气数据收集和预报资源组合。

由于物流是一项全天候的运动，企业通过各种地方和国家渠道来获取相关的数据、预测和警报。1994 年，一场突如其来的暴风雪关闭了 UPS 位于肯塔基州路易斯维尔的主要航空枢纽，之后，该公司为其全球运营中心雇用了五名气象学家。[9] UPS 航空发言人迈克·曼吉奥特（Mike Mangeot）说："我们在巴塞罗那和北京的客户并不在乎路易斯维尔是否下雪。他们只想要他们的包裹。因此，我们觉得有必要对即将到来的天气有更深入的解读。"[10] UPS 航空公司气象学家吉姆·克雷默（Jim Cramer）补充说："UPS 的气象学家与航班调度员和应急协调员密切合作，他们每天根据天气问题对航空运输系统进行调整。"[11]

设施监控：谁在关注门店

其他数据流来自企业自己的资源。沃尔格林超市（Walgreens）与沃尔玛（见第 6 章）一样，使用店内传感器监控其 8 300 个美国门店。原始数据传输到沃尔格林的集中式安全运营中心（SOC），该中心负责处理零售店的安全、安保和应急响应需求。"在 SOC，我们监控商店的所有防盗和火灾报警器，平均每天有三家门店被抢劫，每晚有两家门店发生非法侵入，"沃尔格林应急准备和反应、资产保护、业务延续部门经理吉姆·威廉姆斯（Jim Williams）说。[12]

电力传感器就停电发出警报，这使得企业能够迅速采取措施，如联系电力公司，调度发电机，或派遣冷藏卡车回收易腐库存。沃尔格林的商店同时存放着冷藏食品和对温度敏感的药品，因此，更快地监测到问题意味着更少商品变质。威廉姆斯说："这一流程在短短一年内为我们挽救了 360 多万美元的易腐货物。"[13] SOC 和紧急运营中心（EOC）处于监测潜在破坏（尤其是企业设施中发生的破坏）的前线。

关注政府政策

政府政策的变化会影响企业的成本结构、决策和合规挑战。政府法规的筹备时间各不相同，可能相当长。例如，美国关于"冲突矿物"的立法（《多德-弗兰克法案》第 1502 条）于 2010 年 7 月通过，然后有九个月期限制定后续法规。[14] 冲突矿物包括锡、钽、钨和黄金，这些矿藏由民兵组织（特别是在刚果）开采，他们在饱受战争蹂躏的地区使用奴隶劳动，然后出售用以资助持续的战斗。现在美国证券交易委员会（SEC）要求上市公司公开披露与其产品中包含的冲突矿物有关的某些信息。企业通常有几个月甚至几年时间来准备应对新法规的要求。起草规则、征求公众意见，然后到 2012 年 8 月最终发布，从 2013 年开始实施。并在法律通过近四年后，企业于 2014 年开始报告。事实上，伟创力于 2013 年 1 月发布了冲突矿物供应商培训文件 [15]，其中规定了供应商如何报告关于供应给伟创力的材料和零部件的来源。这些报告用来支持伟创力自己计划于 2014 年 5 月开始的强制性年度报告。

其他政府行动可能几乎没有事先警告。2009 年 9 月，美国将中国轮胎的进口关税从 4% 提高到 35%，但提前 15 天才发布通知。[16] 9 月初离开中国港口的轮胎在横渡太平洋的长途运输中，立即贵了三分之一。同样，当中国于 2011 年 12 月底削减稀土出口时，新的限额几乎立即生效。[17] 每年发生将近 200 次的进口关税变更。[18]

政府政策广泛地影响如财务报告、税务、人力资源、工作场所安全、产品要求、环境排放、设施等各类企业事务。仅在美国联邦一级，政府每年就发布约 2 万至 2.6 万页新法规或法规更改。[19] 关注相关法规变化的工作通常属于集中的企业职能，如法律、合规或 ERM（企业风险管理）部门。[20]

管理成千上万的事件数据

为了管理破坏性事件，思科使用事件管理生命周期的六步法，如第 6 章所述：监控、评估、激活、管理、解决和恢复。思科供应链风险管理高级经理恩吉·卢（Nghi Luu）表示，公司不会尝试预测事件（这是一项不可能完成的任务），而是专注于监控和早期响应。[21] 思科构建了一个事件管理仪表盘，用于监测影响构成思科大部分收入的顶级产品的潜在破坏。根据研究公司加特纳（Gartner）的数据，事件管理仪表盘的开发成本在五位数以下，思科的投资已经得了多倍的到回报。[22]

多数企业不会试图自己去监控全球所有的风险事件，而是订阅各种事件监控服务，如 NC4、[23] Anvil、[24] IJet、[25] OSAC、[26] 或 CargoNet。[27] 这些服务提供商收集事件数据，分析严重性，然后将选定的相关警报发送给客户。不同的服务侧重于不同类型的威胁，从旅行者的安全（Avil）到社会政治威胁（OSAC）[28] 到货物安全（CargoNet）。因此，多数企业会订阅多个服务。

在具有代表性的一周内，NC4 等服务可能会发出 1 700 条警报消息，覆盖全球 650 个事件。[29] 许多事件似乎相当本地化，例如，奥马哈购物中心的枪击事件、哥伦比亚的学生示威游行或墨西哥城一架小型飞机坠毁事件。[30] 然而，如果一家企业在该地区有设施或供应商，他们很容易受到区域封锁、道路堵塞、安保等级提高或事件本身的影响。大多数警报软件工具提供自定义功能，允许企业根据事件严重性和与设施的距离为每个类型的设施指定警报阈值。[31] 例如，思科使用 NC4 并在谷歌地图上叠加事件数据，以便更直观地突出显示受影响区域内的思科（和供应商）位置。思科事件管理团队成员可以在地图上查看事件或查看事件列表，也可以将事件分配给事件监控列表，并标注其严重性、状态和潜在的季度营收影响。[32] 思科还利用"非正式"来源发现问题，包括思科全球制造组织中的当地员工、商品管理团队，以及所谓的"大量的探子"。在许多情况下，贸易伙伴中的工程师可能会帮助管理者提出尚未准备好讨论或甚至尚未意识到的问题。[33]

沃尔玛、英特尔和思科等公司指出，在组织内部不同的职能部门会共同进行事件监控。供应链部门可能会监控影响公司设施、物流渠道和供应商的事件。同时，人力资源部门可能会监控那些可能危及被派往国外或旅行的员工的安全的事件。最后，财务部门可能会监控影响财务事项的事件，如汇率和信用评级。供应链风险只是更广泛的安全和企业风险管理全景的一部分。

狼来了 vs.错过大问题

当思科在 2012 年看到科罗拉多州发生野火的消息时，它并不担心，因为它在该地区没有工厂或供应商。然而，它忽略了火灾可能会影响公司的一个呼叫中心。[34] 风险监测面临着两种类型的监测错误之间的权衡。过度敏感的监测系统可能会经常生成对良性事件的错误警报，而一个不敏感的系统可能无法识别严重的破坏。

另一个相关的问题是对事件的理解和响应。例如，在超级风暴"桑迪"期间，美国东部沿海的政府都有针对风暴的轨迹、预测影响和警告的相同的联邦数据。新泽西州州长对沿海和低洼地区下达了强制疏散令，但大西洋市市长却没有这样做。[35] 两人都"监测"到了"桑迪"，但其中一人并没有理解它的重要性。在操作层面上，只有当组织意识到事件的含义并采取适当的行动时，监测才起作用。正如监控系统可能监测不足或过度监测一样，响应系统也可能反应不足或反应过度。

延迟发现，损失扩大

并非所有的破坏都像地震或龙卷风那样清晰可见或者立即成为新闻。一些破坏会潜伏在供应链固有的材料、零部件、人员、公司的复杂性当中。

隐蔽的原因，看不到的影响

2011 年 1 月 9 日，英特尔开始推出代号为"美洲狮"（Coguar Point）的新一代芯片组，PC 制造商使用该芯片组将英特尔最新一代微处理器连接到 PC 内的其他设备，如硬盘和 DVD 驱动器。[36] 1 月中旬，英特尔在生产了大约 10 万个芯片后，开始收到问题报告。[37] 与任何其他极其复杂的产品一样，一定的故障率是可以预见的。PC 制造商和芯片制造商开始跟踪可能引发故障的原因。随着更多的故障发生，工程师开始怀疑"美洲狮"芯片。尽管该芯片已通过质量保证和可靠性测试，但英特尔开始加大测试强度进行重新测试。[38]

英特尔发现，一项设计更新将一个微小的工程缺陷引入到一个关键晶体管中，该晶体管支持芯片的六个通信通道中的四个，用于某些型号的 PC 和笔记本电脑。晶体管的一个微涂层有点薄，可能会随着时间的推移而失效。英特尔的企业沟通总监查克·穆洛伊（Chuck Mulloy）表示："在将设备与芯片一起使用的前两天，你不会看到问题。但两三年后，我们会看到端口 2 到 5 上的电路退化，大约 5%到 20%的芯片出现故障，这对我们来说是不可接受的。"[39]

2011 年 1 月 31 日，英特尔公开了该缺陷，停止了有缺陷芯片的交付，并开始召回。当追踪缺陷并意识到严重性时，英特尔已经交付了 800 万个"美洲狮"芯片。十多家 OEM 不得不停止生产受影响的型号，并为购买带有缺陷芯片的计算机客户提供某种退款、交换或其他补救措施。[40] 英特尔最初估计该缺陷将导致营收损失 3 亿美元，以及更换有缺陷芯片的 7 亿美元额外成本。[41] 但英特尔的快速响应减轻了影响，将预期成本降低了一半。[42]

产品设计缺陷、制造错误和污染等事件可能会导致产品性能问题延迟出现。在这种情况下，缺陷的影响可能并不明显，直到产品到达消费者手中并投入使用一段时间之后。此外，在消费者手中，产品的使用方式可能连制造商都从未设想过，而且会暴露出安全问题。此类事件会产生事后的破坏，这意味着监测时间是负的。

缺陷零部件或产品的影响随着时间的推移而恶化。当最终发现缺陷时，整个供应链的库存水平越高，必须报废、退回、更换或返工的缺陷产品就越多。当然，准时生产制（JIT）和精益供应链流程可减轻这些负监测时间事件的影响。当发现缺陷时，必须召回客户手中的受影响产品。此外，零售商店和仓库的成品库存必须退回和处理。商店和仓库货架上的库存越低，召回和修复缺陷的总成本就越低。因此，按订单生产、延迟和准时生产制可减少因为延迟发现问题导致的不良后果。

尽快追查

2004 年 8 月，一个德国黏土矿将一卡车的黏土送到麦凯恩（McCain）在荷兰的马铃薯加工厂。黏土公司和马铃薯加工公司都不知道，黏土被二噁英污染，二噁英是一种受到高度管制的致癌物质。麦凯恩的工厂用黏土制作了一种泥浆，并用它将低质量的马铃薯（会漂浮在泥泞的混合物中）与更稠密的优质马铃薯分开。幸运的是，二噁英没有污染加工过的马铃薯，这些马铃薯被用来制作炸薯条和其他零食。不幸的是，二噁英污染了被转化成动物饲料的马铃薯皮。

直到 10 月，荷兰一家农场的牛奶在例行检测中发现二噁英含量很高。起初，当局怀疑是一台出了故障的炉子造成的，但进一步调查终于发现了真正的原因。[43] 荷兰农业部长塞斯·维曼（Cees Veerman）在给议会的一封信中说："2004 年 11 月 2 日，确认马铃薯产业的副产品被洗涤和分拣过程中使用的黏土污染。"[44]

在当局追踪到马铃薯皮的二噁英来源时，已经有 200 个农场的动物食用了受污染的马铃薯皮。[45] 幸运的是，欧盟的食品可追溯性规则包括一项关于所有人类食品和动物饲料公司的"向前一步，后退一步"的规定。[46]这种规定使当局有能力追踪到荷兰、比利时、法国和德国的动物食品加工商的所有客户，以及可能收到有毒马铃薯皮的所有农场。

双向的快速监测和追踪阻止了任何受二噁英污染的牛奶到达消费者手中。[47]然而，在事后发现污染，对被迫销毁牛奶或动物的农民来说并不值得高兴。具有讽刺意味的是，麦凯恩开始在分离过程中使用黏土的原因是，以前的盐水工艺因环保原因被取缔。[48]

当人们食物中毒时，卫生当局会寻找受害者之间的共同点——他们都是吃了特定品牌的食物还是都在特定的餐馆吃过饭？这些分析需要时间，延迟了原因的确定，并让更多案例发生。为此，美国疾病控制和预防中心与 10 个州和美国农业部联合开发了 FoodNet，对实验室确诊的食源性感染进行积极监控，以加快检测流程。[49]

其他类型的事件也可能具有负监测时间。其中包括网络安全违规、贪污、窃取知识产权、破坏性创新和社会责任风险。如果在产品中不容易看到影响（例如，使用童工）或原因并没有立即显现（例如，一种神秘的疾病模式），那么监测可能会延迟。监测影响和跟踪原因的延迟越大，破坏的程度就越大。

监测不足的代价

即使当企业发现了问题，企业文化、财务压力和错误的激励也会阻止采取快速行动来限制损失。某些情况下，法律责任问题可能会阻止企业采取行动，即使企业没有过错。例如，当多米诺比萨（Domino's Pizza）的两名员工在 2010 年制作了五段 YouTube 视频，在视频里他们亵渎三明治（作为恶作剧），这些视频开始传播，被超过 100 万人观看。虽然危机公关专家建议公司立即承担责任，但策略会使公司面临损失。相反，多米诺公司精心打造了一个基于非政府组织的响应，但花了 24 小时才完成，这让社交媒体充斥着各种猜测，使品牌声誉的恢复时间更长、难度更大。[50]

雪佛兰科宝的 Circa 2005 车型使用了德尔福的点火开关，它比通用汽车最初设想的更容易转动。但是这个所谓的低扭矩开关存在问题。如果驾驶员的钥匙环上有很多钥匙，并且路面有足够大的颠簸或用腿撞到钥匙，钥匙上的扭力可能会突然将点火开关从"运行"推到"附属"位置。驾驶员经历了意外的失速，通用汽车和美国国家公路交通安全管理局（NHTSA）都收到了有关这款车型的投诉。

当通用汽车了解到失速的原因后，研究了各种选择，包括重新设计点火开关。在此时，该问题尚被视为低利润的科宝车的客户满意度问题，而不是安全问题，因此不值得通过更激进的步骤（如更昂贵的点火开关）来解决。相反，通用汽车设计了一个钥匙插件，该插件减少了钥匙环的扭矩，并在 2005 年 12 月向经销商分发了技术服务通告，其中描述了该问题，即钥匙插件，并建议经销商告诉客户不要在钥匙环上放太大重量。通用汽车在几年后修改了点火开关设计，并在 2007 年款的车型上使用了改进扭矩后的开关。[51]

通用汽车的工程师，甚至联邦安全官员当时都没有意识到，这个缺陷有更危险的副作用。 虽然当点火开关处于"附属"位置时，汽车的许多电子系统仍然处在"开启"状态，但安全气囊系统会停止。这原来是一个有意设计的安全功能，以减少汽车在停放状态时安全气囊意外弹出造成的伤害，[53] 但是，这一副作用把钥匙错位的问题变成了一个隐藏的安全问题。如果点火开关被推到"附属"位置，当汽车发生碰撞时，安全气囊将不会释放出来。

2007 年，威斯康星州一名警察通报了 2005 年款的科宝车的翻车事故，事故造成两名青少年死亡。警察发现点火开关处于"附属"位置，但气囊没有弹出。警方甚至将通用汽车的技术服务通告作为气囊没有弹出的可能原因。警方的报告送到了通用汽车公司和国家公路交通安全管理局，但两个组织都没有认识到该报告或随后类似性质报告的影响。

在通用汽车和 NHTSA 的调查中，在涉及汽车性能、缺陷、投诉和碰撞的所有不同数据库和报告中从未发现过关键数据。审查科宝汽车案件的通用汽车调查人员和律师多年来都不知道这份警方的报告。[54] 在至少两次的 NHTSA 缺陷调查办公室的调查中都没有发现汽车碰撞事故和安全气囊失效之间的关系。[55] 安全气囊弹出算法的复杂性、传感器异常的可能性、车辆碰撞损坏造成气囊失效的可能性以及许多事故发生在越野条件下的性质，使得很难将调查的所有问题点联系起来轻易地解释各种事故。[56]

最终，当佐治亚州一名律师代表一名死去的驾驶员起诉通用汽车时，这些点被联系起来了。该公司随后在 2014 年年初召回了 78 万辆装有低扭矩点火开关的汽车。[57] 到召回时，该缺陷与至少 13 人死亡（通用汽车的数据）或多达 74 人死亡（路透社的数据[58]）有关。

这一问题引发了国会对通用汽车和 NHTSA 的调查，但没有发现任何掩盖的证据。[59] 此事导致对点火开关进行了更广泛的审查和更多的召回。最终，因为点火开关可能存在缺陷，通用汽车在 2014 年召回了约 1 400 万辆汽车。[60] 克莱斯勒曾两次召回 120 万辆存在类似问题的汽车，尽管没有与克莱斯勒点火开关有关的死亡事故。[61] 除了诉讼判决和罚款的成本外，召回事件还使通用汽车损失了 12 亿美元。[62] 从通用汽车点火开关故障问题被公开曝光以来，该公司的市值从 2014 年 3 月第一周，到 4 月的第一周下降了近 8%。[63]

供应链地图：供应链的连接点在哪里？

天气、地震、社会动荡、停电和政府法规都具有很强的地理因素。对企业和供应商的设施绘制地图是监测与地理原因相关的破坏的先决条件。第 7 章指出，思科等公司确定关键供应商的位置，以评估供应商风险。这些公司使用 BOM、ERP 和其他数据绘制其第一层供应链。然后将此类位置数据输入事件监控系统。

必须关注更深层级

冲突矿物法规和可追溯性法规正在推动更多企业绘制更深层供应链的地图。例如，伟创力和许多其他电子企业正在使用电子工业公民联盟（Electronic Industry Citizenship Coalition - EICC）和全球电子可持续性倡议组织（Global e-Sustainability Initiative - GeSI）[64]开发的标准模板，用于报告冲突矿物的使用以及作为在追踪冲突矿物采购方面对供应商的尽职调查。该模板实质上鼓励每个供应商让自己的供应商填写模板，将分析传递到冶炼厂甚至更深的层级。[65]

可追溯性法规影响许多行业。尽管冲突金属（如钛、锡、黄金和钨）似乎仅限于硬质产品，如电子产品和汽车，但即使是服装公司也可能由于在拉链、铆钉、紧固件、闪闪发光的材料、皮带扣、染料和珠宝中使用这些金属材料，而受到冲突矿物法规的影响。[66] 其他行业在其他类型的商品上面临着类似的可追溯性规则。欧盟木材条例[67]针对非法采伐的法规影响了建筑、家具、办公用品和包装公司的供应链。2010 年颁布的《美国食品安全现代化法案》包括一项规定，要求美国联邦食品药品管理局 FDA 对某些类别的食品制定可追溯性要求，[68] 将于 2015 年生效的加利福尼亚州的药品血统法，预示着制药行业也将出现可追溯性法规。[69]

绘图和监测的应用

由于供应链的动态性质以及每个供应商与其合作伙伴关系的保密性质，对供应商及其更深层的子供应链的地图绘制工作仍然是一个挑战。此外，随着越来越多的企业试图绘制其供应链地图，供应商也会因为需要响应多种信息请求而增加管理成本。

加州弗里蒙特的雷西林茨公司（Resilinc Inc.）[70]是提供绘图解决方案的新一代供应链软件和服务公司的典范。2005 年，宾迪亚·瓦基尔（Bindiya Vakil）从麻省理工学院运输和物流中心供应链管理课程获得硕士学位，并加入思科负责供应链风险管理项目。五年后，她离开思科并创立了雷西林克。她的丈夫苏米特（Sumit）（也是麻省理工学院课程的毕业生）也辞去了工作，加入到妻子的公司，先是做软件开发，然后成为首席技术官。

雷西林茨对客户的供应商进行调查以绘制地图，并确保数据安全。调查涵盖风险管理问题，如供应商设施位置、子供应商位置、业务连续性计划（BCP）、恢复时间、紧急联系人数据、冲突矿物和其他问题。雷西林茨使用客户的材料清单和风险价值数据对零部件进行索引并绘制零部件地图和确定高风险零部件。该软件使用生产每个零部件的设施位置数据、每个产品的财务贡献来估算每个供应商设施的风险价值，并使用本书第 3 章讲述的方法。

为了支持实时响应，雷西林茨会对多个事件数据源进行监测，以寻找潜在的破坏。他们过滤掉非供应链破坏（例如住宅火灾），然后与地图上已知的供应商设施进行交叉比较。如果某个事件可能影响到某个供应商，从而影响其一个或多个客户，雷西林茨会确定哪些零部件和产品可能受到影响以及潜在的风险价值，并向每家受影响的公司发送有关该事件的警报。在 2011 年泰国洪灾期间，雷西林茨帮助伟创力提前大约一周收到了关于洪水威胁的警报。

其他提供地图绘制和风险监测软件（及相关咨询服务）的公司包括位于佛罗里达州迈阿密的 Razient 公司，[71] 以及位于加州帕洛阿尔托的 MetricStream 公司。[72] 几家提供供应链事件管理应用程序的公司（包括 Trade MeritInc.、[73] CDC Software[74] 和 Manhattan Associates[75]）也将其产品用于风险管理。此外，许多咨询机构制定了供应链风险管理实践，协助企业评估风险并制定预防和缓解措施。例如普华永道，[76] 英国的怡和保险顾问公司，[77] 达信风险咨询公司，[78] 国会风险概念有限公司，[79] 美国领导管理发展中心 LMI，[80] 和其他几十个咨询机构。

一些公司，如 IBM、思科和 ATMI，建立了内部的供应商地图绘制应用程序。但是，雷西林茨等第三方服务降低了供应商地图绘制和更新的成本。原因是它们主要通过供应商的调查问卷收集信息。因此，一旦供应商填写了调查问卷，信息可用于该供应商的其他客户，因为大多数供应商为多个行业的客户提供服务。这种"网络效应"降低了信息收集成本以及供应商的合规工作量。类似的信息收集和地图绘制方法也可以用在企业社会责任（CSR）的应用上，CSR 要求供应商遵守客户的行为规范。

供应商监控

随着企业的供应链战略从当地化生产和垂直整合向全球化和外包的总体转变，需要对全球供应基础继续监控。这种监控超出了上一节中描述的地图绘制和事件监测的范围。关注供应商破产、质量失败、供应商经营战略变化和企业社会责任的企业试图通过全面的供应商监控来发现潜在的问题。

关注警报信号

为了创建警报信号列表，波士顿科学公司询问了其物料部门和制造部门员工、外部承包商和财务部门负责应付账款的员工，以及与供应商有互动的每个人。该公司建了一个有 20 个警报信号的清单，然后培训员工在访问或与供应商互动时关注这些信号。[81]

一些最重要的迹象包括财务方面的信号，例如，未能及时编制财务报告、多次调整年度报告、经常重新谈判银行契约、营运资本比率下降以及延长应付账款等。[82] 然而，2009 年麻省理工学院供应链会议关于金融危机的行业参与者报告说，许多财务数据并不能提供及时的预警信号。[83] 财务数据可能很少被收集，并且是一个滞后指标，因为它反映的是供应商上一年或上一季度的销售、利润和债务。与会者列举了一些看似可靠的供应商突然破产的例子。为了收集更及时和深入的财务数据，企业会在合同里要求供应商与审计机构合作，并及时报告关键财务指标。[84]

另一种方案是使用新闻聚合服务进行监控，如 Lexis-Nexis 的商业健康状况指标。[85] 例如，在英国零售商伍尔沃斯破产前的两年里，该服务提供了 4400 个关于伍尔沃斯的新闻条目，其中包括 "破产" "公司战略" "裁员和解雇" 以及 "公司重组" 等词语都清楚地表明了这家公司的混乱状况。在 2008 年 11 月该公司破产前六个月，这些新闻报道的数量迅速膨胀。同样，在柯达破产前的两年中，新闻聚合服务报告了 1.5 万篇新闻文章，其中提到柯达 "破产" "破产法第 11 章" "法律和法律制度" 以及 "剥离的顶峰" 等信息。在 2012 年 1 月柯达申请破产保护前的最后几个月，这类新闻的频率激增。

企业还可以关注关键供应商的运营问题。其中包括高员工流失率，特别是关键职位；失败的项目，如收购或新产品发布；经营亏损和缺乏资本投资等。[86] 企业也可以监控运营警报信号，如延迟或错过交货、发货不完整、质量问题、计费和开票错误以及承运商选择错误。这些可能是削减成本或裁员的迹象，以及供应商管理层被客户服务以外的问题困扰。"这一切都在数据中。" 一位演讲者在 2012 年麻省理工学院的会议上表示。[87] 通过仔细监控供应商质量，企业可以在 3～5 个月前收到供应商即将出问题的警报，并采取措施帮助供应商或寻找替代供应商。

根据企业和供应商的风险状况，对供应商风险进行正式审查的频率有所不同，从每月一次到每年一次。例如，在金融危机期间，许多企业增加了审查的频率，尤其是对实力较弱的供应商的审查。"我们识别风险的频率取决于对风险的分类。例如，我们每天监控原材料，但如果涉及业务连续性规划（BCP），我们会每年评估一次风险，每六个月审查一次。"美敦力公司的欧洲、中东和亚洲供应链高级总监弗兰克·施普维尔德说。[88]

虽然信任但仍需确认

远距离监测具有局限性。调查和第三方数据仅在对于监测早期破坏或容易出问题的供应商有效。EMC 公司使用"信任但仍需确认"的方法来监测供应商出现的新风险。EMC 全球供应链副总裁兼首席采购官特雷弗·希克（Trevor Schick）表示，公司在亚洲（其制造基地）部署了 50 名员工，专注于品质控制并及早识别危险信号。这些人走访供应商，巡视生产线、仓库，与工厂的工程师和工人交谈。他们使用一个警报信号清单，包括质量问题、产能下降、生产线停机和库存过多。如果供应商不愿意让 EMC 的人员进入，那么这本身就是一个警报信号。

其他企业使用类似的方法来监测供应链中的风险，但把重点放在各自行业中最突出的风险类型。例如，肖氏连锁超市的供应链总经理埃德·罗德里克斯（Ed Rodricks）说，他们的采购员在访问农场和合同制造商时，会关注食品的处理和产品质量标准。[89] 另一方面，服装零售商 The Limited 公司则会对服装供应商进行检查，检查重点是工作条件和工作场所安全，以避免使用"血汗工厂"或童工。[90] 瑞典家具巨头宜家（Ikea）雇用了 80 名审计师，每年在供应商所在地进行约 1 200 次审计，其中大部分是突击审计。审计的重点是环境可持续性和工作条件。而在 EMC 公司，拒绝让审核员进入被视为违规行为，会立即停止供应商的交付。同样，巴斯夫化学公司对高风险化学品供应商进行现场审核，以评估环境、健康和安全问题。[91]

卑鄙的造假者们

为了监控原材料供应的质量，许多企业使用常规实验室的测试来检测低质量、被稀释或掺假的原材料。例如，牛奶和小麦麸质的蛋白质水平测试。

但是蛋白质测试并不完美，不择手段的供应商可以通过添加三聚氰胺来蒙骗测试——三聚氰胺是一种廉价的工业化学品，用于塑料、绝缘材料和阻燃剂。[92]

不幸的是，如果大量食用三聚氰胺会导致肾衰竭。2007 年，美国估计有14 只狗和猫死于宠物食品中掺杂的三聚氰胺。[93] 2008 年，含有三聚氰胺的配方奶粉在中国造成 6 名婴儿死亡，30 万名婴儿患病。[94] 这一事件迫使监管机构和企业部署更昂贵的测试来检测用以模仿蛋白质的三聚氰胺。与"检测不到"的假药类似的问题在抗凝血药物肝素里也被发现。[95] 2008 年 3 月 19 日，美国 FDA 报告在肝素里发现了"可能由动物软骨制成的，经化学改变后会像肝素一样，并有意添加到该药物的有效成分中"的污染物。[96]

有时，供应商逃避审计的努力是简单粗暴的。宜家的高级审计师凯莉·邓（Kelly Deng）拥有七年的工作经验，而她部门里的一般审计师已经任职五年了。这些经验帮助她在审核过程中发现违规行为的迹象，例如，一名工人带着一叠文件匆匆而过。她说，工厂经理可能会伪造记录，并派一名工人从大楼里拿走准确的记录。

加快监测和响应

快速监测让企业有足够时间避免影响、做好响应准备并减轻后果。为了加快监测速度，企业可以更频繁地从事件的源头收集数据。一些供应链风险服务公司使用数据挖掘的方法在破坏性事件发生前做出预测。例如，Verisk Analytics 公司[98]使用数据科学来查找各种事故和可能扰乱企业的即将发生的地缘政治事件之间可能存在的相关性。[99]

当思科启动其监控计划时，它规定了八小时的响应时间；然后，通过流程改进，例如，在全球派驻团队成员等运营改善，思科能够将响应时间缩短到不到两个小时。例如，当一个周日午夜（思科总部时间）在中国的四川省发生7.8 级大地震时，思科利用亚洲的团队成员进行即时事件响应，并成功在年底前转移了供应商并重新安排订单生产，将主要客户的影响降至最低。[100]

利用风暴路径的数据来清空铁路

2012 年 4 月中旬，美国中部平原形成了一个庞大的低压系统。其强度促使国家气象局的风暴预报中心发布不寻常的多日提前警报。据预测，13 日下午和晚上，俄克拉荷马州中北部和堪萨斯州中南部出现恶劣天气的可能性为 60%。[101] 强对流和云层的积聚预示着天气预报员和风暴追逐者将度过忙碌的一天。政府和私人气象部门密切监视着天空的强风、大雨、大冰冻和龙卷风的威胁。下午 3 点 59 分，一场龙卷风袭击了俄克拉荷马州诺曼市的西南部。[102]

火车和龙卷风不可能和平共处，BNSF 铁路公司在美国中部各州的"龙卷风走廊"上有数千英里的铁路轨道纵横交错。BNSF 订阅了 AccuWeather 的气象服务，该服务监测、跟踪、预测并警告其客户即将到来的恶劣天气。AccuWeather 使用来自先进的高分辨率多普勒雷达的数据，帮助准确、快速地发现龙卷风。[103] AccuWeather 在俄克拉荷马州诺曼龙卷风到达地面前 30 分钟就探测到了它的形成。该公司利用当前风和龙卷风行为模型的数据，预测了其可能轨迹，并警告 BNSF，龙卷风可能在下午 3 点 50 分至 4 点 30 分之间穿过诺曼的 BNSF 铁路轨道。到下午 4 点 10 分左右，龙卷风席卷了 BNSF 的铁路，但铁路公司有 40 分钟的时间清空该区域的铁路。[104]

从万物互联到警报声互联

在供应链中，成本的下降和技术的更广泛应用在供应链风险管理中起着越来越重要的作用。例如，联邦快递的 SenseAware 是一个扁平的、手掌般大小的红白相间的装置，托运人可以将其塞入包装箱、托盘或集装箱内。该装置包含由电池供电的 GPS 接收器、温度监视器、压力监视器和光传感器。[105] 它还包含一个蜂窝数据网络电路，可以像手机一样连接到无处不在的移动通信网络。这种装置会定期"打电话回家"，提供有关包裹位置和状态的数据。

借助这些数据，托运人、承运商和客户可以在运输过程中监测包裹的问题。GPS 位置数据可以监测错误的运输路线或被盗、确认交付并跟踪丢失的包裹。温度数据可确保对温度敏感的货物在运输过程中不会因冷冻或高温而损坏。

光传感器可以监测到对货物未经授权的接触（例如，盗窃、篡改、伪造、污染）和对感光货物的损害，以及如果包裹还没有被打开则意味着急件的意外送货延迟。

SenseAware 只是"物联网"[106]趋势的一个例子，它是指越来越多地使用低成本计算技术、传感器、无线数据和互联网连接来增强状态感知和控制。例如，美国大型卡车运输公司施耐德国家公司（Schneider International）在其 4.4 万个多式联运集装箱和货车拖车的最后一节上部都装有 GPS/蜂窝数据跟踪装置。[107] 对移动的卡车车队进行跟踪和通信可提高利用率、提高驾驶员的效率、优化燃油成本、改进客户服务和产生更准确的计费。[108] 同样通过这种传感器还可以监测和跟踪失窃的拖车来改进安全性。

自 2005 年《弹性的企业》一书出版以来，[109]手机数量成倍增长，为全球 85%的人口提供服务，iPhone 已经到来，蜂窝数据网络技术经历了四代。[110] 智能手机拥有 14 亿用户，为监测和评估破坏性事件提供了日益重要的数据源。智能手机通常包括 GPS、指南针和摄像头，[111]允许现场供应链工作人员或普通公民记录并传输有关设施和事件的地理标记图片和数据。实时的损坏报告可加快对破坏程度的监测，并帮助评估应急响应的需求。[112]

供应链控制塔

机场控制塔具有全天候调度飞机在地面和空中的交织移动的能力，这为供应链管理提供了一个自然模型。供应链控制塔是技术、人员和流程的中心，可捕获和使用供应链数据，以实现更好的短期和长期决策。[113] 门洛全球物流（Menlo Worldwide Logistics）的保罗·麦克唐纳（Paul McDonald）表示："当你的人员、技术和系统位于一个位置时，你可以更快地做出响应。"[114]

2009 年，联合利华在波兰成立了内部组织 UltraLogistik。UltraLogistik 作为一个控制塔，负责管理联合利华在欧洲的所有运输活动。集中所有的运输采购和运营（使用 Oracle 的运输管理系统）可节省成本、减少碳足迹并提高可见性，从而快速发现问题。荷兰高级物流研究所（Dutch Institute for Advanced

Logistics - DINALOG）的主要使命之一是成为"交叉链控制中心"（Cross Chain Control Center - 4C）。4C 的愿景是协调和同步与荷兰相关的几个全球供应链的物流、信息流和资金流。[115]

虽然供应链控制塔主要服务于日常运营，但它位于监测供应破坏、处理事件和协调响应的前线。[116]控制塔在功能上类似于一个全天候应急运营中心，因为它的工作人员可以最先注意到即将出现重大破坏的迹象，例如，意外的供应商零部件短缺、物料流动问题（港口关闭或海关工作人员罢工）和事故。[117] 然后，它可以通过重新安排运输路线、通知客户、通知工厂等来做出响应。

地理围栏（Geofence）是好的供应链防御措施

陶氏化学公司使用带有蜂窝数据连接的 GPS 跟踪器跟踪轨道罐车的位置。如果一辆罐车偏离其预期路线或接近人口稠密的地区，陶氏化学公司的系统会自动监测并发出警告，然后该公司可以向当局报告存在的任何潜在危险。[118, 119] 陶氏化学公司的轨道罐车运输可见性计划是使用地理围栏的一个范例，即围绕高价值或高风险移动资产或关键地理区域创建虚拟边界，以及监测物品何时进出虚拟边界的方法。

地理围栏可以监测负面事件，如盗窃、错误路线或恐怖分子劫持；以及正面事件，如货件抵达港口或客户装卸码头。参加 2012 年麻省理工学院行业风险管理实践圆桌会议的一些公司[120] 致力于将货物跟踪与围绕破坏性事件的动态地理围栏相结合，以监测如海运货物实时进入飓风路径的状况。

供应链中的社交媒体

洛杉矶市消防局的布赖恩·汉弗莱（Brian Humphrey）说："每个市民都是一个传感器。" 2014 年，全世界大约 70 亿人有 60 亿人使用移动电话。[121] 事实上，使用手机的人比使用公共厕所的人多。此外，17 亿人使用社交媒体，如推特（Twitter）、脸书（Facebook）、Instagram 或其他特定国家或地区的服务。美国地质调查局（USGS）现在利用监控推特来探测地震。美国地质调查局地震学家保罗·厄尔（Paul Earle）说："在某些情况下，推特甚至会在地震波被探测到之前给我们提醒。"[122]

用于龙卷风、洪水、海啸和地震的气象和地球物理传感器只能够粗略地监测破坏。因为地震超过一定的里氏震级之后就不能监测出哪些建筑物、物流基础设施或公用设施受损。社交媒体渠道可以提供非正式的实时损害评估，因为当地居民自然会谈论他们所见所闻，以及他们所处的位置的问题。

美国军方表示，政府应该鼓励现场的人通过社交媒体发送情况信息。[123]在超级风暴"桑迪"期间，人们每小时发布多达 3.6 万张与风暴相关的照片。[124]这些照片的地理标记是智能手机摄像头中常见的功能，它提供了图像的精确时间和 GPS 坐标，以便准确获得破坏（或无破坏）位置的数据。SeeClickFix 等服务鼓励市民向市政府报告非紧急问题，如坑洼、交通信号损坏、道路杂物等，从而更及时地维护城市的交通网络。[125]

Twitcident[126]是一个更广泛的监控系统，用于分析推特的社交媒体数据流，以检测和监控破坏性事件，如火灾、极端天气、爆炸、恐怖袭击和工业紧急情况。[127] Twitcident 使用消息语义分析和实时筛选自动提取有关事件的相关信息。最初的系统旨在帮助急救人员，[128]但它可以被用作商业用途。

2013 年 4 月 15 日波士顿马拉松爆炸案发生后，FBI 在互联网上发布了疑似炸弹袭击者的照片，引发了潮水般的回应。几分钟内，数千名民间侦探在网上搜索以识别嫌疑人。大卫·格林（David Green），一名马拉松运动员和脸书用户，帮助提供了嫌疑人的高分辨率图片。在大约 24 小时内，一名嫌疑人死亡，一名被捕。

但是，应谨慎使用社交媒体数据。在互联网上搜捕恐怖主义者的网络群体没有能力以专业和谨慎的怀疑态度处理指控。例如，推特上充斥着关于一名失踪的印裔美国学生是炸弹袭击者的谣言，在互联网上流传的指控令学生和他的父母感到沮丧。直到 NBC 新闻反驳了这些虚假的报道之后，谣言才平息下来。

戴尔创建了社交媒体监听指挥中心，作为监测和应对各种大小问题的手段。[129]这家计算机制造商使用"倾听和响应"计划进行客户服务和支持、社区建设和主题讨论。[130] 每天都有成千上万的戴尔客户使用推特、脸书和 Dell.com 进行日常产品支持。然而，该公司还监控信息趋势，以监测产品缺陷、负面公共关系或客户对戴尔及其产品态度的不利转变等问题。该公司每天跟踪 2.2 万条提及戴尔的信息。"当你将社交媒体当作工具嵌入到公司的每个方面，让员工每天与客户保持联系时，它就成为我们开展业务方式的一部分。倾听是我们公司和价值观的核心。"戴尔社交媒体和社区副总裁马尼什·梅赫塔（Manish Mehta）说。[131]

收到警报后的响应：比导弹更快

监测引起警报，警报引起响应。当加沙地带的激进分子向以色列发射导弹时，从发射到击中的时间非常短。大多数以色列公民在巴勒斯坦火箭射程内生活和工作。[132] 这里面包括英特尔价值 30 亿美元的基里耶特·加特（Kiryat Gat）芯片制造厂，工厂有 3000 名工人，[133] 距离导弹从潜在发射场飞来的时程不到 45 秒。

幸运的是，以色列的雷达可以在一秒钟内监测到攻击并估计导弹的轨道[134]，并将信号传输到中央监测设施，然后在其可能的目标区域内启动警报和短信。当警笛响起时，英特尔的人知道该怎么做。每周、每月和每年一次的演习都会训练他们对警报做出即时反应。他们会迅速地进入安全的地点，如工厂楼梯上的加固防空掩体、遍布在所有空地的钢筋混凝土掩体以及加固的地下室（该系统作为以色列"铁穹"计划的一部分，还用于发射拦截导弹）。

许多预警系统包括"反向 911"系统，[135]该系统可以通知工厂或城市地区的广大民众即将发生的问题。现在这些系统依靠移动通信技术实现人群覆盖，无论人们身在何处。[136, 137] 美国地质调查局为地震发推文，[138] 其地震通知服务向所有注册用户发送电子邮件和短信。[139]

赢得数据传输和破坏之间的赛跑

2003 年，在日本仙台附近的两次地震使 OKI 的半导体工厂损失了 1 500

万美元和 30 天的生产。随后该公司安装了一个系统，该系统使用了日本新的地震预警系统。[140] 地震预警系统无法预测地震可能在何时何地开始，但可以预测地震开始后冲击波的去向和地点。地震的冲击波以每小时 3 000~6 000 英里的速度穿过岩石，[141]但来自预警系统的无线电信号以光速（即每秒 18.6 万英里）传播。在类似日本、墨西哥和加利福尼亚等地，地震学家已经使用监测网络部署了实时预警系统。[142] 对于距离震中几英里以上的设施，预警信号会在震动开始前几秒钟或几十秒到达。

尽管当发生毁灭性地震时，几秒钟的警报似乎毫无用处，但它可以避免一些相应的灾难。人们在收到预警信号后让电梯停止，关闭传输危险材料的管道阀门，停止硬盘读写以减少数据丢失的机会，关闭热源，将工业生产过程切入安全模式，停止列车运行，阻止车辆在桥上行驶，并提醒人们寻找避难所。[143] 当墨西哥曼萨尼约海岸发生 8.0 级地震时，墨西哥城的政府工作人员在地震发生前 50 秒关闭了地铁系统。OKI 安装预警系统后，随后的两次地震造成的损失仅为 20 万美元，以及总共八天的停产时间。[144]

这同样适用于海啸预警系统，[145] 海啸预警系统可以根据对地震活动和海啸波经过的深水传感的快速分析提供数分钟甚至数小时的警报。此外，这一原则适用于供应链的各个层次，在供应链中，有关遭受破坏的深层供应商的数据的流动速度可能比在供应链末端感觉到零部件交货出问题所需的几周时间要快得多。托马斯·崔（Thomas Choi）和汤姆·林顿写道："为多个市场提供服务的底层供应商往往能在早期就发现经济的变化，并警告客户注意这些变化。"[146] 如果数据传播速度超过破坏影响的速度，那么拥有良好"监听"网络的企业就能及早监测到破坏，并在受到破坏冲击之前做出响应。

第 9 章

保护信息供应链

2014 年年末，索尼公司遭到黑客攻击，黑客窃取了索尼最珍贵的知识产权和私密的电子邮件对话，这表明当今企业很容易受到网络犯罪的攻击。随着全球供应链运营对软件和通信的日益依赖，这些系统中的脆弱性也越来越大。自 2004 年以来，五大趋势增加了与 IT 相关企业的运营破坏的风险。这些关键趋势是：IT 基础设施更多地外包给云计算服务，工业设备更广泛的互联网连接，在企业网络中更多地使用个人设备，在线个人数据的增多，以及总体上越来越依赖于互联网连接技术运行的全球供应链。

　　所有这些趋势都源于技术成本的下降和应用的日益普及，这也增加了 IT 或通信故障导致供应链破坏的风险。事实上，信息系统和电信故障一直是供应链破坏的第一或第二最常见的来源。[1] 这些破坏不仅仅是由断电、计算机停机或软件错误造成的意外中断，还包括盗窃知识产权、客户数据失窃造成的金钱和声誉损害，以及对产品和制造运营的蓄意破坏。

供应链中的网络犯罪

　　美国竞争力委员会的一位石油行业高管说[2]："我们的操作系统从来就不是为数字安全而构建的。在一些具体案例中，黑客一路进入数字流程控制。随着我们进入更高水平的数字集成，通过价值链创造可见性，我们的系统已经通过电子方式连接。油田生产的自动化也增加了风险。网络漏洞会产生物理安全问题。物理安全通过数字安全实现——所有的物理安全锁定机制现在都由

IT 控制。安全已成为一个战略问题。"

工业设备中的魔鬼

2010 年 6 月，白俄罗斯一家恶意软件检测公司发现了一种奇怪的新型计算机蠕虫：一种在用户不知情的情况下独立传播的恶意软件。这种新型计算机蠕虫正在伊朗感染计算机，它有一个非常复杂的设计，使用了被盗的安全证书和利用四个以前未知的漏洞，而且表现得相当奇怪。[3]这个被命名为 Stuxnet 的计算机蠕虫说明了制造系统的脆弱性。

Stuxnet 通过 USB 闪存和网络打印机以前未识别的弱点在 Windows PC 网络中传播。这使得它能够跨组织，甚至传播到与互联网隔离的个人电脑。

但 Stuxnet 没有攻击这些电脑。相反，它寻找任何用于管理西门子可编程逻辑控制器的计算机，这些逻辑控制器用于世界各地的工厂。[4] 当 Stuxnet 找到与工业控制器的连接时，它会收集有关连接到控制器的设备的信息，重新对控制器进行编程并关闭警报。Stuxnet 被认为是美国或以色列间谍机构编写出来的，通过使伊朗的铀浓缩离心机失控来感染和破坏伊朗的核武器计划。[5]

鉴于 Stuxnet 在未被发现的情况下传播的能力，它逃脱了伊朗的检测也就不足为奇了。在 Stuxnet 首次被报告后，雪佛龙（Chevron）公司在其系统中发现 Stuxnet 可能传播到了一个受感染的优盘。雪佛龙地球科学部总经理马克·科尔梅尔（Mark Koelmel）表示："我认为美国政府甚至没有意识到它扩散了多远。我认为，它带来的麻烦将远远比取得的成就要大得多。"[6] 到了 2010 年 9 月，Stuxnet 已传播到伊朗、印度尼西亚、印度、阿塞拜疆、巴基斯坦、美国等 100 多个国家的 10 万台电脑主机。[7]

西门子工业控制器不是唯一容易受到黑客攻击的控制系统。安全研究人员发现使用 Tridum 公司的 Niagara 框架平台的设施管理设备存在重大漏洞。Niagara 框架系统应用在 52 个国家或地区的约 1100 万台设备上，实现对电子门锁、照明系统、电梯、电力和锅炉系统、视频监控摄像机、警报器和其他关键建筑设施的远程控制。[8] "这个系统在网络上有数十万的安装量，包括美国国防部和财富 500 强公司都在使用。"《黑客：下一代》(*Hacking: The Next Generation*) 一书的合著者比利·里奥斯 (Billy Rios) 说。[9] "这些客户不知道他们面临着多大的风险。"里奥斯继续说。例如，新加坡樟宜机场是亚洲主要的空运物流枢纽，它使用 Niagara 管理超过 11 万台设备和传感器。[10]

2013 年 2 月 11 日晚，蒙大拿州大瀑布的居民受到一点惊吓，他们家里的电视播放了一条官方的紧急警报系统 (EAS) 信息："死者的尸体正在从坟墓里爬出，攻击活着的人。不要试图接近或抓捕这些尸体，因为它们是极其危险的。"僵尸在大瀑布出没！"这是一个恶作剧，"詹姆斯·巴内特 (James Barnett) 说，他是一名退休的海军少将，也是 Venable 律师事务所网络安全业务合伙人，"但是，如果有人试图造成恐慌，或者更糟糕的是，在实际紧急情况下中断通信，那将非常严重。"[11] 僵尸警告的恶作剧发生后，联邦通信委员会向所有电视台发出"紧急通知"，要求它们立即更改所有与 EAS 相关设备的密码，将设备置于防火墙保护之下，并检查是否还存在任何其他虚假警报。

像 Stuxnet、Niagara 系统和 EAS 僵尸恶作剧的例子说明了现在有大量的关键基础设施依赖于互联网。过去，工业和设施相关设备与外部环境相对隔离，因为它们使用组织内部计算机的专用和保密连接。但是，现在的设备更多地依赖于基于互联网的开放式连接和易于使用的基于 Web 的界面，这就造成了双重风险。首先，现在黑客可以进入和访问这些设备，然后监视或破坏企业的经营活动。但更隐蔽的风险是黑客可以感染这些设备。因此，打印机就可以成为一台计算机蠕虫主机，然后对处于同一网络的任意设备进行攻击。[12] 恶意软件甚至会感染智能手机充电器、[13] 键盘和计算机鼠标[14]。问题只会变得更糟，因为到 2015 年，估计有 250 亿台设备将连接到互联网，被称为"物联网"，[15] 或者更恰当的叫法是"万物互联"。

以供应链合作伙伴为目标

在 2013 年假日购物季的前半段时间里，美国零售商塔吉特正在享受着首席执行官格雷格·斯坦哈菲尔 (Gregg Steinhafel) 所说的"销售额好于预期"

的美妙时光。[16] 但是，在节日的欢呼声和收银机响铃声中，潜伏着一场重大的网络犯罪。从感恩节周末（11 月 29 日是美国购物量最高的"黑色星期五"）的疯狂购物日开始，直到 12 月 12 日检测到网络入侵的这段时间，塔吉特的客户每刷一次信用卡，黑客就窃取了一次信用卡数据。

这起犯罪始于几个月前，说明了供应链中潜在的安全威胁。私营和公共安全专家的全面分析[17] 估计，在 2013 年 9 月，犯罪分子（可能在俄罗斯或东欧运营）向宾夕法尼亚州夏普斯堡 Fazio 机械服务公司的一个或多个员工发送了一封网络钓鱼电子邮件。至少有一个收件人打开了电子邮件，然后 Fazio 公司的一台电脑就感染了一个离线的密码窃取病毒程序 Citidel。[18]

这听起来似乎与塔吉特无关，但 Fazio 是塔吉特的供应商，Fazio 当时在宾夕法尼亚西部的塔吉特商店进行 HVAC（供暖通风和空调）系统的工作。[19] 作为供应商，Fazio 拥有塔吉特的电子账单、合同提交和项目管理系统的账户[20]。犯罪分子的密码窃取程序使得他们能够访问 Fazio 在塔吉特系统上的账户。[21]

尽管塔吉特将其供应商门户与信用卡处理系统分开，但犯罪分子似乎找到了一种突破防火墙的方法，并访问了塔吉特的 6.2 万个 POS（销售点）终端网络。据消息人士估计，在 11 月 15 日至 11 月 28 日（黑色星期五前一天）之间，犯罪分子在塔吉特商店的少数收银机上成功安装了数据窃取软件。[22] 在测试成功后，犯罪分子将恶意软件扩散到了塔吉特的所有其他 POS 终端。

进入塔吉特系统只是战斗的一半，黑客还需要窃取数据，但这样做可能会触发警报。为此，犯罪分子在塔吉特的内部网络中控制了一个服务器，使之成为从所有收银机中获取数据的中央存储库。[23] 从 12 月 2 日开始，攻击者使用位于俄罗斯的虚拟专用服务器 （VPS）下载被盗数据。在两周内，他们共提取了 11 GB 的被盗客户信息。[24] 这些数据包括多达 7 000 万客户的 4 000 万张信用卡号码以及非财务数据（姓名、电子邮件或物理地址）。[25]

随后窃贼开始上传 100 万张信用卡信息，每张信用卡的出售价格从 20 美元到 100 美元不等。[26]银行安全人员首先通过对已知黑市站点的例行监控意识到了这一盗窃行为。一家银行从窃贼那里买了一些他们发行的卡的信息，发现这些卡的共同点是有塔吉特的购物记录。银行警告了联邦官员，联邦官员向塔吉特通报了情况，随后塔吉特发现了盗窃事件，并在 12 月 19 日向公众宣布这一消息。[27]

这一犯罪行为公开后的结果给塔吉特带来了各方面的冲击。塔吉特的首席执行官说："在 12 月宣布数据泄露之后，我们的业绩受到了影响。"[28] 假日季的利润较上年同期减少近一半，至 5.2 亿美元，收入下降 5%，至 215 亿美元。[29] 其他损失包括：1 700 万美元费用（不包括保险赔付）、[30] 2 亿美元的金融机构换卡费用、[31] 被盗卡的欺诈交易费用约 11 亿美元，[32] 以及高达 36 亿美元的违反 PCI-DSS（支付卡行业数据安全标准）的罚款。[33]

塔吉特遇到的问题在互联网连接的供应链、外包、物联网设备和云托管 IT 系统的世界绝非独一无二。2014 年，家得宝、高盛和许多其他企业都出现过客户数据被盗事件，2014 年上半年，据说全球共有 3.75 亿条客户记录被盗。[34] 甚至美国国土安全部也有同样遭遇，其雇员和承包商的详细记录在一个负责背景调查的承包商处被窃取。[35] 网络安全公司 FlowTraq 的首席执行官文森特·伯克（Vincent Berk）表示："我们经常遇到远程连接的外部服务提供商拥有城堡钥匙的情况。"[36] 网络犯罪分子通过视频会议设备、自动售货机、打印机甚至恒温器闯入企业网络。第三方供应商造成的非法入侵率在 23%～70%。[37]

有可能停机的云服务

2013 年 8 月 16 日，不可思议的事情发生了，谷歌暂停运行。[38] 同时一并受影响的是 40% 的互联网流量。[39] 尽管谷歌的系统在短短几分钟后就恢复了，但此次崩溃表明了全球对这家公司庞大的全球服务器网络的依赖程度。除了用于互联网搜索之外，许多公司还使用谷歌的公共和企业服务进行邮件沟通、文件存储、协作文档编辑、映射、导航，以及使用安卓智能手机等。[40]

谷歌并不是人们和企业依赖的唯一的互联网服务。影响 IT 系统安全性的另一个关键趋势是云计算（外包软件服务和托管在分布式服务器系统上的数据）的使用不断增加。云供应商也称为软件即服务（SaaS），其承诺具有很高的可靠性、低成本和全球访问。尽管基于云的系统使用地理上分散的数据中心和独立服务器来保证极高的可靠性，但它们仍可能出现故障。微软的 Azure 平台在 12 个月内出现了两次故障：一次是安全证书过期[41]，一次是因为它的云服务的一个相当小的部分停机，但却造成在全球范围的停机。[42]

在其他一些情况下，小的服务中断演变成更大的事件。2011 年 4 月，亚马逊东海岸数据中心发生小规模中断，当时旨在确保亚马逊可靠性的系统实际上以亚马逊所描述的"重镜像风暴"堵塞了网络。突然无法访问数据导致整个网络自动进行数据复制，从而造成数据流量堵塞。[43]

员工自带设备

与许多公司一样，思科采用了 BYOD（Bring Your Own Device，自带设备）策略，员工使用个人设备而不是公司提供的设备。负责监督思科 IT 移动服务的高级经理布雷特·贝尔丁（Brett Belding）表示："截至 2012 年年底，组织中有近 6 万台智能手机和平板电脑在使用，其中包括近 1.4 万台 iPad，而且全部都是 BYOD。思科现在是 BYOD 时代。"[44] BYOD 降低了思科的信息技术成本，使员工只需携带一个自己选择的设备。这对公司和员工来说是双赢，但对网络攻击者来说也是潜在的胜利。

佐治亚理工学院高级研究工程师查克·博卡特（Chuck Bokath）说："如果一个受病毒感染的设备或手机进入你的企业，你的知识产权可能会被盗。"[45] 例如，FinSpy/FinFisher 恶意软件的移动版本允许攻击者记录呼入和呼出的通话；隐藏呼叫来窃听用户的环境；以及窃取短信息、联系人列表和手机或平板电脑的媒体数据（如照片和视频）。[46] 移动恶意软件数量正在增长。[47]

恶意软件可以感染智能手机，并通过多种方法进入企业 IT 系统。最常见的感染媒介是特洛伊木马应用，这些恶意软件应用伪装成用户想要的内容，例如，流行的游戏、用于播放媒体的插件，甚至虚假的防病毒应用。尽管苹果和谷歌试图实现无恶意软件的应用商店，但审查过程可能并不完美。此外，开放的安卓平台允许用户从他们选择的任何来源"侧加载"应用程序，这使得平台容易受到攻击。如果用户通过"越狱"绕过手机制造商或手机服务提供商强加的安全系统，那么手机就变得更容易受到攻击。例如，越狱的 iPhone 容易受到一种称为 IOS_IKEE 的蠕虫攻击，该蠕虫能够接受远程命令、收集公司信息并将其发送到远程服务器。[48]

移动恶意软件也可能以其他形式出现。例如，安卓手机上的一次攻击以短信的形式出现，该消息看起来是 DHL 包裹追踪信息的链接。如果用户点击该链接，手机会下载窃取用户数据的恶意软件，并向联系人列表中的每个人发送受感染的短信。[49] 恶意软件甚至安装在三星的 S8500 Wave 和沃达丰的 HTC 魔术智能手机的安卓 SD 卡上。[50]

截至 2013 年，安卓设备被这些恶意程序攻击的比例为 98.1%，因为该平台越来越受欢迎，应用程序加载的环境更加开放。[51]随着平板电脑的销售开始超过电脑，犯罪分子也在创建更多的工具攻击平板电脑。[52]

2013 年，大多数移动恶意软件都以垃圾邮件广告、通过短信服务的盗窃、窃取银行信息以及付费解锁勒索的软件诈骗的方式来攻击消费者。[53] 企业和供应链安全所关注的是三类恶意软件。第一类是银行账户盗窃中使用的系统，因为它们还可以通过窃取包含第二个密码的短信来破坏企业的双重安全系统。第二种情况是安卓平台上的恶意软件成为安装 Windows 恶意软件的载体：自带设备可能会成为自带病毒。第三种是更通用的后门恶意软件系统，可用于窃听和窃取移动设备数据，包括企业的数据。"BYOD 是一个真正的问题。"思科负责信息安全调查的 CSIRT 经理马修·瓦利特斯（Matthew Valites）承认。[54]

物联网

在 2013 年 Defcon 黑客大会上，两位安全研究人员展示了一个特别令人不安的概念。[55] 研究人员可以通过车道保持和停车辅助软件控制丰田普锐斯（Toyota Prius）的方向盘，并且可以命令方向盘在高速公路上行驶时剧烈抖动。他们也可以随时刹车或禁用车辆。

普锐斯也不是他们唯一能找到控制方法的车。他们还发现，在福特 Escape

车型低速行驶时也可以完全禁用刹车功能，还可以控制仪表板显示，更改速度表和里程表，甚至欺骗车辆的 GPS 位置。幸运的是，这些安全研究人员是"好人"。事实上，美国国防高级研究计划局资助了他们的工作，以帮助找出汽车的安全漏洞。[56]

汽车制造商并不是唯一需要担心的制造商。越来越多的产品附带智能手机或直接网络集成。除了一系列联网的消费类电子产品，如大屏幕电视、音响、游戏平台和家庭自动化设备之外，还有越来越多的联网家用电器，如烤箱、[57] 电锅、[58] 洗衣机[59] 以及儿童玩具。[60] 这些设备可以被犯罪分子入侵并控制，监控家庭和访问房主的本地网络。事实上，安全分析师在贝尔金的 WeMo 家庭自动化产品系列（灯泡、灯开关和远程监控设备）中发现了五个不同的漏洞，都可被用于此类目的。[61] 另一个主要缺陷是 Heartbleed 漏洞，它可以渗透广泛使用的安全网络协议，并且两年内未被检测到。[62] 此漏洞表明，几乎任何智能产品都可能包含可利用的缺陷。

此外，第 7 章讨论的假冒芯片问题意味着采购在产品安全方面也发挥着持续的作用。"随着我们家庭连接到互联网，物联网设备供应商确保在产品开发周期的早期采用合理的安全方法变得越来越重要。这会减少客户面对的风险。"安全研究公司 IOActive 的首席研究科学家迈克·戴维斯（Mike Davis）说。[63]

最后，正如本章前面提到的，物联网的趋势也蔓延到货物运输。拖拉机、拖车甚至单个包裹都可以被实时跟踪。[64] 对车轴重量、冷藏温度和发动机性能的无线监控当然可以改善运营效率。但是，所有这些数字链接和设备都可能引入未知的漏洞。

信息超级高速公路的犯罪

当麻省理工学院的研究人员想要测试数字"魔鬼"的强度时，他们将一台干净、全新的计算机连接到麻省理工学院的网络，并监控所有试图对原始机器的访问或攻击。[65] 在 24 小时内，他们记录了大约 6 万次的入侵企图。袭击来自世界上除朝鲜之外的每一个国家。最令人不安的是，许多攻击来自麻省理工学院网络内的其他机器，这表明它们可能在很早的时候就被感染了。

思科高级副总裁兼首席安全官约翰·斯图尔特（John Stewart）说："我们看到政府、公司和社会面临的威胁环境发生了一些令人不安的变化。"[66] 与青少年损坏财物或者兜售伟哥的垃圾邮件相比，更严重的是蓄意破坏和威胁信息技术的风险越来越大。普通的恶作剧式的攻击已经被与有组织犯罪、国家赞助的企业间谍和与网络战相关的恶意的持久威胁所取代。

针对发生在 2012 年里的超过 4.7 万起 IT 安全事件的分析表明，75%的事件是出于经济动机的网络犯罪。[67] 此类入侵的典型目标包括零售企业、餐馆、餐饮服务公司、银行和金融机构。[68] 这些罪行往往涉及高度有组织、协调严密的在全球范围内运作的团伙。例如，犯罪分子在 2008 年从电子支付处理器窃取 150 万张记录，并伪造了 ATM 卡。然后，他们在很短的时段内使用了这些卡，在全球 49 个城市提取了 900 多万美元。[69]

恶意软件的供应链

恶意软件已经很成熟。著名的计算机病毒，如梅丽莎、[70]爱虫 [71]和 Bagle[72]主要是一些恶作剧者制造的。但是，最初松散的各种年轻黑客组织已经成为一个行业，如今这个行业拥有一个真正的供应链，包括工具供应商、漏洞供应商、数据窃贼以及被盗数据的分销商和零售商。[73]现在犯罪分子可以购买"欺诈即服务"（fraud as a service）。[74]

打包的攻击套件售价在 40～4 000 美元之间，平均零售价约为 900 美元。[75]黑市和各种黑客组织都在努力创建和销售流行的操作系统和软件（Windows、Adobe Flash、Adobe PDF、Java 和服务器软件）的漏洞。一个金融网站漏洞的零售价可能高达 3 000 美元。[76] 最严重且价格最高的漏洞是所谓的零日（zero-day）漏洞，即软件中的 IT 安全缺陷，这些漏洞没有已知的对策，因为在攻击发生之前，甚至没有人知道漏洞的存在。允许黑客访问任何地方 Windows 计算机的零日漏洞的售价高达 10 万美元。[77] 攻击者还可以以每天 40 美元的价格租用称为"僵尸网络"的受感染 PC 网络，以发起渗透攻击、分布式服务拒绝攻击、单击欺诈和垃圾邮件。

反病毒公司 BitDefender 的首席技术官博格丹·杜米特鲁（Bogdan Dumitru）估计，现在 70%～80%的恶意软件来自有组织、资金充足的团伙。[78] 提供这些服务的网站与任何电子商务网站一样复杂。只需单击你想要的恶意软件产品，然后付款，它就到你手上了。甚至有机会从恶意软件的黑市供应商处购买可选模块、维护协议和自定义服务。当然，恶意软件买家可能会担心，他们刚刚把自己的信用卡详细信息给了什么人……

政府支持的网络犯罪和网络战

一些分析家声称，许多政府现在都支持某些高调的网络犯罪活动。其中包括美国（Stuxnet、Flame、Duqu 和 Gauss）、[79] 伊朗（沙特阿美的攻击）、[80] 叙利亚（针对美国银行的攻击）[81] 和俄罗斯（使用对乌克兰的"蛇"工具包）。[82] 遗憾的是，攻击可能难以跟踪，因为攻击者可以使用位于任何国家或地区的"僵尸网络"开展其恶意活动。

这些政府拥有的技术资源使有组织犯罪或普通信用卡窃贼相形见绌。戴尔公司首席安全官约翰·麦克卢格（John McClurg）表示："从资金到人员，他们几乎每个方面都超过我们。我不记得在我成年后有面临过如此大的挑战。"[83] Stuxnet 可能有 30 多个程序员进行数月（如果不是数年）的蠕虫软件编写工作。[84]

政府的参与标志着 IT 中断威胁的新阶段。网络安全培训机构 SANS 研究所的研究主管艾伦·帕勒（Alan Paller）表示："各国正在积极测试，在人们做出反应之前，它们能走多远。"[85] 2007 年 7 月 15 日，爱沙尼亚发生了全国范围的互联网中断，被认为是俄罗斯造成的。[86] 韩国遭受了一系列针对银行和广播公司的网络定时炸弹袭击，这可以追溯到朝鲜公开宣称将在朝鲜半岛南部寻找网络目标，以造成经济损失。[87] 在沙特阿美石油公司，3 万台电脑被沙蒙病毒摧毁，这种病毒可能是伊朗制造的。[88] "袭击已经从间谍活动转变为破坏。"艾伦·帕勒说。[89]

美国国防部长莱昂·帕内塔（Leon Panetta）警告可能发生"网络珍珠港"事件。[90] 他说："袭击国或极端组织可以利用这类网络工具控制关键的网络交换机。它们可能使客运列车脱轨，甚至更危险的是使满载致命化学物质的货运列车脱轨。这样可能会污染主要城市的供水，或者关闭全国大部分地区的电网。"[91]

防御深度

2013 年，在 539 家供应商的 2 289 种产品中共发现了 13 073 个漏洞。[92] 面对着恶意软件潜伏的网站、零日操作系统漏洞、网络钓鱼电子邮件、受感染的 USB 闪存、不安全的供应商、手机后门以及用于网络犯罪入侵的危险 Wi-Fi 热点的所有威胁，网络安全似乎毫无希望。然而，尽管全球供应链组织周围的网络安全墙可能漏洞百出，但组织仍然可以通过许多不同的方式保护自己。

消灭杀伤链

军队使用"杀伤链"的概念描述寻找并成功摧毁目标的步骤。网络犯罪也必须完成一系列行动，以达到针对其目标的攻击。通过了解网络杀伤链中的这些步骤，组织可以进行自我防御。

据国防技术公司洛克希德·马丁公司称，网络犯罪，尤其是企业面临的持续威胁，涉及七个步骤。[93] 首先，犯罪分子使用侦察方法研究、识别和选择目标。其次，犯罪分子会创建武器化的可交付结果，例如，受感染的 Adobe PDF 或 Microsoft Office 文档。第三，犯罪分子通过网络钓鱼电子邮件、受感染的网站或 USB 媒介提供付费下载。第四，犯罪分子将利用某些漏洞在目标防火墙内运行该代码。第五，犯罪分子会安装某种远程访问的特洛伊木马软件或后门。第六，犯罪分子将建立指挥控制系统，以管理其系统在目标公司内的活动。第七，犯罪分子将实现邪恶的目的，如收集和泄露敏感数据、破坏目标系统，或利用目标进入另一个组织。

"我们看他们试图做什么，他们的目标是什么……然后切断他们的目标。"洛克希德·马丁公司网络安全总监史蒂夫·阿德格比特（Steve Adegbite）说。[94] 由于犯罪分子必须完成所有七个步骤实现其目标，因此组织的网络安全只需要在任一步骤上挫败攻击者就可以避免或中止入侵行为。洛克希德·马丁公司实现网络安全的方法基于防御的深度。对于网络犯罪的七个步骤，洛克希德·马丁公司都分别部署了一个工具或流程，用于检测、阻止、干扰、降级、欺骗或摧毁网络犯罪者的行动。[95,96] "我也可以只守护大门，但我不会坐等在门口并将我全部的精力放在那里。"阿德格比特说。

建造一个有围墙的花园

减少系统的漏洞可显著降低系统遭受网络犯罪攻击的速度。截至 2013 年年中，安卓设备的数量有 9 亿，[97]多于苹果设备 6 亿的数量。[98] 然而，在 2013 年，安卓系统里恶意软件的数量和 iOS 相比是 750：1。[99]

安全分析师列举了两个关于 iOS 成为更难以被攻击目标的因素。第一个是苹果垄断的"围墙花园"式的应用程序模式，即用户不得在苹果应用商店之外的地方为其 iPhone 和 iPad 上加载应用程序。[100] 相反，安卓用户可以自由访问各种开放市场，并下载他们选择的任何应用程序，但同时他们面临的风险要高得多，因为网络犯罪分子将流行应用程序的受感染副本放在这些第三方应用市场上。

第二个是苹果的垂直集成和向 iOS 用户推送更新（包括安全更新）的能力。[101] 相比之下，谷歌将更新过程留给了安卓设备 OEM 和手机服务运营商，从而导致更新延迟。[102] 2014 年，近 90% 的 iOS 用户使用了最新版本的苹果软件，而只有不到 10% 的安卓用户更新了谷歌的最新版本。[103] 错过或延迟安全更新的问题比看上去要严重得多，因为黑客实际上可以分析每个安全更新，以了解不使用最新版本的计算机或手机中的漏洞。

围墙花园模式也适用于企业 IT 系统。多项技术进步使企业能够对员工的计算机和智能手机进行更多控制，例如，限制应用程序访问敏感文件[104]或允许远程控制删除被盗或丢失的设备。[105] 企业可以创建自己的内部应用商店，其中仅包含经过严格审核的最安全的应用。企业也正致力于创建更安全的操作系统、应用程序安装系统、锁定的启动系统、电子邮件筛选器和将潜在的恶意软件限制在计算机的局部的软件机制。[106]

红队演习以避免被钓鱼

Zaius 博士是一只可爱的土耳其安哥拉猫，有着紫色的莫霍克发型。它是 2013 年发送给约 200 万人的电子邮件中的主角。电子邮件告诉大家点击链接后会得到更多的猫形象。但是，点击该链接的收件人（有 48%的收件人点击了链接）感到失望，甚至懊恼，因为他们得到的只是网络安全公司 PhishMe 代表其 IT 部门就网络钓鱼的危险发出的警告。[107]

网络钓鱼邮件包括试图通过承诺发送令人兴奋的图片来诱使受害者点击邮件链接或附件，还有来自包裹递送服务的恶作剧邮件，以及发出威胁停止银行服务的邮件等。员工仍然处于企业 IT 安全的第一线。随着软件供应商努力修补操作系统和软件包中的漏洞，攻击者就必须越来越依赖用户同意打开邮件或下载包含恶意软件的应用。

2014 年劳动节周末，在美国网上出现了包括基尔斯滕·邓斯特（Kirsten Dunst）和凯特·埃普顿（Kate Upton）的全裸和半裸的照片。许多媒体将责任归咎于苹果的 iCloud 储存服务，但 iCloud 并没有遭到黑客攻击。相反，网络钓鱼邮件和通过开放的 Wi-Fi 网络窃取的用户名和密码组合，使黑客得以入侵这些名人在苹果 iCloud 储存服务的账户并下载了这些私人照片。

咨询公司和托管服务公司 Cedar Crestone 的首席财务官布赖恩·费斯（Brian Fees）对网络钓鱼了如指掌。他甚至聘请了 MAD Security 公司来进行每季度的红队演习，测试网络攻击，以培训 Cedar Crestone 的员工。一天，费斯收到一封来自 Cedar Crestone 首席执行官的紧急电子邮件，其中提到该公司的一个主要客户。他立即打开了附件，然后就意识到自己犯了大错。这封电子邮件实际是黑客的诡计，旨在感染首席财务官的计算机。幸运的是，该诡计是由 MAD Security 使用较新的鱼叉式网络钓鱼技术实施的。作为 MAD 的管理合伙人，迈克尔·默里（Michael Murray）解释说："我们浏览了他们的网站，找出他们的主要客户是谁，然后建立了一个虚假的电子邮件链。"[108] PhishMe 公司和 MAD 公司提供的红队服务可以帮助培训员工了解他们收到的电子邮件的潜在不可靠性，并立即报告。

在鱼叉式网络钓鱼中，攻击者使用公开数据（例如网络和社交媒体）构建真实而紧急的欺骗消息发送给受害者。随着人们在领英、脸书、推特和其他网站分享越来越多的关于自己职业、生活和计划的数据，犯罪分子和网络间谍攻击者就更容易创建来自受害者社交网络上值得信赖的朋友、家人和同事的看似真实的消息。[109] 2011 年，IBM 发现垃圾邮件正在减少，但鱼叉式网络钓鱼却在增加。[110] 德勤和福布斯洞察在 2012 年 6 月的一项研究将社交媒体列为"未来三年的第四大风险来源"，仅次于全球经济环境、监管变化和政府支出。[111] 虽然消费者身份盗窃是一种数字游戏式的钓鱼活动，依赖于受害人点击才能成功，但企业网络间谍活动则更可能以特定企业中的特定个人为目标进行鱼叉式钓鱼。

自动压力测试

"混沌猴子"和"混沌大猩猩"是两个恶作剧软件，试图在奈飞（Netflix）的视频分发系统中造成严重破坏。[112] 但它们不是邪恶的黑客或不友好的政府的产物。相反，奈飞本身会故意攻击自己的系统，以查找和防止更大的漏洞。"混沌猴子"随机造成奈飞的部分网络中断，然后确保公司能够快速响应。"混沌大猩猩"破坏整个区域，以测试奈飞系统的自动重新平衡负载的能力，同时不会让用户感觉到，也不需要人为干预。[113] 用许多可控的小型破坏对系统进行测试可以帮助奈飞发现系统弱点并防止更大、不受控制的破坏。

2012 年 10 月 4 日，欧洲袭击了欧洲。[114] 但这是一次道德黑客发起的对欧洲在线电子政务和金融服务的攻击，[115] 其中，一个团队被授权对一个自愿的目标尝试入侵和破坏，以测试目标承受某种形式的恶意攻击的能力。Corero 网络安全国际运营副总裁保罗·劳伦斯（Paul Lawrence）表示："这是一次组织的成员与友好的'僵尸网络'之间的共同合作,对成员的服务进行测试攻击,然后帮助它们找到改进网络安全的正确方向。"[116]

压力测试可以评估一个组织的基础设施在国家、恐怖组织或勒索组织,以及所谓的黑客主义者发动的分布式拒绝服务攻击下的弹性。这种压力测试使用一种或多种方法,试图通过向公司发送虚假请求、大量数据或计算成本高昂的命令来破坏公司的网站、电子邮件或其他互联网中介活动。[117] 欧盟委员会副主席、欧盟数字议程专员尼莉·克罗斯(Neelie Kroes)表示:"在欧洲层面共同努力,保持互联网和其他基础设施的运行,是我们今天努力的目的所在。"[118]

监测:从文件签名到行为签名

芬兰 F-Secure Oyj 的首席研究官米科·海波宁(Mikko Hypponen)表示:"从商店购买的消费者级杀毒软件,在检测国家(有国家预算支持)制造的东西时,显然不够好用。"[119]文件签名(一种用于检测计算机病毒的数字指纹)在资金充足或由国家支持的攻击中可能会经常更改,甚至以前是无法察觉的。此外,高级类型的恶意软件可以通过多种策略禁用或躲避防病毒软件。

然而,从杀伤链的角度来看,攻击者安装恶意软件并不是最终目标。尽管恶意软件会被隐藏,但恶意软件在计算机或网络中的行为是相当明显、可检测的,因此是可击败的。这就是为什么 IBM 和 Sift Science 等公司正在努力自动检测计算机和网络中异常的且潜在的恶意活动模式。"你可以发现肉眼永远不会注意到的模式。"Sift Science 联合创始人布兰登·巴林格(Brandon Ballinger)说。[120]

2011 年,国防承包商洛克希德·马丁公司通过监视攻击者的行为,抓获了一名攻击者。入侵者获取了洛克希德的一个业务合作伙伴的有效的安全令牌,可能是从令牌提供商那里窃取的。"我们起初以为是部门里的新人……但后来他变得很有趣。"洛克希德·马丁的史蒂夫·阿德格比特(Steve Adegbite)说。当入侵者试图访问与他或她所冒充的用户的工作无关的数据时,触发了洛克希德公司的警报。阿德格比特说:"我们没有丢失任何信息。如果不是因为这个框架（杀伤链），我们就出问题了。"[121]

一些最棘手的风险来自组织内部，心存不满的员工意图伤害公司或通过窃取数据使自己发财，例如，布拉德利·曼宁（Bradley Manning）将被盗数据交给维基解密，或爱德华·斯诺登（Edward Snowden）分享国家安全局的数据给媒体。然而，随着网络攻击风险的激增，防御方法也随之增多。企业现在可以轻松地监控任何员工何时将 USB 设备连接到具有网络访问权限的计算机或下载任何文件，尤其是"被标记"的文档，然后触发实时警报。

协作

受害公司之间通过合作改进监测和鉴定手段、消除威胁来帮助提升网络安全。新一代的监测系统受益于网络效应，共享入侵数据或允许联合监控的公司越多，系统就能越早发现感染并采取预防性对策。联邦调查局网络犯罪工作负责人、执行助理局长理查德·麦克菲里（Richard McFeely）表示："我们目前最大的问题是让私营部门可以放心地报告其网络中的异常、恶意软件和破坏事件。"麦克菲里补充道："很难让大公司之间充分合作。"[122]

目标是达到像航空业"险肇"跟踪系统提供的那种交叉学习水平。每当两架飞机相互离得太近时，飞行员和空中交通管制员都会向美国联邦航空管理局的航空安全报告系统报告此事。事故将会被调查，并在全球分发加强的安全方案。美国的系统是自愿的、保密的，由美国宇航局（NASA）管理，但由于 NASA 没有执行权，所以导致报告率高。类似的系统由其他国家的相关机构运营，如加拿大运输安全委员会或英国民航局。

美国国家网络取证和培训联盟（NCFTA）提供了一个中立的第三方平台，用于共享网络安全事件、威胁和知识。作为中立的平台，国家自由贸易联盟允许来自私营部门、学术界和政府的主题专家自由合作。NCTFA 还处理具有重要网络在线成分的其他类型的非法活动，包括网上销售假冒商品和非法药物。在欧洲，欧盟网络和信息安全机构（ENISA）也发挥着类似的作用。

持续的防御流程

软件供应商和 IT 安全公司继续寻找并关闭攻击渠道。例如，一旦检测到 Stuxnet，通过撤销蠕虫用来伪装成受信任的软件所使用的被盗的安全证书，就会阻止其传播。[123] 随后微软发布了一系列补丁，以关闭 Stuxnet 使用的零日漏洞，以进一步防止 Stuxnet 变体的传播。[124] 微软可信赖计算部门响应通信经理达斯汀·柴尔德（Dustin Childs）说："在微软，'安全开发生命周期'（SDL）是建立在减少潜在漏洞的类别而不是具体漏洞的基础上，从而帮助提供针对不可预见威胁的保护。"[125]

从 2003 年开始，微软将每月的第二个星期二指定为"补丁星期二"，以便企业 IT 安全人员可以规划其测试和部署工作，以减少全球网络上易受攻击的 PC 数量。[126] 2013 年，微软发布了 96 个安全更新（比 2012 年的 83 个多）[127]，修补了 330 个漏洞。[128] 其他软件公司，例如 Adobe、Mozilla 和 Oracle 也定期发布安全更新。[129] 然而，"补丁"本身也带来了风险。[130] 补丁程序本身不止一次地造成了 IT 系统的降级、崩溃和破坏。[131,132]

猫和老鼠游戏

预防威胁的转移取决于监测：在造成重大破坏前，发现新的恶意软件感染和漏洞，并调整防御措施以阻止进一步感染。IBM X-Force 安全部门的威胁情报和战略经理汤姆·克罗斯（Tom Cross）表示："作为回应，攻击者不断改进其技术，以寻找新的侵入组织的途径。"[133] 网络安全公司 Arbor Networks 的战略副总裁阿拉贝拉·哈拉韦尔（Arabella Hallawell）说："当你知道你是目标，但不知道攻击会在何时、何地发生或如何发生时，那么对你来说一直都是战争时期。而大多数组织都没有为战争做好准备。"[134]

谁来负责？

网络安全的责任不能只由 IT 部门承担。大多数其他的职能部门在确保网络安全方面也发挥着作用。采购部门与法律专业人员合作，必须确保供应商合同包括网络安全措施，允许审核供应商 IT 安全流程，并管理供应商员工进入客户公司的网络或门户的授权和授权解除。由于财务部门在风险缓解措施方面的专长，以及任何中断都可能产生财务后果，因此财务部门也发挥一定的作用。人力资源部门必须审查员工背景，就网络安全问题对员工进行培训，保护员工数据，并确保使用公司电子邮件、数据库和其他资源时的流程安全。销售、营销和投资者关系部门应做好与客户和投资者沟通任何入侵行为的准备。为了协调整个企业的网络防御，有几家公司成立了一个多部门的委员会，由首席运营官或首席执行官担任主席，以监督、协调和执行全公司范围的防御。

网络安全的最终责任属于组织的最高层，即负责决定组织方向和治理的人员。因此，董事会负有特殊责任，确保公司得到尽可能的保护。不幸的是，虽然许多大公司的董事会成员精通金融、营销、法律和运营，但很少有董事会成员精通先进的信息和通信技术。内部审计师协会 2014 年的一项调查发现，58%的审计主管表示董事会"应该积极参与"网络安全问题，但只有 14%的受访者表示董事会积极参与了这些问题。[135]

第 10 章

做好应对稀缺和价格冲击的计划

在 1994 年至 2004 年之间，柴油价格每周的平均变化幅度只有每加仑 1 美分。但在 2004 年至 2009 年间，每周价格波动加剧，美国柴油价格从每加仑 1.50 美元上涨两倍，至每加仑 4.75 美元，在经济衰退期间又跌至每加仑 2 美元，但在 2011 年至 2013 年间再次上涨至每加仑 4 美元左右。[1] 如此迅速上涨的价格给依赖于低运输成本的供应链设计和运营战略带来了困难。燃油价格的显著上涨影响了每一家依赖运输来实现供应、内部运营或分销的企业。

燃料也不是唯一经历价格大幅上涨的商品。金属、橡胶和农产品价格迅速上涨，现货短缺，对材料生产商和制造商都造成了影响。"商品的价格波动变得更加剧烈。"英国特许采购和供应协会的杰拉德·奇克（Gerald Chick）说。奇克先生认为，这种情况"对某些组织来说可能是致命的。考虑到航空公司采购燃油——你是打算长期购买还是短期购买？你将如何预测市场？"[2] 2012 年世界经济论坛将能源和农产品价格的极端波动列为全球五大风险之一。[3]

燃料价格热

2008 年，美国卡车运输业在柴油上花费了 1 462 亿美元，而燃料价格比去年翻了一番，导致卡车总运输成本增加了约 22%。[4] 正如一位供应链会议的参与者所说，"一切都失控了"。[5] 以前，托运人和承运人之间关于燃料价格的平静和定期的讨论变得激烈起来。2008 年的一项调查发现，35% 的公司在前 12 个月里因燃料价格上涨或短缺而经历了供应链的中断。[6] 已经针对低油价进行了优化的供应链正受到严密的审视。

需求无弹性

运输在全球供应链中的关键作用，以及短期内难以改变运输距离、运输量或运输方式，使企业面临燃料价格风险。汽油价格每上涨 1%，汽油消耗量的变化幅度仅为 0.034%至 0.090%。[7]这些数字表明对燃料的需求是无弹性的，这意味着即使是微小的供应中断也会对价格产生重大影响——全球供应下降 1%可能会导致燃料价格上涨 11%～30%。（在 2014 年和 2015 年，由于北美新来源的燃料供应大量涌入市场，价格大幅下跌。）虽然短期内对燃料价格上涨的反应有限，但从长期来看，运输需求更具弹性，因为托运人可以改变设施地点和供应商，而承运人可以购买更省油的运输工具，甚至改变所使用车辆的燃料类型。

2008 年的能源形势是一场由三个因素构成的完美风暴。[8]首先，发展中国家的增长导致能源需求上升。其次，美国和其他发达国家需求的价格弹性正在下降，以至于即使油价大幅飙升也不会削弱短期需求。[9] 第三，石油生产停滞不前，因为新增产能跟不上需求。西南航空公司首席执行官加里·凯利（Gary Kelly）在 2008 年对分析师表示："我认为，没有人真正知道未来三个月的燃料价格将走向何方。我能做的就是回顾过去三个月以及作为迹象的之前三个月的情况。"[10]

这种关键原材料价格的大幅上涨使企业难以做出与成本和价格相关的决策。供应链管理专业人员理事会主席里克·布拉斯根（Rick Blasgen）说，燃料和电力成本的剧烈波动造成了"供应链鞭打"效应。[11] 燃料价格的上涨也影响了汽车制造商的产品组合。例如，通用汽车公司曾预计，大约 27%～28%的消费者会选择六缸型号，而不是其一款汽车的四缸型号，但燃料价格的飙升意味着只有 2%～10%的消费者选择了更大的发动机。据通用汽车公司的车辆计划经理安妮特·普罗查斯卡（Annette Prochaska）介绍，这就需要对生产计划、供应商协议、库存水平和相关因素进行预想不到的调整。[12]

响应：降速并满载

企业通过将转变成燃料经济型的运输方式和运营战略，在短期内减轻了高油价的部分影响。UPS 的客户将部分业务的策略从最小化库存水平转向最小化运输支出。在可能的情况下，企业会从准时化供应转向使用满载的运输工具；将库存部署到靠近客户位置的配送中心；转向更慢、更省油的运输模式（航空变为公路、公路变为铁路、国际空运变为海运）。但是，此类改变的范围是有限的，因为它们可能需要调整其他的运营参数，如库存政策、订单模式、交货承诺和生产计划。

有限品牌公司（Limited Brands）为其零售客户提供运输模式选择，其中60%的客户利用了较慢模式带来的成本节约。总体而言，服装公司的国际运输模式组合从 35%/65%的海运/空运变为 60%/40%的海运/空运。[13] 有限品牌公司还缩短了设计周期，以减少最后一刻的空运。阿迪达斯尽可能整合了订单，并要求零售商遵守最小订货量以减少运输成本对运动鞋成本的影响。其他一些企业使用了先进的运输管理系统，通过实时优化运输选择来改进模式选择，例如，采取"循环取货"（Milk Run）而不是零担运输，或者延迟运输招标直到最后一刻，以凑成更大、更经济高效的运输量。[14]

从空运到海运的转变帮助企业应对更高的运输价格，但如上所述，它涉及许多其他运营变化。其中一个挑战是海运与空运（或铁路运输与卡车运输）相比，交付时间的可靠性相对较低。作为回应，一些海运公司增加了送货上门的服务，并提供送货保证。例如，大型海运公司 APL 提供有保障的准时海运服务，除海运部分外，还负责了内陆物流。[15]

发明之母

俗话说，"必要是发明之母"。不管这句话是谁说的，燃料价格的飙升造成了必要性的激增和节油技术创新的激增。北美货运效率委员会对美国主要卡车运输车队的详尽研究发现，最快被采用的节油技术包括拖车节油裙板、使用合成传动油和合成传动液，以及安装限速器。[16] 平均而言，这些技术的使用使每辆卡车的年燃料成本降低了 7 200 美元，超过年平均燃料成本的 10%。[17]

在其他运输方式中也出现了同样的趋势。例如，海运企业马士基委托开发了名为三个 E（Triple-E）的新货轮（根据马士基的说法，三个 E 代表规模经济、能源效率和环境改善）。Triple-E 是世界上最大的集装箱货轮（截至2013 年），[18] 可装载 1.8 万标准（20 英尺当量单位）集装箱，而每个集装箱的燃油消耗比同期的 1.31 万标准箱的货轮少 35%。这些节省来自于新货轮的大小，创新的船体设计，双击超长冲程推进系统，和它先进的热回收系统。[19]

在空中，波音公司研制的 787 飞机的燃油效率比它所取代的 767 飞机高20%。节省的部分来自于使用更轻的材料（包括 50% 的复合材料和 20% 的铝）、新型发动机、更轻的电池和电力系统（而不是从发动机中排放高压空气并借用了飞机推力的气动系统）。[20]

有起必有落

大型皮卡车一直是耗油大户。福特开始全面重新设计其大型 F 系列皮卡——美国 32 年来（1982—2014）最畅销的车型，开始使用更轻的全铝车身。福特花了 30 亿美元，近五年的密集设计、原型设计、测试、改装和再培训，以开发这一款创新的皮卡车。福特甚至不得不帮助培训独立的汽车修理店学习维修新的铝制车身。由此产生的新车型正是福特所希望的。这种新皮卡的重量比之前的车型少了 700 磅，可拖载重量多了 11%，而燃油经济性提高了 20%。[21]

然而，在 2014 年年末当福特发布了新型铝制 F-150 全尺寸皮卡时，原油价格暴跌，从 2014 年 6 月的每桶 115 美元跌至当年 12 月的 69 美元。美国的汽油价格跌至每加仑 3 美元，在得克萨斯州和俄克拉荷马州等地区甚至低于每加仑 2 美元。[22] 2014 年 11 月，由于消费者对燃油经济性的关注度降低，耗油量大的 SUV 和卡车销量猛增[23]。油价持续暴跌，2015 年 3 月 17 日，西得克萨斯中质原油价格跌破每桶 43 美元。

巴克莱的高级分析师布赖恩·约翰逊（Brian Johnson）对《华尔街日报》

表示，对福特来说，"世界似乎与最初计划产品时相比发生了根本性的变化。基于未来终身的燃油经济性节省获得的溢价是不会发生的"。[24] 价格逆转可能会对那些为从高价格中获益而进行大规模战略投资的公司造成冲击。因此，许多美国页岩油生产商预计将在 2015 年违约。正如瑞士信贷（Credit Suisse）能源研究董事总经理詹姆斯·威克伦德（James Wicklund）所说的："债务最多的（石油）生产商面临的风险最大。"[25]

原材料的交易

能源价格风险几乎影响到每家企业的供应链的各个方面，而特定的原材料价格风险只影响特定的供应链。然而，尽管原材料价格波动有其特殊性，但影响可能相当普遍。2008 年 Aberdeen 的一项调查发现，49%的公司在调查前的 12 个月中，由于原材料价格上涨或短缺经历过供应链破坏。[26] 特别是高科技行业的供应链，依赖大量的商品和特殊的化学材料。"二三十年前，电子元件由 11 种不同的材料制成。今天的计算机和智能手机使用大约 63 种不同的材料。"耶鲁大学林业与环境研究学院地质和地球物理学教授托马斯·格拉德尔（Thomas Gradael）解释道。[27]

稀土和贵金属

稀土元素（REE – Rare Earth Elements）包含 17 种金属，在许多汽车、电子和高科技应用中起着至关重要的作用。稀土被用于 iPhone、风力涡轮机、太阳能电池、喷气发动机、光纤、硬盘、紧凑型荧光灯泡和许多其他产品。[28] 2007 年，金属铽（稀土的一种）每千克价格为 300 美元。[29] 到了 2010 年，价格上涨了一倍多，达到 625 美元，2012 年，价格飙升至 3 800 美元。[30]

每辆福特汽车中平均含有大约半千克的稀土，分布在汽车的传感器、电动机、显示器和催化转化器中。2002 年，每辆车的稀土成本只有 10 美元左右。到 2012 年，成本变为 100 美元。新型电动汽车的电池和电动机需要更多的稀土材料——每辆车大约 1000 美元（基于 2012 年的稀土价格）。[31]

尽管稀土或贵金属的稀缺可能并不令人惊讶，但铝、钛、锰和钴等其他贱金属在未来可能会加剧供需失衡。[32] 这种不平衡可能会造成混乱，因为一些国家的供应链可能严重依赖进口。例如，美国对许多矿物的进口依赖程度超过90%，如锰（100%）、铝（100%）、铂（94%）和铀（90%）。[33] 全球供应链中其他材料的稀缺问题包括钠（用于计算机显示面板）、硅（芯片和太阳能）和木纤维（纸张、家具和生物燃料）。[34]

由于各种事件的影响，许多种类的商品，甚至是普通商品，都可能出现短缺和严重的价格冲击。例如，在 2006 年至 2012 年间，玉米价格上涨了两倍，[35] 影响到粮食价格、肉类价格（玉米喂养动物）、糖价（来自玉米糖浆）和乙醇价格（来自玉米的生物燃料）。食品价格高也会导致社会动荡 （见第 12 章）。

稀缺和价格飙升也会打击制成品。2011 年泰国洪灾后，服务器和高端台式机的大容量硬盘价格上升的百分比达到了两位数或三位数。Nova Mesa 计算机系统公司首席技术官马特·布洛克（Matt Bullock）说：“我们很容易就能看到每台电脑的成本增加了 75 美元。”负责制造并维修个人电脑的 Rescuecom 首席执行官大卫·米尔曼（David Millman）补充道：“这就是将强者与弱者区分开来的另一个因素”。此外，在 2006 年，由于采矿业、建筑业、新兴市场的工业化以及美国在伊拉克和阿富汗的国防需求，大型卡车轮胎的价格翻了两番。H&H 工业公司的所有者迈克尔·希克曼（Michael Hickman）表示：“目前，整个采矿业都在疯狂，我们正在大量供应这个行业。” H&H 是美国最大的废旧矿用轮胎研发公司之一，该公司在 2004 年至 2006 年间将劳动力增加了两倍。[36]

当然，任何商品价格的大幅下跌，虽然对顾客有利，但也可能威胁到制造商。就像 2014 年下半年原油价格暴跌一样，铜、铅和镍等其他大宗商品的价格也在 2011 年至 2014 年间下跌。 野村证券的黄金分析师泰勒·布罗达（Tyler Broda）估计，由于 2013 年金价暴跌，估计全球 15%的黄金矿商将遭受灭顶之灾。总部位于悉尼的黄金矿业公司金斯盖特综合有限公司首席执行官加文·托马斯（Gavin Thomas）表示：“任何过去三到四年没有关注效率和成本的公司，都会在这个市场上失败。"[38] 初级材料生产商往往拥有昂贵的固定资产和巨额债务，如果商品价格低于其生产成本，它们就很容易破产。[39]

商品价格的上涨可能会间接导致其他供应链问题，如盗窃。例如，在 2012 年，窃贼从亚利桑那州的一家采矿设施偷走了 359 块铜锭，每锭重量超过 800 磅。犯罪分子试图将价值 125 万美元的铜走私到中国，但在洛杉矶港口被拦截。此外，如第 7 章所述，高科技制成品的短缺会对假冒行为产生强烈诱因。

限制出口

2010 年 7 月，中国限制稀土出口。这一项对全球 95%稀土供应的抑制，基本上切断了许多使用这些材料生产产品公司的供应。[40] 作为回应，美国向世界贸易组织（WTO）提出了正式抗议。欧盟贸易专员卡雷尔·德古赫特（Karel De Gucht）说："中国对稀土和其他产品的限制违反了国际贸易规则，必须取消。这些措施伤害了欧盟和世界各地的生产者和消费者，包括先进的高科技和'绿色'商业应用的制造商。"[41]

中国反驳说，此举是为了保护自然资源，保护环境。[42] 然而，限制出口也符合中国的战略经济发展计划,确保中国的稀土产品生产商获得稀缺供应的优惠分配。这有助于中国发展成为高附加值产品的制造国。[43] 尽管一些人认为中国对环境许可的要求是一种隐晦的阻止出口的计划，但应该指出的是，提炼稀土矿物的过程确实会产生有毒和放射性副产品。事实上，在 2002 年，美国最大的稀土矿因放射性废水泄漏关闭。[44]

中国的稀土出口政策只是例子之一，即政府限制本国生产的商品供应。除了出口限制外，对矿业征收特别税是另一种资源限制。在 2011 年和 2012 年宣布或颁布税收或特许权使用费的国家包括澳大利亚、中国、刚果民主共和国、印度尼西亚、加纳、蒙古、秘鲁、波兰、南非和美国等主要资源生产国。[45] 各国政府采取这些行动的理由包括:澳大利亚希望从大宗商品价格飙升中获得更高的税收收入；[46] 印尼希望提升自己在价值链中的地位；[47] 中国希望确保本国的工业获得足够的供应。[48]

输入的价格和可获得性风险

企业可以通过一些具体的采购措施来降低稀缺性和价格冲击的风险。为了短期保护，企业可以创建缓冲库存。例如，在卡特里娜飓风（影响墨西哥湾95%的石油产量，并导致每加仑燃料价格飙升40%）之后，[49] UPS 开始在美国建造 1200 个地下自动储油罐，以便在下一次飓风发生时派上用场。

当汇率对你不利

随着供应链的全球化，汇率波动的风险也随之而来。一家企业可能用美元购买原材料，用泰铢支付劳动力工资，用欧元获得客户收入。企业咨询和重组服务负责人蒂姆·杜蒙德（Tim Dumond）解释说："当美元贬值时，就像 2008 年那样大幅贬值，在货币对美元升值的国家采购和运营的美国公司可能面临原材料和运输成本上升以及劳动力成本上升的问题。"[50] 而当美元升值时，在美国开展业务的公司在出口市场就会处于不利地位。对于化工巨头巴斯夫来说，即使美元/欧元汇率变化一美分，也有可能增加或减少 5 000 万欧元的年收入。[51] 这些风险敞口如此显著，以至于在 2011 年世界经济论坛的一项调查中，超过 1/4 的企业高管将货币风险作为全球供应链破坏的触发因素，并将其排在能源短缺、劳动力短缺和流行病的风险之前。[52]

套期保值和长期合同

福特汽车公司副总裁兼财务主管尼尔·施洛斯（Neil Schloss）表示："我们在汽车制造业务中货币和大宗商品套期保值的目标是，锁定我们全球汽车生产收入和成本的短期确定性。"[53] 企业可以通过谈判以企业首选货币计价的长期固定价格合约，避免燃料、大宗商品和汇率的价格意外。但是，如果供应商拒绝接受这些条款，那么企业可以使用金融衍生品（这样命名是因为这些合约的价值来自基础商品的表现）。一种类型的衍生品合约锁定在固定价格，而另一种合约则允许企业更细致地控制一系列价格变动的风险。衍生品的杠杆率往往很高，因此用少量的资本就可以控制期货合约中的大头寸。

在第一类套期保值中，企业使用金融市场的远期合约在未来交货日期以固定价格购买（或卖出）相同或相关的商品。通过这种价格对冲，企业可以保持与首选供应商的浮动价格关系，同时在期货市场创造头寸，抵消这些供应商的商品成本波动。例如，巴斯夫利用衍生工具来对冲原油、石油产品、天然气、贵金属和电力等原材料价格上涨的风险。该公司还利用金融衍生品管理农产品的外汇风险、利率风险和销售价格风险。[54] 金融专业人士协会 2010 年的一项调查发现，72%的组织对冲了他们面临的外汇风险敞口。[55]

在第二种策略中，企业买入和卖出期权，即赋予期权持有人以给定价格买卖商品的权利，而不是义务的合同，不论现行市场价格如何。这会为商品的有效价格设定一个上限（或下限）。例如，企业可能会以高于当前基准价 20%的价格购买关键材料的买入期权，以限制该材料成本过高的可能性。如果价格上涨到比基准价高出 20%，企业可以行使期权，只支付比基准价高 20%的价格（即使现行价格翻倍）。但是，如果未来价格下跌或上涨 10%，那么企业可以不行使期权，而是以现行价格购买关键材料。同样，商品的生产者可能使用卖出期权为其产品制定一个底价。套期保值期权保护了企业，同时当价格变动有利的时候，企业还有机会从中获益。

虽然期权听起来没有缺点，但它们确实具有显著的前期成本。期权会在某一特定日期过期，如果价格未超过期权定义的阈值，则期权将毫无价值。在这方面，期权就像保险一样——企业为合同支付保险费，如果发生价格变动事件，合同将涵盖价格变动事件的风险。期权在波动时期特别有用，在这些时期自然就更昂贵。如果企业希望避免价格波动的轻微风险，并且需要长期的价格保护，则成本也会很高。

衍生品合约是企业资产负债表上的资产，即使它们减轻了供应风险，也会产生财务风险。西南航空公司在购买期货合约以满足其大部分燃油需求后，2008 年年初，当燃油价格飙升时，该公司获得了 5.11 亿美元的收益。但是，当 2008 年金融危机袭来，燃油价格暴跌时，这些期货合约的价值从 60 亿美元骤降至 25 亿美元，迫使该航空公司一次性提拨了 2.47 亿美元的费用，并宣布 17 年来的首次亏损。[56] 同样，2014 年年底燃油价格的大幅下跌使达美航空因燃油套期保值，而预计减记 12 亿美元，而不对冲燃油价格的美国航空公司则因燃油价格走低而获得暴利。[57] 出于同样原因，对所售商品进行套期保值的供应商会错失因价格上涨带来的意外利润。在 2008 年年初油价飙升期间，一些产油国就失去了获得潜在的高利润的机会。[58] 此外，衍生工具的头寸可能需要用现金抵押品来创建和维持。[59]

然而，尽管期货合约的双方会错失意外收益，但可以避免重大损失。供应商确保其销售价格不低于其成本，买方确保其成本不高于其销售价格。优选塑料和包装公司（Preferred Plastics & Packaging）的首席财务官加里·伍尔（Gary Wool）说："我只是想准确知道我们的成本是多少，然后确保当我们向客户报价时我们已经锁定了利润。"[60] 如果企业根据一定的燃油价格优化其运营，而不管市场价格如何那么期货合约可以确保企业支付的燃油价格不会偏离该价格。尽管西南航空在 2008 年经历了过山车式的套期保值，但它们继续购买衍生品，以锁定未来 4～5 年的燃油价格。[61]

本地化生产

格兰特·桑顿国际税务服务事务所的管理合伙人杰夫·奥林（Jeff Olin）表示："2009 年美元疲软，使得外国公司在美国开展业务更具竞争力。"[62] 在谈到公司的 LEAF 电动汽车计划时，日产的首席执行官卡洛斯·戈恩（Carlos Ghosn）说："早在 2006 年、2007 年，当我们开始启动 LEAF 项目时，日元对美元汇率约为 110。当我们开始出售 LEAF 时，汇率大约为 80，很显然，与原计划相比，我们不得不承担多出 25% 的成本。不是因为我们的员工表现不好，而是因为我们在竞争环境中的一个主要因素对我们不利。"为了应对汇率风险，该公司开始在美国生产 LEAF，并将在欧洲生产，从而将制造成本与销售价格相匹配。"本地化生产、削减和降低成本的进展非常顺利。"这位首席执行官说。[63]

然而，汇率并不是企业将制造基地放置到更接近需求的地区或者回归本土的唯一理由。中国的工资上涨、燃油价格上涨、运营控制的改善以及更接近客户，也促使制造业从海外回归。高油价促使斯托尼菲尔德农场考虑将采购和制造转移到更接近消费点的地方，以尽量减少总运输需求。[64] 2012 年的一项调查发现，超过 1/3（37%）的大型制造商正在计划或考虑重新回到美国。[65] 但随着 2015 年美元走强和欧元价格暴跌，这些考虑又改变了方向。

垂直整合：收购生产商

达美航空公司采取了一项不同寻常的举措，以保护自己免受原油成本与航空燃油成本之间差价的大幅上升的影响。2012 年，该航空公司以 1.5 亿美元收购了特拉华州的一家炼油厂，斥资 1 亿美元升级了该工厂以提高航空燃油产量，并直接购买原油。[66] 达美航空预计，这项安排将为达美航空每年节省约 3 亿美元的燃油成本。[67]此外，通过将炼油厂同时生产的汽油和柴油换取更多的航空燃油，达美航空将以折扣价满足其 80%的燃料需求。首席财务官保罗·雅各布森（Paul Jacobson）说，达美航空预计这笔交易"将扩大达美的盈利和利润率，并在运营的第一年就完全收回投资。"[68] 其他大宗商品密集型行业（如钢铁）的一些公司通过选择垂直整合，以解决煤炭和铁矿石等原材料的价格和可获得性风险。[69]

然而，与大多数其他风险缓解策略一样，垂直整合可能会将一种供应链风险换成另一种（可能较小的风险），并涉及意外成本。达美航空的垂直整合战略则各有一些。飓风"桑迪"推迟了收购炼油厂的开工时间，而汽油生产中断给该项目造成了早期损失。[70] 通过垂直整合，达美航空可能较少受到全球航空燃油价格上涨的影响，但更多地受到本地炼油厂设施风险的影响。对钢铁行业的垂直整合有类似的风险问题，特别是因为开采铁矿石的风险比炼钢大得多。[71]

减少涨价材料的用量

企业可以通过多种方式应对输入材料的稀缺和价格上涨。短期来看，企业可能会通过库存或套期保值来消化这种影响。但是，大规模或长期的短缺或价格影响需要更大或更长期的供应链变化。在输入材料上的三种策略可以减少长期稀缺和价格上涨的影响：效率、替代和再循环。这三种策略都能取代主要资源消耗，减轻主要供应的压力。

效率：使用更少，支付更少

效率是降低价格飙升影响的第一种输入材料策略。20 世纪 90 年代末，当铂金价格飙升时，催化转化器制造商找到了减少贵金属使用的方法。更薄的涂层减少了每个转换器的铂金含量，而污染较少的发动机设计减少了对大型转换器的需求。[72] 价格的飙升也鼓励了在精炼工艺效率方面的投资。例如，诺里尔斯克镍矿是铂的主要生产商，它投资改善了矿石中的金属回收，从而提高了生产效率。[73]

2008 年，当船用燃油价格翻倍时，远洋运输公司开始采用减速航行来降低燃料消耗。速度和阻力之间的强相关意味着大多数运输模式在低速下会消耗更少的燃油。运行速度较慢，可以为船东节省大量开支。例如，以 18 节而不是 20 节的速度运行一艘 1.2 万 TEU 的集装箱货船可以减少近 30% 的燃油消耗。[74] 当然，在海上花费更多的时间会抵消掉部分的节省——以 20 节的速度从上海港到鹿特丹港的行程需要 28 天，18 节需要 25 天，人工和资产成本相差 12%。[75] 燃油成本越高，燃油成本的节省就越多，因此增加费用延长航行时间就变得合理。到 2011 年年末，Man Diesel 和 Turbo SE 的一项调查显示，75% 的货船公司已经实施了低速航行。[76]

导致远洋船舶燃油消耗迅速攀升的现象也影响到其他运输方式。因此，其他运输模式的承运人也将减速视为一种省油策略，例如，在卡车上使用限速器。将卡车的速度限制在 65 英里每小时，而不是 75 英里每小时，可以节省 15%~20% 的燃油。[77] 事实上，美国 55 英里每小时的高速公路限速最初是在 1973 年油价暴涨和供应中断期间制定的（将卡车速度限制在 55 英里每小时将节省近 30% 的燃油）。飞机在较低的巡航速度下消耗更少的燃油，并且可以通过管理纵向飞行剖面以及其他操作改进优化燃油使用。

不过，减速航行导致的运输时间延长会影响供应链。超过半数的托运人（52%）认为库存水平（周期库存）的增加和相关的持有成本是减速航行造成的主要影响。第二个影响是客户服务水平，因为很难做到以客户要求的速度提供零部件。此外，企业必须调整生产计划，以适应更长的提前期。[78] 但另一方面，海运承运人变得比过去更可靠，因为缓慢的速度意味着在运输过程中有更多的缓冲时间。这可以在一定程度上减轻减速航行对另一个库存要素的影响：安全库存。[79]

替代和灵活性

替代是通过减少对风险商品的风险敞口降低价格风险的第二种策略。面对稀缺或价格飙升，企业寻求技术创新，用更便宜的材料替代更昂贵的材料。例如，稀土金属的最大用途之一是超强磁铁，从磁盘驱动器到汽车电动车窗、电动汽车电机和风力涡轮机发电机等各种产品都使用超强磁铁。鉴于稀土价格的大幅上涨及其可获得性风险，风力涡轮机制造商正在研究不需要稀土磁铁的新发电机设计，用其他电子技术替代以减少这些材料的使用。[80]

事实上，价格上涨可能达到一个临界点，导致永久性变化。1980 年，扎伊尔，现在被称为刚果民主共和国，人口仅占世界人口的 0.06%，但生产了世界上 40%的钴，一种用于钢铁、磁铁和其他应用的金属。1980 年扎伊尔的一场革命导致钴价格暴涨六倍，使钴基磁铁的价格变得非常昂贵。一些磁铁制造商破产了。然而，一次性的价格飙升造成了永久性的改变。磁铁购买者和幸存的磁铁制造商进行了材料替代，即使当钴价格恢复正常，他们也没有再恢复对钴的使用。[81] 具有讽刺意味的是，替代的材料是钕，这恰好是 2010 年价格飙升的稀土金属之一。

企业也可以替代燃油。例如，美国页岩层水力压裂提供的天然气供应不断增加，降低了该能源的价格。这些不断下跌的价格促使了卡车运输公司和卡车制造商从柴油转向天然气。转换燃料可能需要大量的前期资本投资，然后通过持续降低的燃料成本来偿还。例如，废物处理公司正在购买由压缩天然气驱动的垃圾车，[82] 每辆车的成本为 3 万美元，但之后每辆车每年可节省 2.7 万美元的燃料成本。[83] 2012 年，莱德系统（Ryder Systems）公司副总裁斯科特·佩里（Scott Perry）表示："天然气的经济效益是压倒性的。"[84] 即使原油价格很低，到 2014 年底，天然气价格[85]也只相当于柴油价格的一半左右。[86]

在某些情况下，企业可以灵活自愿地进行替代。例如，企业可以使用灵活的燃料汽车，既可以用柴油，也可以使用液化天然气。美国天然气协会天然气推动执行主任凯瑟琳·克莱（Kathryn Clay）说："新技术确实在改变游戏规则，因为卡车司机可以选择使用任何一种燃料。"[87] 同样，钯和铂都可用于汽车催化转化器、工业过程催化剂和珠宝。这些金属的用户可以根据它们的相对价格在两者之间切换。[88] 为了对价格变化作出迅速的反应，在可行的情况下，企业可以预先确定替代材料，并为不同的原材料设计不同的产品，以便在其中一种原材料的来源发生中断时，给自己提供足够的灵活性。

通过替代带来的灵活性有助于确保供应的连续性，2011 年普华永道的调查发现，替代是供应链灵活性的最重要杠杆。[89] 在调查中，71%的受访者致力于在价格或可获得性发生变化时，建立可以使用不同输入要素的灵活的生产和装配设施。

回收材料以创建第二供应来源

回收是减少稀缺性和价格风险的第三种策略。麻省理工学院对铂金市场的研究发现，回收可以起到降低价格和稳定这种贵金属价格的作用。[90] 有三个因素可以帮助通过回收来降低可获得性和价格上涨的风险。首先，回收创造了一种新的、扩散的商品来源，且不受导致初级供应价格上涨的因素影响，例如，地缘政治的不稳定。其次，对于许多材料而言，回收比初级提取和精炼消耗更少的能源。这在一定程度将原材料价格和能源价格上涨脱钩。第三，回收可以稳定价格，因为在初级供应短缺的时候，回收商提高回收利用率的速度要快于采矿业者增加初级供应的速度。[91]

随着材料价格的上涨，从工业和消费来源回收材料的经济动机也增加了。

对于江森自控公司，回收汽车电池的好处显而易见：用于制造电池的铅，高达80%～90%可能来自于回收，从而在价格上具有显著优势，并防范可获得性风险。为了在使用后收集电池，该公司鼓励零售商、机械师甚至垃圾场保留消费者留下的电池。旧电池在交付新电池时回收或者专程回收。[92]

同样，专门的电子废物回收工作针对消费类电子产品中的可回收材料。例如，英特尔与个人电脑制造商合作，确保回收商能够回收芯片和电子设备中的贵重金属和材料。到 2014 年，戴尔已经回收了 10 亿磅的电子垃圾，它的目标是 20 亿英镑。该公司与商誉工业公司（Goodwill Industries）合作，在美国 2 000 个商誉公司的站点实现电子废物回收。[93]

回收除了降低价格风险之外，还有其他好处。这也是一项环境可持续性倡议（见第 11 章），还可以降低处理成本。回收通常可以利用空载的回程容量进行反向物流，将回收的材料从上游零售商处运回。

虽然回收可能比开发新的来源更容易，但它面临着技术、社会和监管方面的挑战。首先，可回收材料往往与最终产品中的其他材料混合，在需要的可回收材料之间实现彼此分离和与废物分离方面有物理挑战。例如，个人计算机包含各种不同的材料，[94] 如塑料、金属、铅、黄金和稀土，这些材料在物理和化学上是相互混合的。其次，在将废弃商品运往取货点和回收中心时，以消费者习惯、市场阻力和交易摩擦等形式存在的文化和社会规范会制造障碍。日本人认真地回收了 77% 的塑料垃圾，而美国人只回收了 20% 的塑料。美国《有毒物质控制法案》（Toxic Substances Control Act - TSCA）给努力尝试回收电子废物的公司造成了合规负担。[96]

附加费：将风险转嫁给他人

企业可以通过与风险商品价格挂钩的附加费将其价格风险转移给客户。当油价飙升时，许多运输商——包括货运公司、海运公司和航空公司——征收与基准价格分开的燃油附加费。除燃油和能源附加费外，供应商还增加了钢材、[97]

铜、稀土、[98]氦 [99]和其他商品的附加费。

魔法公式

增加附加费可以解决在客户寻求的长期固定价格供应合同与可能破坏供应商财务的短期商品价格波动之间发生冲突的时间范围内潜在的风险。为了以"公平"的方式解决此冲突，产品或服务的合同将包含两个部分。首先，合同里有一个基准、长期的固定价格，包括已知成本（如设备、维护和人工）以及有风险的输入要素的基准成本（以某些预先商定的"盯住"或基准市场价格）。其次，合同指定一个附加价格部分，该部分引用独立的价格指数、盯住的价格和增价条款（产品或服务的成本在价格指数每增加一美元时都会相应上升）。该指数来自一个公正的第三方机构——在美国对于燃油来说，卡车公司和托运人通常使用美国能源信息管理局每周对燃油价格进行的区域调查数据。[100] 增价条款反映产品或服务里所消耗的有风险的商品数量，例如，每英里消耗的燃油、每颗螺钉使用的钢材或每个塑料瓶使用的塑料。长期以来，商业地产租赁包括基本租金的详细条款，外加一系列增价条款，以及电力、水、税、煤气、通货膨胀以及各种其他特别费用所传递的成本。

增价条款尤其重要，因为它控制风险转移的幅度。如果增价太低，供应商仍然会面临一些价格风险；如果增价过高，供应商将从高商品价格中获利，而客户则会看到价格过度上涨。增价条款的正确值由供应商使用的资源量及其效率决定。就燃油附加费而言，它是卡车（或其他运输模式）的燃油效率减去每英里行驶所消耗的燃油量（包括空载里程的影响）。对于材料附加费（例如螺钉价格与钢价），它是由零部件的材料含量（零部件重量加上报废减去任何回收或返工的废料）决定的。例如，如果全球钢材价格上涨 10%，而螺钉中的钢净含量相当于螺钉成本的 40%，则价格涨幅应为 4%。

对公平的看法

供应商和客户经常就风险转移机制的细节进行激烈的讨价还价。2008 年麻省理工学院运输和物流中心举行的供应链圆桌会议上的讨论显示,许多托运人感到被运输承运人的附加费所欺骗。首先,托运人认为,虽然附加费公式中的燃油价格与政府指数挂钩,但该指数并未反映承运人的实际燃料成本。承运商可批量购买柴油,因此支付的价格低于价格指数。此外,汽车运输商可以在1 000~2 000 英里之间的加油范围内,充分利用燃油价格的地区差异用低于价格指数的成本购买燃油。此外,航空公司还可以对冲燃油成本。因此,尽管燃油价格可能会随着燃油价格指数上涨而上涨,但承运人的实际燃油成本可能更低。虽然托运人赞扬了承运人为尽量减少燃油成本所做的努力,但他们希望看到这些节省反映在运输价格中。

其次,托运人认为承运人,特别是空运承运人,为了承运人自己的利益选择性地确定收取附加费的时间。托运人认为,当燃油价格上涨时,航空公司会迅速增加燃油附加费,但在燃油价格下降后,航空公司在降低附加费方面似乎就动作缓慢。托运人指出,在燃油价格降至收取附加费之前的水平后,航空公司仍要对运输的货物多收每磅 12 美分的费用。然而,情况可能并没那么简单,因为航空公司购买燃油的合同可能是一年的期限,因此,即使价格下降,其平均燃油成本仍可能居高不下。(当然,这也意味着附加费的上涨会滞后于燃油价格的上涨。)据伟创力公司的首席采购和供应链官汤姆·林顿说,在某些情况下,买方可能希望在同意增价条款之前对供应商的流程进行审核。

最后,当供应商寻求保护自己免受关键输入材料成本大幅增加的影响时,客户也希望激励供应商减少对有风险商品的消耗,如上一节中提到的提高效率、寻求替代材料或回收。客户可能不希望供应商通过附加费得到过多的保护,以至于供应商没有动力在效率上进行投资。

管理价格风险

虽然管理大宗商品的风险与管理供应链破坏的其他原因的方法是并行的(见第 3 章和第 7 章),但它在四个关键领域还是有所不同。首先,商品稀缺风险与特定的供应商无关，这意味着双源采购没有多大好处，因为风险的来源比任何特定供应商都广泛。第二，与地震或事故不同，商品价格波动事件是全球性的，而不是局部事件，因为商品的价格可能在全球市场上飙升或暴跌，影响到所有用户，而不论其地点或供应商的选择如何。第三，有关风险的显著信息可能并不存在于物料清单（BOM）中，因为通常除了很细小的零部件外，不可能在物料清单里定义所使用的大宗商品原材料的类型和数量。复杂零部件（例如，门组件或电路板）可能包含大量制造商的 BOM 上未体现的材料。只有更深层次的物料清单才可能列出原材料。第四，稀缺风险可能来自需求增长或不相关行业的需求激增，因此原因往往发生在企业自身的供应链之外。

评估风险敞口

评估商品价格和可获得性潜在风险的第一步是确定可能造成风险的商品和风险敞口的大小。这么做的难易程度因材料及其用途而异。例如，当福特分析稀土价格波动对汽车成本的影响时，花了 18 个月才确定了汽车中使用的所有稀土材料，因为福特没有直接购买稀土。[101] 此外，稀土由十几种不同元素组成，被大量模糊地应用在传感器、电子设备、显示器、电机和催化剂等产品上。另一个棘手的方面是如何在供应链的深层中发现隐藏的消耗或依赖关系，例如，有些材料不存在于供应商的产品中，而在其流程中使用。最常见的隐性商品是生产和运输中使用的能源；许多关键的金属材料，如铝、黄金和铜，需要大量的能源来提炼，这使得它们的价格对石油和能源成本的飙升非常敏感。它们也可以是间接材料，如清洁剂、催化剂或制造工艺中使用的材料，但不存在于成品中。

具有讽刺意味的是，深层次或间接的大宗商品风险敞口可能意味着，财务套期保值会使企业的财务报表更加不稳定，即使套期保值使其现金流和最终产品成本的波动性降低。例如，福特对冲了从供应商处购买的零部件中使用的各种金属材料。然而，由于福特不直接购买这些金属材料，因此根据会计准则，福特被禁止指定套期保值作为特定成本的抵消。根据这些规则，如果所谓的非指定套期保值的市场价值出现波动，福特必须立即申报损失，从而导致福特的收益出现波动。[102]

了解每种商品的风险

第二步是根据原材料来源、已知原材料总储量和需求趋势等因素确定风险的原因。价格波动事件不像地震和事故那样遵循幂次定律。相反，它们是由供求模式、供求增长不匹配以及需求无弹性的影响所推动的，这种影响会放大供给或需求的微小变化，从而影响价格的大幅变化。

有些材料来自一个有限的地理区域，如南非，它提供了世界上大部分的铂金。这就造成了自然灾害或政治动荡的风险，这些风险可能威胁供应并导致价格飙升。即使商品来自于多个地理来源（如石油），价格无弹性也可能意味着局部的中等规模的中断也会对全球产生巨大影响。需求趋势也会带来风险。例如，铜价在 2003 年至 2008 年间上涨了五倍，在金融危机期间下跌了 2/3，随后又在危机后再次升至创纪录水平，但到 2014 年年底却下跌了 1/3。[103]

企业还可能面临来自行业外部的价格或可获得性风险。例如，泰森公司饲养和销售鸡肉和其他食品。玉米、大豆粉和其他饲料成分占养鸡成本的 71%。随着天气和农业的变化这些谷物的价格也发生剧烈波动。然而，该公司还将可再生能源行业列为谷物价格风险的一个因素，因为乙醇和生物柴油制造商与泰森公司在粮食供应方面存在竞争。[104]

价格风险可能有一些自然的界限或周期。价格趋势会影响供应（例如，激励新的供应来源的发展）和需求（例如，激励效率提高或替代）。由于需求的增长势不可挡，而且开发新供应品面临的环境挑战，许多基本原材料面临长期价格压力。同时，对大宗商品价格上涨的猜测可能导致商品出现短期价格泡沫，进而导致囤积，造成人为短缺，并进一步抬高价格。但是，在供应赶上需求之后，随着泡沫破裂和囤积者抛售库存，价格就会崩溃。供应商、中间商和客户的行为在牛鞭效应中放大了供应链的波动，加剧了大米、棉花、铜、油、铁和钢材等大宗商品的价格波动。[105]其他材料，如天然橡胶，可以很容易地被替代，可能在价格上出现波动，不太可能出现严重的长期短缺。

评估风险缓解的选项

第三步是在应对价格风险的众多策略中做出选择。这些策略包括：尽量减少受价格风险约束的商品的消费；通过谈判有长期固定价格的合同，将价格风险转移给供应商；通过收取附加费将价格风险转移给客户；通过灵活操作承担价格风险；对冲金融市场或实物库存的价格风险。此评估的一部分考虑了企业缓解问题所需的时间，就像任何其他供应链破坏一样。这可能包括创建新的主要供应来源（例如，新的矿场或工厂）所需的提前期、转换到可回收材料所需的时间，或者减少稀缺材料消耗或允许替代材料所需的产品开发时间。

在评估这些选项时，企业会估计成本的增加在多大程度上可以传递给客户（通过附加费或价格上涨）、供应商（通过长期固定价格的合同）或其他第三方（通过套期保值）。虽然像美国莫顿牛排餐厅或首府烧烤这样的连锁餐厅可以适度地提价，但麦当劳却不能，因为只要巨无霸汉堡价格高出几美分，麦当劳的顾客就会注意到。将价格风险传递给业务合作伙伴（如供应商或 B2B 客户）涉及谈判，并取决于关系中的相对优势以及合作伙伴的业务模式是否能够管理风险。假设稀缺商品或相关商品在市场上交易，企业也可能在金融市场上使用套期保值。

福特公司的商品价格风险缓解策略因材料而异。福特对贵金属、铝和铜等具有深度和流动性的金融套期保值市场的材料使用衍生品套期保值。该公司使用长期固定价格的合同，锁定塑料和钢铁等原材料供应商的价格，因为这些商品的衍生品市场尚未完全开发或可用。[106]

各种套期保值策略在不同的时间尺度上使用具有互补性。例如，在短期内，附加费会根据价格指数自动调整。在中期，金融套期保值策略一般最多涵盖数月或数年。例如，福特对商品的套期保值期限最长为两年。[107] 2011 年的一项调查发现，62% 的企业对冲外汇风险的期限为 12 个月或更短的时间。[108] 其他策略可能需要更长的时间，因为它们涉及产品、流程和设施方面更实质性的变化。例如，通过在不同大洲建立工厂，并将生产与销售相匹配进行实物外汇套期保值需要数年时间。同样，基本商品原材料的替代，如从钢铁转到铝，或柴油发动机转到电动传动系统，由于产品设计和制造发生显著变化，也就需要更长时间。

第 11 章

转变伦理，提升标准

一个年纪很小的巴基斯坦男孩以每小时 6 美分的报酬缝制耐克足球的形象可以一夜之间改变公众的情绪。[1] 1996 年《生活》杂志封面上的这一照片引发了一场"抵制耐克"的运动，耐克公司在接下来的一年里损失了一半以上的市值。该公司花了六年时间证明了在企业社会责任方面的努力，重新夺回了失去的市值。耐克的案例也并非独一无二。例如，当怡安保险公司介绍其公司的声誉风险保险时，首席执行官格雷格·凯斯（Greg Case）说："怡安保险 80% 的商业客户每隔五年会遭受一次导致他们市值损失超过 20% 的事件。"[2]

沃伦·巴菲特说："建立声誉需要 20 年的时间，而毁掉它只需要 5 分钟。如果你考虑到这个问题，你就会以不同的方式做事。"[3] 现代跨国公司的大部分价值与其品牌息息相关。2002 年，《商业周刊》估计，可口可乐、迪士尼和麦当劳等公司市值的 50% 以上是由它们的品牌贡献的，因此对品牌价值的估值高达数十亿美元。[4] 许多企业内部则认为这个数字要高得多。

企业的声誉会影响消费者需求、求职者数量和投资者情绪。[5] 声誉风险也会产生直接的财务风险。富士康的一系列自杀事件迫使富士康提高工资，导致该公司股价下跌一半。[6] 2010 年 4 月，当美国证券交易委员会（SEC）于当月宣布进行欺诈调查时，高盛的市值损失了 12.6%。（调查在 2012 年被撤销，当时 SEC 认定起诉"没有可行的依据"，[7] 但声誉损失已经造成。）

2010 年 4 月英国石油公司（BP）的地平线钻井平台灾难发生后，英国石油公司（BP）市值损失了 530 亿美元。三年后，尽管其利润率较高，但股价仍比 2010 年 4 月（灾难发生前）低 30%，表明其仍受到品牌退化的影响。

全球供应链中潜伏着许多潜在的声誉风险。这些风险包括供应商的劳工和采购实践、供应链的自然资源足迹（能源、碳、水、矿物、排放等），以及供应商使用的原料成分所引起的公众对产品安全的看法，以及供应商的材料采购和制造方法。非政府组织和媒体往往会攻击西方的品牌所有者，尤其是那些向消费者销售产品的品牌所有者，因为他们更容易受到有关企业社会责任（CSR）指控，即使他们对深层的供应商不了解或不直接控制供应商。因此，许多企业除了确保自己的企业社会责任实践外，还花费大量精力要求其供应商履行行为准则。

血汗工厂和死亡陷阱

2013 年 4 月 24 日，当 1100 多具尸体从孟加拉国倒塌的八层拉纳广场服装厂被拉出时，可怕的画面遍布各大新闻媒体。[8]孟加拉国的诺贝尔奖获得者穆罕默德·尤努斯（Muhammad Yunus）写道，这场灾难是"我们作为一个国家失败的象征。"[9] 拉纳广场并非一起孤立的事件。在拉纳广场灾难发生前六个月，孟加拉国另一家服装厂塔兹林时装厂发生火灾，造成 112 人死亡。[10] 孟加拉国发生的事件给一些企业的全球供应链深处令人厌恶的状况蒙上了一张悲惨的人脸。

在拉纳广场废墟下对遇难者尸体进行搜索的同时，人们还在倒塌工厂的服装订单的背后寻找西方企业的名字。大多数企业都否认使用了在这栋结构不健全的大楼里生产作业的供应商，尽管前一大墙壁上出现了大裂缝，但员工们仍被迫继续工作。最终，贝内顿（Benetton）、芒果（Mango）、邦马奇（BonMarche）、普里马克（Primark）和儿童广场（The Children's Palace）等名牌企业承认，他们现在或过去使用了在倒塌的建筑中进行生产的供应商。[11] 工人安全也不是孟加拉国唯一的社会问题。当教宗弗朗西斯得知孟加拉国的最低工资只有每月 40 美元时，他说："这是奴隶劳动。"[12]

许多企业根本不知道他们在使用哪些供应商，因为像在孟加拉国这样的国家，中间商、承包商和分包商的网络模糊不清。例如，当塔兹林时装厂被烧毁时，沃尔玛坚信自己与此事无关。火灾发生前一年多，沃尔玛禁止将塔兹林时装公司列入其批准的供应商名单，此前沃尔玛聘请的审计师检查了该工厂，并宣布塔兹林为"高风险"。但沃尔玛的另一家授权供应商将业务外包给了另一家授权供应商，然后该分包商又将工作转包给了塔兹林。[13]

低于标准的工作条件被披露可能至少以三种方式扰乱公司的运营：消费者的厌恶会扰乱需求，工人骚乱会破坏供应，而监管变化可能会影响成本。位于华盛顿特区的工厂监督组织，工人权利联合会的执行董事斯科特·诺瓦（Scott Nova）说："现在企业感到了巨大的压力。"他补充说，"服装品牌和零售商面临着比以往任何时候更大的声誉风险，这些风险与孟加拉国劳工的被虐待和危险状况有关。"[15] 孟加拉国总理的一位高级顾问宣称："劳工安全和劳工福利问题已经被推到了风口浪尖。"[16]

劳工安全

在多年的汽车轮毂抛光不安全作业后，2014 年 8 月 2 日，昆山中荣金属生产公司发生大规模粉尘爆炸，当天造成 75 人死亡，185 人受伤。中国官员指责工厂董事长和当地监管机构存在严重的安全过失。然而，致力于劳工权利的非政府组织"中国劳工观察"还指责通用汽车公司，因为通用汽车使用了全球最大的铝合金轮毂生产商中信戴卡车轮制造公司，而中信戴卡使用了中荣。

针对此次事故，通用汽车总裁丹·安曼（Dan Ammann）表示哀悼，但他也表示："我们全球范围的一级供应商必须确保从实施正确安全标准的供应商处采购。"[18]中国劳工观察对通用汽车试图与不安全的深层供应商撇清关系的做法表示异议，称通用汽车"有责任确保供应链中的安全生产，并分担此次致命爆炸事故的责任。"[19]

除了批评之外，这一事件还造成了通用汽车供应链的混乱。通用汽车不得不寻找替代供应商，由于从多个替代供应商那里进行未合并的采购，并因未合并采购以及为了避免汽车生产中断而加急发货产生了大量额外费用。作为打击与粉尘相关的安全隐患的努力的一部分,中国政府在未发出警告的情况下关闭了约 268 家工厂,供应商的交货进一步受到威胁。[20]

通用汽车面临的挑战也是许多其他企业所熟悉的——在遥远的发展中国家,一家小型的深层供应商的失败可能会玷污 OEM 的全球品牌。从表面上看,中信戴卡自 2003 年以来一直是通用汽车的一级供应商。[21] 中信戴卡甚至在 2010 年获得了通用汽车颁发的年度供应商奖。[22] "中信戴卡自己的工厂干净有序,"一位曾与中信戴卡公司做生意的中间人表示,"但是他们的外部供应商很多是工作条件恶劣的小企业。"[23] 中荣曾接受政府检查,但在中荣工作的一名工人刘福文说:"如果政府官员来视察工厂,管理层会要求工人在他们到达前把粉尘清理干净。"[24]

迪士尼可能是世界上对声誉最敏感的公司之一,它有一个部门专注于品牌管理,负责品牌开发和品牌保护。迪士尼的产品和服务是幸福家庭、纯真童年和有益健康的代名词。这种形象也必须延伸到迪士尼的供应链。"我们的目标是我们的供应链能反映迪士尼自己作为一家负责任的企业来运作的愿望。"迪士尼综合供应链管理高级副总裁约翰·隆德表示。[25] "我们必须更加依赖我们的被许可方和供应商,以帮助确保工作条件符合迪士尼的标准。"迪士尼消费品全球许可执行副总裁乔希·西尔弗曼(Josh Silverman)补充道。[26]

在拉纳广场坍塌前近两个月,迪士尼根据高管的审计和个人访问,下令停止从孟加拉国和其他四个国家(巴基斯坦、白俄罗斯、厄瓜多尔和委内瑞拉)采购。该公司告诉受影响的被许可方,它将追求一个负责任的过渡阶段,以减轻对相关工人和企业的影响。"迪士尼实施了为期一年的过渡期,在 2014 年 3 月 31 日前逐步淘汰原有的生产。[27]

其他企业可能会效仿迪士尼离开孟加拉国。如果这种情况大规模发生,将严重损害该国的社会和经济结构。服装制造业在孟加拉国雇用了 360 万工人。联合国社会发展研究所表示,对许多妇女来说:"在服装厂工作,尽管有许多问题,但和她们之前做的事相比仍然是赚钱的更好方式。"[28] 善意的行动可能会产生意想不到的后果。

带血的供应链

2009 年 4 月，在创立"忍无可忍项目"（Enough Project）之前曾为克林顿白宫、国务院和联合国儿童基金会工作的人权活动家约翰·普伦德加斯特（John Prendergast）曾致信英特尔、惠普、摩托罗拉和 AT&T 等主要电子公司。[30]信中警告这些公司，在刚果民主共和国东部地区，用于电子产品的四种金属（黄金、钽、锡和钨）可能是在胁迫和暴力条件下开采的。这些矿物是冲突矿物，类似于血钻石。也就是说，武装分子和恐怖分子通过暴力、强奸和其他暴行强迫当地居民开采矿石，用以资助战争。"忍无可忍项目"试图通过说服这些公司不要购买冲突矿物，从而切断西方对冲突的间接资助。收到这封信的公司的声誉受到了显而易见的威胁。

快速行动

在英特尔，这封信首先寄到了加里·尼克尔克（Gary Niekerk）的办公桌上。英特尔全球公民总监尼克尔克召集了与英特尔材料部门副总裁的内部会议。会上的第一个问题是："我们是否真的使用了这些冲突矿物？"[31] 没有人知道此事，因为英特尔本身并不直接购买这些金属；这些矿物只是英特尔从其他公司购买的零部件中使用的原材料。

接下来，英特尔向其供应商（如电容器供应商）询问了其金属的来源。"大约 30%～40%的供应商回答说他们不知道，"尼克尔克说，"类似比例的供应商表示'我们没有这样做'，但没有支持这一声明的证据，其余的供应商根本没有回应。"[32] 矿物从某处进入英特尔的供应链，通过复杂的供应商网络的许多层级，最终进入英特尔的处理器。

尼克尔克认为，确定矿物的来源将是困难的。于是团队向英特尔首席运营官介绍了调查结果。"他暴跳如雷，"尼克尔克回忆说，"说这是不可接受的。他希望看到一个路线图，追踪每种金属的来源。"而且，首席运营官还更进一步。尼克尔克援引首席运营官的话说："我想知道我们什么时候可以说我们没有用到冲突矿物。"[33] 团队面临着一项艰巨的任务，必须深入到供应链的多个层级，以确定这些矿物的确切来源。

鉴于任务艰巨，团队决定首先专注于绘出钽这一种金属的路线图。电子工业消耗了全世界 60% 的钽，但仅消耗全世界 36% 的锡，而消耗黄金仅占全世界黄金的 9%。英特尔绘制了从矿山到冶炼厂、从海关机构到供应商、从供应商到供应商、从供应链下游最后到英特尔的流程。绘图工作帮助英特尔认识到，逻辑上数量相对较少的冶炼厂可能是控制矿石来源的重点。冶炼厂也是供应链中可以确定矿石来源的最后一个阶段。尼克尔克说："一旦它变成了某种棒材，你就无法追踪到源头。但作为矿石，你就可以。因此，我们专注于调查冶炼厂。"[34]

识别冶炼厂是一回事，但让它们合作确定其矿石供应来源，然后说服它们不要购买冲突矿物是另一回事。控制冲突矿物的逻辑策略是建立一个经过认证的冶炼厂群组，这些冶炼厂能够确保它们购买的矿石的来源。有两个问题让这项工作变得困难。首先，它要求对世界各地的冶炼厂，包括受冲突影响地区以外的冶炼厂进行认证。其次，这些冶炼厂位于英特尔供应链的第六、七层深处，这远远超出了通常的业务关系范围以及买家对其供应商的正常影响能力。为什么一家巴西冶炼厂会在乎来自刚果的矿石，或者一家不是冶炼厂客户的美国芯片制造商？

左右为难

更糟糕的是，在试图阻止冲突矿物方面，出现了早期意想不到的后果。一些冶炼厂最初的反应是干脆停止从刚果购买所有矿产，但这种一刀切的做法既不符合道德，也没有效果。尼克尔克说："我们收到刚果政府和非政府组织的来信，说刚果有 10 万名手工采矿者需要养家糊口。"他指出，并非所有矿工都为武装分子工作。[35] 特别是在刚果民主共和国，采矿是两个主要的收入来源之一（农业是另一个）。尼克尔克说："事实上禁止从刚果购买物资意味着好人可能会挨饿。"破坏一个国家的合法经济只会进一步加剧动荡。

因此，问题变得更加复杂。尼克尔克说："我答复非政府组织，说我们正在尽我们所能，但情况变好了还是更坏？"一方面是暴行，另一方面是饥饿，"做正确的事"变得更加困难。

为了更精确地了解矿石的来源，英特尔绘制了 90% 以上的微处理器供应链图，确定了 130 个独家的冶炼厂。英特尔员工与非政府组织一起参观了矿场，并跟踪了矿物的旅程。截至 2012 年 5 月，英特尔员工进行了 50 多次冶炼厂的现场审查，亲自访问了 13 个国家或地区，以了解第一手信息。这些审查帮助英特尔了解每个冶炼厂的独特操作特征，并确定了它们在追踪特定矿物的国家或地区的矿石来源方面的能力目前存在的差距。例如，一些冶炼厂有文件说明矿物的发运国，但没有关于矿石最初开采的实际国家或地区的文件。这是一个关键问题，因为金属（特别是黄金）可能以走私方式进入到其他国家。尼克尔克说："仅仅因为从卢旺达运来的，并不意味着它不是来自刚果。"

为了激励冶炼厂与认证计划的合作，英特尔意识到它需要与电子行业的其他公司合作。虽然英特尔规模很大，但它在冲突矿物（尤其是锡、钨和黄金）需求中所占的比例微乎其微。因此，英特尔本身无法推动变革。为了凑足数量足够巨大的材料买家，英特尔帮助建立了电子工业公民联盟（EICC）。截至 2015 年 5 月，EICC 由大约 102 家成员公司组成，包括芯片制造设备的供应商、芯片制造商、合同制造商和电子零部件 OEM。[36] EICC 致力于在电子产品供应链中促进社会、道德和环境责任。

创建 EICC 还有其他好处，例如，避免服装业在发展中国家与供应商面临的问题。尼克尔克说："服装行业发生的事情是，耐克有一种做法，其他公司有另一种做法——供应商不得不遵守许多不同的社会责任准则。因此，我们电子行业通过 EICC 共同开发一个准则。"

作为帮助刚果民主共和国的矿工努力的一部分，英特尔与美国国务院和美国国际开发署合作，建立并资助负责矿产贸易的公私联盟（Public-Private Alliance-PPA）。如英特尔内部 2012 年 5 月发布的白皮书中概述的，PPA 有三个目标，该白皮书题为《英特尔实现'无冲突'矿物供应链的努力》，这些努

力包括：[37]

- 协助开发试点供应链系统，使企业能够从经过审计和认证为"无冲突"的矿场采购矿物。

- 提供一个平台以利于政府、工业界和民间社会之间协调并支持从刚果民主共和国进行无冲突采购。

- 建立一个网站，为寻求有关如何负责任地从刚果民主共和国采购矿物的信息的公司提供资源。

英特尔还了解到，由于成本原因，冶炼厂不愿意参加冶炼厂认证计划（Conflict-free Smelters 简称 CFS，无冲突冶炼厂）。为了解决这个问题，英特尔努力简化流程并标准化，以降低冶炼厂的参与成本。它还设立了一个适度的基金（15 万美元），以帮助支付认证费用，并将更多的冶炼厂纳入该计划。当冶炼厂成功完成 CFS 审计时，基金将偿还冶炼厂一半的初始审计费用，最高达 5 000 美元。英特尔与惠普和通用电气的基金会合作，与总部位于华盛顿特区的独立非政府组织 RESOLVE 合作，实施和管理该基金。

将冶炼厂作为阻止冲突矿物的关键环节的优点是，如果冶炼厂做好自己的工作，那么下游的矿物用户只要使用经过认证的冶炼厂，就不需要做出任何改变。上述英特尔的白皮书设定了在 2013 年消除其所有微处理器中的来自冲突源的钽金属的目标。接下来，英特尔解决了黄金、锡和钨的问题。这些冲突矿物涉及更广泛的联盟。例如，在黄金方面，英特尔开始与跨国黄金开采和精炼公司、大大小小的珠宝制造商、零售连锁店以及世界黄金协会、黄金交易所市场和中国政府进行谈判。英特尔正在积极解决这些问题，在这些问题成为企业品牌或公关问题之前得到解决。2014 年 1 月，英特尔宣布其 2014 年的微处理器全线产品内将不再含有这四种冲突矿物。[38]

意识的提高带来了监管

在英特尔开始努力理解和减少冲突矿物使用时，美国政府也开始考虑这个问题。2012 年 8 月，美国证券交易委员会（SEC）实施了 2010 年《华尔街改革和消费者保护法案》（又名多德-弗兰克法案）中概述的规则，要求上市公司披露是否使用冲突矿物。[39] 这就变成一个监管合规的问题，而不仅仅是企业社会责任的问题。上市公司开始跟踪冲突矿物的合规性，并调查供应商，以确保它们是这些金属的无冲突认证的来源。该法规还促使许多第三方软件、服务和咨询公司提供相关的产品和服务。

合乎道德的制造和采购

马莎百货（Marks & Spencer）的"道德模范工厂"计划使用三项培训活动来改善工人的生活、工资和生产力。马莎专注于生产力，因为这能够促使零售商支付更高的工资，并在不丧失竞争力的情况下解决企业社会责任问题。在不到六个月的时间里，马莎对 6000 多名孟加拉国工人进行了员工权利的培训。公司还对 130 名主管和中层管理人员进行了人力资源政策和程序、劳资关系和行为技能等方面的培训。该公司正在孟加拉国、印度和斯里兰卡的其他工厂推广这种培训。[40] 与冲突矿物问题一样，服装企业也需要在使用工作条件恶劣的供应商与离开该地区之间做出取舍，离开就会造成严重的失业。在冲突矿物的案例中，解决办法是努力查明违规的矿场，以便冶炼厂能够继续使用那些对社会负责的矿场。对于服装企业来说，解决方案是培训工人和管理人员，并与地方政府合作，改善工作条件、安全和薪酬。

虽然迪士尼离开孟加拉国和其他四个国家，而它继续在海地和柬埔寨生产，但只选择了那些配合"Better Work"计划（更好的工作条件）的工厂。[41] 该计划由两个非政府组织创建，它们与政府官员、工厂所有者和劳工团体合作，确保提供安全和体面的工作场所条件。Better Work 项目的总监丹·里斯（Dan Rees）说："迪士尼已经向被排除在外的国家发出了一个强烈的信号，即如果它们愿意为劳工标准负责，迪士尼将在未来重新考虑它们。"[42]其他公司，包括吉百利、欧迪办工、Mars 和百事可乐，正在与总部位于欧洲的供应商道德数据交换组织（Sedex）[43] 合作，以在全球生产基地建立一致的劳动标准和效率。

"公平贸易"运动来源于担心小农户得不到公平的售价，这一运动导致公平贸易标签和认证的发展。[44] 公平贸易涵盖 16 个产品类别，如香蕉、咖啡、可可、棉花、新鲜水果、香料、茶叶和葡萄酒，以及运动球和黄金。[45] 公平贸易不仅包括工厂工人，还包括自营生产者，如农民和手工业者。该认证已被证明能够在小康收入的顾客中提高零售额。[46] 然而，大多数研究表明，大多数消费者不愿意为在符合社会责任条件下生产的产品支付更多费用，但企业社会责任的失败可能会让企业在市场上受到惩罚。

对品牌和盈利的好处

截至 2015 年，这些道德工作条件计划的主要好处是品牌保护。这些努力确保企业"做正确的事|"，因此不太可能成为非政府组织攻击或负面媒体报道的目标。此外，企业还声称从他们的努力中获得其他实实在在的好处——主要是在员工关系和自豪感方面。例如，马莎百货的报告说，在实施道德模范工厂计划六个月后，其供应商工厂的缺勤率减少了 85%，员工流失率减少了 65%。当可口可乐与其装瓶商、合作包装商和供应商合作制定工作场所权利政策（Workplace Rights Policy-WRP）时，发现 86%的工厂减少了加班时间，36%的工厂提高了质量，18%的工厂员工流失率有所下降。[47] 沃尔玛时任首席执行官李·斯科特（Lee Scott）2008 年在北京对供应商表示："一家在加班和劳动年龄上作弊、将废料和化学品倾倒在我们的河流中、不交税或不遵守合同的公司，最终也将在产品的质量上欺骗客户。"[48]

环境足迹的困扰：可持续的供应

企业面临着企业社会责任风险，这些风险是由于它们自身的环境足迹以及供应商和服务提供商的足迹造成的。即使问题出现在供应链最深处的供应商身上，品牌所有者也容易受到声誉和品牌削弱的影响。对碳足迹（温室气体）、水资源匮乏以及从鱼类到树木等自然资源被剥夺的担忧，既带来了声誉风险，也带来了供应中断的运营风险。

反对碳排放的潮流

用于运输、发电和取暖的化石燃料的燃烧是温室气体排放的来源，而温室气体排放被认为是全球气候变化的主要促成因素。降低能源消耗一直是许多公司的企业社会责任活动的重点，因为此类生态效率倡仪也会导致成本降低。这些 CSR 行动被认为是公司可以容易实现的目标，因为它们在降低成本的同时减少了对环境的影响。

一些节能创新只需要很少的前期投资。例如，UPS 的运输路径软件在 2010 年帮助减少了 2 040 万英里的运输里程，但同时交付的包裹比上一年多了 35 万件。它还将每年的二氧化碳排放量减少了 2 万吨。[49] 办公用品供应零售商史泰博（Staples）在其送货车辆上安装了限速装置，将最高时速限制在每小时 60 英里。节省的燃油仅用了 1.5 天就收回了成本，每年可节省 300 万美元。[50] 每辆卡车重新编程只需花费 7 美元，因车速降低而损失的时间被减少加油停靠点节省的时间所抵消。[51]

品牌保护和环境可持续性问题促使可口可乐开发出包含 30%植物衍生树脂和可回收塑料的瓶子，而不是 100%用石油提炼的塑料。[52] 同样的考虑也促使洗涤剂制造商宝洁和联合利华开发使用较小容器的浓缩洗涤剂配方，从而节省了包装、运输、处理和存储。[53]

为了集中努力并建立问责制，企业制定了减少碳足迹的目标和指标。例如，史泰博承诺在运输、建筑管理、能源采购和产品采购方面做出努力，到 2020 年将总碳足迹从 2010 年的水平减少 50%。[54]

水无处不在，但不是都能喝

可口可乐公司环境与水资源副总裁杰夫·西布赖特（Jeff Seabright）说："水对于可口可乐就像清洁能源对于 BP 一样……我们必须管理好它，否则它就会来管理我们。"[55] 在可口可乐公司 2007 年股东大会上发生的关于装瓶商消耗和污染饮用水资源的抗议，导致了美国几所学院和大学不再续签购买可口可乐饮料的合同。[56] 根据世界经济论坛水安全理事会的数据，全球有近 8 亿人无法获得安全的饮用水，每年有 170 万人由于不安全的饮用水而死亡。[57] 这些经济、社会和环境问题导致对在产品或生产过程中使用水的企业进行严格的环境审查。

水的悖论是，水的无价有两种含义：对生命至关重要，但同时往往被认为是一种无价格的资源，因为用户可以合法地从湖泊、河流和含水层中抽取或分流无限量的水。可口可乐公司和其他软饮料制造商在印度面临指控和诉讼，因为它们被认为垄断了这种赋予生命的资源。可口可乐首席执行官 E. 内维尔·伊斯德尔（E. Neville Isdell）在 2007 年 5 月对自然保护协会的讲话中表示："虽然我们甚至还没有接近成为最大的用水者之一，但我们无疑是最引人注目的之一，而且一直受到批评，称我们正在消耗喀拉拉邦的地下水含水层。"[58]

由于消耗和使用之间的细微差别，水不同于许多其他商品。虽然大多数商品是被消耗的，因此，在供应来源中已经基本清除，但许多应用到水的情况只是"借用"。清洗和卫生等应用只是借用一段时间的水，然后回收处理和再利用。百威英博酿酒集团（AB InBev）表示，这种关键差异可能会让人觉得那些看似重度的水消费者存在问题，但它们只使用并回收大量的水，而对水的总供给产生的实际影响很小。[59] 在宣布可口可乐公司全球水资源节约计划时，首席执行官伊斯德尔说："基本上，我们的承诺是把使用的每一滴水都还给大自然。"[60] 该公司计划到 2020 年实现水资源利用平衡。[61]

不断增长的人口、城市化和气候变化对水资源供给的威胁更大。与水有关的问题可能会改变企业对生产地点和供应链网络的决策。"如果我们的装瓶厂周围的社区不能发展、不可持续，我们的业务在未来也将不能持续。"可口可乐的首席执行官说。[62]

可持续的收获："没有鱼就没有炸鱼排"

一个重大风险是，不可持续的做法将导致生态和经济体系的崩溃。联合利华前董事长安东尼·布鲁格曼斯（Antony Brugmans）表示："如果农业和渔业没有发生根本性变化，那么在十到二十年内，我们就没有值得从事的业务了。
"没有鱼就没有炸鱼排。"他说。[63]

砍伐森林是短期过度开发一种不可再生资源的另一个例子，除非采用特别谨慎和可再生的方法。当两个非政府组织山茱萸联盟（Dogwood Alliance）和森林伦理（Forest Ethics）想要促进可持续林业时，它们研究了林业产品供应链，并为抗议活动选择了目标。他们没有去追踪砍树的收割机，没有去找各种林业产品的制造商，如木材公司或造纸厂。这些上游公司对于大多数消费者来说通常是隐形的。

相反，非政府组织瞄准了史泰博，一家市值 250 亿美元的办公产品零售商。非政府组织称史泰博为"砍树团队"，并发起了"阻止史泰博"运动。[64] 尽管史泰博没有直接参与森林砍伐，但非政府组织希望史泰博利用其购买力来影响供应商的做法。史泰博为非政府组织提供了一个非常明显的杠杆点。尽管史泰博及其供应商遵守了每一条官方法律，但这对维权人士来说还不够好。作为回应，史泰博决定只从非政府组织批准的供应商那里购买产品，例如，森林管理委员会认证的供应商。

同样，宜家努力确保其在 55 个国家或地区的 1 600 家供应商只使用来自合法采伐来源的木材，而不使用受保护森林的木材。宜家行为准则，即众所周知的 IWAY，除了质量、安全和社会标准外，它的主要内容还包括可持续林业实践，这是成为宜家供应商的先决条件。[65]

回收：从垃圾到资源

材料的再利用、回收和再循环为减少环境影响提供了明显的策略。设计、制造和销售地毯的英特飞（Interface）公司重新设计了地毯和地毯供应链，从而打造出"业内首个全封闭循环的地毯回收系统。"[66] 该公司将地毯设计成带随机图案的可替换的方块，这一方块可以安装在任意方向，所以只需更换几个磨损的方块就可以对旧地毯进行更新。此外，地毯由回收材料制成，易于回收。为此，该公司改变了其业务模式，从直接出售地毯转变为租赁加维护合同模式，包括更换和回收磨损的地毯方块。[67] 回收的英特飞地毯的每个方块都被送到一个专门的工厂，在那里它被回收制作成新的地毯块。旧地毯纤维成为新的地毯纤维，旧地毯衬垫成为新的地毯衬垫。[68]

另一个例子是，史泰博为其商店中的碳粉和墨盒提供了方便的回收箱，因此回收利用率达到 73%。总体而言，美国 60% 的办公用纸得到了回收，而日本有 80%。[69] 如第 10 章所述，回收利用还可以创造另一种供应来源，从而减轻稀缺性和价格风险。

在供应链中实现闭环，使消费品中有更多的回收材料，这涉及提高城市废物的回收率。沃尔玛、宝洁和高盛等九家公司组成的财团创建了闭环基金。基金向城市管理当局和私营实体提供零利率贷款，以建设更多的循环回收的基础设施和服务。这些贷款将帮助废物收集商和加工商降低垃圾填埋费，并增加出售回收原材料的收入。同时，由于再生原材料供应的增加，企业能够提供更多可回收物含量更高的产品。[70]

更低的碳足迹=更低的成本

宝洁公司重新设计了液体洗衣粉，采用 2 倍浓缩配方，将包装容量减少了 22%～43%，相当于节省了 7 000 万磅的塑料和瓦楞纸。这些小瓶子每年还为公司节省了 6 万次卡车运载量和 500 万加仑柴油。[71] 马莎百货则通过一个全面的可持续发展活动组合提高了能源效率（25%），减少了浪费（34%），他们称之为"A 计划"，[72]"因为我们的星球没有 B 计划。"[73]

消除无附加值的活动不仅改善了制造业，还减少了资源消耗、碳足迹和废物排放。菲亚特的农业和建筑设备子公司 CNH Global NV 描述了该公司在创造世界级制造业方面的巨大努力。这一努力帮助了菲亚特集团的每个人。它为混乱的工艺驱动型意大利制造工厂带来了标准化流程，将高效的汽车制造流程引入 CNH 的农业和建筑设备生产线。在此过程中，该公司减少了相当于 10 个仓库的库存，最大限度地减少了物料搬运，减少了卡车运输，所有这些都具有强大的环境可持续性效益和成本节约。[74]

产品风险认知

越来越多的企业因为其合法销售产品中的潜在安全问题而面临着社会关注和激进主义的攻击。这些问题超出了反对烟草、酒精和枪支等产品的长期运动。许多产品，如快餐、小吃或软饮料，适度的享用是安全的，但往往被过度消费。其他产品是含有潜在争议成分的食物，如转基因生物、反式脂肪或人造色素。有些产品使用非常少的、合法数量的已知毒素，如灯泡和电池中的汞。另一组关注点是原材料的生产方式，如之前提到的冲突矿物、以不伤害海豚的方式捕获的金枪鱼或不做动物实验的化妆品。普华永道（PwC）对消费者和零售供应链高管的调查发现，产品安全是他们最关心的供应链诚信问题。[75]

缩小腰围：肥胖战争

独立电影制作人摩根·斯普尔洛克（Morgan Spurlock）在 2004 年获奖的电影《超大尺寸的我》（*Super Size Me*）中选择了麦当劳作为坏人，来挑战肥胖问题。[76] 麦当劳一直是营养活动家和消费者监督者的避雷针。2013 年 12 月，麦当劳自己的员工网站都将麦当劳食品标记为不健康食品。[77] 企业责任国际等组织开展了长期活动，攻击麦当劳的小丑吉祥物、餐厅游乐场和开心乐园餐是在对儿童进行掠夺性营销。[78, 79] 公共利益科学中心（CSPI）针对开心乐园餐中的玩具起诉麦当劳："使用玩具来推销垃圾食品的做法是不适当和不合时宜的，因为玩具使用了含铅的油漆、童工和石棉。"[80] 麦当劳还面临一场多年集体诉讼，指控该公司使人们发胖。

多年来，麦当劳改进了菜单和对消费者的教育。该公司减少了开心乐园餐中薯条的部分，并增加了切片苹果，使卡路里的含量减少了 20%。2011 年 9 月，麦当劳还添加了不含脂肪的巧克力牛奶和低脂牛奶。[81] 此外，它还致力于到 2015 年将钠含量降低 15%。即将退休的首席执行官吉姆·斯金纳（Jim Skinner）表示："我们为菜单所做的改变感到自豪。在水果和蔬菜以及种类和选择方面，我们比业内的任何人都做得更多。"[82] 该公司还开始在其所有菜单上公布卡路里计数，声称："我们认识到客户希望更多地了解他们购买的食品和饮料中的营养成分。"[83]

为了证明麦当劳的食物本质上不会使人发胖，艾奥瓦州的一位科学老师进行了一项测试。他重复了斯普尔洛克的做法，连续 90 天只吃麦当劳的食物。唯一的区别是，他让学生设计一个每天 2 000 卡路里平衡的膳食计划，均衡搭配蛋白质、碳水化合物、胆固醇和其他几个营养成分。结果是：他的胆固醇下降，瘦了 37 磅。他的目的是向学生展示，最重要的是你怎么吃，而不是吃什么或在哪里吃。[84]

这些迈向更健康菜单的步骤，[85] 在消费者偏好和营养学家建议之间面临着鸿沟。在耶鲁大学陆克文食品政策和肥胖中心的一项研究中，只有 11% 的父母选择苹果而不是炸薯条作为孩子的开心乐园餐。[86] 当麦当劳尝试从开心乐园餐中取消炸薯条时，家长们开始抱怨。该公司发言人丹雅•普劳德（Danya Proud）表示："我们一直以来都感觉，孩子的幸福最终是家长决定的。"[87]

同样，随着肥胖症和糖尿病发病率的上升，著名的软饮料销售商也引起了人们的负面关注。在对含糖饮料的负面宣传之上，还加入了一场高果糖玉米糖浆（常用于饮料）是否比其他糖类产生更高的代谢紊乱风险的争论。[88] 与许多健康和社会问题一样，这种关注也促使政治家和活动家改变监管路线，出台新的禁令或税收政策，如纽约市提议禁止大杯和瓶装的含糖饮料，[89] 或对碳酸饮料征收每盎司一分钱的税。[90]

对未知事物的恐惧

虽然许多攻击企业行为的例子涉及无可争议的浪费、环境破坏或人类生命风险，但有些可能更多是由于恐惧而不是证据驱使的。GMO（转基因生物）尤其如此，它们的批评者也称之为"弗兰肯食品"（科学怪人的名字）。转基因生物包括各种农作物，如营养丰富的各类大米、[91]减少对杀虫剂需求的玉米、[92] 使农民能够减少因杂草而减产的抗除草剂大豆[93]和抗旱的玉米。[94] 这些转基因生物对农民和消费者有益，因为它们旨在"抵抗杀虫剂和除草剂，增加营养效益，提高作物产量，以增加全球粮食供应。"[95] 几十年来，美国人一直食用转基因食品，尽管缺乏任何科学证据，许多消费者、非政府组织和政府声称转基因食品对公众健康和环境有着未知的负面影响。

转基因食品通过增加产量和提高农作物对多变天气条件的适应能力，增加了减少世界饥饿的潜力。[96] 事实上，中国政府一直在推动转基因食品，以增加该国的粮食资源。[97] 然而，许多国家，尤其是欧洲国家，完全禁止它们。美国研究人员认为，转基因生物禁令是历史上最大的科学传播失败之一，使得本质上毫无根据的阴谋论得以在全世界传播，[98] 给粮食安全和环境可持续性带来严重后果。像孟山都这样的公司不仅要应对世界各地的各种监管制度，还要应对在他们开展业务的每个国家的一系列谣言、政治议程和文化偏见。

可追溯性和跟踪成分

与社会和健康趋势相关的许多其他风险，已促使企业加强对供应链的控制，并要求原料供应商提高透明度。1997 年至 2011 年间，食物过敏儿童的比例上升了 50%，这加剧了人们对食品成分的担忧。[99] 这也促使食品标签法在 2004 年发生改变，要求明确列出过敏源。[100] 标签法迫使企业不仅记录所有主要成分（如牛奶巧克力中的牛奶）中的过敏源，而且还要记录在生产多种食品的工厂中引入的所有潜在的微量成分（例如，在一家同时生产花生糖的工厂中生产的牛奶巧克力棒）。记录微量成分和工厂操作方法的好处是，企业可以用以服务饮食利基市场，如素食、犹太和清真食品。

管理企业社会责任风险

如果企业被认为采取了不良的经营方法，环境和可持续发展问题可能会危及企业的"经营的社会许可"，即当地社区、利益相关者和客户对于企业经营的持续批准和支持。由于"公众舆论法庭"的变化无常和企业社会责任的性质，避免落入企业社会责任陷阱可能非常棘手。

移动的风险线

在理想世界中，企业和人们会确切地知道他们的期望是什么。大多数法律在合法和非法之间界定了所谓的"明线"，使要求相对明确。每个政府都为众多的供应链实践（如产品安全、自然资源使用、劳动条件、最低工资、工厂排放和废物处理）设定了最低法律标准。

然而，民间的情绪却随着更加反复无常的舆论之风而波动。公众情绪的改变、社会活动家和调查记者可以在没有预警的情况下随时发起攻击，被病毒式传播的社交媒体放大，而且不遵循任何立法或司法正当程序。公众舆论法庭比现实的法庭更难以预测。随着时间的推移，童工、污染、公平贸易、排放和林业实践等各种问题迅速出现在公众的认知当中，提高默认的期望值标准，并损害那些被认定没有达到公众期望值的企业，而期望值的这条线一直在移动。

耐克成了一个虐待劳工的案例，尽管它在巴基斯坦投资了工厂，为这个工作机会不多的地区带来急需的就业机会，并按市场行情支付了工资。然而，它仍然冒犯了西方消费者的感情。

期望值的线从未停止移动。绿色和平运动家汤姆·多沃尔（Tom Dowall）说："在众多世界领先的电子企业接受了逐步淘汰使用最恶劣的有害物质的挑战后，我们现在正在挑战它们，要求它们改进矿物的采购，更好地管理整个供应链中使用的能源。"[101] 此外，企业自身的能力和社会责任活动也使得期望值变为一条移动的线。沃尔玛在卡特里娜飓风后做出的备受赞誉的应对措施，使人们期望沃尔玛在未来自然灾害中采取同样或更好的应对措施。同样，由于可口可乐在整个非洲大陆的汽水分销业务效率很高，该公司也面临着来自非洲的防艾滋病团体的压力，要求他们帮助分发防治艾滋病的药物。

野兽的本质

从采购和供应链的角度来看，企业社会责任的属性可能是最难衡量的。消费者根据产品的四类属性做出购买决策。[102] 第一类是搜索属性，即明显的有形属性，如尺寸、颜色、真皮座椅和价格，消费者无须购买或使用产品即可搜索并亲自评估这些属性。第二类是体验属性，只有在消费者购买产品后才能判断，如座椅舒适性、易用性和友好的售后支持等品质。第三类属性是内在可信度属性，[103] 这是最终产品固有的，即使购买和使用产品后，普通消费者也无法轻易评估这些属性。内在可信度属性包括玩具上油漆的化学成分或食品的营养含量；评估它们需要通常不具备的专门设备和能力。第四类是隐藏在产品的历史或来源中的可信度属性，但不存在于最终产品中、也不能被检测到。其中包括许多重要的企业社会责任相关的属性，如碳足迹、公平贸易、供应商的环境记录、童工、虐待动物和可持续发展的农业。消费者几乎没有能力评估这些属性，因为它们不是产品的一部分。

如何确认隐藏的可信度属性不仅是消费者面临的问题，也是企业需要解决的问题。这些属性很难衡量，因为这背后的流程通常发生在企业边界之外，无法通过进料和出货的检验来发现它们。在许多情况下，是非政府组织、社会活动家或调查记者将血汗工厂的产品追踪到主要品牌所有者身上。原因是，这些团体在发展中国家受到许多当地组织的信赖，并且比品牌所有者更容易获得数据和证据，后者则必须通过采购的物料或产品才能追踪到可能涉及的所有供应商。

如之前所述的英特尔对冲突矿物的搜索所示，揭示产品背后的流程可能是一项艰巨的任务。事实上，第 7 章中描述的 SigNature DNA 的使用是在国防工业里将隐藏的可信度属性（供应商真实性）转变为内在属性（DNA 代码）的一个例子。同样，产品上的碳标签或公平贸易标签将隐藏的可信度属性转化为消费者的搜索属性。

管理与隐藏的可信度属性相关的风险意味着控制供应商、供应商的供应商和更深层次的供应商的行为。企业对其供应链实施行为准则，并使用认证流程来确保供应商的诚信。审计和实地访问可以确保供应商遵守行为准则。

与煤矿中的金丝雀合作

在 2011 年 7 月发起的一项重大倡议中，绿色和平组织通过"排毒"运动，来解决主要服装品牌的水污染问题。例如，在以服装零售商 H&M 为目标时，12 个国家的绿色和平组织抗议者花了一周时间在连锁店的橱窗上贴上巨大的"为我们的未来排毒"和"为我们的水排毒"。他们还在推特和脸书等社交媒体渠道上针对 H&M。因此，H&M 同意支持排毒，并公布其供应商工厂化学品排放的信息。[104]

绿色和平组织和其他非政府组织在企业社会责任风险方面发挥着不同作用。它们往往是社会和环境变化的主要煽动者。它们监督企业或其供应商的行为，并利用负面新闻、联合抵制和抗议活动攻击被视为违法的企业。它们还前往许多发展中国家实地调查，往往是最早发现企业社会责任问题的机构。因此，一些企业会寻求与非政府组织合作，非政府组织可以提供对当地的了解、可持续发展优先事项的建议，以及基于其他企业正在做的事情的可能解决方案。这种合作关系也为企业的努力提供了一定程度的真实性，帮助它们转移了批评。一些非政府组织，如森林管理委员会，也监督可能影响企业产品或供应链活动（如包装）的认证。

1999 年，长期致力于企业社会责任的联合利华公司找到乐施会国际，并建立了战略合作伙伴关系，以研究联合利华供应链中的第三世界贫困问题。[105]乐施会以攻击跨国公司而闻名，联合利华是食品和消费品行业的一家市值 400 亿欧元的跨国巨头。合作的重点是联合利华在特定国家的供应链。[106] 例如，2013 年 1 月发布的一份关于联合利华在越南员工的联合研究、强调了联合利华对工人权利的承诺及其在维护这些权利方面的失误。它为公司提供了改善现状的路线图。坦率的报告和路线图可能避免了非政府组织的攻击，并给予联合利华时间来改善这种情况。

在某些情况下，企业和非政府组织组成联合组织。例如，碳顶篷（Carbon Canopy）是一个由企业（包括史泰普、家得宝、Domtar 和哥伦比亚森林产品）

和非政府组织（包括多格伍德联盟、雨林联盟、环境保护基金和森林管理委员会）组成的团体，它们致力于改善美国南部大量小土地所有者的林业运营方法，从而帮助企业成员开展在环境可持续性方面的工作。[107]

为气候变化而改变指标

对气候变化的认识不断增强，促使一些致力于减少碳足迹的企业开始使用环境影响指标。沃尔玛正在测量和管理其温室气体排放，目标是到 2015 年年底，其全球供应链的排放量减少 2 000 万吨。[108] 为了实现环境目标，企业采用一系列的环境 KPI（关键绩效指标），包括车队燃油效率、回收材料百分比和用水。例如，百威英博和可口可乐公司测量用水效率，即生产一升啤酒 [109] 或一升苏打水[110]分别需要多少升的水。在多个级别上定义有效的 KPI，这样在每个级别上的一组指标与该级别的管理层可以施加的影响相对应。然后，每个级别都可以向上汇总，从而构成反映整个组织目标的指标。

医疗产品和药品巨头百特医疗公司（Baxter Inc.）于 1997 年开始测量温室气体排放。百特医疗 根据《温室气体议定书》[111]的定义将其温室气体排放界定为范围 1、范围 2 和范围 3，这是衡量排放量的最广泛使用的国际工具。[112] 在此框架内，范围 1 的排放来自组织直接拥有和控制的内部运营；范围 2 来自购买电力、能源和内部运营产生的热量造成的间接排放；范围 3 都是由供应商、服务提供商和所售产品的使用造成的间接排放。

百特将排放总量分为三类：上游（范围 3）、百特内部（范围 1 和 2）和下游活动（范围 3）。反过来，三个类别中的每一个类别都包括从两个到八个不等的子类别，可以单独进行衡量和管理。例如，上游类别包括百特从供应商处购买的所有产品。此类别分为八个子类别：采购的商品和服务、固定资产、燃料和能源相关的活动、上游运输和配送、废物处理、员工商务旅行、员工通勤和上游的租赁资产。每个类别都是使用负责这些类别的经理可以控制的相关 KPI 进行衡量的。公司总共管理 15 个子类别的温室气体排放。[113] 对于包括供应商的生产以及客户对百特产品的使用所产生的范围 3 的排放，百特承认，通过自己的产品设计和供应链管理决策，它对这些排放能够施加一些间接影响。

为了实现全面的变革，许多组织采用三重底线目标（财务、社会和环境），为管理者制定新的绩效指标。良好的环境目标包括一定维度的可持续性目标（例如碳足迹）、一个目标值（例如减少 20%）和时间框架（例如，从 2015 年至 2020 年）。可以用空驶英里的百分比对车队经理的绩效进行衡量，可以用原材料报废率对工厂经理进行衡量，可以用低足迹（海运）与高足迹（空运）补货订单之间的平衡对零售网络经理进行衡量。

追踪足迹

"我们知道，如果我们掌握的知识不完整，我们就不能对供应商的社会、环境和经济权利提高标准……因此，我们在产品的可追溯性以及我们收集数据的能力方面进行了重大投资，"马莎百货的发言人表示。[114] 如前所述，大多数公司很难知道它们的深层供应商是谁，即使它们这样做，它们对供应商的影响力也很小。例如，当环保组织森林伦理向塔吉特施压，要求他们避免使用来自加拿大焦油沙的燃料时，这家零售商指出，它不购买燃料，它甚至没有卡车。在与外部承运商签订合同时，零售商对所用燃料的可见性和控制是有限的。[115]

2013 年，星巴克从约 12 万个咖啡农场购买咖啡豆。为了确保购买合乎道德的咖啡豆，星巴克采纳了 C.A.F.E（coffe and farmer equity 咖啡和农民权益）规范，该规范是与保护国际组织（Conservation International）联合开发的。[116] 星巴克通过收集每个农场的信息，包括每个地块的地理编码、所有者和工人的身份，以及有关耕作方式的信息，包括景观美化和生物多样性，确保农场达到其标准。[117] 据星巴克道德采购总监凯利·古德约翰（Kelly Goodejohn）介绍，该公司雇用了 25 家审计和核查机构来访问和收集有关每个农场的信息。位于加利福尼亚州奥克兰的 SES 全球服务，负责管理认证流程的质量和完整性。古德约翰补充说："他们作为我们的第二方，对第三方实施监督。"[118] 信息存储在不断更新的数据库中，用于不同农场之间进行对标、建立指标和改进农场实践。

完整的画面

环境影响的核算可能很复杂，而且有悖常理。例如，俗话说"吃在当地"，这句话的依据是当地采购会减少食品运输的碳足迹。但在许多情况下，运输只占粮食生产和交付的碳足迹总量的一小部分。对美国牛奶生产过程中的二氧化碳排放量的分析发现，只有约 1/4（27%）的碳足迹来自运输。生产效率低下等因素可能使当地的牛奶与从效率更高但距离较远的生产商运来的牛奶相比在环境上更不可持续。[119]

在某些情况下，不同地域资源使用的复杂现实会产生与直觉相悖的建议。考虑一个看似简单的选择，为一家英国公司购买英国当地制造的再生纸还是购买瑞典进口的白纸。当地的再生纸显然可以在交通和树木上节约。然而，由于英国依赖燃煤发电厂，而瑞典使用核能和水力发电制造纸张，瑞典白纸的碳足迹实际上低于英国再生纸。[120] 同样，在巴西种植的橙子的水足迹可能比在西班牙种植的橙子高，但由于巴西柑橘产区多雨的气候和丰富的水，巴西橙子对水资源压力的环境影响可能较低。[121]

只有完整的生命周期评估（Life Cycle Assessment-LCA）才能解释产品或流程的整个影响。但是，LCA 需要大量的数据和工作。2006 年 1 月，特易购首席执行官特里·莱希（Terry Leahy）爵士宣布，这家连锁超市将为其销售的每一款产品发现或设计"一种可以普遍接受和普遍理解的碳足迹测量值。"[122] 该公司将评估每个产品从生产到消费的整个生命周期，并对其销售的每个产品贴上总碳足迹量的标签。不幸的是，特易购发现 LCA 需要大量的工作，以至于在它销售的大约 5 万个 SKU 中，每年只能创建 125 个标签。到 2011 年，特易购的碳标签计划悄然停止。事实证明，针对每个产品的完整 LCA 都难以完成。

防止对品牌的伤害

虽然许多企业是出于"做正确的事"的真诚信念而开展企业社会责任活动，

但对于股东而言，其中一个理由是，这些活动可以帮助保护品牌免受诋毁者和负面宣传的影响。换句话说，它帮助公司降低受到此类威胁破坏的可能性。

倾听负面的声音（和回应）

"社交媒体已经缩减了时间表，现在节奏变得更快，更全球化"，研究企业声誉风险的英国咨询公司 Oxford Metrica 的负责人黛博拉·普丽缇（Deborah Pretty）博士说。她说，企业既可以是"赢家，也可以是输家"。[123] 由于声誉危险可能潜伏在全球任何地方的供应链中，而且社会敏感性没有明确界定，企业需要时刻保持警惕。他们应当"倾听"社交媒体的"嗡嗡声"以发现问题。可口可乐、思科、戴尔和许多其他企业都对脸书、推特和许多网站进行监控，以在问题发生之前做好准备。[124]

其他企业也在更积极地使用社交媒体。苏黎世保险公司的琳达·康拉德（Linda Conrad）提到了社交媒体的积极方面，它使企业不仅能够发现新兴品牌的风险，而且能够在风险增大之前解决这些风险。[125] 例如，一家航空公司监控推特上是否有对其名称的负面评论，如果发推特的人是航空公司的常客，它会进行干预来解决问题或弥补，希望将负面情绪转化为正面情绪，并留住重要客户。同样，连锁酒店在办理入住手续时会查询一个人的社交媒体的 Klout评分（网络影响力评分）[126]。Klout 评分较高的客户可以免费升级。一家消费品公司会跟踪社交媒体上的评论，以推动产品创新。例如，当听到有关在床上看书的抱怨后，该公司设计了一款背光产品。第 8 章讨论了企业如何监控实时和新出现的风险。[127]

连接经济与地球生态

芝加哥经济学派认为，对于股东来说，企业只有一个目标就是利润，这也是唯一的受托责任。这种观点渗透到对董事、高管和企业对股东义务的司法解释中，尽管企业在实现非财务目标时保留一定的自由裁量权，但不会产生法律后果。当一个保守的股东团体抨击苹果在可再生能源方面的支出，并要求苹果只投资于有利可图的措施时，首席执行官蒂姆·库克（Tim Cook）愤怒地回应道："当我们致力于让盲人也能使用我们的设备时，我不考虑那该死的投资回报率"。库克补充说，环境、健康和安全问题也是如此："如果你希望我只是为了投资回报率而做事情，那你应该抛弃这只股票。"苹果股东否决了这个保守团体迫使苹果披露其在应对气候变化方面的投资成本的决议。[128]

如前所述，一些企业社会责任活动可以符合增加利润和股东价值的财务目标。这些活动主要包括节能行动、节约材料和回收利用。还包括优化送货路线（请回想"反对碳排放的潮流"中的 UPS 案例），在合理的地方安装可再生能源设施，以及许多其他小规模的生态效率改善，这些工作可以减少碳足迹并节省资金。例如，马莎百货报告说，仅在 2010 年和 2011 年，一系列在可持续发展方面的工作就带来了 7 000 万英镑的净收益。[129]

许多企业在管理业务时，正将目光投向短期财务盈利之外，以应对社会压力或负面媒体报道。对于这些企业来说，可持续发展涉及以利益相关者为中心的长期管理企业的方法。尽管转移对财务盈利的注意力似乎会威胁到利润和股东，但麻省理工学院有限的研究表明，在某些情况下，从长期来看，情况可能正好相反。比较通用汽车和丰田汽车，美国联合航空公司和西南航空公司，波音和空客，就揭示了一个有趣的模式。在这三对企业中，前一家都支持被认为与股东保持一致的短期财务目标，后一家支持与多个利益相关者更一致的长期目标。然而，以股东为中心的企业每年只给股东 3%的回报，而以利益相关者为中心的企业在近 30 年（1981—2009 年）里的回报率近 14%。[130] 虽然由于分析的企业数量少，不能完全得出结论，但这组配对之间的比较是深入而详细的。一项对 275 家财富 1000 强企业的更广泛研究发现，在可持续发展措施方面排名前 50 位的企业在五年内比排名后 50 位的企业给予股东的回报率高出 38%。[131]

这项研究表明，从长期来看，视野更开阔的企业可能比只关心财务盈利的企业更具有价值。出现这种悖论是因为满意的客户、员工、供应商和社区更有可能与以利益相关者为中心的企业建立更富有成效的关系，进而带来更高的利润和更满意的股东。富士通计算机系统公司个人电脑业务和运营副总裁凯文·雷恩（Kevin Wrenn）将可持续性与财务绩效的平衡称为"实现经济与生态和谐"的任务。[132]

德国运动服装公司彪马启动了一项平衡环境可持续性和财务绩效的综合措施。2012 年，该公司发布了环境损益表（EP&L）。该报告通过核算企业所依赖的生态系统服务的成本，以及对企业及其供应商的直接和间接环境影响的成本，来估算对地球造成的成本。EP&L 允许在单个指标方面进行逐年比较。彪马公司 2010 年的报告详细说明了 1.45 亿欧元的环境影响。有趣的是，只有 6%的影响来自于彪马公司自己的运营，其余则来自其供应链合作伙伴（分析深入到第四层的供应商）。

最后，若干司法管辖区承认并允许以一种同时具有财务和社会目标的公司形式。其中包括美国的公益公司（B 型公司）和低利润有限责任公司（L3C），以及英国的社区利益公司（CIC）。[133] 这些公司正式宣布它们的目标比股东的财务回报更广，公司在决策时考虑社会和环境。然后，这些公司将免除只使股东价值最大化的法律受托责任的限制。相反，它们还可以在决策中纳入社会责任，并吸引有社会责任意识的投资者提供资金。

第 12 章

适应长期变化

某些类型的供应链破坏是长期的变化导致的，而不是因为瞬时的冲击。这些变化会导致企业环境、供应链、市场、生产要素、社会期望或监管框架的永久性变化（新的常态）。有些趋势影响特定行业的生存能力。例如，以前成功产品的使用率下降和习惯的变化，包括固定电话的使用、[1] 吸烟 [2]、戴帽子的男性、[3] 观看棒球比赛的球迷[4] 或打高尔夫球的人。[5]

其他趋势对多个行业以及供应链结构具有更广泛的影响。这些趋势包括特大城市的兴起、发展中国家中产阶级的增长、电子商务和全渠道零售的日益普及、发达国家人口老龄化、全球气候变化、民间对企业社会责任的要求、非洲商业的兴起，以及基于新开采技术在美国和其他地方的新能源供应。

尽管人口老龄化或新能源等趋势可能是明显的，但企业在如何应对这一趋势做出最佳反应和应对时机方面面临着重大的不确定性。在许多情况下，有"好"的理由不立即做出反应，例如，趋势有效性的不确定性或短期财务压力，这些阻碍了企业在调整和反应上所需的长期投资。

区别长期变化和其他快速发生的风险的另一个因素是长期的趋势中蕴含着潜在的上行机会。这些现象的长期性质意味着，相对于缺乏预见性或反应能力较差的竞争对手，企业有机会去适应甚至创造竞争优势。事实上，挑战在于决定如何以及何时投资以应对这些趋势。

尽管中长期趋势的数量巨大且多种多样，包括市场变化、社会期望、迁徙模式、法规和自然现象等，但本章重点讨论的是：一个无可辩驳的趋势，一个有所争论的趋势，一个通常不被认为是趋势的趋势。

正在变老的国家：人口老龄化

许多发达国家正面临老龄化。在美国，2010 年，每 12 秒就会有一个人超过 65 岁。[6] 以占人口的百分比来看，美国增长最快的人口是"85 岁以上"年龄组。到 2025 年，美国和亚洲 60 岁以上人口的比例预计将达到 25%，欧洲为 30%。[7, 8]

这一趋势的强度因国家而异。日本由于出生率极低、预期寿命长以及反移民的文化和政策，所以受到的打击尤其严重。日本不仅人口老龄化严重，而且在未来几十年内，总人口预计将减少 30%～40%。中国正在遭受独生子女政策的后果：到 2044 年，中国 60 岁以上的人口将超过美国总人口。[9] 随着中国劳动适龄人口明显萎缩，其低成本制造业的地位将面临越来越大的压力。[10] 其他地区，如南欧，出生率也很低，但它们有来自欧盟内外的高移民率进行补偿（尽管此类移民有时会造成社会和政治紧张局势）。

老龄化的人口结构将会产生许多影响供应链的经济情况，包括缺乏从事蓝领工作的工人；不同的需求模式（消耗更少的产品但更多的服务，尤其是医疗保健）；资产利用率随着人口减少而显著下降。所有这些变化都意味着新市场的兴起，制造中心的转移，以及连接两者的供应网络的变化。

老年经济学

人口老龄化的趋势将影响消费家庭的构成和决定货物流动的消费需求模式。老年夫妇的高离婚率[11]（称为 40 年之痒 [12]），以及男性和女性寿命的差异将导致更多的人独居，特别是妇女。2013 年，美国 65 岁以上的女性有 42% 是自己生活。在丹麦，这一数字为 52%。[13] 较小的家庭促使零售商品组合向较小的包装尺寸和较小的商店形式倾斜，而且更接近人们居住的地方。事实上，沃尔玛、塔吉特和其他零售商已经在建设小型的城市商店。

老龄化可能会增加送货上门和上门服务的需求。此外，这些送货员可能承担双重责任，帮助收发货物、安装产品、培训消费者使用，甚至提供家庭医疗服务。大约 70%的美国人生活在郊区和农村地区，他们计划随着年龄的增长继续住在那里。这些地区的交通依靠个人汽车，随着人们年龄的老化，交通就成了问题。这些消费地点的低人口密度，以及老年人对附加服务的需求，为零售商和物流服务供应商带来了风险和机会。

蓝领，灰头发

随着美国婴儿潮一代的老龄化，中国劳动力的减少，以及日本和一些欧洲国家人口的萎缩，可以预见到适龄的工作人口的相对短缺。迪尔、卡特彼勒和丰田已经看到劳动力供应的问题，以及有经验的工人退休后知识的损失。特别是，当长期员工退休时，企业失去了如何处理罕见事件的知识。

尽管 21 世纪头 10 年初经济疲软，年轻工人失业率居高不下，但美国运输公司仍面临卡车司机短缺的问题。这可能是未来的一个迹象，因为这些公司雇用了更多的老年司机，这是他们的第二或第三职业。积极的一面是，许多老年人在超过传统的退休年龄后继续工作，做有意义的工作，并享受社交活动——在 66～70 岁的工人在退休后继续工作的原因中，金钱排在第四位。[14] 对物流公司的影响包括需要接纳"灰头发"的运输和仓储劳动力，以及大量女性劳动力的涌入。仓库操作员或汽车运输商如果能够随着时间的推移进行调整，以适应身高 5 英尺 2 英寸（157 厘米）的 60 岁女工人，那就将处于满足未来劳动力需求的有利位置。

气候变化的机会

2013 年，全球气温已经连续第 37 年高于 20 世纪的平均水平。[15] 更高的气温以及天气变得更热而且更不稳定的可能性,给企业及其供应链带来了一些已知和未知的风险。

大多数主流科学机构同意联合国政府间气候变化专门委员会（IPCC）关于全球变暖的存在和原因的五份报告。尽管一些气候变化的影响是不可否认的，但一些受人尊敬的科学家质疑气候变化的原因，认为气候变化的原因可能是自然的，也可能是未知的。[16] 另一些人就预测的基础模型之不准确对预测提出质疑。长期预测模型包含许多关于变化速度、变化幅度和地理变化模式的不确定性。[17] 例如，IPCC 的最新报告显示，尽管自 1990 年以来大气中的二氧化碳增加了 12%，但预计上升 0.2～0.9℃ 的气温仅上升了 0.1℃，这个数字与 0℃ 在统计意义上没有区别。[18] 与此同时，科学家、活动家和决策者仍在推动缓解措施。例如，欧洲气候行动专员康妮·赫泽高（Connie Hedegaard）说："假如几十年后，科学告诉我们说'我们错了，这和气候无关'，但你能做很多你不得不做的事情与气候变化做斗争，这无论如何都是好事吧？"[19] 其他人，如美国前国务卿乔治·舒尔茨（George Shultz）认为，尽管气候变化及其原因可能不太确定，但因为后果是如此可怕，所以目前的脱碳举措应该被视为'购买灾难保险'。"[20] 这些不确定性让企业处于两难境地：鉴于不确定性，它们应该何时投资于缓解措施以及应该投资多少？

气候变化带来了四类潜在的供应链破坏。首先，由于限制全球碳足迹的法规或其他方案，更高效率的能源成本将长期上升。第二，海平面上升（可能影响拥有世界大多数人口和海港的沿海城市）或河流流量下降，会对运营和物流造成潜在干扰，影响水上运输和农业。第三，食品、木制品包装材料和水等对气候敏感的商品价格上涨。这些变化提高了相关的社会和政治混乱的风险，并带来严厉监管的威胁。第四，在非政府组织、媒体和公众舆论关注气候变化的地区开展业务的、被认为在环境方面有重大影响的企业，其声誉受到了损害。从这个意义上说，只要公众舆论相信气候变化是真实的，而且是人类活动造成的，至于企业领导层是否相信并不重要，企业至少应该被视为与客户们的担忧保持一致。价格和可获得性的风险以及声誉风险分别在第 10 章和第 11 章中作了更全面的描述。

根本原因

二氧化碳和甲烷（CH_4）等温室气体被认为会加剧全球气候变化。[21] 这些气体在大气中吸收热量，从而增加温度，但也可能加速水的蒸发和风暴系统的形成。温室气体排放和气候之间的这种联系，使化石燃料在运输、工业生产和能源生产中的使用成为一大焦点。与产品、工艺、企业或国家/地区相关的温室气体排放总量定义了所谓的碳足迹。

2013 年 5 月，大气中的二氧化碳含量达到 400ppm（百万分之一）。[22] 这种浓度比工业化前的水平高出约 42%，而且由于许多发展中国家经济的增长，这种浓度继续加速上升。二氧化碳水平预计在 2050 年可能达到工业化前水平的两倍，要将它控制在这个水平将需要大幅度地降低化石燃料的消耗，就更不用说减少了。然而，气候变化不会突然发生。麻省理工学院教授（同时也是美国能源部长）欧内斯特·莫尼兹（Ernest Moniz）在 2007 年警告说："数学计算显示，我们还有 40～60 年的时间，但做出改变需要 50 年的规划周期，所以我们需要现在就开始做出改变。时间延迟的原因是规模——石油业务规模达万亿美元……将需要很长时间来取代。" [23]

西班牙的雨不会落在平原上

气候变化造成的一个重大风险是因缺水而造成供应中断。科学家预计，气候变化将影响降雨和降雪模式，[24]在水分减少和热量增加的配合下，一些地区变得越来越干燥。水资源短缺将对农业、城市和消耗大量水的各种生产过程产生影响。受影响的用水行业包括食品和饮料，以及令人惊讶的一系列其他行业，如半导体制造、纺织业和电力行业。

2011 年 11 月，欧洲莱茵河上的驳船交通因干旱和水位低于正常状态 1.5 英尺而中断。[25] 托运人只能选用轻载的驳船，以避免搁浅。[26] "在如此低的水位中，船很难航行。企业正在遭受损失，4 000 吨容量的船舶只能装载 1 000 吨的货物，"德国宾根水道和航运办公室的拉尔夫·舍费尔（Ralf Schäfer）说。[27] 驳船在美国承运了 11%吨数英里的货物[28]，在欧洲有 5%～6%,[29] 这是运输大量货物的一种特别省油的方法。但驳船运输需要足够高的水位。

如果上游用水者垄断有限的降雨或融雪所产生的水源，造成下游农业用户和城市缺水,那么水资源短缺将加剧。在干旱出现了一年后,瑞士就采取了这样的行动,向莱茵河限制水流。这一限制导致水位下降,影响了河上的驳船交通,并迫使化工制造巨头巴斯夫等大型散装货主、将进出其位于路德维希港的巨型工业园区的货物转成用铁路和卡车运输。结果是运输成本增加,客户服务水平降低,陆路运输线路出现新的交通危险,温室气体排放增加。巴斯夫40%的进出境货物依赖内河驳船,[30] 严重依赖于河流水位。

特大城市的兴起和城市化增加了农产品供应中断的长期风险。将农田转为城市用地减少了耕地面积。事实上,中国政府对是否有足够的可耕地养活其人口保持高度警惕,以至于在2013年和2014年,它一直在巴西购买大片土地,导致巴西土地价格大幅上涨,尽管当时巴西旱情严重而且旱情通常会导致耕地价格下跌。[31] 此外,发展中国家的城市化正在造成农村地区劳动力短缺。例如,印尼官员担心该国的粮食生产,因为该国的年轻人已经离开农村前往城市,而且农业人口正在老龄化和退休。[32]

海平面上升,河流水位下降:影响航运业

世界上许多贸易发生在港口城市之间,而这些城市是位于海平面上的。一些有关气候变化的预测显示,到2100年海平面将上升13~94厘米(5~37英寸)。[33] 这可能会威胁到港口基础设施以及主要港口周围的人口和工业。上海、鹿特丹和大阪等主要港口受风暴潮破坏的可能性会越来越大。[34] 上海是2010年以来世界上最大的集装箱港口,[35] 是世界上最易受海水淹没伤害的大城市。[36]

风暴发生的概率越高,运营和物流中断的可能性就越大。如第7章所述,动荡的天气是导致2011年泰国洪灾的主要原因,洪水给计算机和汽车行业造成了严重的供应链破坏。2010年泰国发生干旱导致水库枯竭,农作物损失达4.5亿美元。[37] 对干旱的记忆使泰国当局在2011年雨季开始时就限制水库泄水,而不是稳定地放水以备暴雨来袭。[38] 到2011年年底,当一系列热带风暴袭击泰国时,水库没有多余的容量来吸收增加的水,被迫将洪水泄放到高度

工业化的中央洪泛区。[39]

然而，并非所有全球变暖的影响对供应链运营都是负面的。例如，如果覆盖加拿大北极群岛的厚冰层融化，那么亚洲和欧洲之间的海上运输将可以通过所谓的"西北航道"而缩短 2 500 英里，这样阿拉斯加的石油就可以快速地运送到美国东部和欧洲。[40]

气候变化造成监管和社会压力

限制气候变化的速度将需要大幅度减少温室气体的排放或增加温室气体的吸收或封存。由于运输产生美国 28% 的温室气体排放，[41] 供应链可能面临需要转变到更节能模式的持续压力，替代化石燃料动力的运输工具，尽量减少货物运输的吨英里数，并为碳封存或缓解气候变化支付费用。

燃油税、排放限制和限额与交易计划都提高了燃料和运输的有效长期成本，从而增加了全球供应链的运营成本。高昂的运输成本也会促使企业采用更慢的大批量运输方式（例如，驳船和铁路，而不是卡车运输）（参见第 10 章，"效率：使用更少，支付更少"）。

最后，气候变化及相关商品成本的增加可能会影响国家和地区的政治稳定。2011 年阿拉伯之春发生的多国社会动荡的原因之一，是 2009 年至 2011 年期间食品价格飙升了 43%。联合国的研究表明，当食品价格指数达到 210 的时候 [42]，食品骚乱的可能性要大得多——该指数在 2011 年达到 228。[43] 当然，气候变化只是导致食品价格上涨的因素之一，另一个重要因素是，在美国与气候变化相关的乙醇政策误入歧途。[44] 主要的粮食价格上涨导致许多发展中国家发生骚乱，如 2006 年和 2012 年墨西哥玉米价格骚乱 [45, 46]，及 1998 年印度尼西亚食用油骚乱。[47]

旧的不去，新的不来

1963 年，路易斯安那大学的莱昂·梅金森（Leon Megginson）教授在一篇关于达尔文的物种起源的演讲中说："生存下来的不是最智慧的物种，也不是最强壮的物种，而是能够最好地适应它所处的不断变化的环境的物种。"[48] 每年，企业都会推出新产品和新工艺，并淘汰旧产品和旧工艺。当竞争对手推出卓越的产品、更高的能力和更好的流程时，如果企业不能迅速适应，就可能会失去市场份额、收入下降，并面临生存风险。

领导者的跌落

诺基亚公司是 2005 年我写的《弹性的企业》一书中成功的典范。[49] 2000 年，新墨西哥州的飞利浦芯片工厂的洁净车间发生火灾，诺基亚是飞利浦的主要客户中第一个发现问题严重性、调动资源解决问题、找到替代供应并迅速恢复的。相比之下，诺基亚的直接竞争对手爱立信也使用飞利浦芯片，但发现问题的速度要慢得多，反应效率也低得多。适应力强的诺基亚蓬勃发展，而反应迟钝的爱立信却遭受了 23.4 亿美元的损失，被迫将其手机业务与索尼合并。

多年来，诺基亚以各种创新手机主导了手机市场。然后，在 2007 年，苹果推出了 iPhone。起初，苹果对诺基亚没有威胁。2007 年，苹果销售了 370 万部 iPhone，[50] 而诺基亚销售了 4.35 亿部手机，[51] 其中包括 6 000 万部智能手机。[52]

随着时间的推移，苹果的简约触摸屏设计被证明是非常受欢迎的，并被广泛复制，如谷歌的安卓手机、黑莓 Z 系列和微软 Windows 8 设备。此外，苹果还创建了一个市场，通过苹果易于使用的媒体分销渠道（iTunes 商店）将应用程序开发者的供应链与消费者联系起来。最初，应用商店只有几个应用程序，并且应用模式未经验证。[53] 但是，随着时间的推移，苹果的受欢迎程度逐渐上升，尽管这是一个相对缓慢的过程。即使在 iPhone 推出三年后，诺基亚智能手机的销量仍然以 2∶1 的比例超过苹果的 iPhone。[54] 然而，到 2013 年，诺基亚的智能手机份额已降至 3%以下。[55] 那一年，诺基亚将其手机业务出售给了微软。[56] 在这一经典的颠覆性创新案例中，诺基亚被 iPhone 击败了。

诺基亚也不是唯一一家错过 iPhone 和其他类似手机的颠覆性威胁的公司。微软在移动市场的份额从 2007 年的 42%下降到 2011 年的 3%。[57] 黑莓的全球市场份额同样从 2009 年的 44% 下降至 2013 年年底的不足 2%（其中在美国不到 1%），即使在 2012 年推出新机型和新的触摸屏操作系统之后也是如此。

为什么颠覆性创新如此具有破坏性

从理论上讲，诺基亚应该保持其市场主导地位。它在研发方面投入了大量资金，1999 年，它甚至发明了一款与苹果在七年后发布的手机非常相似的手机。诺基亚的这款原型机在一个按钮上方设置了触摸显示屏。在演示中，诺基亚的首席工程师弗兰克·努沃（Frank Nuovo）展示了如何使用该手机在线订购产品、寻找附近的餐厅或玩游戏。"我们做得很完美。"努沃说。[58] 其实苹果很晚才进入这个市场。彭博社的马修·林恩（Matthew Lynn）在介绍 iPhone 时写道："已经有大公司主宰了这一领域。"[59]

但为什么诺基亚没有打败苹果？在颠覆性创新中往往出现三个问题：新产品看起来似乎低劣；新产品似乎不能满足消费者任何已知的需求；新产品降低了企业现在的平均利润率。[60] 所有这些问题都阻止了诺基亚将触摸屏手机推向市场。

首先，诺基亚、其他的企业和技术专家认为 iPhone 在设计上明显不如现有的智能手机。[61] iPhone 在耐用性测试方面未能通过诺基亚的五英尺的"跌落测试"。与诺基亚的 3G 手机相比，iPhone 使用的是缓慢的 2G 网络。更糟糕的是，iPhone 的制造成本很高，即使是两年的合约价也高达 499 美元。在《苹果 iPhone 失败的四个原因》一文中，有影响力的科技博主 Hung Truong 写道："现在，你可以在返利后以 0 美元的价格获得一款 T-Mobile MDA 智能手机。所以大众不愿意为一部手机支付那么多钱。"[62] 2007 年 1 月 12 日，在 Think Mac 的博客上，罗里·普赖尔（Rory Prior）写道，那些买得起 iPhone 的人已经拥有了"雇主提供的手机"。[63] 他还预测道："现有手机的系统与各种企业系统（Exchange、MS Office、IM 等）集成，尽管人们受到 iPhone 的诱惑，但因为 iPhone 不可更换电池、没有第三方软件、IT 部门不愿意支持以及触摸屏的键盘不好用，这会让人们继续使用现有的 Windows Mobile 智能手机。"

其次，颠覆性创新往往无法解决现有产品中任何客户感知的缺点，以抵消它在其他方面的缺点。这是因为新的发明做了一些全新的或超出现在客户通常需求的东西。在 iPhone 之前，没有智能手机用户抱怨无法通过轻扫屏幕来移动页面或删除电子邮件。在 2007 年，没有人要求在 iPhone 之前的智能手机上通过捏手指来缩放图像，没有人大声疾呼要开一个应用程序商店。大多数企业利用市场调研来了解客户的需求，而错失了实现真正创新的机会。正如亨利·福特（Henry Ford）所说："如果我问顾客他们想要什么，他们会说'一匹更快的马'。"

第三，现有的企业不得不进行使自己的产品过时的投资，[64]并扰乱自己现有的业务——这是公司董事会和华尔街难以承受的。2006 年，诺基亚首席执行官奥利-佩卡·卡拉斯沃（Olli-Pekka Kallasvuo）将智能手机和基本手机的研发部门合并在一起。因此，工程团队在资源方面相互竞争，而且通常情况下，利润丰厚的高收入的现有产品线战胜了投机性的高成本的新产品。一款新的一键式触摸屏手机代表着一个危险的新竞争环境，而诺基亚作为当前市场的领导者，没有理由扰乱自己。

同样的逻辑导致底特律汽车公司把市场份额让给日本汽车制造商。使颠覆性创新的威胁如此隐蔽的关键现象之一是，起初看起来不怎么样的产品，最后会变成非常好的产品（例如，没有键盘的智能手机或小型汽车），这个现象的原因是市场会逐渐接受新产品的独特功能（例如，简约的 iPhone 设计或小型车的燃油经济性），以及对创新的逐步改进。因此，底特律汽车业忽视了最初的小型车，但随后日本企业开发了紧凑型轿车以及中型轿车。美国企业在每个阶段都专注于高端的、有利可图的市场。随着对每个细分市场的放弃，美国企业销售的每种产品的平均利润都上升，从而支持这一决定。最后，日本公司推出了讴歌、雷克萨斯和英菲尼迪，以及全尺寸 SUV 和卡车，打败了底特律的汽车制造商。当然，韩国人（三星和起亚）正在对日本人做同样的事；而中国人（例如吉利）也可能对韩国人做同样的事。同样，美国钢铁厂也面临小型钢铁厂的威胁；IBM 在个人电脑时代到来时也遭遇了痛苦。

流程和效率创新

颠覆性创新并不总是产品：它们也可以是过程创新或效率创新。创新的流程允许企业以更低的价格销售同一产品，提供更多种类或提供不同的用户体验，所有这些都会扰乱竞争对手。尽管以前传统零售商认为亚马逊的网站和它们的实体商店相比购物体验不好，但是亚马逊庞大的品类、低廉的价格、客户对产品的评论和良好的客户服务，迫使许多零售商店关门。亚马逊以卖书起家，在某一个具体的城市里，大多数图书的销量极低，这意味着图书通常长期放在书架上，而且大多数图书甚至都未进入当地书店。

相比之下，在全国范围内从一个仓库集中运输则利用了风险池（risk pooling）的好处，使亚马逊从不同图书的库存量来说成了"世界上最大的书店"。亚马逊还避免了零售店面空间和零售员工的高成本。亚马逊的客户评论和"点击查看内部"的功能为消费者提供了购买模糊标题图书所需的信息。随着亚马逊从销售图书转向高科技产品、玩具和其他产品，许多传统的零售连锁店因无法承受冲击而倒闭。然而，实体零售仍然保留着一个优势——购物者可以在商店里立即获得产品，但亚马逊的购物者必须等待一两天才能收到货。

可以下载到个人电脑、平板电脑、智能手机和亚马逊自己的 Kindle 设备的电子书的兴起，实现了即时的满足感，人们甚至不需要开车去商场买一本新书。然后，在 2013 年亚马逊开始在一些市场提供当天交货以及面对面付款和退货服务。随着以往网上购物壁垒的逐渐消失，更多的传统零售商可能会被冲击。

亚马逊也正在为作者提供一条直接的出版途径，这样就会冲击出版业，从而将传统出版商从这一进程中排挤出去。新的流程大大减少了从提交稿件到出版的时间，并允许作者在销售收入中分得更大的比例。类似的革命也影响了音乐和电影发行业务，转向独立制作和数字下载，而不是 CD 或 DVD 的物理制造、发行和零售。

另一个值得注意的流程创新是戴尔公司开发的延迟流程。20 世纪 90 年代初，戴尔完善了个人电脑和服务器的直销模式。该公司没有库存成品，而是通过互联网接收订单,让客户定制他们想要的配置,并查看其他可选配置的价格。然后,戴尔迅速根据配置组装好电脑,并在几天内发送给客户。在绕过零售渠道时,戴尔从未被过时的个人电脑所拖累。当零部件价格下降时,它能够降低价格,而且它比任何实体零售商都能提供更多的产品变形。戴尔的创新流程使其市场份额增加,现金转换周期为负(戴尔在付款购买供应商零部件之前,已经从客户那里收到了货款)。

然而,创新并不能保证永久的竞争优势。进入 21 世纪,随着 PC 行业的成熟,环境发生了变化,从对最新台式机技术的争夺(戴尔非常适合提供这种技术)转向强调廉价的笔记本电脑和上网本。更长的产品生命周期和更少的产品配置使戴尔的竞争对手能够以低成本在海外制造电脑,并使用低成本的海运。[65] 电脑成为在低成本零售商店(如 Costco 和沃尔玛)里就能买到的基本商品。

戴尔对这一转变反应迟缓,而该公司应对这一变化的尝试与底特律对低成本日本汽车的迟缓反应相似,区别是戴尔使用了外包。戴尔开始将越来越多的低价值业务领域,如主板、电脑组装和供应链管理外包给华硕,最后连设计也外包了。[66] 在每个阶段,外包给华硕在财务上都是合理的,因为它提高了戴尔的盈利能力(成本下降,但收入保持不变)。在看似理性的决策过程结束时,华硕开始以低成本向百思买等零售连锁店提供更好的电脑,而戴尔很难在成本上与之匹敌。[67]

横向颠覆者的创新

颠覆性创新的影响可能波及创新者的竞争对手之外,甚至超越创新者的行业。亚马逊可能会提供很多产品,但它不提供新鲜的热比萨饼。但亚马逊和其他网络零售商卷入了 2011 年拥有 800 家餐厅的比萨连锁店斯巴罗(Sbarro)的破产。虽然亚马逊和斯巴罗没有直接竞争,但斯巴罗严重依赖他们连锁店所处的购物中心的客流量。[68] 2010 年至 2013 年间,美国购物中心的客流量下降了一半,这一趋势一定程度上归咎于快速增长的电子商务。[69] 同样的趋势造成了 2014 年另一家美食连锁店 "Hot Dog on a Stick" 的破产。[70]

其他类型的创新可能发生在供应链的上游，但会逐渐渗透并颠覆下游公司。例如，许多行业依赖于电子元件供应商，这些供应商在消费电子行业以外的不同行业拥有广泛的客户。例如，惠尔丰（Verifone）在其销售点终端内使用微电子技术（类似于手机行业中使用的微电子）。通用汽车生产的汽车具有各种各样的微处理器，用于控制车辆系统，并提供仪表板导航和驾驶员控制。德国化工制造巨头巴斯夫在其化工厂运营着复杂、高可靠性的工业控制器网络。

微电子供应商迅速创新，以满足消费类电子产品变化无常的需求，但并非所有电子客户都希望丢弃去年的芯片，转而购买今年的新产品。惠尔丰的产品更新速度与零售商的销售点终端系统的多年资本支出计划有关。通用汽车设计和生产新车型的流程通常需要数年时间，加上对所有车辆提供五年保修，意味着通用汽车可能需要十年以上的零部件供应的连续性。巴斯夫在生产系统的 IT 实施中奉行"落后三代"的安全保障政策，因为巴斯夫需要久经考验的芯片的可靠性和安全性，而不愿意冒险使用最新芯片。这三家公司都因上游的创新而共同面临供应链风险。与惠尔丰、通用汽车或巴斯夫相比，它们的芯片供应商更愿意频繁地更改产品和设计策略。

惠尔丰的全球供应链高级副总裁帕特里克·麦吉文（Patrick McGivern）表示："我们非常仔细地关注着这个行业，因为手机用户是这个行业的主要推动者。然后做手机的这帮家伙会采取不同的策略。因此，我们拭目以待，五年后这个行业是否还会存在？因为它对我们至关重要。"风险是，手机制造商可能会放弃目前的技术，并放弃对惠尔丰至关重要的某些供应商。这些供应商可能无法在失去其最大收入客户的情况下生存下来，造成惠尔丰所需的关键零部件短缺。

产品寿命周期长或资产寿命长（如汽车、飞机、工厂）但使用生命周期较短的产品（如微电子）的企业有两种方法应对这种过时的风险。首先，一旦发现问题，一些企业会进行最后一次采购；也就是说，他们购买相当于未来几个月或几年需求的产品和零部件。其次，在某些情况下，企业可以将产品设计成模块化架构,其中一些零部件可以采用更快的设计周期,与供应商的周期相匹配。第三种,未来的替代方案可能涉及使用 3D 打印,这将使供应商能够保留产品的数字计划,并在大规模生产终止后按需生产少量产品。即使原始供应商选择停止生产,客户也可以谈判出"授权制造"的权利或托管权,以确保持续供应。

共享经济

2007 年 10 月,刚毕业的布赖恩·切斯基放弃了在洛杉矶找工作的打算,搬到旧金山与一位朋友住在一起。[71] 由于处于无业状态,切斯基无法帮助他的朋友付房租,这对室友产生了个想法。他们注意到一个大型的工业设计会议在旧金山召开,导致当地的酒店市场超负荷。许多旅馆都订完了,剩下的几间客房价格也过高。这对思维敏捷的室友们铺好了一些充气床垫,冲到杂货店买了一些熏肉和鸡蛋,然后把他们的公寓变成了一个提供住宿和早餐的地方,每人每晚 80 美元。他们称自己在酒店业的牛刀小试是"充气床和早餐"(Airbed and Breakfirst),并赚了足够的钱来支付他们的房租。

意识到其他人可能也想提供这些相同的服务,他们推出了爱彼迎(AirBnB),一个在线住宿共享中心,到 2013 年年底达到了 1 000 万的访客住宿量。[72] 这些形式的"分享"在其他领域也越来越普遍。共享的内容包括汽车共享服务(Zipcar、RelayRides、Car2go)、替代出租车服务(Lyft、Sidecar、优步)、自行车共享(哈韦、Zagster)、家庭用品共享(Snapgoods、ShareSomeSugar)、工具共享(西南波特兰工具库)和服装共享(Tradesy,SwapStyle)。

直接的消费者对消费者的"共享经济"业务随着互联网的大幅增长带来的二手经济的发展而繁荣。Craigslist、eBay、二手商城、Secondhand.org.uk 等数十家公司补充了原本小型二手货商店和低端的"求购"广告的市场。2008 年金融危机后,消费者面临持续的财政困难,既造成了可供出租或分享的物品供应,也产生了消费者寻找比全价零售产品和服务更便宜的替代品的需求。互联网催生的"分享"而不是购买的观念,以及与陌生人联系的意愿的增强,进一步推动了这一趋势。

这些共享型的企业有可能威胁到现有的租赁型企业（如酒店和出租车）以及产品制造企业（例如，减少对新车的需求）。AirBnB 在 200 个国家和地区拥有 60 万房源，[73] 其规模仅次于全球四大连锁酒店。[74] RelayRides 在美国 229 个机场与租车公司竞争。[75] 消费者不仅不用支付在机场停车的费用，而且在他们外出旅行时或不需要汽车时还可以通过提供自己的车辆收费。

一些企业正在拥抱这一趋势。在环境可持续性的推动下，巴塔哥尼亚（Patagonia）与 eBay 合作开展一项活动，鼓励消费者购买二手的巴塔哥尼亚服装，而不是购买新服装。虽然这样似乎蚕食了自己的销售，但这项活动巩固了巴塔哥尼亚在环保方面的诚意，提醒了顾客巴塔哥尼亚产品的坚固耐用，并通过展现其服装的转售价值而降低了顾客购买新服装的阻力。

新想法的新指标

与成为今日头条新闻的突发的局部灾难不同，颠覆性创新会慢慢出现，并随着时间的推移而积聚力量。飓风在某一特定时刻登陆，但诺基亚在 iPhone 上的经历表明，颠覆性创新没有明显的开始日期。飓风在几天短暂而猛烈的暴风雨中耗尽了自己，而颠覆性的创新则造成客户需求和市场结构的永久性转变，从而促使企业需要长期适应。激励任何组织进行此类长期变革的一个方法是改变用于评估和奖励员工和经理活动的关键绩效指标（KPI）。此类 KPI 会驱动行为，因为"被衡量的就会被管理。"

大多数企业都认识到创新的潜在优势，例如，减少被冲击的机会，增加从竞争对手那里获取市场份额的机会，以及率先从长期趋势中获利。当创新出现在发明者的脑海时，普通人可能会把创新想象成一个灯泡偶然被点亮，但创新实际上可以简化为一个产生和评估潜在概念的有条不紊的过程。为了管理这一过程，领先的企业使用与创新相关的 KPI 来衡量和管理新产品和新流程开发的速度。创新指标可以跟踪创新流程的投入（例如，研发支出、员工贡献的想法的百分比），将创新推向市场的过程（例如，新产品开发周期时间、到批量生产的周期时间）和创新过程的产出（例如，专利数量、新产品数量、新产品带来的收入的百分比）。[76]

强生公司执行董事杰夫·墨菲（Jeff Murphy）指出，采用创新指标应遵循创新战略部署的步骤。[77] 在创新活动开始时，早期指标跟踪人员的联系、培训和参与情况。接下来，其他指标衡量项目数量的增加或加速。最后，具有更成熟创新战略的企业会衡量最终目标的达成情况，例如新产品的收入。然而，诺基亚的例子表明，如果企业过于保护现有产品线的利润，只有新产品的数量可能是不够的。新的市场进入者，因为没有现有的产品需要保护，可能会冲击一个本来有创新能力的市场领导者。

场景规划

"我们倾向于高估一项技术在短期内的影响，而低估长期的影响。"未来研究所前所长、研究员和科学家罗伊·阿马拉（Roy Amara）说。[78] 场景规划是避免与思考长期趋势、长期风险和战略响应相关的此类长期预测失误的方法。场景规划不是试图预测技术变化、政治调整、城市化或任何其他趋势的可能性，而是要求经理和高管设想一套不同的"假使…会怎样"的未来，以及这些不同的假设可能会如何影响到企业。

场景规划是对业务连续性规划的补充（参见第 6 章）。尽管两者都从"假使…会怎样"开始，旨在帮助组织为风险做好准备，但两种方法在目标和时间尺度上有所不同。业务连续性规划尝试创建可以随时执行的计划，使组织的绩效恢复到运营中断之前的水平,而场景规划则尝试创建一个适应在绩效定义上的永久改变的计划。业务连续性规划处理瞬间发生的事件（例如飓风），而场景规划处理长期趋势（例如，几乎一切都由家庭 3D 打印机制造的世界）。最后,业务连续性规划旨在缓解破坏性威胁，而场景规划则同时处理威胁和机会。场景规划与军事规划者进行的战争游戏类似，军事规划者试图设想各种新的威胁场景，并对军方如何处理这些情景进行推演。政治科学家在制定长期外交政策时也采用了类似的方法。

创建场景 [79]

一个组织通过先确定想要解决的基本问题来启动场景规划的流程。例如，在 1997 年的一次场景规划练习中，UPS 提出的问题是："在这种不断变化的竞争环境中，UPS 的全球业务是什么？" 2010 年，UPS 开展了一项新的场景规划工作，重点是："2017 年 UPS 的全球市场和主要区域市场的未来是什么？" 在 2010 年思科则提出："从现在到 2025 年，塑造互联网的力量有哪些？" [80]

下一步是创建或选择某些场景。由于场景规划旨在激发对不同未来的新思考，因此此项工作通常涉及多个相互排斥且非常不同的场景。例如，UPS 在 2004 年考虑了四种场景，这些场景源自基于商业模式开放程度（专有 vs.协作）和商业环境（和谐 vs.混乱）定义的象限。思科在 2010 年的工作着眼于从八种可能的场景中挑选出四种，这些场景基于全球互联网基础设施密度水平的不同可能性（有限 vs.广泛）、创新模式（增量 vs.突破）以及互联网用户行为（约束 vs.不受约束）。[81] 不同的场景不仅仅是预测值上升或下降百分比的定量变化。相反，它们是定性上完全不同的环境。

一个精心设计的场景需要看起来是可能发生的，在内部保持一致，并引发关于企业如何在新的未来中生存和发展的战略讨论。每个场景都应该有丰富的类似故事的细节，例如通过提供来自未来的新闻故事示例，让参与者感觉沉浸在未来的世界。例如，森宝利（Sainsbury）和联合利华与未来论坛合作，开发了四种"消费者未来"的场景。在每个场景中，它们给出了一个七年的关键发展时间表，假设了十个指标的趋势，描绘了几十种设想的产品，描述了这个可能出现的世界中生活和购物的关键要素，并给出了一个假想即一名顾客一天的生活场景，名叫"苏西的洗发水故事"。[82]

思考可能性而不是概率

接下来，组织根据场景规划工作的目的和组织的性质，使用结构化和非结构化的讨论来考虑每个场景的影响。例如，麻省理工学院运输和物流中心的一个国家合作公路研究项目和一些州的交通部门一起研究了美国未来货运流动的四种场景。[83, 84] 针对每种场景的讨论围绕对货运流动的五种特定影响来构建。其中包括货运量、货运的价值密度、始发地、路线和目的地。研究人员还使用了美国货运基础设施的粗颗粒度地理模型。在这个过程中，美国被划分为五个海港区、四个区域公路走廊、四个铁路走廊、四个综合机场区、两个陆地港口边界、多式联运、内陆水道和"其他"。一些讨论考虑了对各类货运基础设施的影响，如门户口岸（机场、海港等）、国；连接器（多式联运、短线铁路、二级公路等）和走廊（高速公路、一级铁路线等）。就这个货运流动的未来场景的项目而言，目标是回答这样一个问题："为了 2040 年，今天（2011年）的货运基础设施投资应该放在哪里？"得出的建议是投资于不同模式的运力，以及一些重组的举措，如建立货运专用通道。[85]

由于许多场景规划是着眼于未来数年或几十年，因此讨论通常集中在长期战略和资本投资上，而不是战术性响应上。由于遥远的未来具有不确定性，场景规划并不试图估算精确的定量影响。相反，它着眼于组织对于不同场景的潜在响应或适应计划的定性差异和相似性。场景规划练习最有价值的好处之一是拓宽管理者的视野，使组织适应与现在截然不同的未来可能性。

为长期的转变建立监测能力

监测在将场景规划从桌面练习转变为风险管理工具方面发挥着关键作用。例如，UPS 在 1997 年进行的场景规划工作使公司意识到它缺少一个有品牌的消费者端的网点。当 UPS 发现有机会解决这个问题时，在 2001 年，它以 1.91亿美元从 Mail Boxes Etc.的苦苦挣扎的母公司收购了 MBE 的 4 000 多个零售运输网点。UPS 的举动迫使联邦快递以 24 亿美元（有人说是超额支付）购买了 Kinko 公司拥有的规模较小的 1 200 家网点。关键点在于场景规划使 UPS意识到可能的转变和机会，且可以在时机成熟时采取行动。

不同的场景需要不同的监测方法。例如，一个场景假设长途运输成本的急剧上升且难以被社会接受，就会影响企业的长期供应链网络规划和资本支出。此场景的监测可能会监控燃油价格、监管政策和社会活动者的趋势，这些趋势通常会加强"土食主义"（吃当地的食物）运动。这种趋势一旦触发，企业可能会延迟对集中式的制造和分销系统的投资，转而为当地客户提供本地生产的产品。

不断变化的经济场景

场景规划可以帮助企业通过预测经济趋势的影响进行思考。例如，考虑制造回归的可能性，将制造业从亚洲迁回北美和欧洲。正如伟创力的采购主管兼首席供应链官汤姆·林顿在麻省理工学院的一次演讲中所提及的，这样做的理由似乎相当合理。[86] 随着中国劳动力成本的上升，企业可能会离开中国，转而选择墨西哥以更接近美国和加拿大市场。鉴于北美自由贸易协定，利用墨西哥劳动力可能会给北美带来显著优势，并降低运输成本。事实上，普华永道估计，随着企业在美国建立新工厂，美国较低的能源价格将导致新增 100 万个制造业工作岗位。[87] 最后，拉丁美洲的新贸易协定可能重新点燃当地的增长，并增加与欧盟的贸易。在 2013 年拉丁美洲和加勒比国家共同体与欧盟工商首脑会议上，拉丁美洲领导人承诺开放贸易，并与欧盟签署了一项涉及国际贸易的联合声明。[88] 美国企业可以利用制造回归作为竞争优势，以提供更短的交货周期、更好的服务和"美国制造"的品牌。

然而，虽然这个逻辑听起来有道理，但并不保证一定会如此。其他事件可能会阻碍制造回归，例如，（未来）通过白令海峡的中美直达铁路、[89] 墨西哥的骚乱、[90] 对页岩气开发的监管[91] 或美国其他反商业的法规。[92] 即使中国的成本变得过于昂贵，企业也可能迁往其他低成本国家，如越南、缅甸或非洲一些国家。此外，中国市场本身正在扩大，并提供了更多的本地机会。因此，押注大规模制造回归可能是一个冒险的举动。

这就是场景规划可以提供帮助的地方。场景规划的目的不是预测制造回归是否会发生，而是帮助企业思考未来会产生的不一样的影响，例如，美国制造业回归复兴 vs.美国制造的进一步衰落。在思考这些问题时，企业可以建立探测手段来监测临界点，一旦世界向其中一个或者另一个场景转变时，就可以随时利用任何一种趋势。

当然，成功地监测环境中的定性变化并不能保证对这种变化做出成功的反应。正如关于颠覆性创新的讨论所暗示的那样，企业建立有价值的资产组合（如工厂、产品、品牌、流程、核心竞争力），然后利用这些资产产生利润，但这往往会限制企业的选择。企业自然不愿意放弃这些资产，即使竞争对手的创新或环境变化有可能使其过时。场景规划不能保证做出正确的决策，但它可以帮助企业考虑是否需要进行大规模的改变，甚至是在企业准备开始构建以后可能需要放弃的资产之前。

第 13 章

少了个钉子

杜邦首席执行官埃伦·库尔曼（Ellen Kullman）表示："世界是如此紧密相连，因此反馈回路变得更加紧张。"[1] 她解释说："我们的供应链是全球性的。我们的金融市场是全球性的。因此，世界某一地区的不确定性会渗透到整个世界。如今，类似经济波动以及日本地震和海啸等自然事件的各种危险信号发生的频率比以往要高得多。"[2] 一次停电就可以揭示一家企业供应链的脆弱性：2010 年年末，东芝在日本四日市的内存芯片厂的 70 毫秒的电力中断影响了全球闪存的供应。[3]

　　日本 2011 年的地震、海啸和核反应堆灾难破坏了数百家企业，并影响了全球许多企业的供应链，相比而言 2012 年 3 月 31 日发生在赢创工厂的火灾（见第 4 章）有点微不足道，而且局限于当地。在一座城市里的一家工厂的一部分发生了火灾。不到一天，大火被扑灭了。然而，赢创大火的后续影响是显著的——在通用汽车，2 000 个零部件的供应受到危害，受影响零部件数量是更大规模的日本 2011 年灾难的 1/3。赢创火灾的影响如此之大，因为所有这些通用汽车的零部件都需要 PA-12 尼龙，这一材料突然短缺。

钻石结构是供应链的最大敌人

　　当盟军在二战期间想阻止德国的战争机器时，他们轰炸了施韦因富特周围的滚珠轴承工厂，因为几乎所有的德国坦克、军舰和飞机都依赖于施韦因富特生产的滚珠轴承。摧毁众多行业依赖的单一关键供应商，将对这些下游的行业造成最大的损害。[4]

　　供应链的原型图以倒置的"树状结构"显示了以扇状分布的大量供应商最终供给一家企业。(如图 13-1 和图 13-2。)每个 OEM 或品牌所有者都有许多供应商,每个供应商都有许多其他供应商,等等。该图显示了不同层级都有许多可替代的供应商,暗示了供应链的稳健性。但是,OEM 或品牌所有者不知道的是,一些供应链呈现出不同的形式,供应链的深处有一家供应商(如赢创化工厂或施韦因富特滚珠轴承厂)扮演了关键角色。这种供应链形状与其说是扇状,不如说更像是钻石,OEM 及其许多供应商依赖于某一供应商。

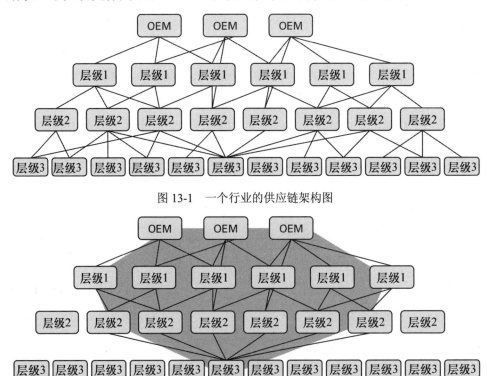

图 13-1　一个行业的供应链架构图

图 13-2　一个"钻石"形状的供应链架构图

深层的钻石结构

　　作为驱动笔记本电脑、平板电脑和智能手机的核心技术,硅芯片值得所有荣誉,但硅芯片周围不起眼的黑色塑料封装也是最高科技的杰作。第一批集成

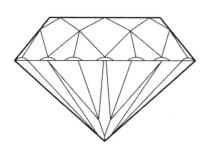

电路（IC）可能有十几个引脚将它们连接到电路板上，而今天的微芯片可以使用嵌入在薄基板上的微小焊球网格进行 500 多个连接。[5] 这种难以形容的连接密度需要高科技材料，如双苯酰胺三丙胺（BT），这是一种坚固的环氧树脂，具有导热性，并且能够随着时间和温度变化保持极为紧密的耐用度。

全球 80% 的 BT 供应来自三菱天然气化工（MGC）位于日本福岛的工厂。[6, 7] 2011 年的日本地震改变了这一状况。投资银行 FBR 的分析师克雷格·伯杰（Craig Berger）表示：“我们在亚洲的联络人表示，一个更大的问题实际上可能是 BT 的日益短缺。”[8] 地震后，MGC 的工厂长期关闭，导致全球 IC 装配行业供应链出现瓶颈。[9] IC 基板的交货提前期增加到 75～125 天。[10] 苹果或三星等公司可能会从十几家不同的芯片制造商那里购买芯片，包括许多零部件的第二供应来源和第二晶圆厂。然而，所有这些芯片制造商和替代供应商都依赖 BT，而大部分的 BT 来自这一家三菱工厂。

BT 并不是唯一一个在日本地震中暴露出来的钻石结构的特殊材料供应中断。默克公司在日本生产的一种闪闪发光的颜料 Xirallic 的供应中断，影响了丰田汽车、克莱斯勒有限责任公司、通用汽车、福特汽车、宝马、大众汽车、奥迪和其他汽车制造商某些颜色豪华汽车的制造。[11] 锂离子电池需要 PVDF（氟乙烯），全球供应 70% 的锂离子电池供应来自日本福岛的一家工厂。尽管该工厂在地震中幸免于难，但海啸摧毁了附近的港口，而港口对于向这家工厂供应原材料至关重要。[12] 日本地震所揭示的其他供应链钻石结构、包括用于芯片制造的高纯度过氧化氢，以及汽车制造商在橡胶垫片和密封件中使用的 EPDM（乙烯丙烯二甲苯单体）。[13] 英特尔副总裁兼全球采购总经理杰基·斯特姆表示：“我们发现，在供应链的第三层和第四层中，基础原材料供应的趋同开始变得非常明显。”[14]

钻石结构也会造成广泛的质量风险。2005 年，杜邦生产的受污染的聚四氟乙烯被涂在辉门公司提供的插座上，并组装进汽车行业一级供应商罗伯特·博世生产的柴油喷射泵里。奥迪、宝马和戴姆勒-克莱斯勒等汽车制造商在缺陷曝光后，不得不停止装配线并召回车辆。[15] 同样，当全球第三大汽车安全气囊制造商高田在 2013 年出现安全气囊制造问题时，丰田、本田、日产和马自达在全球召回了 300 多万辆汽车。[16] 2014 年，美国国家公路交通安全管理局（NHTSA）强制扩大召回范围，将召回范围扩大到 15 家汽车制造商，一些美国立法者呼吁美国司法部对此事展开刑事调查。[17]

很少有人听说过桑兰公司（Sunland Inc.），一家估值 5500 万美元的有机花生和其他坚果的加工商。然而，当该公司在新墨西哥州 Portales 小镇的唯一一家工厂被沙门氏菌污染时，[18] 这家小型食品加工厂的隐蔽角色被揭示出来。桑兰不仅仅是一些小品牌花生酱的制造商，还是几十个知名品牌的供应商。

此次召回活动起初只有美国零售商 Trader Joe 的两种花生酱产品，但后来发展到 36 家名牌公司的 300 多个产品。此次召回打击了一些"健康"的制造和零售品牌，如全食、地球平衡、纽曼自有有机食品、Cadia 全天然[19]以及哈利和大卫、塔吉特和 Stop & Shop 等更多主流品牌。召回的不仅仅是花生酱，还有曲奇、小饼干、布朗尼、坚果混合物，甚至还有冰淇淋。桑兰的产品导致 20 个州的 42 人患病。[20] 召回的直接费用为 7 800 万美元；然而，对美国含花生的产品制造商的估计成本为 10 亿美元，其中包括与桑兰公司没有关联的花生种植者和产品制造商。[21] 深层的钻石结构存在于许多行业，利基供应商的一个小问题可能会影响深远。

从爆发到破坏：欧洲停飞

2010 年 4 月，冰岛南部一座名为艾雅法拉的中型冰盖火山从 187 年的沉睡中苏醒过来。当炽热的熔岩击中火山上的冰盖和充满水的火山口时，混合物爆炸喷射成充满火山灰的蒸汽，高高地升入大气层。盛行的风把厚厚的灰褐色火山灰云吹向东南方向。

随着火山灰云飘向欧洲大陆和英国，欧洲航空当局越来越担心。如果喷气式飞机飞过火山灰云，火山灰可能会损坏飞机的引擎，炸裂驾驶舱的窗户，损坏飞机仪器。作为预防措施，民航当局关闭了部分欧洲领空，先从挪威开始。随着火山爆发的持续和风向的改变，火山灰在六天内扩大和转移。希思罗机场、阿姆斯特丹、巴黎和法兰克福等主要航空货运枢纽关闭了长达五天时间。[22]

上一次火山导致欧洲领空关闭是……从来没有过的。虽然主要是在环太平洋沿岸的火山，过去曾给个别飞机和特定航线造成麻烦，但它们是局部事件，很容易绕过受影响地区加以处理。[23] 然而，企业并没有为关闭整个地区的每个机场和每家航空公司的活动做好准备。例如，联邦快递在巴黎机场关闭后的应急计划是使用法兰克福机场，但法兰克福机场也关闭了。[24]

中国香港货运代理及物流协会副主席徐宝华（Paul Tsui）表示："供应链受到严重破坏。"[25] 仅在英国，空运就影响了与非欧盟国家之间 25% 的进口[26]和 55% 的出口。[27] 虽然某些空运货物可能不太具有时间敏感性（例如珠宝），但许多其他类别的货物有（例如易腐食品、疫苗、紧急备件、手术器械和用于 JIT 制造的零部件）。[28]

"这是一个可怕的噩梦。"肯尼亚新鲜农产品出口商协会首席执行官斯蒂芬·姆比蒂（Stephen Mbithi）说。[29] 在机场关闭的六天中，数千吨鲜花腐烂在仓库中，使肯尼亚经济每天损失 380 万美元，[30] 约占肯尼亚每日 GDP 的 3%。[31] 肯尼亚农产品出口商 Sunripe 的总经理肯尼思·蒙杜（Kenneth Maundu）说："现在，我们拿它来喂牛了。"[32]

瑞士连锁超市 Migros 指出，来自美国的绿色芦笋、冰岛的鳕鱼和东南亚的金枪鱼的供应受到影响。由于航班停飞，意大利芝士和新鲜水果的出口商每天损失约 1 400 万美元。[33] 中国香港工业总会表示，香港的酒店及餐厅缺少法国奶酪、比利时巧克力和荷兰鲜花。[34] 英国食品杂货店的预切片水果和菠萝等热带水果已断货。[35] 对于许多易腐货物零售商来说，往返欧洲的空运是供应链结构中的一颗钻石，这是影响所有货物的运输瓶颈。

为了履行交货承诺，空运快递公司改道西班牙和土耳其运送了一些货物。[36] 同样，一些货运代理公司包机飞往巴塞罗那等南欧机场，然后通过陆路向北欧运送货物。[37] "这样做导致成本翻倍，"肯尼亚 Sunripe 公司的所有人蒂库·沙阿（Tiku Shah）说，"但我们别无选择，如果我们的产品没有出现在货架上，客户就会寻找替代品。"[38] 由于航空公司暂停交货时间保证，并停止接受欧洲空运，欧洲大部分货物空运被迫暂停。[39]

国际航空运输协会（IATA）估计，冰岛火山爆发后的 6 天内，航空公司的收入损失了超过 17 亿美元。最坏的情况是，火山灰云使全球 29% 的定期航线停飞，导致八天内约 10.7 万个航班被取消。[40] 客运旅行的中断表面上看对航空货运业没有什么意义，但大多数空运货物实际上就是装载在客机的腹部运输的。[41] 截至 4 月份，全球货运航班累计减少 15% 以上，证明中断后的反弹并没有弥补损失。[42]

在许多情况下，空运货物的申报价值掩盖了货物对收货人的重要性——我们在第 7 章讨论了这个问题。因为日产汽车无法将价值 30 美元的气压传感器从爱尔兰空运到日本，导致这家汽车制造商无法生产价值 3 万美元的日产穆拉诺 SUV。[43] 在德国的三家宝马汽车工厂无法从亚洲获得零部件。[44] 以及由于无法将变速器运出欧洲，导致宝马美国工厂的生产中断。[45, 46]

空运并不是唯一脆弱的运输模式，火山也并不是造成运输路线瓶颈的唯一风险。莱茵河承载着德国 16% 的贸易。[47] 周期性干旱、[48, 49] 2011 发生的一次驳船翻覆，[50] 以及发现二战未爆炸的炸弹，[51] 都会限制莱茵河上的运输量。在美国，1/4 的轨道交通和一半的多式联运铁路交通经过芝加哥。如果天气不好，比如 1999 年的暴风雪，那么芝加哥就会阻塞。联合太平洋铁路公司的主管大卫·格雷（David Grewe）说："不断地有货物涌来，我们基本上只能等待春天冰雪融化。"[52]

劳动力，一个惊人的瓶颈

2012 年 11 月 27 日，400 名工会的航运职员在洛杉矶港和长滩港罢工，引发了一系列的影响。姐妹工会的 1 万名码头工人拒绝越过警戒线，港口的 14 个码头中有 10 个关闭了。[53] 长滩港发言人说："我们估计这两个港口每天处理价值约 10 亿美元的货物。港口综合体有 3/4 被关闭，这意味着每天有价值 7.6 亿美元的货物被滞留。在八天的罢工中，这 400 名不满的工人造成大约 60 亿美元的货物滞留，并威胁到 2 万个工作岗位。"[54]

罢工的影响波及港口之外。全美零售联合会主席马修·沙伊（Matthew Shay）呼吁奥巴马总统进行干预，结束这次罢工。沙伊补充道："罢工不仅影响零售商，还影响它们的供应商，其中很多是中小企业，此外还影响到依赖港口的其他行业，如制造业和农业的出口商。"[55] 全美零售联合会负责供应链和海关政策的副总裁乔纳森·戈尔德（Jonathan Gold）补充道："这些零售商也将面临意想不到的成本。海运公司每天在海上对每个集装箱收取 1 000 美元的拥堵费……运输集装箱的卡车司机将得不到报酬……"[56] 八天后，双方达成初步协议，港口重新开放。[57] 但影响超出了八天的范围。戈尔德说："我们从零售商那里听到的是，每一天的停摆一般需要两到三天才能清理完毕。"[58]

涵盖关键基础设施或行业的工会有可能产生系统性风险，2002 年西海岸港口的罢工致使美国太平洋沿岸的所有港口关闭。美国经济迅速受到损害，导致当时的总统乔治·布什进行干预，并援引 1947 年制定的《塔夫特-哈特利法案》强行开放港口。[59]

附带损害

安联（Allianz SE）工业保险部门的企业承保财产主管沃尔克·穆恩奇（Volker Muench）[60] 表示："今年（2011 年）日本和泰国的灾难是商业中断（Contingent Business Interruption-CBI）承保的最严重的一次。"CBI 承保了受灾难间接影响的企业所蒙受的部分业务损失，从而涵盖供应链中断造成的附带损害。保险经纪公司马什和麦克伦南（Marsh & McLennan Co）执行董事会成员约琴·科尔纳（Jochen Koerner）说："如果一家工厂被烧毁，这只是财产保险中的一项索赔，而如果工厂向其他企业供应必需品，同样的事件可能会扰乱数百家企业的供应链，"[61] 苹果公司仅在日本地震后就提出了 5 亿美元的中断索赔，因为在苹果即将推出 iPad2 的三周之前闪存、DRAM 和数字指南针的供应受地震影响而中断。[62]

蔬菜种植者的灾难芽

当一种罕见且特别致命的大肠杆菌株感染了德国北部一些居民和一些欧洲游客时，政府调查人员迅速赶往现场，以确定疫情的源头。对病因的寻找取决于病人对在哪里吃以及吃了什么的模糊记忆。第一批病例于 2011 年 5 月 2 日出现；在两个月的时间里，约有 3 100 人患了出血性腹泻，超过 850 人患上溶血性尿毒综合征，53 人死亡。[63] 除了在德国的大量病例外，卫生官员还在英国、丹麦、法国、荷兰、瑞典和瑞士发现了受害者，所有病例都涉及前往德国的人。"我们的绝对首要任务是澄清疫情的根源，因为如果我们不能做到，我们就无法赢得消费者的信心。"欧洲农业专员达西安·乔洛斯（Dacian Ciolos）的发言人罗杰·韦特（Roger Waite）说。[64]

根据受害者的报告，沙拉在有嫌疑的菜单上名列前茅。罗伯特·科赫研究所建议消费者避免食用生蔬菜。[65] 欧洲大陆的超市大幅削减了人们想要避免的西红柿、生菜和黄瓜的订单，给欧洲农民造成了重大损失。5 月 26 日，汉堡卫生与环境研究所发现三根来自西班牙的黄瓜大肠杆菌检测呈阳性。[66] 因此，德国、丹麦、捷克共和国、卢森堡、匈牙利、瑞典、比利时和俄罗斯禁止进口西班牙黄瓜。[67] 影响是迅速和毁灭性的。据西班牙水果和蔬菜出口机构 FEPEX 称，西班牙农民每周损失 2 亿欧元，因为每周约有 15 万吨没人要的西班牙水果和蔬菜（不仅仅是黄瓜）堆积如山。[68] 当被问及需求下滑的范围时，FEPEX 总裁豪尔赫·布罗顿（Jorge Brotons）表示："几乎整个欧洲的需求都下滑了。对所有蔬菜和水果都有多米诺骨牌效应。"[69]

当进一步检测显示，在西班牙黄瓜上发现的大肠杆菌与疫情背后的菌株不符时，[70] 德国农业部长罗伯特·克洛斯（Robert Kloos）承认："德国认识到西班牙黄瓜不是病因。"[71] 然而，德国官员继续建议消费者避免食用生西红

柿、生菜和黄瓜，导致需求下滑并打击了其他国家的农民。维克多·米兰达
（Victor Miranda）是巴黎的一名食品杂货商，他说："即使黄瓜来自法国，而
不是西班牙，也没有人愿意吃。"[72] 荷兰黄瓜种植者库斯·德·弗里斯（Koos
De Vries）说："从商业角度来看，这对我们来说是一场灾难。"[73]

最后，当政府当局找到真正的原因时，他们发现它与任何种类的西班牙农
产品或任何其他种植者的西红柿、生菜和黄瓜毫无关系。相反，大肠杆菌污染
最终被追溯到德国的一家小型有机芽生产商。[74] 种子发芽托盘的温暖潮湿环
境被证明是大肠杆菌生长的理想选择。然而，这家生产商否认他的农场可能是
真正的原因，[75] 因为他们没有使用任何可能将大肠杆菌引入其发芽作坊的粪
肥。他是对的，这不是肥料的原因。大肠杆菌被进一步分析追溯到从埃及进口
的葫芦巴种子和埃及的不合格的发芽种子。[76] 然而，对于西班牙和欧洲所有
黄瓜和沙拉配料生产商来说，平反算是一种安慰，他们被恐慌和错误的政府警
告带到了破产的边缘。

该案例中的附带损害有两个因素。首先，公众的恐惧导致过度反应，而且
因未经证实的媒体报道而加剧。第二个因素是政府迫于平息恐惧的压力而采取
仓促行动。但德国政府和欧盟并不是唯一反应过度的政府。9·11 恐怖袭击后，
大部分经济损失是由美国政府关闭边境、阻止零部件和产品进出加拿大和墨西
哥造成的。同样，2001 年英国口蹄疫疫情造成的大部分经济损失，都是由于
英国政府关闭了乡村，使旅游业陷入停顿，并造成比农业本身更高的损失。

没有磁盘供应=没有芯片需求

2011 年洪水淹没了泰国的硬盘制造商，但英特尔及其供应商都没有被洪
水淹没。事实上，英特尔之所以能屹立不倒，是因为该公司销售固态硬盘，与
普通硬盘制造商竞争台式电脑、笔记本电脑和服务器中的大容量存储解决方
案。英特尔首席财务官斯泰西·史密斯（Stacy Smith）告诉分析师："我们将
利用这一机会增加固态硬盘的销售。"[77]

但普通硬盘的短缺打击了个人电脑的生产。2011 年第四季度，PC 行业面

临 35%的硬盘供应短缺。[78] 史密斯在与分析师的电话会议上说："泰国的洪水对硬盘的供应产生了影响，并因此影响了个人电脑供应链。我们看到了微处理器订单在第四季度有所下降。"[79] 英特尔 2011 年第四季度收入比预期下降约 8 亿美元。[80, 81] 英特尔的杰基·斯特姆说："泰国洪灾给我们的经验教训是，只要少一个钉子整个王国就会消失。因此，对我们来说，即使我们的生产可能会继续，但如果其他关键组件不能运送给我们的客户，如硬盘，那么每个人都得停下来。"[82]

乙腈之痛

附带损害可能横跨不同行业。丙烯酸和 ABS（丙烯腈-丁二烯-苯乙烯）是地毯、汽车、电子外壳和小家电广泛应用的塑料。2008 年金融危机爆发时，丙烯酸和 ABS 的需求骤降。这两种塑料都由丙烯腈制成，这是一种有大蒜气味的无色液体，通过用丙烯气体和氨反应制成。随着对这些塑料需求的下降，丙烯腈工厂的全球产量下降了 40%。

丙烯腈合成过程还产生了一种副产品，乙腈。化学制造商每生产 100 升丙烯腈，就能得到约 2～4 升乙腈。一些化工厂直接把这种副产品作为工厂的燃料。但少数公司提取乙腈后净化，然后将其制成多种产品，包括作为用于研究实验室和制药行业质量保证测试的溶剂。

当丙烯腈产量骤降时，乙腈的供应也大幅减少。此外，为了减少北京奥运会的空气污染，中国在此期间限制生产，同时飓风"艾克"摧毁了得克萨斯州的一家供应商。[83] 总部位于康涅狄格州切斯特的净化技术公司批量购买乙腈，对其进行净化，并将其出售给实验室化学品供应商，该公司的杰里·理查德（Jerry Richard）说："市场供不应求。有人争着购买这种材料。我的电话响个不停。"[84] 许多行业的供应链在深层的供应商处以不为他们所知的方式交织在一起，这样就增加了远程事件给企业造成附带损害的机会。

没有系统性的供应链风险

除了可怕的人员伤亡外，卡特里娜飓风还摧毁了美国 20%的咖啡供应，而此时正好处于节日期间其需求也在增加。飓风的破坏导致宝洁在新奥尔良的福尔格斯工厂关闭超过三周，因为需要恢复工厂及其配套基础设施（见第 6 章）。然而，美国咖啡饮用者从未遇到短缺——其他制造商填补了这一缺口。事实上，宝洁公司为重启工厂而付出艰苦努力的动力，正是竞争对手有能力来弥补不足。

真正的系统性风险是整个行业或工业系统崩溃的风险。这个词通常用于金融领域，以表示全球金融体系的崩溃，例如，2008 年金融危机期间，全球信贷枯竭。然而，它也用于 1997 年亚洲金融危机等区域性事件。供应链中的系统性风险可以定义为造成整个行业陷入停顿的破坏，导致消费者无法购买整个类别的产品。

纵观本书中描述的许多供应链破坏，尽管供应链专业人士为如何从地震、洪水、飓风以及供应链中所有自然和人为的伤害中恢复而苦恼，最终消费者基本上仍然处于绝缘状态。即使是最大的破坏——比如 2011 年 3 月的日本海啸、2011 年的泰国洪水或者 2008 年的金融危机——的影响也得到了很好的控制。某些颜色的汽车交付可能会延迟，硬盘的价格可能会上涨，或者一些企业可能会消失。然而，总的来说，零售商的货架和经销商的展厅仍然摆满了消费者期待的所有商品。

因此，很难断定现代全球供应链有显现出真正的系统性风险。企业已经建立了有效的应对机制，同样的全球化趋势既可能对使用遥远地区供应商的特定企业造成破坏风险，也可能有助于通过在全球分散制造产能来避免系统性的风险。最重要的是，全球制造和分销的产能巨大，尽管任何企业做好灾害的有效准备和应对工作是至关重要的，但总有其他企业会随时准备取而代之。

全球化的隐藏库存

惠尔丰（Verifone）的销售点信用卡读卡器使用许多与笔记本电脑和手机中相同的电子元件。这包括精心设计的板对板连接器，用于将精细的数字信号传送到设备内部。2011 年日本地震后，惠尔丰面临这些连接器的短缺，因为大型个人电脑和智能手机制造商在供应方面拥有更大的影响力。但惠尔丰并没有被打乱，因为它在灰色市场、分销商和现货市场发现了库存。

供应链的全球耦合使许多市场参与者对供应中断敏感，但也意味着全球的其他众多参与者可能拥有隐藏的库存。竞争要求供应商和分销商对客户需求及时响应。鉴于供需两者的波动，企业有动力持有安全库存。漫长的供应链还意味着库存会有数天或数周的量以在途货物的形式存在。支持全球供应链的 IT 和电信基础设施也可以帮助企业在全球范围内寻找这些隐藏的供应。

通用汽车对催化转化器生产问题的处理（见第 6 章）说明了全球供应链中另一种隐藏的库存类型。通用汽车利用三个层级的中间供应商和互联运输环节的隐藏库存来缓冲深层供应商的中断。深度分层供应链中的每个企业可能相当精益，但供应链中的大量企业以低价值形式持有库存，等待下一步的增值步骤，再加上大量产品通过漫长的全球供应通道流动，导致整个系统中的库存汇总水平较高。这些库存可能很隐蔽，但紧急情况下它就在那里。

压力下的创新

当赢创大火造成 PA-12 塑料原料短缺时（见第 4 章），赢创的许多竞争对手和由赢创的化学品衍生出的 PA-12 塑料都冲向前线。其他聚酰胺（Polymides-PA）或尼龙的制造商都在吹嘘他们的产品。杜邦则提供 Zytel 和 Hytrel 品牌的尼龙。[85] Arkema、Rhodia、巴斯夫、荷兰的 DSM 和杜邦提供从蓖麻豆油里提取的 PA-12，作为赢创生产的从石油衍生的 PA-12 的绿色替代品。而赢创自身则提供尼龙 6/10，尼龙 6/12，尼龙 10/10，尼龙 10/12，和生物基的 Vestamid Terra 尼龙作为替代品。[86]

前面讨论的乙腈短缺，刺激了化学品客户和生产商的创新。一些乙腈用户发现了解决方法，如替代溶剂。[87]有些其他用户则改变了他们的测试过程，以减少每次测试的乙腈消耗。[88] 通过对流程的多方面改进，一家供应商帮助客户将运行时间缩短了 50%以上，并将乙腈消耗量减少了 75%以上。[89] 丙烯腈和乙腈的生产商 Ineos Nitriles 找到了一种调整丙烯腈生产过程中反应条件的方法，将乙腈的产出率提高了 50%。[90] 如果必要是发明之母，那么破坏就会产生许多发明之母。

有如此多的模式和线路

卫康（Vistakon）是强生公司生产隐形眼镜产品的子公司，在佛罗里达州杰克逊维尔和爱尔兰利默里克设有工厂。2010 年的冰岛火山切断了卫康从爱尔兰到亚洲的空运配送。但该公司找到了许多方法来解决大部分的问题。它采用了多种策略，如加快从杰克逊维尔到东京的订单，用卡车将 60 个栈板的隐形眼镜从英吉利海峡运至西班牙然后再飞往新加坡，以及在火山灰云持续不散的情况下租用一艘从都柏林到东京的货船。[91]

同样，荷兰邮政和快递集团 TNT 迅速从它位于比利时列日的航空枢纽转向在马德里的空港。[92] 宝马公司用卡车把变速器运到西班牙，希望把它们空运到南卡罗来纳州。[93] 即使欧洲大部分地区的机场和领空都关闭了，企业也找到了运送货物的方法。

企业风险管理的日益成熟

2005 年至 2015 年这十年来，人们日益认识到进行系统化的企业风险管理的必要性。2001 年美国安然会计丑闻发生后，2002 年颁布实施的《萨班斯-奥克斯利法案》要求企业进行自上而下的风险评估，并改进内部风险控制，从而促使企业采用更为正式的风险管理程序。北卡罗来纳州立大学的企业风险管理(ERM)倡议项目从2009年开始进行年度调查，跟踪了 ERM 采用的上升情况。[94] 2009 年，只有 8.8%的企业声称拥有"完整的 ERM 流程"。到 2013 年，这一数字已上升到近 1/4（24.6%）。

ERM 也变得更加标准化。2004 年，美国反虚假财务报告委员会下属的发起人组织委员会 COSO（Committee of Sponsoring Organizations of the Treadway Commission Treadway- COSO）扩大了其企业会计风险框架，以涵盖企业风险管理。最初的 COSO 框架旨在管理财务控制、会计审计和相关合规风险。新扩展框架的核心被称为 COSO 立方体，[95] 从风险管理构件、风险管理目标和实体或范围级别这三个维度对风险管理活动进行细分。具体而言，除了报告和合规之外，目标还包括战略和运营。

2009 年，国际标准组织（ISO）发布了 ISO 31000 风险管理标准。[96] 与 COSO 不同，ISO 31000 包含未来可能的事件、场景和条件中的负偏移和正偏移。此外，除了 ISO 31000 之外，ISO 还维护了一系列相关标准，这些标准可应对特定类别的风险，如 ISO 28000（供应链安全风险管理体系）、ISO 27001（信息安全）、ISO 26000（社会责任）、ISO 14000（环境管理）和 ISO 9000（质量管理）。[97]

所有这些风险管理标准建立了自上而下的治理结构，并通过内部反馈循环来管理风险以及风险管理流程。它从企业董事会这一层级开始。ISO 31000 框架的最初组成部分要求董事会做出"授权和承诺"。董事会全面负责风险管理，确保风险管理融入所有流程和活动，并审查组织的风险状况。董事会帮助确定组织的风险偏好并管理严重危机。根据普华永道 2014 年度企业董事调查，风险管理专业知识位列董事会成员的第四大属性，仅次于金融、行业和运营专业知识，领先于国际、技术、营销和法律专业知识。[98] 同样，向董事会提供一份"至少每年描述最高风险敞口的正式报告"的企业从 2009 年的 26.3% 上升到 2013 年的 47.5%。[99]

达尔文的自然选择产生系统性的力量

本书中的故事表明，个别企业容易受到供应链风险的影响。虽然由于有效的准备和供应链管理，强大的企业可以生存，甚至蓬勃发展，还有许多其他企业由于供应链破坏而失去市场份额，亏损，遭受品牌萎缩，甚至停业。然而，行业整体似乎依然非常强劲，系统性供应链风险的例子在历史上相对较少。[100]这个看似矛盾的现象的原因是，因为单个具体的企业比较脆弱而且它们在竞争激烈的市场中运作，所以存在系统性的弹性。

要理解这种现象，我们可以追溯到进化论。个体为生存而相互竞争，弱者被淘汰。正是出于对竞争失败的恐惧，确保了系统的每一个要素保持不断的创新和努力，从而使赢家和整个系统更加强大。因此，随着每次的破坏，幸存者变得更强大，更有弹性，就像幸存的物种正是那些灵活和能够适应的物种。

在他的《反脆弱》一书中，纳西姆·塔勒布[101]以餐饮业举例。个体餐馆是最容易倒闭的生意之一，大约 60% 的餐馆在开业后的头三年就倒闭了。[102]在竞争激烈的纽约市，大约 80% 的餐馆在头五年倒闭。[103]尽管个体餐馆的失败率很高，但食客们总能在纽约市找到一家品质好的餐馆。事实上，纽约市多数餐馆的品质都非常高。

企业及其供应链也相互竞争。当一家企业的制造设施或其供应商受到破坏时，该企业可能会破产。但由于竞争对手争相抢夺市场份额，整个行业仍然非常强劲。此外，幸存的玩家从失败企业的经验以及它们自己的努力中学习。它们会加强防御，改进流程，并在下一次破坏期间降低失败的可能性。

浮现出系统性风险的迹象（可能）

全球最大的工业轴承制造商 SKF 的采购副总裁博-英格·斯滕森（Bo-Inge Stensson）表示："没有理由认为出现更多不可预见的（影响供应链）事件的趋势即将结束。"[104]历史不是对未来的明确指南，因为最严重的地震、洪水或工业事故总是发生在明天或将来的某个时刻。过去发生破坏的规模是已知的和有界限的，但未来事件的规模是未知的和无界限的。第 2 章中讨论的幂律分布属性意味着，随着时间的推移，会有机会出现更多、更大或更坏的破坏。有限的过去和无限的未来的属性是世界纪录被打破的原因（将来，有人会跑得更快，跳得更远，举得更重）。

例如，以火山学家的标准，甚至以冰岛的标准，艾雅法拉冰盖火山喷发只是一次温和的喷发。卡特拉是艾雅法拉冰盖附近的一座大山，可能正在苏醒，它上一次喷发产生的火山灰是 2010 年艾雅法拉冰盖火山喷发的五倍。[105] 冰岛其他火山曾喷发了 100 倍以上的物质并持续喷发了数月才停止。[106] 世界历史上最大规模的火山爆发比这次大 1 000 倍。许多地区存在造成巨大破坏的潜在风险。地震学家的模型表明，在加利福尼亚、[107]美国西北太平洋沿岸、[108]东京[109]甚至伦敦[110]等地，大规模地震已经"迟到"了。

财务顾问经常说"过去的表现并不能代表未来的表现"。从这个意义上说，过去的破坏没有造成系统性短缺，但这并不能保证未来全球供应链系统不会有任何意外。尽管发生系统性供应链破坏的可能性很小，但一些趋势暗示未来发生系统性风险的可能性并非为零。这些问题包括供应商的集中、新材料的要求、行业内部和跨相关行业的供应链之间的传染，以及供应来源的地域聚集。

日益增多的供应链钻石结构

1997 年的一场大火烧毁了为汽车制动系统制造比例阀的爱信工厂，此后，丰田汽车在日本的所有制造厂都陷入停顿。然而，有趣的是，日本的其他汽车公司没有受到影响，因为爱信属于丰田经连会（Keiretsu）（供应商紧密从属于这一个品牌）。依赖单一供应商和 JIT 制造系统，使丰田更容易受到爱信中断的冲击。

爱信工厂的火灾发生十年后，日本中部发生 6.8 级地震，严重损坏了生产活塞环和其他汽车零部件的理研株式会社在柏琦市的工厂。丰田再次被迫关闭了全部 12 家国内组装厂。但理研的问题也导致日本其他 11 家大型汽车和卡车制造商的工厂立即关闭，其中包括日产、三菱、马自达、铃木汽车公司和富士重工。仅一家生产价值为 1.5 美元零部件的供应商的停产就迫使日本近 70% 的汽车生产停摆。[111]

日本汽车制造商的脆弱性增加是由于经连会体系（每个供应商只与一个

OEM 保持牢固的关系）逐渐瓦解，转变成更加开放、同类最佳的采购战略，所有供应商面向所有 OEM 竞争，每个 OEM 在所有供应商当中做出选择。例如，丰田在 1949 年剥离了电装株式会社，但多年来仍然将其保留在丰田的经连会里。然而，如今电装株式会社为全球大部分汽车、卡车和重型设备制造商供货，营收超过 400 亿美元。同样，通用汽车和福特分别剥离了德尔福和伟世通，期望这些大型供应商可以为所有汽车公司提供服务。在世界各地，垂直整合的水平（无论是像电装那样通过经连会交叉持有，还是德尔福这样的附属供应商）下降。

这一变化，部分原因是由于希望在供应商之间建立竞争关系（而不是绑定在企业自己的内部能力上），从而降低零部件和组件的成本，以及从整个供应基础里挖掘更多的创新。这一结果给供应商带来了巨大的成本压力，最终导致一些供应商破产，如 2005 年的德尔福。同期，零售商的规模也在增长，沃尔玛、塔吉特、特易购和家乐福等巨头都在向供应商施压，要求其降价。

尽管供应商确实通过为多个客户提供服务实现了增长，但价格压力导致它们合并并进一步变大，以增强承受 OEM 客户成本削减压力的能力。像理研这样的供应商还努力提高效率和规模经济，例如，理研决定将其所有工厂集中布局在一个战略地点（但容易发生地震）。[112] 日立、三菱电机和 NEC 电子将生产汽车微控制器的产能合并到一个关键工厂中，由一家名为瑞萨的公司运营，该公司在 2011 年的地震中严重受损。[113, 114] 此外，随着供应商的成长，它们能够在研发方面投入更多资金，并开始为客户提供更专业、更创新、更独特的零部件。例如，博世成立于 1886 年，最初是一家点火系统制造商，后来发展成为一家价值 650 亿美元的德国汽车工业集团，拥有 350 家子公司，为大多数汽车 OEM 提供电子和电气零部件、汽油和柴油系统、汽车多媒体、控制组件、转向技术和许多其他系统。

供应商的整合及其扩张后的能力增加了供应链中"钻石结构"的风险。换句话说，特定行业的很大一部分可能依赖于单个关键的供应商，而这个供应商可能隐藏在 BOM 的深层。关键供应商可能会因罢工、蓄意破坏、财务困境或网络攻击而中断，从而影响其整个运营，即使它可能有多个工厂。这样的失败可能会给整个行业带来系统性风险，从而影响行业中所有面向终端消费者的企业，无论是 OEM、品牌所有者还是零售商。

供应传染和相互依存

并非每天都有一家大公司的首席执行官积极地请求政府救助其最激烈的竞争对手。然而，这正是福特首席执行官艾伦·穆拉利在 2008 年 11 月 18 日在参议院银行委员会面前所做的。他说："如果任何一家国内公司倒闭，我们相信整个行业很有可能面临严重混乱。我们这个行业在一些重要方面的相互依赖是独一无二的，尤其是我们的供应基础，我们的供应商之间的共用性超过90%。如果其他一家国内公司宣布破产，那么对福特生产运营的影响将在数天之内，如果不是几小时内，也会显现出来。供应商无法获得资金，将停止向客户发货。对于 JIT 的系统来说，如果没有及时的零部件供应，福特工厂将无法继续生产。"[115]

"我们的经销商网络也有实质性的重叠。我们的经销商中约有 400 家也拥有通用或克莱斯勒的特许经营权。如果其中一家企业倒闭，显然会对我们的经销体系产生很大影响。简而言之，我们的一个竞争对手倒闭将对所有汽车制造商、供应商和经销商产生连锁反应，根据汽车研究中心的估计，第一年将损失近 300 万个工作岗位。"穆拉利总结道。[116]

在金融危机期间，福特所做的远不止是派首席执行官到华盛顿游说，以争取对竞争对手的支持。福特发言人托德·尼森（Todd Nissen）说，福特与其他汽车制造商进行了合作，探讨"如何在法律允许的条件下合作，以防止供应链崩溃"。[117] 出于对反垄断的担忧导致通用汽车拒绝参与。[118] 最后，福特、丰田、本田和后来的日产同意协调合作，支持对它们至关重要的供应商。[119] 据《底特律新闻》汽车记者布莱斯·霍夫曼德（Bryce Hoffmand）报道："这就像新教徒和天主教徒一起为贝尔法斯特的市中心重建计划而努力。"[120] 在欧洲，宝马、奥迪和奔驰也进行了类似的合作，为多家供应商提供资金和其他支持。[121]

然而，穆拉利认为汽车行业"相互依赖是独一无二的"这一点可能是错误的。受污染的花生恐慌和德国大肠杆菌病例表明，食品生产商之间也相互依赖，其中一家生产商的质量问题会严重影响所有生产商的销售。乙腈/丙烯腈案例显示了房地产和制药业之间的相互依存关系。它还证明了耦合生产的脆弱性，在耦合生产的制造过程中同时产生两种或两种以上的不同商品。如果一种商品的需求下降，那么另一种商品的供应也会下降。稀土、冲突矿物和被 RoHS 标准[122]淘汰的零部件等问题造成许多企业、行业和地区之间的相互依赖。

最后，2008 年的经济事件证明，全球金融体系是其中最大的钻石结构。大多数企业发现，它们是如此依赖其资本供应商（银行）来支持自己、支持它们的供应商和确保客户的需求。最终，政府的救助确实避免了银行体系和主要行业的系统性级联失败。然而，为支持被削弱的企业而发放的数万亿美元，却让选民苦不堪言，另一个无法回答的问题是，另一场金融危机是否会引发同样慷慨的救助。

产业集群

"为什么我们把所有的供应商都放在太平洋上一个每年有九个月下雨且洪水泛滥的小岛上？"一家科技公司的代表在一次供应链风险管理会议上问道。在台湾从新竹到台北的 40 英里的狭长地带，设计和制造了全球近 1/4 的集成电路。台湾拥有全球近 70%的集成电路代工产能，以及全球大部分集成电路封装和测试产能。1999 年的一场地震让这个关键地区尝到了中断的后果：全球电脑内存的现货价格攀升了五倍，许多电子供应商的运营中断，并阻碍了一些苹果笔记本电脑的上市。世界银行将台湾列为最易受自然灾害影响的地区，73%的土地和人口面临三种或三种以上灾害。[123]

同样，日本为全球 LCD 显示器提供 100%的保护性偏光膜、89%的铝电容器和 72%的硅晶圆。[124] 日本的四家公司几乎垄断了数字罗盘——每个新手机、平板电脑、笔记本电脑和导航系统设备都用到的一种微型磁场传感器。[125] 回顾泰国硬盘行业受到的损害，就是因为该国贡献了全球几乎一半的硬盘，而且大部分在 2011 年洪灾期间中断。朝鲜对韩国的好战立场威胁着全球 78.5%的闪存产能。[126]

正如硅谷是信息技术产业集群一样，好莱坞是娱乐产业的集群，马萨诸塞州的剑桥是生物技术研究的集群，台湾北部也是芯片制造和测试的集群，而泰国是硬盘制造集群。从"同类最佳"（最佳性能/最低成本）供应商处实现全球采购的长期趋势，是在全球的产业集群中出现供应商集中的重要原因。此外，各国政府也一直在实施产业集群战略，培育某些产业，并培育产业集聚的自我强化正反馈循环，以发展这些经济集群。出现正反馈循环的原因是集群越大（即如果同一行业中的企业在特定地域中聚集得越多），集群对更多的企业就越有吸引力，从而持续增长。集群导致特定制造（和服务）行业在全球特定地点集中。（我在 2012 年《大物流时代》一书中介绍了产业集群的机制和影响。[127]）

集群增加了依赖集群成员作为供应商或客户的企业的脆弱性。原因是影响集群的中断（如地震、火山、劳工骚乱或政治不稳定）同时打击了同一行业的许多企业，使得行业的所有参与者都在全世界寻找同样的产品时就很难以找到其他供应来源。西门子公司的治理框架主管马丁·贝勒泽（Martin Bellhäuser）表示："2011 年秋季泰国的洪水向我们表明，当全球制造工厂所需的零部件主要来自一个地区时，将会是多么危险。"[128]

然而，反馈循环和政府集群战略的成功可能导致供应来源在地理上进一步集中，从而导致未来可能出现的脆弱性。[129] 安联全球企业及特殊风险亚太区区域经理彭达米（Damien Pang）表示："由于全球各种商品的供应商集群化，许多组织或多或少被迫将所有鸡蛋放在一个篮子里。"[130]

最佳决策可能导致最坏的结果

当伊丽莎白女王问为什么没有人预见到 2008 年的金融危机时，一群经济学家和宪法专家解释说："每个人似乎都在按照自己的优势做好自己的工作。

根据衡量成功的一般标准，他们通常做得很好。失败之处是他们会汇聚成一系列相互关联的失衡……对个人而言风险看起来很小，但对整个系统而言风险就是巨大的。"[131] 这种局部决策正确但全球后果危险的模式是系统性风险和全球脆弱性的缩影。

这种个体决定 vs.共享后果的模式通常被称为"公地悲剧"，这是生态学家加勒特·哈丁（Garrett Hardin）[132] 在 1968 年根据威廉·劳埃德（William Lloyd）[133] 在 1833 年首次阐述的概念而提出的一个术语。劳埃德设想了一个向多个牛群开放的牧场。每个牛群的主人都有增加更多牲畜的动机，即使数量的增加会降低牧场的质量。每增加一头牛的好处直接归于每个牧民，而对牧场的影响成本却是所有人的问题。由于所有的牧民都以同样的方式行动，那么牛群会继续扩大。但是到了某一天，牧场变成了荒地，每个人都遭受了损失。因此，虽然每个个体都为了自身的最佳利益"做正确的事情"，但共同的生态系统可能会失败，反过来损害每个人的利益。

第 5 章讨论的牛鞭效应就是企业各自做出最佳决策时产生的系统性风险的例证。如果需求波动影响每家企业的合理订货和库存决策，于是在下一个上游的供应链层级造成更高的明显需求波动性，就会形成"牛鞭效应"。在供应链的更深层级，波动性可能放大到非理性水平。

我的风险 vs.我们的风险

超级风暴"桑迪"之后，美国电话电报（AT&T）公司在纽约市周围派出了信号测量车。但 AT&T 不仅仅是测量自己的性能；它还检测其他手机运营商的性能。AT&T 担心自己的信号不如其他公司，希望确保不会像之前报道说的那样落后于其他运营商。AT&T 的技术主管约翰·多诺万（John Donovan）说，AT&T 最后发现他们和其他运营商的无线网络信号的差异可以忽略不计。[134]

同样，2011 年日本地震使电子互联网设备制造商 Blue Coat 的运营主管意识到该公司对亚洲供应商的依赖程度,特别是如果在中国南方广东省发生任何重大中断时。"我不知道届时我们会怎么做,"他说,"唯一的补偿因素是,我们所有的竞争对手都处于同一位置。"[135]

伟创力的首席采购和供应链官汤姆·林顿同样表示:"供应链中总会有风险,你能做的最好的事情就是把它们管理好。赢家和输家的区别来自一个类比。如果你看看足球或橄榄球这样的运动,历史上最好的教练只赢得了 60% 的比赛。历史上最好的棒球运动员的打击率只有 0.400。因此,在供应链管理中,你能期待的最好结果是超过平均水平。"[136]

在这三种情况下,重点是相对于竞争对手的风险,而不是绝对的风险规避。从企业的角度来看,这是一个理性的选择。企业永远无法确切地知道在灾难恢复和弹性方面应该投入多少资金,因为这包括为低概率、高影响事件和未知的"黑天鹅"做准备。因此,对备灾进行"足够"投资的一个基准是"行业标准"——做竞争对手和其他业内人士正在做的事情。因此,尽管所有企业都有类似程度的准备水平,但没有一家企业可能准备好应对不可预见的、非常大规模、影响行业的中断。

个体业务连续性计划的集体脆弱性

在 2012 年麻省理工学院的一次关于海运的圆桌会议上,[137] 40 名与会者讨论了他们公司处理美国东海岸港口罢工的计划。超过半数的参与者计划,如果东海岸关闭,会将货物转移到加拿大、墨西哥和西海岸。

然而,出席会议的海运公司警告说,由于届时港口的运力限制,所有这些改道计划可能都不可行。没有一个改道方案是改道去一个非常大的港口,而许多港口的空余容量有限。例如,加拿大鲁珀特王子港当时每周只有一个空余泊位。此外,即使被改道的船只可以停靠,也可能没有拖车、长途卡车和铁路运力将集装箱从改道的港口转运到最终目的地。改道墨西哥和加拿大也可能面临边境拥堵或延误。当时,巴拿马运河两侧都很拥堵,因此从一个海岸向另一个海岸改道可能存在问题。如果多家企业的应急计划都需要利用相同的资源,当计划需要同时被激活的时候,这些应急计划就可能会随时失败。

风险缓解的打地鼠游戏

本书中描述的许多常见风险缓解策略都有增加其他类型风险的副作用。例如，大量企业使用双源或多源采购，以减轻独家采购所存在的无可争议的供应中断风险。然而，多源采购通过增加供应商数量也增加了企业社会责任问题的风险；只要有一个供应商的 CSR 失败就会削弱企业自身的品牌。此外，以竞争性招标方式进行第二源采购会削弱所有两家供应商的财务状况，增加供应商破产的风险。

美国西南航空公司只使用波音 737 飞机，这一决定减少了广泛的运营风险，如机组人员和备件的可获得性。然而，如果一旦在 737 中发现一些设计缺陷，整个航空公司可能会停飞。标准化、整合和风险池都有助于管理某些类型的风险，但它们会给组织带来易受攻击的单点故障。

同样，增加库存可以提供冗余，但也可能掩盖质量问题，使之难以被发现，并增加解决问题的成本。即使套期保值（一种风险缓解策略）在价格或汇率未按预期那样变动时，也会适得其反。标准普尔评级服务公司的行业分析师贝西·斯奈德（Betsy Snyder）在谈到西南航空公司在燃油套期保值业务上的损失时说（见第 10 章）："你根本赢不了。当你不对冲时，人们会责怪你；当你这样做，而价格下跌时，你却会受到打击。"[138]

最后，风险管理需要资金和时间。这些资源可能是一项非常合理的投资，其依据是在风险管理成本与避免灾害的预期价值、减轻后果和保留市场份额之间进行合理的分析。然而，投资于风险管理通常意味着减少对其他领域的投资，如研发、营销、产能和人才，这些领域也可能有风险。从某种意义上说，风险缓解就像一场打地鼠游戏：企业在击败一种风险的同时可能增加了其他类型的风险。

那些没有杀死我的会使我更强大

艾雅法拉冰盖火山喷发和航运中断引出许项目，如多改善欧洲空中交通管制、完善火山灰流动模型和创建更好的预警系统并学习如何在飞行中避免火山灰云。[139] 沃尔玛在飓风后恢复方面的经验使其响应效率提高了三倍多。更好地安排库存和移动指挥中心可以帮助零售商在灾后快速为客户提供服务,而不会支付过高的成本。第 4 章介绍了企业如何从灾难中学习,第 6 章描述了企业如何从演习中学习。

随着日益增强的全球化、产品专业化、供应商整合、产业集群和精益供应链流程,供应链风险可能不断增加,但企业也提高了处理大规模供应链破坏的能力,如日本供应商、泰国工厂或赢创所面临的破坏。此外,各级政府正在更多地与企业合作,为应对危机做好准备。在 2008 年金融危机和赢创火灾期间,汽车行业的协作框架证明,在严重的情况下,企业可以与竞争对手合作,以避免潜在的系统性破坏。全球供应链中已经出现过"大问题","更大的问题"可能随时发生。未来将决定于企业是否从过去的破坏中吸取了足够的教训,或者某些潜在的脆弱性或耦合是否会引发系统性影响。

第 14 章

为什么要有弹性？

所有组织都因为处于一个不确定的世界中而面临着风险。此外，大多数观察家也认为："企业要想生存下去，增长是必需的，而不是可选的。"[1] 然而，由于新产品、客户、地理位置或战略带来的不确定因素增加，增长也带来了更多的风险。在风险管理和弹性的三个投资领域（监测、预防和响应）有助于减少供应链破坏的持续时间、可能性和严重程度。然而，这三个要素不仅仅是直接解决风险，它们还以其他方式间接地为组织增加价值。

在讨论企业风险管理（ERM）的好处时，标准普尔董事总经理史蒂文·德莱尔（Steven Dryer）指出："在许多情况下，企业管理层将 ERM 的引入视为合规工作，因此更倾向于关注 ERM 用来帮助避免损失的功能，而没有将 ERM 视为帮助企业管理负面和正面的不确定性的一种机遇。"[2] 与 ERM 的合规导向观点相反的是，更先进的企业认识到，风险管理还有助于提高许多运营、竞争和财务层面的绩效。[3] 对弹性和风险管理的投资可能看似是保守的风险规避举措，但这些流程可以使企业减少风险厌恶，更大胆地追求增长，尽管增加了风险和不确定性。

做好响应准备

有弹性的企业投资具体的响应策略，例如第 6 章中提到的思科行动手册，以应对可能性和可识别性相对较高的风险。然而，正如我们在那一章所述，企业还必须通过创建一套通用的流程来处理任何业务中断，为不可预见的或未知的中断做好准备。企业通过建立资产，如紧急运营中心（EOC）、业务连续性计划（BCP）或灾难场景下的演习人员来做好应急响应准备。

响应和灵活性

19 世纪的德国陆军元帅赫尔穆特·冯·毛奇（Helmuth Von Moltke）说过："没有哪个计划能经受住与敌人的第一次接触。"[4] 因此，军事组织必须投资于战备，做好准备应对意外情况。2005 年 8 月，当卡特里娜飓风向新奥尔良移动时，美国海岸警卫队（USCG）已经做好了应对的准备。事实上，在飓风袭击前几天，USCG 就已经迅速行动起来。海岸警卫队新奥尔良区指挥官弗兰克·帕斯凯维奇（Frank Paskewich）上尉看到卡特里娜飓风"正径直向新奥尔良扑去……从那一刻起，我们就准备就绪。"[5]

8 月 26 日，风暴在路易斯安那州登陆的前三天，海岸警卫队开始实施其"运营延续计划"，海岸警卫队新奥尔良区部门迁至路易斯安那州亚历山大市，海岸警卫队第 8 区指挥部迁至圣路易斯。"我们希望飓风灾区的两侧都有救援飞机待命。"该地区搜救办公室主任阿蒂·沃尔什（Artie Walsh）上尉说。"我们的救援小队分散在各地，因为我们担心，如果我们只有一两个避风港，我们会失去我们的资源。"新奥尔良分区副指挥官罗伯特·穆勒（Robert Mueller）上尉说。[6]

在新奥尔良和墨西哥湾沿岸附近的飞机、船只和人员离开最危险地方的同时，海岸警卫队正在从全国各地抽调飞行员、救生员、飞行机械师、维修工人和支援人员前往该地区，包括全国直升机机队的 40%。[7] 海军少将邓肯计划用海岸警卫队的直升机重现电影《现代启示录》的场景。"我想我们的橙色直升机可以使天空变暗……如果人们需要帮助，我希望他们可以朝着头顶某处的一架橙色直升机挥手，我们就会去营救他们，坦率地说，我们做到了。"[8] 在卡特里娜飓风过后的四天里，美国海岸警卫队救出了 3.35 万人（而整个美国平均每年仅有 3 500 人获救），[9] 并且向受灾社区运送了无数吨的物资。

虽然 USCG 反应迅速而有效，但联邦紧急事务管理局（FEMA）却因反应迟缓、准备不足和效率低下而广受批评。[10] 尽管联邦应急管理局（FEMA）在飓风袭击新奥尔良的一年前进行了为期五天的灾害模拟。[11] 在事后分析中，政府问责局（GAO）表示："准确判断海岸警卫队为什么能够做出这样的响应可能很困难，但这些努力的基础是该机构的运营原则等因素。这些原则提升了领导力、责任心，并使人员能够在相关授权和指导的基础上承担责任和采取行动。"[12]

海岸警卫队与联邦紧急事务管理局、国民警卫队和许多其他联邦机构不同，它是一个前线组织，有权在上级知情之前采取行动。然而，这种差异的最重要方面是，授权的文化——赋予人们做所需工作的权力——延伸到海岸警卫队的各个级别。例如，当一架执行环境检查任务的 C-130 飞机的初级飞行员抵达新奥尔良时，她注意到一个问题：搜救直升机无法与地面当地官员沟通。她没有继续执行正式任务或询问该怎么做，而是立即为该地区创建了一个空中通信平台，以帮助协调直升机飞行任务，并将人们转移到安全着陆区和医院。[13]

其他组织，如西班牙快时尚零售商 Zara，也拥有快速反应的能力，这是任何灵活组织的标志。Zara 授权其设计师做出决策，而无须通过公司的上下管理层级。例如，当 Zara 的 300 名设计师之一注意到麦当娜在 2005 年演唱会开始时穿的一件衬衫时，他意识到他的顾客会喜欢这位歌手的造型。不像其他零售商需要做大量准备、市场调研和获得高级管理人员的许可，然后才能批准新外观，Zara 的设计师可以自由地利用现有库存、重新设计服装、授权制造（由值得信赖的可以迅速缝制新款服装的本地裁缝），然后将新的服装运到商店。在这个案例中，Zara 设计了一件麦当娜风格的衬衫，并且在麦当娜巡演结束前三周就上架了。[14]

标准化的悖论

在调查美国海岸警卫队对卡特里娜飓风的响应后，政府问责局还得出结论："另一个关键因素是该机构依赖标准化的操作和维护实践，这些做法为使用人员和资产的所有行动单位在应急响应时提供了更大的灵活性。"[15] 正如新奥尔良空军基地指挥官布鲁斯·琼斯（Bruce Jones）上尉所说："事实上，你可以从萨凡纳找来一名救生员，把他和一个来自底特律的飞行员以及一个来自旧金山的飞行机械师放在从休斯敦飞来的直升机上，这些家伙以前从来没有见过面，他们可以出去执行任务，飞六个小时，救出 80 人，然后毫发无损地飞回来——没有其他机构可以做得到。"[16] 矛盾的是，当训练有素的团队被授权将平时的训练与新情况相适应时，结构化和标准化反而可以创造灵活性和敏捷度，而不是僵化和迟钝。"这是海岸警卫队好的一面；我们不需要过多的谈话……几个水手之间传递了几句话，工作就完成了。"海岸警卫队施工船指挥官三级准尉罗伯特·大卫·勒瓦尔德（Robert David Lewald）说。[17]

利用标准化为应急响应创造灵活性并非美国海岸警卫队所独有。例如，西南航空公司只使用波音 737 飞机（参见第 13 章）。这意味着任何机械师都可以为任何飞机提供服务，任何飞行员都可以驾驶机队中的任何飞机，从而能够快速从天气、拥堵和其他困扰航空公司的混乱中恢复过来。同样，UPS 在卸载、分拣和装载操作中使用的标准程序使 UPS 能够从 1996 年导致肯塔基州路易斯维尔枢纽关闭的冰风暴中迅速恢复。暴风雪关闭了所有道路，路易斯维尔的工人无法到机场上班，UPS 在美国的航空运营中心世界港就位于该机场。但是UPS 能够让工人从其庞大帝国的其他地方飞到路易斯维尔，而且由于操作是标准化的，这些外来的工人可以操作这个运营枢纽。[18] 结合授权的标准化是灵活运营的关键，它可以对资产和产能激增进行风险集中，同时授权前线响应人员在条件发生变化时能够即兴发挥。

与标准程序一起，海岸警卫队的文化允许人员灵活性，这一点在艾因·麦康奈尔（Iain McConnell）中尉描述的救援技术的即兴改进中显而易见："起初，我们使用吊篮来救援大多数幸存者，但随后救生员发现快速绳降的技术更快，所以这是一个即兴创新，整个过程像钟摆一样摆动将救生员降落到一个屋顶下面的阳台，这绝对是你平时不练习的东西。"[19]然后他补充说："是的，有很多即兴创新。但总的来说，这是海岸警卫队空勤人员最擅长的。"海岸警卫队的灵活性源于信任人们会去做正确的事，赋予他们采取行动的权力，而不是给他们设置太多的官僚障碍。

投资于应急响应

沃尔玛和 UPS 等组织对应急响应程序和资产进行投资,因为它们为世界各地的客户提供服务,包括极易受到飓风、暴风雪和其他自然灾害破坏的地点。许多跨国公司在全球比较脆弱的地区设有设施和供应商。虽然特定中断在特定时间袭击特定位置的可能性很小,但某个时间发生某种危机的可能性很大。因此,这些公司可以证明投资 EOC 和 BCP 是合理的。

一旦发生供应链破坏,做好应急响应的准备会加快恢复和减轻影响。换言之,风险资产的方案得以实施(见第 6 章)。如果应急响应和业务恢复团队在破坏发生后即处于活动状态,则恢复可以立即开始,从而缩短破坏的持续时间。预先组织的团队、预先制订的计划、预先配置的"作战室"以及预先储备的恢复备品都有助于加快响应速度。

每次破坏也提供了学习机会。正如沃尔玛应急管理部高级主管马克·库珀(Mark Cooper)所评论的那样,卡特里娜飓风和其他风暴的教训帮助沃尔玛将响应效率提高了三到四倍。强大的 EOC 和恢复演习的流程帮助公司以比以前更快、更低的成本重新开启零售店。

一盎司的预防

海岸警卫队随时准备好做出响应,因为它无法阻止灾害的发生,所以必须做出响应。然而,大多数企业是可以采取措施减少出现破坏的可能性的。

当赌注很高时

漫不经心或马虎的流程会给处于高风险行业的企业带来可怕的后果。1984年 12 月,印度博帕尔联合碳化物工厂发生甲基异氰酸酯泄漏事件,造成 4 000人死亡,50 多万人受伤。一些消息来源说,实际死亡人数要高得多。[20] 联合碳化物公司从未从这场可怕的悲剧中恢复过来。[21] 不到一年之后,它成为

GAF 公司恶意收购的目标，迫使该公司剥离了许多利润最高的部门。

如第 11 章所述，2010 年 4 月"地平线"钻井平台爆炸后，英国石油公司的市值损失了 530 亿美元。四年后，即 2014 年 8 月，该公司的股票仍比 2010 年年初的市值低 30%以上。[22] 到 2014 年，公司已经支付 270 亿美元的清理、罚款与和解费用，一些清理责任和许多法院诉讼仍悬而未决。

由于未能想象和模拟福岛海岸附近日本岛屿断层共振耦合的后果（见第 1 章），导致 2011 年的海啸对核反应堆造成重大损害。海水淹没了核电站和反应堆控制系统。由于没有散热的备用能力，核心过热，导致爆炸和核熔毁。随着日本政府开始放弃对核能的依赖，这一事件增加了日本的能源成本。它还提高了德国的能源成本，德国政府也关闭了所有旧的核电站，并决定在 2022 年逐步淘汰剩余的反应堆。由于能源成本增加，许多能源密集型的德国制造商将其许多资本投资从德国转移出去。[23]

巴斯夫购买、处理、制造和运输各种化学品，其中许多是高度易燃、剧毒或两者兼而有之。为确保工厂附近员工和公民的安全，巴斯夫的风险防范文化涵盖整个组织，从董事会到一线员工。[24] 依靠标准程序，该公司使用风险管理流程手册和一套基于 2004 年 COSO II（美国反虚假财务报告委员会下属的发起人组织委员会）框架的标准化评估和报告工具。[25] 董事会批准风险管理投资，而公司将特定风险的管理任务委派给当地的业务单位。巴斯夫开发出针对各种潜在工业事故的模型，甚至包括单个泵、阀门和储罐的故障。[26] 巴斯夫的预防文化意味着它倾向于评估最坏情况的风险。如果某类事件（例如，混合罐中的爆炸）能够导致不同概率的不同级别的严重程度，巴斯夫将使用最坏情况的风险类别来确定预防投入的水平。

马克·吐温曾经写道："人类是上帝在周末疲倦的时候创造出来的生物。"[27] 事实上，绝大多数安全事故都是人为失误造成的。[28] 为了降低人为失误率，巴斯夫在 2013 年对 1 万多名员工进行了流程安全培训，对 4.7 万名员工进行了合规培训。[29] 培训还涉及预防网络犯罪和保护知识产权与敏感信息。

为了创建全球范围的安全文化，巴斯夫强调可见的领导力和公开的对话，以及许多与预防相关的 KPI，例如，失时工伤率、事故数量和产品泄露。[30] 截至 2012 年，巴斯夫的失时工伤率是同属于负责任的关怀全球宪章组织的其他化学品成员公司的一半左右。[31, 32]

巴斯夫的预防文化超越了安全和合规风险。巴斯夫在 2013 年年报里写道："我们努力通过坚持高标准和工厂的持续改进来预防计划外的生产停机。"[33] 预防生产停机延伸到采购决策。巴斯夫的德克·霍普曼（Dirk Hopmann）表示，该公司评估材料流通中的关键路径，并增加产能，以确保有供应替代品。

其他公司面临着不那么有形但同样危险的潜在破坏，这些破坏促使它们采取预防措施。正如第 11 章所述，迪士尼的形象对它意味着一切。迪士尼公司约 290 亿美元的价值来自于其品牌。[34] 由于迪士尼重视儿童和家庭，所以尤其关注防范社会责任风险。因此，它对来源国和与谁做生意是有选择性的。例如，迪士尼不会从苏丹、伊朗和缅甸等八个国家进行采购，因为很难确保那里的的工作条件符合要求。[35]

降低保险费用及其他

减少破坏的可能性也会降低企业的保险公司支付赔款的可能性。当微软建设新的数据中心或其他关键设施时，它通过与保险公司 FM Global 的工程师合作，使用 HPR（高度保护的风险）标准。[36] 达到 HPR 认证要求通过谨慎的选址、选材、保护功能、设备冗余以及人员的适当关注在设计和运行功能上实现降低火灾、洪水和地震破坏的风险。

通过 HPR 认证的站点的损失概率降至通常的 1/4，平均总损失为非 HPR 认证站点的 1/10，[37] 这意味着保险费较低。微软使用估算的经济价值来量化风险管理投资的价值。微软高级风险经理苏珊·肖（Susan Shaw）表示："截至 6 月 30 日的 2009 财政年度，FM Global 已经统计了超过 18 亿美元的风险改进。"[38] 基于模型的计算包括潜在损失、免赔额和建筑物生命周期内保费节省等，这些因素都可以抵消增加的建筑成本。

虽然 HPR 主要是为了最大限度地减少财产损失，但它也降低了业务中断的可能性。例如，为了在新的数据中心达到 HPR 标准，微软将空间分成两半，并设了防火墙，这样最大的可预见损失仅为设施的一半，而幸存的一半可以继续为客户提供服务。"在数据中心中，损失的范围不仅仅涉及财产。它还事关公众的信任，以及失去在科技界的地位。"肖说。"有一件事是不可保险的，那就是声誉风险。管理声誉风险和管理其他任何类型的风险之间存在关联。"肖总结道。

预防和响应

预防和响应是风险管理互为补充的两个方面，不同的企业可能在这两方面投资的侧重点不同。预防工作减少了发生需要做出响应的事件的可能性。相反，响应能力允许企业依靠其缓解能力来承担某些风险。由于存在不确定性，这两种方法本身都不够。预防无法避免所有破坏，响应能力无法将所有影响缓解到可接受的水平。各种投资之间的平衡依据具体企业和设施而定，这取决于预防成本和响应成本之间的权衡。

最后，随着企业和行业变得更加安全，下一个安全措施的边际成本在增加，而防止剩余的极其罕见事件的边际价值在下降。这种影响可能先从航空业开始，有人质疑，鉴于此类事件的罕见性，在马航 370 飞机失踪后提出的空难后飞机位置监测措施的成本是否是值得的，可能利用这个投资来加强空中安全措施的回报更高。[39]

监测

居安思危导致企业投资于监测当前事件、调查供应商、访问供应商设施、对买入的产品进行质量评分、分析自然灾害模型以及其他数据收集和分析活动。企业可以利用由此获得的知识来预防和应对风险与事件。

监测对于响应的价值

思科的事件监控流程 7×24 小时运行，相关人员遍布世界的不同时区，而不是等到高管在早晨开车上班时听到新闻。思科将监控与上报流程相结合，确保两小时的响应时间。在 2011 年思科总部当地时间晚上 9 点 46 分日本地震发生时，该公司在 40 分钟内监测到并了解了事件的重要性，并在 17 分钟后将其上报给高级管理层。[40]

甚至在自然灾害来袭之前，宝洁和沃尔玛等公司就利用监测提前期为灾后恢复调动资源。如果公司监测到灾害即将发生，它可以将资产和库存转移出灾区，执行受控的设备停机以避免机器损坏或危险物质释放，在不良事件传播之前处理好社会活动家的问题，或者启动备份系统。如第 8 章所述，OKI 半导体公司通过使用监测地震并提供几秒钟或几分钟的警报的系统，避免了约 1 500 万美元的损失。[41] 及时监测还有助于限制隐蔽性破坏（如污染、伪造和网络犯罪）的影响，减少损害持续时间。

早期监测还可以在供应受限的场景中提供竞争优势。2013 年，瞻博网络公司收到 Resilinc 监控服务的紧急通知。一家主要的内存芯片供应商发生火灾，将影响到 21 个零部件的供应。根据瞻博公司的乔·卡森（Joe Carson）和德米特里·克里切夫斯基（Dmitriy Krichevskiy）的说法，瞻博在几个小时内，以远低于其他动作缓慢的企业所支付的价格获得了替代供应品。一项对于 4000 家欧洲企业的研究发现，处于竞争更激烈环境中的企业更容易保持警惕。[42] 一些企业总是在寻找问题。

监测对于预防的价值

早期监测也是预防供应链中断的重要因素。监测到潜在问题，例如，供应商的劳资关系恶化、议会中关于政府法规的激烈辩论或社会网络上关于某个供应商日益增加的负面消息，都可以让企业不仅有时间准备风险缓解工作，也能够抵御甚至避免中断。企业可以联系替代的供应商，可以使用资源游说政府，或者可以纠正产生负面消息的原因。

为了预防而进行的监测可以延伸到供应链。随着非政府组织和媒体监督机构的激增，许多企业正在努力确保它们自己和它们的供应商不会造成CSR、安全或与质量相关的问题（见第 7 章）。例如，《福特行为准则》[43] 要求在其开展业务的每个国家或地区的供应商都遵守道德行为和高度的社会责任标准。此外，该准则还要求"所有公司人员必须通过既定的举报渠道报告已知或涉嫌违反本政策的行为。公司禁止对善意举报违规行为的任何人进行打击报复"。[44]

审计在三个方面提供了价值。首先，审计有助于监测具体供应商的具体问题。例如，迪士尼的审计清单包括 75 个问题，涉及工作条件、未成年劳动力、消防安全、工人自由和医疗保健等问题。其次，审计可以提供对国家层面趋势的洞察，这有助于从这些趋势中发现风险和隐藏的商机。第三，除了监测风险之外，审计具有直接的预防价值，因为供应商会倾向于采取主动措施来避免不合格的审计结果。

在一些企业，这种监测延伸到更深的供应链层级。例如，英特尔试图让潜在供应商在建立合作关系的早期就披露它们自己的供应商，以便监测潜在风险和评估漏洞。英特尔并不总是成功，因为供应商不愿意分享竞争机密。然而，该公司在追踪冲突矿物方面一直处于领先地位，这需要了解其供应链的最深层（有时深入到第六层或第七层）。

从险肇事件中学习的价值

监测未造成但可能造成破坏的小事件是监测、准备和防止更大破坏的一种方式。航空业早就认识到从错误和小事件中学习是明智的，即使它们不会造成事故。航空安全报告系统（ASRS）收集和分析自愿提交的机密航空事故报告，以识别系统性的或潜在的错误和危险，并提醒业界注意这些错误和危险。ASRS每年收到 3 万多份报告，并定期根据需要发布指令。大多数航空专家同意，这些努力不断提高民用航空公司安全水平，因为系统运营商认识到更多的情况可能导致灾难，从而提高了警惕。

医院使用类似的"险肇"分析系统来报告、调查和识别漏洞，以根除医疗错误。同样，巴斯夫坚持及时记录任何可能表明存在漏洞的安全相关事件，包括险肇事件。[45] 如第 2 章所述，工业事故遵循了幂律分布，这意味着组织可以使用关于小事件发生的频率和影响的数据来预测较大事件的可能性和影响。这种对小事件的分析有助于监测可能导致不可接受的破坏的风险并确定其优先级。

对弹性的投资

任何企业都不会因紧张于面临的风险、危险或潜在责任而承担额外的风险。然而，如上所述，风险是经营企业的一部分，它与增长是齐头并进的。为了繁荣，企业必须成长；为了成长，企业必须管理新业务中固有的不为人知的风险和不确定性。

许多企业认为风险管理只是另一种成本，没有确定的好处。用一位运输经理的话说："它占用了我们核心业务的资源。"[46] 未使用的 EOC 似乎浪费了办公空间和公司资源，演习需要从日常运行中抽出时间，额外的库存是昂贵的。对浪费的看法似乎与预防战略一样正确，因为它们都是有意设法确保什么都没发生。然而，对弹性的投资可以直接或间接地提供价值，并支持增长。

弹性 vs.保险

传统上，组织在避免或减少供应链破坏造成的损失方面对弹性方面的投资价值进行了估算。预防可以降低破坏性损失的可能性，响应可减少破坏的后果，监测可提高预防和响应的有效性和及时性。每一次"可能更糟糕"的事件都被视为这类投资的胜利。

例如，思科创建了一个风险缓解工作和后续发生的破坏性事件的数据库。除了帮助企业跟踪其风险缓解工作外，数据库还让思科能够记录这些努力的直接价值。[47] 通过记录风险管理流程在恢复时间上的改进，思科可跟踪其成功避免的破坏影响，例如，营收损失、延迟发货和其他关键业务指标。

在许多方面，这种方法将弹性能力的支出视同为企业在保险上的支出：企业购买保险是因为它们觉得不得不这样做，尽管只有在灾难来袭时才能衡量保费的直接回报。[48] 因此，根据这一观点，弹性能力上的投资回报率仅以它在多大程度上减少了破坏的可能性和后果来衡量。然而，这种观点忽略了弹性投资的许多其他有利方面。

弹性优于保险，主要有四个原因。首先，保险只提供财务赔偿，而弹性还有助于避免企业未能履行对客户的承诺而导致的信任或声誉损失。其次，保险通常只涵盖已知的危险，但弹性也可以涵盖未知的、不确定的和不可抗力事件。2010 年冰岛火山爆发后，保险公司拒绝了业务中断索赔，因为火山没有造成构成索赔基础的物理损害。[49] 第三，保险是风险的对抗性转移，在支付中面临不确定性，而弹性是与业务相一致的内部能力。英特尔在其年度报告中指出，其风险因素之一是"我们的一家或多家保险提供商可能无法或不愿意支付索赔。"[50] 保单的确切措辞和对该措辞的法律解释会影响某一特定事件是否能构成有效的索赔。[51] 最后，最大的区别是，弹性可以带来竞争优势，即使从未发生破坏，因为弹性可以提高企业绩效的上限和下限。

更好的品牌：新业务

2004 年 12 月 6 日下午 6 点 30 分，位于芝加哥的拉萨尔（La Salle）银行的 45 层总部的 29 楼发生火灾。烟雾吸入和其他伤害造成 37 人受伤，但幸运的是，500 人撤离了烟雾弥漫的建筑，没有人严重受伤。大约 450 名消防队员努力控制火势，大火持续了五个小时，给历史悠久的装饰艺术建筑造成了 5000 万美元的损失。[52]

就在消防队员到达现场、银行工作人员撤离时，银行在下午 6 点 45 分通过预先设立的紧急电话会议启动了危机管理计划。晚上 8 点，危机管理团队召开了第一次会议，所有部门级业务连续性计划正式启动。在团队决定如何处理总部损失时，纪律性保证了危机管理团队会议是简短和处在正确轨道上的。

拉萨尔银行的口号变成了"正常营业",第二天早上 7 点 30 分,银行开门营业。大约 750 名员工前往预先安排的备份站点,另有 400 名员工在家里远程工作。持续的客户沟通,包括自动将客户呼叫转发给更换了地点的员工,缓和了客户对银行持续服务能力的任何忧虑。在整个危机期间,该银行努力避免来自银行不同人员和市政府官员的互相矛盾的消息。当地、全国和银行业媒体对拉萨尔银行的弹性能力进行了重点报道。通过不断让客户意识到正在发生的事情,该银行不仅成功地留住了现有客户,而且甚至在火灾发生后签下了几个重要的商业客户。这些大型商业客户选择拉萨尔银行的原因,正是拉萨尔的弹性和整个中断期间持续提供的客户服务的能力。[53]

销售增加: 帕塔馅饼大卖

当飓风"桑迪"在 2012 年威胁美国东海岸时,沃尔玛已经知道该怎么做了。2004 年,首席信息官琳达·迪尔曼(Linda Dillman)声称:"我们收集了大量的历史数据,因此我们决定预测在特定情况下会发生什么,而不是等待它发生,然后做出反应。"[54] 从之前的飓风中,沃尔玛知道人们会囤积瓶装水、防水油布、探照灯和手动开罐器。他们购买的草莓帕塔馅饼是平常的七倍。总部提醒位于桑迪波及区域的沃尔玛商店在风暴来临前预订这些受欢迎的商品,以及其他需求丰富的产品,如维也纳装甲香肠、午餐肉和耐寒水果,如苹果。该公司还准备了风暴后清理用品的补给,如拖把和电锯。与决定哪些存货需要推出以促进风暴前和风暴后的销售一样重要的是沃尔玛收回的存货。沃尔玛知道人们会停止购买肉类和其他易腐商品,因为他们担心在电冰箱没有电的情况下这些食物会变质。

沃尔玛用来准备应对灾难的数据管理系统,与帮助其为季节性变化、重大假期和其他需求波动做好准备的数据管理系统相同。帮助它跟踪夏季天气对软饮料需求影响的相同工具,也可以用来跟踪恶劣天气对瓶装水需求的影响。沃尔玛的日常库存管理系统告诉它哪个商店有哪些商品,哪个商店卖什么,哪个配送中心有什么。沃尔玛的卡车配备了车载电脑和通信系统,可以在任何时候让货物重新定向。在供应链破坏期间的弹性和日常操作中的响应速度是同一枚硬币的两面。

响应能力创造运营的敏捷性

一些企业利用对危机的响应来改进日常运营。2008 年的金融危机打击了许多企业，包括宝洁的女性护理部门。"显然，我们对业务下滑感到不满。"该部门位于布达佩斯的工厂厂长斯特凡·布伦纳（Stefan Brünner）表示。[55] 宝洁不仅没有削减成本，还推出了一项积极的恢复计划以实现供应链转型。"我们认为这是一个专注于改善供应链基本面的机会，并从中脱颖而出。"布伦纳说。[56]

宝洁加强了内部和外部整合，包括与主要供应商加强协作。它建立了快速的产品转换能力，以推出新产品来重新刺激增长。结果，该公司将制造生产率提高了 20%，将区域库存减少了 18%，同时保持了较高的客户服务水平，将材料提前期缩短了 50%，加快了新产品的发布，并降低了超过 12%的总交付成本。[57]

当英特尔在 2011 年发现其新的美洲狮芯片组存在缺陷时（见第 8 章），它不得不尽快制造 600 万个替换芯片。英特尔使用名为"最大输出值"的内部论坛来加快生产和分销。该响应事件教会了英特尔如何在需要时加快速度。它重设了当速度最重要时可能做到的事情的期望值。英特尔现在称之为"美洲狮速度"。这个事件是英特尔不断向更高速度和更高敏捷性发展的关键部分。英特尔副总裁兼客户服务总经理弗兰克·琼斯（Frank Jones）表示："就像我们做美洲狮芯片一样，你总是能找到一种方法，比如从制造时间里挤出四个小时，以便赶上更早的航班。"[58]

在卡特彼勒，可见性工具帮助公司在管理供应链破坏或日常运营时提高响应速度。卡特彼勒的一位专家说[59]："我可以看到所有动态情况，能够有效地做出响应，了解网络如何流动，看到延迟及其产生的成本。我可以像处理港口罢工一样处理每次的危机。"这些工具也可以调整公司的网络。另一位专家还说："我可以优化，因为我可以看到一切。这使我能够提高可预测性。我可以结合分析数据，找出指标和杠杆进行调整和改进。这样给了我一个更好的供应链。"[60] 公司的努力正在得到回报，卡特彼勒在 2013 年加特纳供应链排名前 25 名中上升了两位。供应链破坏期间的弹性和正常运营中的敏捷性都是在提高可见性和管理不确定性方面的共同投资带来的好处。

金融危机期间在麻省理工学院的一次供应链会议上，几家企业提到积极沟通的增加以及危机响应工作带来的合作的好处。[61] 金融危机给消费者行为带来了巨大变化，并威胁到企业供应链中主要参与者的生存。不仅内部部门（销售、供应链和财务）更多地展开合作，而且外部、第三方物流提供商（3PL）甚至竞争对手之间也协同工作。在一项针对 650 名高管的关于业务延续性管理（BCM）在超出单纯事件管理的好处的调查中，56%（调查中最高的数字）的高管表示，作为 BCM 的附带好处，组织内外的跨职能理解和协作得到了强化。[62]

在 9·11 事件暴露了曼哈顿摩天大楼的脆弱性之后，一家领先的华尔街金融服务公司的风险管理小组得出结论，所有员工都需要有在家工作的能力。但是，高级管理层却不愿承担为数以万计的远程办公者提供支持的成本。随后，该风险管理小组与人力资源部门合作，将项目的目的重新定义为提升公司的多元化和包容性，让职业母亲能够与孩子待在一起，让残疾员工能够继续工作。找到一项人力资源相关的好处有助于让提升弹性的项目获得批准。

像应对繁荣一样应对末日

波士顿科学公司认为："风险也可能包括无法利用的机会。"[63] 在经济复苏、竞争对手中断和新产品发布期间，企业可能面临需求激增。例如，当星巴克推出早餐三明治时，它对预期需求做出了低、中、高预测。但实际需求比最高预测高出 200%，于是需要付出巨大的努力来满足客户的需求。

英特尔的"最大输出值"论坛帮助公司最大限度地提高其生产线的产量，以应对中断以及新产品的意外需求。如果弹性是从需求下行中反弹的能力，它也提供了在需求上行时向上弹的能力。

监测速度在中型制药公司武田制药的竞争优势中起着关键作用。与许多公司一样，武田制药将内部信息与从第三方服务提供商获取的外部数据整合在一起，但仅仅收集数据是不够的。武田英国董事总经理福富宏（Hiro Fukutomi）表示："反应速度非常重要，这样我们才不会错过任何商业机会。"[64] 武田德国子公司首席财务官阿克塞尔·毛（Axel Mau）表示："竞争优势来自你采取的措施，以及你对信息的反应速度。"[65] 例如，如果公司听说竞争对手计划在特定区域推出产品，武田会实时分析数据，然后"销售人员可以立刻在该地区加大销售努力以保持市场份额或增加市场份额。如果你必须等一个月才能进行分析，就像我们过去有时不得不做的那样，那么局面就会相当困难了"，毛解释道。[66]

盘点弹性能力：吸引贷款人和投资者

经过五年严格、全面的风险管理实践，加拿大公用事业公司 Hydro One 获得了穆迪和标准普尔的良好信用评级。信贷分析师在授予评级时特别提到该公司在风险管理方面所做的努力，这降低了 Hydro One 在一笔 10 亿美元贷款上的资金成本。[67] 在 2008 年金融危机期间，债权人和信用评级机构逐渐意识到，借款人偿还贷款的可能性在很大程度上取决于借款人在危机中幸存的可能性。标准普尔等评级机构开始明确分析企业的风险管理，以评估其风险和准备情况。

评级机构对借款人企业风险管理（ERM）的分析考虑了组织的风险管理文化和治理、风险控制、新兴风险准备和战略管理。[68] 尽管标准普尔并没有试图评估供应链破坏的所有可能性和影响，但它确实考虑了四大因素：国家风险、行业风险、运营风险和治理。分析还考虑了一些因素，如组织对少数关键设施的依赖、吸收灾难损失的财务资源以及企业对行业特定破坏的敏感性，例如，航空公司对恐怖主义或农业企业对商品价格的脆弱性。[69] 分析结果为 1～4 的评级，分别是：弱、合格、强、优秀，据此调整了企业的信用评级和资金成本。[70]

两项跨部门研究发现风险管理实践与财务绩效之间存在相关性。2012 年对欧洲风险管理协会联合会（FERMA）下属的 500 多家企业进行的一项大规模调查和分析，对比了那些风险管理"先进"的企业与风险管理成熟度较低的企业的五年财务绩效（2004—2011 年）。先进企业的五年收入增长率（16.8%比8.9%）几乎多了一倍，五年 EBITDA 增长率（20.3 比 8.9%）多了一倍还多。[71]2005 年会议委员会对拥有先进 ERM 企业的一项分析同样发现，从统计数据上看，这些企业具有更高的盈利能力和更低的收益波动性。[72]

做好自己

弹性与品质有共同之处。对于品质的投资需要成本，这似乎意味着要在低成本、低质量与高成本、高品质之间做出选择。但是，丰田生产系统倡导的质量运动的一个关键见解是，让缺陷造成产品损坏比确保原材料和工艺的质量更昂贵。避免有缺陷的部件比修理有缺陷的汽车便宜。

同样，弹性——制定预防措施、替代的响应方案和监测系统——需要花钱，这似乎意味着要在脆弱的效率和昂贵的坚固性之间做出选择。然而，脆弱性可能比弹性更昂贵。做得对的话，对弹性的投资可以产生正回报。

"一盎司预防（或准备）等于一磅的治愈"，这句俗语仍然有效。然而，如上所述，这种观点在计算弹性投资的回报时过于狭隘。弹性往往与企业的成本和增长目标一致，而不仅仅是直观的成本。例如，一项国际调查中 36%的高管认为，BCM 还通过分析和更深入理解供应链端到端依赖关系以及关键活动帮助提供流程优化。[73]

与品质一样，弹性投资可以通过更快的恢复时间、更低的影响以及上述讨论的许多间接优势而得到回报。然而，我们尚不清楚什么是最佳投资水平。一家企业在品质上可以过度投资——制造一辆不需要保养的汽车，这种车会持续运行很长时间，但非常昂贵。同样，建造坚固的工厂、监控每一个供应商的行动以及只使用拥有完美财务状况的供应商也许是可能的，但代价高昂。此外，它可能会阻止企业从具备创新但风险较高的供应商处进行采购，从而阻碍增长。

弹性能力的适当投资水平因企业和行业而异。适当的投资水平与风险相关，这不仅取决于地理位置、行业、供应链地位和实力，还取决于客户支持和企业的整体声誉。例如，当耐克在 20 世纪 90 年代被指控在巴基斯坦经营血汗工厂和雇佣童工时，其销售额和市场价值急剧下降。相反，当一家供应商的工人自杀事件突显出苹果供应链的恶劣工作条件时，苹果经受住了风暴，没有遭受销售损失。苹果很可能要归功于顾客的忠诚度和品牌的光环，这是很多其他企业无法企及的。对于许多企业来说，弹性的最佳投资水平可以通过和竞争对手比较来衡量。在一场受破坏最少、复苏速度最快的竞赛中，无论你所处的行业在弹性上面的支出是高还是低，比同行企业多花一点点钱可能是值得的。

精通风险，而不是厌恶风险

一个常见但错误的假设是，在一个充满风险的世界里进行管理需要成为一个笨拙、保守的组织。但情况正好相反——保守的组织在管理风险方面可能缺乏能力。在一项关于极端事件决策的研究中，一位金融服务组织的经理承认："我们是一个较老旧的组织。决策缓慢，而且决策权仅限于少数高级管理人员。我们需要对危机做出更迅速的反应，并在多个层面执行，但没有。例如，在 7 月 7 日伦敦发生恐怖袭击之后，我们没有能力迅速做出决定，也无法像我们所希望的那样迅速地向媒体发表声明。"[74]

标准普尔的德莱尔写道："成功的风险文化始于培养公开对话，即组织中的每个员工对组织的风险拥有某种程度的所有权，能够轻松识别局部决策的更广泛影响，并且因识别并向高层汇报特大风险而获得奖励。在这种文化中，战略决策通常包括审查相关风险和替代策略，而不是简单的投资回报分析。"[75]

东芝的子公司西屋电气非常保守，符合人们对一家生产和服务核反应堆的公司的认识。西屋电气首席执行官斯蒂芬·特里奇（Stephen Tritch）表示："我们不培训人们去冒险，我们训练他们不要冒险。"[76] 然而，母公司也希望实现增长，这就要西屋公司拓展业务，发挥创造力，尝试新事物，这意味着要承担风险。该公司采取了"快速、小赌注"的方法，即工程师和经理可以更多地了解客户的需求,即使他们没有赢得每一份合同。公司开始承担商业风险,例如,从竞争对手那里雇用 20 名工程师,并在他们赢得任何客户合同之前为新的业务线开设一个办事处。[77]

结果,西屋公司赢得了新的业务,包括公司以前留给竞争对手的市场的业务,以及一个新的领域:开发了修复旧反应堆所用合金的新方法。[78] 到 2013 年,西屋公司的营收达到创纪录的 50 亿美元,[79] 2004 年时还只有 20 亿美元,[80]尽管经历了全球经济衰退和 2011 年福岛核事故对核工业的影响。"今天,我们对增长有着前所未有的活力。五年前,我们的想法是,如果坚持我们的做法,保持平稳,就是成功。我认为这里没有人再认为这是成功了。"时任该公司工程服务主管的尼克·利帕鲁洛(Nick Liparulo)总结道。[81]

动态的全球经济中的弹性

有弹性的企业通过学习型组织体现了尼采的格言,即"那些杀不死我的让我更强大"。每个事件、演习、险肇或场景规划都会扩展企业的意识,并增加其响应范围。例如,星巴克每年都会在全球各地回顾上一年的事件,并预测来年最大的风险,并触发一系列规划和准备活动。这些感知、反应和适应能力有助于企业在复杂、动态的全球经济中蓬勃发展。

全球竞争的加剧意味着,正如英特尔前首席执行官安迪·格鲁夫所说,"只有偏执狂才能生存"。[82] 互联网使客户和消费者能够找到几乎任何产品类别中的优秀产品,而全球供应链以前所未有的规模提供这些优秀产品。此外,股东和削减成本的客户给企业带来的财务压力将继续推动企业转向精益、准时化运营,而不是增加库存和闲置产能等用来"以防万一"的冗余。因此,一次供应链破坏对那些没有做好准备的企业可能意味着生存威胁。

与此同时,世界似乎正加速经历着大规模破坏和难以想象的"未知的未知"。鉴于世界人口的增加以及正在给地球资源带来压力的亿万消费者的长期趋势,这种威胁似乎不太可能减轻。[83, 84] 此外,这种压力也是政治动荡、安全问题和经济危机的原因。人口向拥挤的城市群迁移造成的经济集中度,也导致了每一次新的自然灾害带来的经济损失的增加。

"创造性破坏"的速度正在攀升。也许，对于任何一家企业来说，最大和最不被重视的威胁之一，就是在沉迷于做成下一件大事和年度成本削减的世界里而自我强加的停滞危险。企业需要不断寻求增长，哪怕只是取代在全球竞争、技术进步、企业社会责任标准或法规变化中已经过时的产品和业务线。

在蜂拥而至的黑天鹅和创造性破坏的环境中发展——甚至生存下去——将取决于弹性。企业甚至可以利用风险，这样"破坏"就可以带来销售额、市场份额和利润的增加。破坏还可能为实施重大变革（如改进组织和流程）创造机会，而如果没有"燃烧的舞台"，这些变革是不可能的。一家准备特别充分、反应迅速的企业可以随时提供其他准备不足的企业所不能提供的东西。企业比竞争对手更具弹性，更善于防止破坏，更有效地减轻影响，并更快地管理稀缺的供应，就更有可能主导其行业。

能够监测、预防或应对自然、意外和故意的供应链破坏的企业可以通过确保供应链的连续性来充分利用其优秀产品。弹性帮助企业进行竞争，即使在真正未知的未知破坏面前，也能为组织提供警惕性、响应性和灵活性，以便快速有效地监测和响应意外事件。弹性不仅仅是一种反弹的方式。创造弹性的活动还改善了供应链上下游两个方向的合作、协调和沟通，使其成为一个面向充满各种可能性的未来的战略。

注　　释

前言

[1] http://www.wto.org/english/res_e/booksp_e/world_trade_report14_e.pdf.

第 1 章

[1] http://www.researchgate.net/profile/F_Yamazaki/publication/237704747_New_development_of_super-dense_seismic_monitoring_and_damage_assessment_system_for_city_gas_networks/links/00463527b593f7a46b000000.pdf.

[2] http://www.geonami.com/tohoku-earthquake-geophysical/

[3] 地震的震级 ，以地震力矩（能量的极低频率部分）衡量，在尺度上的每一级都上升 $10^{1.5}$ 倍，即 31.6 倍。因此，4 级地震实际上比 3 级地震强度高近 32 倍。

[4] David Cyranoski,"Japan up to Failure of Its Earthquake Preparations," *Nature* 471 (2011): 556—557.

[5] http://earthquake-report.com/2012/03/10/japan-366-days-after-the-quake-19000-lives-lost-1-2-million-buildings-damaged-574-billion/

[6] http://www.nature.com/news/2011/110329/full/471556a.html

[7] Cyranoski,"Japan up to Failure of Its Earthquake Preparations," pp. 556-557, 2011.

[8] David McNeill and Jake Adelstein, "The Explosive Truth Behind Fukushima's Meltdown,"*The Independent*, August 17, 2011.

[9] Mike Weightman, "Japan Earthquake and Tsunami: Implications to the UKNuclear Industry," Interim Report, Office for Nuclear Regulations, May 2011.

[10] Tokyo Electric Power Company, "The Evaluation Status of Reactor CoreDamage at Fukushima Daiichi Nuclear Power Station Unit 1 and 3," November30, 2011.

[11] Geoff Brumfiel and Ichiko Fuyuno, "Japan Nuclear Crisis, Fufushima's Legacy of Fear," *Nature* 483 (March 2012): 138—140.

[12] http://en.wikipedia.org/wiki/Fukushima_Daiichi_nuclear_disaster

[13] http://www.forbes.com/sites/jeffmcmahon/2011/03/28/epa-expect-more-radiation-in-rainwater/

[14] Japan Ministry of Economy, "Trade and Industry, Forecast and Measures for Future Electricity Supply and Demand in TEPCO Areas," http://www.meti.go.jp/english/electricity_supply/pdf/20110325_electricity_prospect.pdf

[15] Suvendrini Kakuchi, "Energy Savings 'Setsuden' Campaign Sweeps Japan after Fukushima," *Guardian*, August 22, 2011.

[16] Chikako Mogi and Yoshifumi Takemoto,"Nuclear Shutdown to Threaten the Japanese Economy," Reuters, June 24, 2011, http://www.reuters.com/ article/2011/06/24/us-japan-energy-idUSTRE75N1TD20110624

[17] http://en.wikipedia.org/wiki/Japanese_reaction_to_Fukushima_Daiichi_nuclear_disaster

[18] http://en.wikipedia.org/wiki/Energy_in_Japan

[19] Tsuyoshi Inajima and Yuji Okada, "Nuclear Promotion Dropped in Japan Energy Policy after Fukushima," Bloomberg.com, October 27, 2011.

[20] http://www.bbc.co.uk/news/world-asia-17967202

[21] http://www.jaif.or.jp/english/news_images/pdf/ENGNEWS02_1344 213298P.pdf

[22] http://www.bloomberg.com/news/2014-05-29/nuclear-free-japan-faces -prospect-of-power-shortage-in-heartland.html

[23] http://www.intel.com/content/www/us/en/jobs/locations/japan/sites/tsukuba .html

[24] 采访英特尔公司应急管理项目经理吉姆•霍尔科，2012 年 7 月 31 日。

[25] 采访英特尔公司负责技术和制造的副总裁以及全球采购总经理杰基•斯特姆，2012 年 7 月 31 日。

[26] 采访英特尔负责全球原材料装配测试的总监杰夫•赛尔瓦拉，2012 年 8 月 13 日。

[27] http://www.eetimes.com/document.asp?doc_id=1258973

[28] http://www.eetimes.com/document.asp?doc_id=1259019

[29] 见 http://www.shinetsu.co.jp/e/news/back_shinetsu2011.shtml for a series of 11 status reports.

[30] http://www.shinetsu.co.jp/en/news/archive.php?id=286

[31] Shin-Etsu, "Shin-Etsu Group current situation impacted by the 2011 off the Pacific Coast of Tohoku Earthquake" (5th report), http://www.shinetsu.co.jp/en/news/archive.php?id=265

[32] 采访 Jackie Sturm, July 31, 2012.

[33] http://www.logility.com/blog/chris-russell/july-2012/not-so-hidden -inventory

[34] 采访 Jeff Selvala, August 13, 2012.

[35] 同上。

[36] 采访 Jackie Sturm, July 31, 2012.

[37] https://www.semiconportal.com/en/archive/news/main-news/110414 -electricity-saving-25percent-summer.html

[38] 采访 Jackie Sturm, July 31, 2012.

[39] 一个完整的供应链不仅包括所有层和服务提供商的"入站"网络，还包括分销基础设施、客户和退货/维修/处置基础设施的"出站"网络。

[40] https://www.apple.com/supplier-responsibility/our-suppliers/

[41] Yossi Sheffi, *Logistics Clusters: Delivering Value and Driving Growth* (Cambridge, MA: MIT Press, 2012).

[42] http://www.wto.org/english/res_e/booksp_e/wtr13-2b_e.pdf

[43] 在 2013 年，最大的集装箱船是 Maersk Triple E. http://www.maersk.com/ innovation/leadingthroughinnovation/ pages/ buildingthe worldsbiggestship.aspx. In 2015, the largest vessel was the Chinese CSCL Globe, with capacity for 19,000 standard containers. http://www.bbc.com/news/uk-england-suffolk-30700269

[44] http://www.worldshipping.org/about-the-industry/liner-ships/container -vessel-fleet

[45] Robert Charette, "This Car Runs on Code," *IEEE Spectrum*, February 1, 2009, http://spectrum.ieee.org/green-tech/advanced-cars/this-car-runs-on-code

[46] http://www.embedded.com/print/4219542

[47] http://www.mobile-tex.com/trends.html

第 2 章

[1] Leo Tolstoy, *Anna Karénina*, translated by Nathan Haskell Dole (New York: Thomas Y. Crowell & Co., 1887).

[2] http://www.actuaries.org/HongKong2012/Presentations/MBR14_Philip _Baker.pdf

[3] Alan Punter, "Supply Chain Failures," Report 2013, Airmic Technical, http://www.airmic.com/sites/default/files/supply_chain_failures_2013_FINAL_web.pdf

[4] http://www.ers.usda.gov/topics/in-the-news/us-drought-2012-farm-and-food-impacts.aspx

[5] http://www.emdat.be/final-result-request

[6] Business Continuity Institute and Zurich, Supply Chain Resilience: BCI Survey Report 2009, http://www.bcifiles.com/BCISupplyChainResilienceSurvey2009MainReport2.pdf

[7] Business Continuity Institute and Zurich, Supply Chain Resilience: BCI Survey Report 2010, http://www.bcipartnership.com/BCISupplyChainResilienceSurvey2010EXECUTIVESUMMARY.pdf

[8] Business Continuity Institute and Zurich, Supply Chain Resilience: BCI Survey Report 2011, http://www.zurichna.com/internet/zna/SiteCollectionDocuments/en/corporatebusiness/riskengineering/Supply_Chain_Resilience_2011.pdf

[9] Business Continuity Institute and Zurich, Supply Chain Resilience 2012, http://www.zurich.com/internet/main/sitecollectiondocuments/reports/supply-chain-resilience2012.pdf

[10] Business Continuity Institute and Zurich, Supply Chain Resilience 2013,http://www.zurich.com/internet/main/sitecollectiondocuments/reports/supply-chain-resilience-2013-en.pdf

[11] http://www.wired.com/wiredscience/2012/12/mississippi-low-water-cd/

[12] Julie Cart, "Drought Has Mississippi River Barge Traffic All Choked Up," *Los Angeles Times*, September 1, 2012.

[13] Darryl Fears, "Drought Threatens to Halt Critical Barge Traffic on Mississippi," *Washington Post*, January 6, 2013, http://www.washingtonpost.com/national/health-science/drought-threatens-to-halt-critical-barge-traffic-on-mississippidrought-threatens-to-halt-critical-barge-traffic-on-mississippidrought-threatens-to-halt-critical-barge-traffic-on-mississippi/2013/01/06/92498b88-5694-11e2-bf3e-76c0a789346f_story.html

[14] http://www.bloomberg.com/news/2012-04-13/auto-supplier-warns-of-resin-shortage-disrupting-output.html

[15] http://bulk-distributor.com/wp-content/uploads/2012/04/Bulk-Distributor-February-Low-Res.pdf

[16] http://money.cnn.com/2007/08/01/news/companies/fisherpricerecall/index.htm?cnn=yes

[17] http://www.faa.gov/news/press_releases/news_story.cfm?newsId=14233

[18] http://www.forbes.com/sites/afontevecchia/2013/05/21/boeing-bleeding-cash-as-787-dreamliners-cost-200m-but-sell-for-116m-but-productivity-is-improving/

[19] John Rogers, "LA Mayor Says Both Sides in West Coast Port Strike Have Agreed to Mediation," *CommercialAppeal.com News*, December 4, 2012

[20] 同上.

[21] Greenpeace,. "Greenpeace Protests at Nestle Shareholder Meeting," 2010, http://www.youtube.com/watch?v=s8kwVU5pujg

[22] 需要发出重返工作岗位总统令的 2002 年美国太平洋沿岸港口关闭，同时还是在高峰期发生的

[23] http://en.wikipedia.org/wiki/Voluntary_export_restraints

[24] Clayton Christensen, *The Innovator's Dilemma* (Harper Business [reprint edition], October 2011).

[25] Nassim Taleb, *Antifragile: Things That Gain from Disorder* (New York: Random House, 2014).

[26] http://www.bbc.com/news/business-18508071

[27] http://www.businessweek.com/articles/2013-01-17/inside-pfizers-fight-against-counterfeit-drugs

[28] http://news.microsoft.com/download/presskits/antipiracy/docs/IDC030513.pdf

[29] P. Chaudhry and A. Zimmerman, *Protecting Your Intellectual Property Rights*, 7; Management for Professionals, DOI 10.1007/978-1-4614-5568-4_2,(New York: Springer Science+Business Media, 2013).

[30] http://www.businessweek.com/1998/47/b3605129.htm

[31] Charles Arthur, "Google Faces Complaints to European Regulators over 'Predatory Pricing,'" *Guardian*, April 9, 2013.

[32] http://www.washingtonpost.com/wp-dyn/content/article/2009/09/20/ AR2009092001299.html

[33] International Monetary Fund, "The Asian Crisis: Causes and Cures," http://www.imf.org/external/pubs/ft/fandd/1998/06/imfstaff.htm

[34] http://www.pbs.org/wgbh/pages/frontline/shows/crash/etc/cron.html

[35] http://www.cdc.gov/sars/about/index.html

[36] http://www.cnn.com/2003/WORLD/asiapcf/east/04/25/sars/

[37] http://www.cdc.gov/coronavirus/mers/

[38] http://www.nytimes.com/interactive/2014/07/31/world/africa/ebola-virus-outbreak-qa.html?_r=0

[39] http://www.who.int/influenza/human_animal_interface/en/

[40] Jane Perlez, "As Dispute over Island Escalates, Japan and China Send Fighter Jets to the Scene," *New York Times*, January 18, 2013.

[41] Demetri Sevatopulo, Michael Peel, and Jeremy Grant, "Vietnamese Mobs Ransack Foreign Factories in Anti-China Violence," *Financial Times*, May 15, 2014.

[42] http://www.bbc.com/news/world-europe-13637130

[43] http://earthquake.usgs.gov/earthquakes/eqarchives/year/eqstats.php

[44] 数据多处可见，比如：Bilal Ayyub and Massoud Amin, "Infrastructure Risk Analysis and Management," in *Handbook of Energy Efficiency and Renewable Energy*, ed..D. Yogi Goswami and Frank Kreith (CRC Press, 2007).

[45] http://en.wikipedia.org/wiki/Chelyabinsk_meteor

[46] http://www.gpo.gov/fdsys/pkg/CHRG-113hhrg80552/pdf/CHRG -113hhrg80552.pdf

[47] David Marples, "The Decade of Despair," *Bulletin of the Atomic Scientists* 52 (3 (May - June 1996)): 20 - 31.

[48] Ingrid Eckerman. *The Bhopal Saga—Causes and Consequences of the World's Largest Industrial Disaster* (Hyderabad, India: Universities Press, 2005).

[49] Campbell Robertson and Clifford Kraus, "Gulf Spill Is the Largest of Its Kind, Scientists Say," *New York Times*, August 2, 2010.

[50] Nassim Taleb, *The Black Swan: The Impact of the Highly Improbable* (New York: Random House, 2007).

[51] http://www.aoml.noaa.gov/hrd/tcfaq/E11.html

[52] http://stateimpact.npr.org/texas/2012/08/28/hurricane-isaac-shuts-down-oil -production-in-the-gulf/

[53] Carolyn Kellogg, "Donald Rumsfeld Talks about His Upcoming Memoir," *Los Angeles Times*, January 24, 2011, http://latimesblogs.latimes.com/jacketcopy/2011/01/donald-rumsfeld-talks-about-his-upcoming-memoir.html

[54] John Zinkin, *Challenges in Implementing Corporate Governance: Whose Business is it Anyway* (New York: Wiley, 2011), p. 137.

[55] Gartner Case Study http://www.cisco.com/web/strategy/docs/manufacturing/Cisco_Case_Study_AMR_10-0917.pdf

[56] University of Michigan Case 1-428 - 881, July 17, 2012, http://globalens.com/DocFiles/PDF/cases/inspection/GL1428881I.pdf

[57] Gartner Case Study, http://www.cisco.com/web/strategy/docs/manufacturing/Cisco_Case_Study_AMR_10-0917.pdf

[58] http://www.supplychainmovement.com/wp-content/uploads/Supply-Chain-Movement-Quarterly-No3-2011.pdf p. 12.

[59] NAND 闪存用于主存储器、存储卡、USB 闪存驱动器、固态驱动器和类似产品，用于一般数据存储和传输。首字母缩略词 NAND 源自"Not And"，它是指存储数据的逻辑门的选择。NAND 门仅在所有输入元素都为 true 时生成 false 的输出。

[60] Don Clark and Juro Osawa, "Power Blip Jolts Supply of Gadget Chips," *Wall Street Journal*, December 10, 2010.

[61] iSupply, Spansion cited in http://online.wsj.com/article/SB10001424052748703766704576009071694055878.html

[62] Clark and Osawa, "Power Blip Jolts Supply of Gadget Chips."

[63] John Farmer, "United 93: The Real Picture," *Washington Post*, April 30, 2006, http://www.washingtonpost.com/wp-dyn/content/article/2006/04/29/AR2006042900129.html

[64] http://www.industryweek.com/blog/how-mattel-fiasco-really-happened

[65] Louise Story, "Lead Paint Prompts Mattel to Recall 967,000 Toys," *New York Times*, August 2, 2007, http://www.nytimes.com/2007/08/02/business/02toy.html?_r=1

[66] Joel Wisner, "The Chinese-Made Toy Recall at Mattel, Inc.," University of Nevada Faculty Websites, http://faculty.unlv.edu/wisnerj/mba720_files/Mattel_case2.pdf

[67] http://money.cnn.com/2009/06/05/news/companies/cpsc/

[68] http://money.cnn.com/2007/10/12/markets/spotlight_mat/

[69] http://www.msnbc.msn.com/id/20254745/ns/business-consumer_news/t/mattel-issues-new-massive-china-toy-recall/

[70] 参见 Yossi Sheffi, *The Resilient Enterprise: Overcoming Vulnerability for Competitive Advantage* (Cambridge, MA: MIT Press, 2005).

[71] https://www.youtube.com/watch?v=sX8luPQZ2I0&feature=related

[72] http://www.tnooz.com/article/inside-social-media-at-delta-air-lines-a-behind-the-scenes-look/

[73] https://www.youtube.com/watch?v=5YGc4zOqozo&feature=kp

[74] https://www.youtube.com/watch?v=P45E0uGVyeg

第 3 章

[1] 2012 年 8 月，采访通用汽车全球车辆工程运营经理 Rob Thom。

[2] 2012 年 8 月，采访通用汽车组件控股公司总监 Ron Mills。

[3] 2012 年 8 月，采访 Rob Thom。

[4] 2012 年 8 月，采访通用汽车全球供应链执行总监 Bill Hurles。

[5] 2012 年 8 月，采访 Rob Thom。

[6] 2012 年 8 月，采访 Ron Mills。

[7] 2011 年 4 月 19 日，CNBC 采访 Daniel Ackerson, http://www.cnbc.com/id/42500044/CNBC_TRANSCRIPT_FIRST_ON_CNBC_GENERAL_MOTORS_CHAIRMAN_CEO_DANIEL_AKERSON_SPEAKS_WITH_CNBC_S_PHIL_LEBEAU_TODAY_ON_THE_CALL

[8] http://www.autonews.com/article/20110425/OEM02/304259930

[9] http://www.nytimes.com/2011/05/13/business/global/13auto.html?pagewanted=all

[10] 2011 年 4 月 19 日，采访 Ackerson。

[11] 2012 年 8 月，采访 Bill Hurles。

[12] 2012 年 8 月，采访 Bob Glubzinski，他是通用汽车北美区调度和订单填写经理。

[13] 2012 年 8 月，采访 Dr. Marc Robinson，他是通用汽车公司企业风险管理助理主任兼经济学家。

[14] 2012 年 8 月，采访 Bob Glubzinski。

[15] 2012 年 8 月，采访 Bill Hurles。

[16] 2012年8月，采访Rob Thom。

[17] 生产中断发生在销售中断之前，而销售中断发生在向客户交付之前。为了计算 VaR，公司需要以某种一致的方式测量中断和恢复事件的时间。

[18] https://www.semiconportal.com/en/archive/news/main-news/110602-renesas-naka-200mm.html

[19] "Renesas Moves TargetDate for Full Supply Restoration," *EE Times-Asia*, June 14, 2011 http://www.eetasia.com/期间 ART_8800644802_480200_NT_938fdf93.HTM

[20] 在公平分配下，企业满足每个产品或客户的相同部分需求。

[21] 如果 $p > (1\text{-}TTI/TTR)$，初始库存加上部分供应将足以覆盖 TTR 的整个持续时间。

[22] 当然，不同的产品可能有不同的成品库存和不同的需求率，这可能在全年波动，使 VaR 计算更加微妙。此外，企业还可以在中断期间对其 DOS 进行配给。（DOS 会增加部分有效供应，也就是 DOS 除以 CIT，CIT 将更长，但 VaR 将相同）。

[23] http://news.techworld.com/personal-tech/3320401/thailand-floods-hard-drive-shortage-makes-small-pc-makers-hike-prices/

[24] http://www.docstoc.com/docs/88638192/Japan-Earthquake---Related-Industry-News-Update-Compiled-by

[25] Peter Borrows, "After Floods, a Sea of Disk Drive Shortages," *Bloomberg-Businessweek*, November 17, 2011, http://www.businessweek.com/magazine/after-the-floods-a-sea-of-disk-drive-shortages-11172011.html

[26] 除非企业认为客户试图操纵分配系统，否则这只是客户实际订单的一小部分。如果客户故意超额订购以获得超出其公平份额，企业可能会将订单限制在中断前的预测或需求水平。

[27] 其具体计算及案例，见 Jennifer Yip, "Evaluating Upstream Supply Chain Disruptions with Partial Availability," master thesis, Center for Transportation and Logistics, MIT, May 2015.

[28] Don Clark, "Seagate Preps for Drive Shortages Amid Flooding," *Wall Street Journal*, January 31, 2012.

[29] Mark Hachman, "Want a Seagate Drive? Then Pay Up," *PC Magazine*, February 2, 2012.

[30] 同上。

[31] 同上。

[32] http://evertiq.com/news/21036

[33] http://www.backupworks.com/hdd-market-share-western-digital-seagate.aspx

[34] Lawrence Ausubel and Peter Cramton, *Demand Reduction and Inefficiency in Multi-Unit Auctions*, University of Maryland Working Paper, 1998.

[35] http://money.cnn.com/2013/02/10/news/makers-mark-bourbon/

[36] 同上。

第 4 章

[1] http://en.wikipedia.org/wiki/Atlantic_hurricane_season

[2] Cath Malseed, director of coffee supply P&G, presentation at MIT CTL's conference, "At the Crossroads of Supply Chain and Strategy: Simulating Disruption to Business Recovery," held on April 11, 2006, in Cambridge, MA.

[3] http://en.wikipedia.org/wiki/Timeline_of_Hurricane_Katrina

[4] Doug MacCash and James O'Byrne, "Levee Breach Floods Lakeview, Mid-City, Carrollton, Gentilly, City Park," *Times Picayune*, August 30, 2005, http://www.nola.com/katrina/index.ssf/2005/08/levee_breach_floods_lakeview_mid-city_carrollton_gentilly_city_park.html

[5] Kim Ann Zimmermann, "Hurricane Katrina: Facts, Damage & Aftermath" August 20, 2012 http://www.livescience.com/22522-hurricane-katrina-facts.html

[6] Malseed, Cath. MIT CTL's conference, "At the Crossroads of Supply Chain and Strategy," April 11, 2006. Most of the details in this chapter about P&G's preparations and recovery efforts are based on the MIT presentation and subsequent discussions with Cath Malseed.

[7] http://usatoday30.usatoday.com/news/washington/2005-09-20-bush-gulf_x .htm

[8] http://news.bbc.co.uk/2/hi/uk_news/england/leicestershire/4398514.stm

[9] "Primark Risk Strategy Reduces Impact of Fire," *Finance Week*, November 9, 2005, p. 2.

[10] Will Hadfield, "Blaze-Hit Primark Back on Track as Continuity Plan Saves the Day," *Computer Weekly*, November 8, 2005.

[11] "Primark Risk Strategy Reduces Impact of Fire," p. 2.

[12] Hadfield, "Blaze-Hit Primark Back on Track as Continuity Plan Saves the Day."

[13] "Primark Rushes to Replace Stock after Massive Blaze." Europe Intelligence Wire, November 3, 2005.

[14] http://www.brisc2013.com/blog/Weakest%20Supply%20Chain%20 Link%20Apr11.pdf

[15] Hadfield, "Blaze-Hit Primark Back on Track as Continuity Plan Saves the Day."

[16] Peter Borrows, "After Floods, a Sea of Disk Drive Shortages," *Bloomberg-Businessweek*, November 17, 2011, http://www.businessweek.com/magazine/after-the-floods-a-sea-of-disk-drive-shortages-11172011.html

[17] Ploy Ten Kate, "Thailand Surreal Industrial Park: Crocodiles but No Chips," Reuters, November 24, 2011, http://www.reuters.com/article/2011/11/24/uk-thailand-floods-hana-idUSLNE7AN02C20111124

[18] Fabrinet Updates Thailand Flood Situation, http://evertiq.com/news/21005

[19] http://www.cbsnews.com/8301-201_162-57542015/superstorm-sandy-more-than-7-million-without-power/

[20] Thomas Gryta, "AT&T, T-Mobile, Team Up as Damaged Networks Still Strained," *Wall Street Journal*, October 31, 2012.

[21] http://www.hrw.org/news/2011/01/28/egypt-demonstrators-defy-riot-police -censorship

[22] 2012 年 7 月 31 日，采访 Jim Holko。

[23] 2012 年 8 月，采访 Rick Birch，他是 Delphi 卓越运营全球总监。

[24] 2012 年 9 月，采访 Joe McBeth，他是 Jabil 全球供应链副总裁。

[25] http://www.cnn.com/2014/03/19/world/asia/malaysia-airlines-plane-ground -witnesses/

[26] http://www.theaustralian.com.au/news/latest-news/mh370-search-highlights-indian-ocean-trash/story-fn3dxiwe-1226884181607?nk=b59546d46 230b8bd9f2ba4efaead80c8

[27] http://www.themalaysianinsider.com/malaysia/article/as-leads-pan-out-search-for-mh370-stretches-from-sumatra-to-hong-kong

[28] http://www.theguardian.com/world/2014/mar/15/flight-mh370-malaysia -hunt-speculation

[29] 同上。

[30] http://www.theguardian.com/world/2014/mar/14/malaysia-flight-mh370-hunt-sees-suspicion-and-cooperation-china-us

[31] http://archive.org/details/CNNW_20140315_183000_CNN_Newsroom?q=%22all+right+good+night%22#start/176/end/236

[32] http://www.cnn.com/2014/03/31/world/asia/malaysia-airlines-plane/

[33] http://www.abc.net.au/news/2014-04-03/malaysia-airlines-mh370-missing-director-general-abdul-rahman/5365992

[34] http://www.themalaysianinsider.com/malaysia/article/malaysian-authorities-slammed-for-contradicting-statements-in-search-for-mh

[35] http://www.theguardian.com/world/2014/mar/13/malaysian-officials-deny-flight-mh370-missing-plane-flew-hours

[36] http://www.theguardian.com/world/2014/mar/15/flight-mh370-malaysia -hunt-speculation

[37] http://www.theguardian.com/world/2014/mar/14/malaysia-flight-mh370-hunt-sees-suspicion-and-cooperation-china-us

[38] http://www.theguardian.com/world/2014/mar/13/malaysian-officials-deny-flight-mh370-missing-plane-flew-hours

[39] http://www.cnn.com/2014/03/31/world/asia/malaysia-airlines-plane/

[40] http://www.reuters.com/article/2014/10/17/us-health-ebola-usa-message-analysis-idUSKCN0I62DU20141017

[41] http://www.usatoday.com/story/news/nation/2014/10/27/ebola-christie-cuomo-quinn-pentagon/18022791/

[42] http://www.wsj.com/articles/airasia-chief-tony-fernandes-takes-lead-on-crash-response-1419989212

[43] A. Strickler, "Stormy Weather: Waiting til They're Blue; JetBlue Passengers Stranded on Planes for Hours amid Icy Snarl at JFK Gates." *New York Newsday*, February 15, 2007, and New Word City, How JetBlue Got Its Wings Back, *Financial Times Press*, 2010.

[44] http://www.awpagesociety.com/wp-content/uploads/2011/09/08JetBlue _CaseStudy.pdf

[45] Jeff Bailey, "JetBlue's CEO Is 'Mortified' after Flyers Are Stranded," *New York Times*, February 19, 2007, http://www. nytimes.com/2007/02/19/business/19jetblue.html

[46] Bailey, "JetBlue's CEO Is 'Mortified' after Flyers Are Stranded."

[47] http://www.autonews.com/article/20110425/OEM02/304259930/chasing-chips:-gms-ace-in-the-hole

[48] http://www.reuters.com/article/2011/03/18/us-japan-quake-gm -idUSTRE72H7RH20110318

[49] http://www.youtube.com/watch?v=5uggXdzRZ3s

[50] http://www.just-auto.com/news/gm-working-through-quake-supply-issues-ceo_id110331.aspx

[51] Malseed, "At the Crossroads of Supply Chain & Strategy."

[52] http://www.npr.org/blogs/thesalt/2013/02/11/171732213/less-potent-makers-mark-not-going-down-smooth-in-kentucky

[53] http://www.forbes.com/sites/larryolmsted/2013/02/14/whiskey-or-water-marketing-nightmare-as-bourbon-fans-incensed-over-choice/

[54] 同上.

[55] http://nypost.com/2013/02/17/cheers-makers-mark-not-cutting-alcohol-in -whiskey-after-all/

[56] 同上.

[57] http://www.forbes.com/sites/avidan/2013/05/06/makers-marks-plain-dumb-move-proved-to-be-pure-marketing-genius/

[58] http://business.time.com/2013/05/03/proof-positive-makers-mark-blunder-results-in-surprise-profit/

[59] http://www.autonews.com/apps/pbcs.dll/article?AID=/20111011/OEM10/ 111019989/1424

[60] Marc Reisch, "Explosion at German Chemical Plant Kills Two," *Chemical and Engineering News*, April 2, 2012, http://cen.acs.org/articles/90/web/2012/04/Explosion-German-Chemical-Plant-Kills.html

[61] http://www.plastics-car.com/lightvehiclereport

[62] http://plastics.dupont.com/plastics/pdflit/americas/markets/nylon_under _hood.pdf

[63] http://www.daicel-evonik.com/english/products/manufacture/C12,C8/index .html

[64] http://www.bloomberg.com/news/2012-04-13/auto-supplier-warns-of-resin-shortage-disrupting-output.html

[65] https://www.aiag.org/staticcontent/about/index.cfm

[66] Melissa Burden, "Auto Group Looks for Ways to Work around Resin Shortage," *Detroit News*, April 19, 2012.

[67] http://www.aiag.org/staticcontent/press/releases/GENERAL/AIAG%20Post%20Summit%20UPDATE%20-%20FINAL4-18.pdf

[68] Burden, "Auto Group Looks for Ways to Work around Resin Shortage."

[69] Jeff Bennett," Nylon-12 Haunts Car Makers," *Wall Street Journal*, April 17, 2012.

[70] http://www.crainsdetroit.com/article/20120417/STAFFBLOG12/120419913/auto-industry-tries-to-head-off-resin-shortage-but-what-can-it-do

[71] http://www.businessweek.com/news/2012-04-19/dupont-sees-boost-to-polymers-from-automakers-seeking-resins

[72] Criag Trudell, "Automakers to Speed Part-Validation Process," *Bloomberg-Businessweek*, April 24, 2012.

[73] http://www.plasticsnews.com/headlines2.html?id=25223

[74] Stefan Baumgarten, "Evonik Gets Permit to Restart Germany CDT Plant after Explosion," 04 December 2012, *ISCIS News* http://www.icis.com/resources/news/2012/12/04/9621085/evonik-gets-permit-to-restart-germany-cdt-plantafter-explosion/

[75] http://energy.gov/sites/prod/files/Derecho%202012_%20Review_0.pdf

[76] http://www.outagecentral.com/mutual-assistance-group/mid-atlantic-mutual-assistance-group

[77] http://www.theexchange.org/

[78] http://www.publicpower.org/Media/magazine/ArticleDetail.cfm?Item Number=34001

[79] 同上。

[80] http://energy.gov/sites/prod/files/Derecho%202012_%20Review_0.pdf

[81] http://www.oe.netl.doe.gov/docs/Northeast%20Storm%20Comparison_ FINAL_041513c.pdf

[82] http://water.epa.gov/infrastructure/watersecurity/mutualaid/index.cfm

[83] 2014 年 7 月 29 日，采访 Tim Harden，他是 AT&T 供应链和敏捷运营总裁。

[84] Thomas Gryta, "AT&T, T-Mobile Team Up as Damaged Networks Still Strained," *Wall Street Journal*, October 31, 2012, http://online.wsj.com/articles/SB10001424052970204846304578091442059702404

[85] Malseed, MIT CTL's conference, "At the Crossroads of Supply Chain and Strategy," April 11, 2006.

[86] http://en.wikipedia.org/wiki/2008_Sichuan_earthquake

[87] 2012 年 8 月 3 日，采访 Rob Thom。

[88] 2012 年 8 月 3 日，采访 Ron Mills。

[89] http://www.scrlc.com/articles/Supply_Chain_Risk_Management_A_Compilation_of_Best_Practices_final%5B1%5D.pdf

[90] http://tech.fortune.cnn.com/tag/automakers/

第 5 章

[1] S&P Case-Shiller 20-City Home Price Index, http://research.stlouisfed.org.

[2] Barclays Capital reprinted in http://soberlook.com/2012/06/in-spite-of-large-corrections-housing.html

[3] http://www.jchs.harvard.edu/sites/jchs.harvard.edu/files/son2008.pdf

[4] http://www.cbo.gov/sites/default/files/cbofiles/ftpdocs/120xx/doc12032/12-23-fanniefreddie.pdf

[5] http://www.nber.org/papers/w15362

[6] http://research.stlouisfed.org/fred2/graph/?id=EXPGS

[7] http://research.stlouisfed.org/fred2/graph/?id=IMPGS

[8] http://www.federalreserve.gov/boarddocs/hh/2005/february/testimony.htm

[9] http://research.stlouisfed.org/fred2/graph/?id=SPCS20RSA

[10] http://www.federalreserve.gov/boarddocs/snloansurvey/201208/chartdata .htm

[11] 同上。

[12] http://siteresources.worldbank.org/INTRANETTRADE/Resources/ TradeFinancech06.pdf

[13] http://www.nber.org/cycles/dec2008.html

[14] http://www.cnbc.com/id/101573765

[15] https://en.wikipedia.org/wiki/Lehman_Brothers

[16] http://en.wikipedia.org/wiki/American_International_Group

[17] http://blogs.wsj.com/deals/2008/09/16/the-aig-crisis-by-the-numbers/andhttp://www.federalreserve.gov/newsevents/press/other/20080916a.htm

[18] https://en.wikipedia.org/wiki/American_International_Group

[19] http://www.bls.gov/spotlight/2012/recession/pdf/recession_bls_spotlight.pdf

[20] http://i2.cdn.turner.com/money/2011/04/25/money/economy/new_home_sales/chart_new_home_sales2.top.jpg

[21] http://www.calculatedriskblog.com/2011/12/us-light-vehicle-sales-at-136 -million.html

[22] http://research.stlouisfed.org/fred2/series/DGORDER

[23] Hau L. Lee, V. Padmanabhan, and Seungjin Whang, "The Bullwhip Effect in Supply Chains," *Sloan Management Review* 38, no. 3 (Spring 1997): 93-102, http://sloanreview.mit.edu/article/the-bullwhip-effect-in-supply-chains/

[24] 同上。

[25] Janice Hammond, Barilla SpA (a). Harvard Business School Case no. 9-694-046, 1994.

[26] Li Chen and Hau Lee, "Bullwhip Effect Measurement and Its Implications, http://citeseerx.ist.psu.edu/viewdoc/download?doi=10.1.1.163.3773&rep=rep1&type=pdf

[27] A. G. de Kok, F. B. S. L. P. Janssen, J. B. M. Doremalen, E. van Wachem, M. van Clerkx, and W. Peeters, "Philips Electronics Synchronizes Its Supply Chain to End the Bullwhip Effect," *Interfaces* 35, no. 1 (2005): 37–48, http://www.tue.nl/en/publication/ep/p/d/ep-uid/194396/

[28] http://research.stlouisfed.org/fred2/graph/?id=IMPGS and Jan Fransoo, Robert Peels, and Maximiliano Udenio, "Supply Chain Dynamics Have Major Impact on Course of Credit crisi" s—Essay11-SupplyChainCreditCrisis.pdf.

[29] Altomonte, Carlo and di Mauro, Filippo and Ottaviano, Gianmarco Ireo Paolo and Rungi, Armando and Vicard, Vincent, Global Value Chains during the Great Trade Collapse: A Bullwhip Effect? (December 16, 2011). ECB Working Paper No. 1412. Available at SSRN: http://ssrn.com/abstract=1973497

[30] Robert Peels, Maximiliano Udenio, Jan C. Fransoo, Marcel Wolfs, and Tom Hendrikx, "Responding to the Lehman Wave: Sales Forecasting and Supply Management during the Credit Crisis," December 5, 2009, http://www.flostock.nl/fileadmin/user_upload/PDF_upload/2009_December_BETA_Working_Papers_University_of_Technology_Eindhoven.pdf

[31] 同上。

[32] Altomonte, Carlo and di Mauro, Filippo and Ottaviano, Gianmarco Ireo Paolo and Rungi, Armando and Vicard, Vincent, Global Value Chains during the Great Trade Collapse: A Bullwhip Effect? (December 16, 2011). ECB Working Paper No. 1412. Available at SSRN: http://ssrn.com/abstract=1973497

[33] http://www.nber.org/papers/w15556.pdf

[34] http://siteresources.worldbank.org/INTRANETTRADE/Resources/ TradeFinancech06.pdf].

[35] TED 是由 T-Bill 和 ED 组成的缩略词。TED 点差是 T-Bill 利率（短期美国政府债务支付的利息）和 ED 利率（以短期银行同业拆借利率表示的欧洲美元期货合约的代号）之间的差值。

[36] http://www.princeton.edu/~markus/research/papers/liquidity_credit_crunch .pdf

[37] http://www.imf.org/external/pubs/ft/wp/2011/wp1116.pdf

[38] Society for Worldwide Interbank Financial Telecommunication, http://www.swift.com/index.page?lang=en

[39] http://www.jpmorgan.com/tss/General/A_Counterintuitive_Development_Supply_Chain_Finance_in_the_New_Economic_/

1275699773419

[40] http://www.imf.org/external/pubs/ft/wp/2011/wp1116.pdf

[41] http://www.newyorkfed.org/research/economists/amiti/Trade%20Finance. pdf

[42] http://www.bls.gov/mls/mlsreport1025.pdf

[43] http://www.bea.gov/industry/gdpbyind_data.htm

[44] http://www.booz.com/media/file/The_New_Consumer_Frugality.pdf

[45] http://www.time.com/time/business/article/0,8599,1885133,00.html

[46] http://www.nbcnews.com/id/31171643/ns/business-food_inc/wid/7468326/

[47] http://money.cnn.com/2009/02/17/news/companies/starbucks_instant/ ?postversion=2009021716

[48] Panel discussion with a representative from Shaw's Supermarkets, at MIT CTL's conference, "Crossroads: Managing Supply Chains during Turbulent Times," March 26, 2009, http://ctl-test1.mit.edu/sites/default/files/library/public/CTL-Crossroads-2009-SynthesisReport.pdf

[49] KPMG, ConsumerCurrents Issue #10, April 2011, http://www.kpmg.com/CN/en/IssuesAndInsights/ArticlesPublications/Newsletters/ConsumerCurrents/Documents/Consumer-Currents-O-1104-10.pdf

[50] MIT CTL's conference, "Crossroads," March 26, 2009.

[51] 同上。

[52] http://supply-chain.org/f/1-Hoole-Ready%20for%20Recovery.pdf

[53] http://www.reuters.com/article/2008/11/11/us-techcompanies-analysis-idUSTRE4AA8EJ20081111

[54] S. John Tilak, "Circuit City Bankruptcy a Blip for Tech Firms," Reuters, Nov 11, 2008 http://www.reuters.com/article/2008/11/11/us-techcompanies-analysis-idUSTRE4AA8EJ20081111

[55] MIT CTL's conference, "Crossroads," March 26, 2009.

[56] http://www.grantthornton.com/staticfiles/GTCom/CIP/Consumer%20and%20industrial%20products%20publications/Supply%20Chain%20Solutions/GrantThornton_SupplyChainSolutionsPart1.pdf

[57] MIT CTL's conference, "Crossroads," March 26, 2009.

[58] http://faculty.poly.edu/~brao/The%20FDX%20Group_files/image007.jpg

[59] http://centreforaviation.com/analysis/airlines-and-airports-feeling-impact-of-global-economic-weakness-with-continued-freight-pressures-ev-63705

[60] MIT CTL's conference, "Crossroads," March 26, 2009.

[61] http://www.lr.org/Images/CS%20Focus5_tcm155-175189.pdf

[62] Maersk, "Slow Steaming Here to Stay." Maersk Press Release, 01 September, 2010 http://www.maersk.com/en/the-maersk-group/press-room/press-release-archive/2010/9/slow-steaming-here-to-stay

[63] BASF, "About Us: Verbund," https://www.basf.com/en/company/about-us/strategy-and-organization/verbund.html

[64] http://www.nytimes.com/2009/08/02/magazine/02FOB-onlanguage-t.html

[65] http://online.wsj.com/article/SB10001424052748703894304575047160151066820.html

[66] "Companies Concerned About Retention," @Work, posted on 06/28/2011, accessed03/19/2015, https://challengeratwork.wordpress.com/tag/perks/

[67] http://online.wsj.com/article/SB10001424052748703894304575047160151066820.html

[68] http://www.industryweek.com/global-economy/staying-true-toyota-way-during-recession

[69] http://www.guardian.co.uk/education/2009/oct/22/tefl-germany

[70] http://www.reuters.com/article/2009/02/10/us-singapore-recession-acronyms-idUSTRE5190X520090210

[71] http://bits.blogs.nytimes.com/2009/10/30/innovation-spending-looks-recession-resistant/

[72] http://commons.wikimedia.org/wiki/File:IPhone_sales_per_quarter_simple .svg

[73] http://www.informationweek.com/mobility/business/t-mobile-usa-and-htc-have-sold-1-million/229206890

[74] MIT CTL's conference, "Crossroads," March 26, 2009.

[75] Flextronics Annual Report, 2009, http://investors.flextronics.com/annuals.cfm

[76] Roland Berger Strategy Consultants, "Restructuring for Automotive Suppliers," Business Breakfast, Budapest, Hungary, March 31, 2010.

[77] http://www.handelsblatt.com/unternehmen/industrie/dramatischer-umsatzeinbruch-autozulieferer-edscha-geht-in-die-insolvenz/3102330.html

[78] http://www.bbc.co.uk/news/business-17769466

[79] Roland Berger Strategy Consultants, "Restructuring for Automotive Suppliers," Business Breakfast, Budapest, Hungary, March 31, 2010.

[80] http://www.bcifiles.com/BCISupplyChainResilienceSurvey2009MainRepo rt2.pdf

[81] http://www.bcifiles.com/BCISupplyChainResilienceSurvey2009MainRepo rt2.pdf

[82] 2011 APICS, the Association for Operations Management survey.

[83] C. Blome and T. Schöherr, "Supply Risk Management in Financial Crises: A Multiple Case-Study Approach," *International Journal of Production Economics* 134, no. 1 (2011): 43-57.

[84] 同上.

[85] http://www.ft.com/intl/cms/s/0/ec98b5e4-17c5-11de-8c9d-0000779fd2ac .html

[86] http://www.grantthornton.es/publicaciones/AHGT.ES%20supply%20chain%20solutions.pdf

[87] http://supply-chain.org/f/1-Hoole-Ready%20for%20Recovery.pdf

[88] MIT CTL's symposium, "Advancing Supply Chain Risk Management: Emerging Challenges and Strategies," October 10, 2012.

[89] 2012 年 7 月 31 日，采访 Jackie Sturm。

[90] http://phx.corporate-ir.net/External.File?item=UGFyZW50SUQ9OTc0NDh 8Q2hpbGRGRD0tMXxUeXBlPTM=&t=1

[91] http://www.grantthornton.es/publicaciones/AHGT.ES%20supply%20 chain%20solutions.pdf

[92] http://www.grantthornton.com/staticfiles/GTCom/CIP/Consumer%20and%20industrial%20products%20publications/Supply%20Chain%20Solutions/CIP% 20-%20WT%20Distribution%20part2.PDF

[93] http://research.stlouisfed.org/fred2/graph/?id=UNRATE

[94] http://www.bls.gov/spotlight/2012/recession/pdf/recession_bls_spotlight.pdf

[95] http://graphics.eiu.com/upload/eb/Oracle_Supply_Chain_WEB.pdf

[96] http://graphics.eiu.com/upload/eb/Oracle_Supply_Chain_WEB.pdf

[97] http://graphics.eiu.com/upload/eb/Oracle_Supply_Chain_WEB.pdf

[98] http://graphics.eiu.com/upload/eb/Oracle_Supply_Chain_WEB.pdf

[99] http://www.plasticsnews.com/article/20130415/NEWS/130419948/risk-averse-suppliers-become-bottlenecks-pinch-automakers

[100] http://www.plasticsnews.com/article/20130415/NEWS/130419948/risk-averse-suppliers-become-bottlenecks-pinch-automakers

[101] Heimo Losbichler and Farzad Mahmoodi, "Why Working Capital Should Matter to You," *Supply Chain Management Review*, November 13, 2012, http://www.scmr.com/article/why_working_capital_should_matter_to_you

[102] http://www.grantthornton.com/staticfiles/GTCom/CIP/Consumer%20and%20industrial%20products%20publications/Supply%20Chain%20Solutions/CIP%20-%20WT%20Distribution%20part2.PDF

[103] http://www.churchdwight.com/PDF/AnnualReports/2009-CDH-Annual -Report.pdf

[104] http://www.grantthornton.es/publicaciones/AHGT.ES%20supply%20 chain%20solutions.pdf

[105] http://www.grantthornton.com/staticfiles/GTCom/CIP/Consumer%20and%20industrial%20products%20publications/Supply%20Chain%20Solutions/GrantThornton_SupplyChainSolutionsPart1.pdf

[106] Church & Dwight 将其库存绩效与同行进行比较，发现其排名第一，尽管该公司没有明确尝试进入前列。

[107] http://www.calculatedriskblog.com/2011/12/us-light-vehicle-sales-at-136 -million.html

[108] http://business.time.com/2011/09/19/the-worse-the-economy-the-better-business-is-at-auto-repair-shops/

[109] http://www.fpsc.com/DB/TreasuryPulse/PDF/Winter10_article2.pdf

[110] MIT CTL's conference, "The Changing Dynamics of Supply Chain and Finance," October 21, 2009.

[111] 虽然这看起来看起来像是应收账款的常规融资，但它在几个方面有所不同，包括：（1）是由客户而不是供应商安排的，AAP 支付了启动计划的前期成本；（2）利率基于 AAP 的信用评级；（3）这是一种三方关系：供应商向 AAP 发送货物，AAP 向银行发送通知，当供应商要求时，银行向供应商汇款。

第 6 章

[1] Lenos Trigeorgis, Real Options (Cambridge, MA: MIT Press, 1995).

[2] 有兴趣的读者可以在许多书中找到与此相关的介绍。比如 Richard De Neufville and Stefan Scholtes, Flexibility in Engineering Design, Engineering Systems Series (Cambridge, MA: MIT Press, 2011).

[3] Catherine Bolgar, "Virtuality: Competing Supply/Demand Trends Pose Complications for Companies," *Supply Chain Risk Insights*, October 4, 2010, http://www.zurichna.com/internet/zna/SiteCollectionDocuments/en/Products/riskengineering/SCRI_Virtuality.pdf

[4] http://9to5mac.com/2013/05/19/inside-atts-83gbhour-mobile-cell-tower-or-why-your-iphone-no-longer-drops-out-at-huge-events/

[5] http://www.theinquirer.net/inquirer/feature/2231811/at-t-talks-about-its-disaster-recovery-strategy-during-hurricane-sandy

[6] http://www.gottabemobile.com/2012/01/31/att-brings-9-cows-to-indianapolis-for-super-bowl-46-video/

[7] http://www.supplychainmovement.com/wp-content/uploads/Supply-Chain-Movement-Quarterly-No3-2011.pdf; "Do or Die," p. 13.

[8] 作者的笔记：当我一了解到这一点，我开始梦见像巨大的山一样多的牛奶巧克力……

[9] http://www.ism.ws/files/RichterAwards/CiscoSubmissionSupportDoc2012 .pdf

[10] http://www.supplychainmovement.com/wp-content/uploads/Supply-Chain-Movement-Quarterly-No3-2011.pdf

[11] Panos Kouvelis, Lingxiu Dong, Onur Boyabatli, and Rong Li, *Handbook of Integrated Risk Management in Global Supply Chains*, citing Martine Van Campenhout. Private correspondence on "Mechelen's Position on Handling the Consequences of the Jackson Tornado," October 22, 2004.

[12] William C. Jordan and Stephen C. Graves, "Principles on the Benefits of Manufacturing Process Flexibility." *Management Science* 41, no. 4 (April 1995): 577-594.

[13] http://corporate.walmart.com/our-story/our-business/logistics

[14] http://www.drpeppersnapplegroup.com/files/Beverage_Industry-DrPepper_125th_CoverStory_Victorville_Plant_Opening.pdf

[15] Christopher Tang and Brian Tomlin, "The Power of Flexibility for Mitigating Supply Chain Risks," *International Journal of Production Economics* 116(2008): 12-27.

[16] Susan Rietze, "Case Studies of Postponement in the Supply Chain," master's thesis, MIT Department of Civil and Environmental Engineering, 2006.

[17] 同上.

[18] http://www.embedded.com/print/4314610

[19] Venu Nagali et al., "Procurement Risk Management (PRM) at Hewlett-Packard Company," *Interfaces* 38, no. 1 (2008): 51-60.

[20] http://www.pwc.com/mx/es/forms/archivo/PwC-PRTM_SupplyChain _092811_r_v3.pdf

[21] Susan Ratcliffe, *Oxford Essential Quotations*, Oxford University Press, 2014.

[22] Nghi Luu, "The Cisco Method" presentation at Advancing Supply Chain Risk Management: Emerging Challenges and Strategies, MIT Center for Transportation and Logistics Conference, Cambridge, MA, October 10, 2012.

[23] http://scrmblog.com/review/practitioner-views-on-supply-chain-risk-management

[24] http://www.continuityinsights.com/sites/continuityinsights.com/files/legacyfiles/Microsoft%20PowerPoint%20-%20A3%20Raso.pdf

[25] http://www.continuityinsights.com/sites/continuityinsights.com/files/legacyfiles/Microsoft%20PowerPoint%20-%20A3%20Raso.pdf

[26] http://www.continuityinsights.com/sites/continuityinsights.com/files/legacyfiles/Microsoft%20PowerPoint%20-%20A3%20Raso.pdf

[27] http://www.medtronic.com/wcm/groups/mdtcom_sg/@mdt/@corp/documents/documents/019-g034.pdf

[28] http://www.continuitycentral.com/news06887.html

[29] http://www.continuityinsights.com/sites/continuityinsights.com/files/legacyfiles/Microsoft%20PowerPoint%20-%20A3%20Raso.pdf

[30] http://businessfinancemag.com/risk-management/when-erm-meets-sox

[31] http://en.wikipedia.org/wiki/Top-down_risk_assessment

[32] http://www.coso.org/Publications/ERM/COSO_ERM_ExecutiveSummary .pdf

[33] http://www.iso.org/iso/home/standards/iso31000.htm

[34] Andrew Grove, *Only the Paranoid Survive* (New York: Crown Business, 2010).

[35] Lars Leemhorst and Roberto Crippa, "Do or Die: Manage or Ignore Supply Chain Risks," *Supply Chain Movement Quarterly*, no. 3 Q4 2011, pp. 10-17.

[36] http://www.usresilienceproject.org/pdfs/USRP_Priorities_Final_020112.pdf

[37] Luu, "The Cisco Method."

[38] http://www.continuityinsights.com/sites/continuityinsights.com/files/legacyfiles/Microsoft%20PowerPoint%20-%20A3%20Raso.pdf

[39] Kevin Harrington and John O'Connor, "How Cisco Succeeds," *Supply Chain Management Review*, July/August 2009, http://www.imperiallogistics. co.za/documents/06.HowCiscoSucceeds_.pdf

[40] http://www.zurich.com/internet/main/sitecollectiondocuments/reports/supply-chain-resilience2012.pdf

[41] http://www.sedexglobal.com/wp-content/uploads/2011/06/Sedex-Transparency-Briefing-Nov-2013.pdf

[42] http://www.cbs12.com/news/top-stories/stories/vid_8457.shtml

[43] David Rath, "Private-Sector Organizations Earn a Seat in Emergency Operations Center," *Emergency Management*, May 17, 2010, http://www.emergency mgmt.com/disaster/Private-Sector-Organizations-Emergency-Operations-Center.html

[44] Mark Cooper, "Industry Perspective: The Importance of Public-Private Partnerships," *Emergency Management*, April 30, 2012, http://www.emergencymgmt.com/disaster/Industry-Perspective-Importance-Public-Private-Partnerships.html

[45] Rath, "Private-Sector Organizations Earn a Seat in Emergency Operations Center."

[46] Margaret Steen, "Business EOCs Improve Public-Private Partnerships," *Emergency Management*, May 21, 2012.

[47] https://s3-us-gov-west-1.amazonaws.com/dam-production/uploads/20130726-1852-25045-2704/fema_factsheet_nbeoc_final_508.pdf

[48] Rath, "Private-Sector Organizations Earn a Seat in Emergency Operations Center."

[49] https://s3-us-gov-west-1.amazonaws.com/dam-production/uploads/20130726-1852-25045-2704/fema_factsheet_nbeoc_final_508.pdf

[50] Dan Milkovic and Roberta Witty, *Case Study: Cisco Addresses Supply Chain Risk Management*, Gartner Industry Research no. G00206060, September 17, 2010, http://www.cisco.com/web/strategy/docs/manufacturing/Cisco_Case_Study_AMR_10-0917.pdf

[51] http://www.ism.ws/files/RichterAwards/CiscoSubmissionSupportDoc2012 .pdf

[52] Luu, "The Cisco Method."

[53] http://www.sec.gov/answers/form8k.htm

[54] http://investor.shareholder.com/seagate/secfiling.cfm?filingid=1104659-11-55849&cik=1137789

[55] http://www.sec.gov/answers/form8k.htm

[56] http://www.sec.gov/News/Speech/Detail/Speech/1370539878806#. VIHCV2NHCbQ

[57] 美国最高法院指出，事实并非仅仅因为股东可能认为重要而重要。如果"there is a substantial likelihood that a reasonable shareholder would consider it important in deciding how to vote." 那么事实就很重要，参见 TSC Industries, Inc. et al. v. Northway, Inc. *426 US 438 (1976).*

[58] http://www.continuityinsights.com/sites/continuityinsights.com/files/legacyfiles/Microsoft%20PowerPoint%20-%20A3%20Raso.pdf

[59] Luu, "The Cisco Method."

[60] 2012 年 7 月 31 日，采访 Jim Holko。

[61] http://www.usresilienceproject.org/pdfs/USRP_Priorities_Final_020112.pdf

[62] Adam Smith, "The Cost of Europe Volcanic-Ash Travel Crisis," *Time*, April 20, 2010, http://www.time.com/time/business/article/0,8599,1983169,00.html

[63] http://www.propertycasualty360.com/2012/11/26/pocket-size-risk-tools-10-apps-for-risk-managers

[64] http://www.quantivate.com/app.php

[65] http://www.esi911.com/esi/index.php/products-mainmenu-68

[66] Gerald Baron, "Online Team Communications Gets Easier," *Emergency Management*, April 26, 2012, http://www.emergencymgmt.com/emergencyblogs/crisis-comm/Online-team-collaboration-gets-042612.html

[67] http://www.continuityinsights.com/sites/continuityinsights.com/files/legacyfiles/Microsoft%20PowerPoint%20-%20A3%20Raso.pdf

[68] Leemhorst and Crippa, "Do or Die."

[69] http://www.google.com/search?q=solar+powered+Wifi+repeater

[70] Ravi Anupindi, *Supply Chain Risk Management at Cisco: Response to H1N1*, case 1-428-881, March 7, 2011.

[71] 同上。

[72] 同上。

[73] Luu, "The Cisco Method."

[74] Michael Barbaro and Justin Gillis, "Wal-Mart at Forefront of Hurricane Relief," *Washington Post*, September 6, 2005.

[75] 同上。

[76] Debra van Opstal, "Transform. The Resilient Economy: Integrating Competitiveness and Security," Council on Competitiveness, July 2007. http://www. nyu.edu/intercep/research/pubs/annotated-business-case_20-aug-2007.pdf

[77] Barbaro and Gillis, "Wal-Mart at Forefront of Hurricane Relief."

第 7 章

[1] BCI Supply Chain Resilience 2011. http://www.zurichna.com/internet/zna/sitecollectiondocuments/en/corporatebusiness/riskengineering/supply_chain_resilience_2011.pdf. Unfortunately, later surveys did not probe this issue.

[2] Boston Scientific presentation at MIT CTL, "Crossroads," March 26, 2009.

[3] Zurich, "Avoiding the Pitfalls of Supply Chain Disruptions," Insights, Supply Chain Risks: Issue 2011 http://www.zurich.com/internet/main/SiteCollectionDocuments/products-and-services/SCI_Risk_Insight_WSJ_articles.pdf

[4] Kevin Harrington and John O'Connor, "How Cisco Succeeds," *Supply Chain Management Review*, July/August 2009, http://www.imperiallogistics.co.za/documents/06.HowCiscoSucceeds_.pdf

[5] http://www.resilinc.com

[6] http://www.razient.com/

[7] http://sourcemap.com/

[8] Boston Scientific Presentation "Boston Scientific Corporation (BSC) Supplier Risk Management Program" in Northeast Supply Chain Conference, October 1, 2007, http://www.nescon.org/docs/2007/3A-Weinstein-Millson--Kalfopoulos.pdf

[9] http://www.greenpeace.org/kitkat

[10] Jeremiah Owyang, "Greenpeace Vs. Brands: Social Media Attacks To Continue," *Forbes*, July 19, 2010, http://www.forbes.com/2010/07/19/greenpeace-bp-nestle-twitter-facebook-forbes-cmo-network-jeremiah-owyang.html

[11] The Economist, "The Other Oil Spill," June 24, 2010, http://www.economist.com/node/16423833

[12] http://forestethics.org/tar-sands

[13] http://www.forbes.com/sites/amywestervelt/2011/08/17/the-big-pr-lesson-companies-still-need-to-learn-about-facebook/

[14] C. Blome and T. Schöherr, "Supply Risk Management in Financial Crises—A Multiple Case-Study Approach, *International Journal of Production Economics* 134, no. 1: 43–57.

[15] Zurich, "Avoiding the Pitfalls of Supply Chain Disruptions," *Insights, Supply Chain Risks*: Issue 2011, http://www.zurich.com/internet/main/SiteCollectionDocuments/products-and-services/SCI_Risk_Insight_WSJ_articles.pdf

[16] Kevin Harrington and John O'Connor, "How Cisco Succeeds," *Supply Chain Management Review*, July/August2009, http://www.imperiallogistics.co.za/documents/06.HowCiscoSucceeds_.pdf

[17] Zurich, "Avoiding the Pitfalls of Supply Chain Disruptions," *Insights, Supply Chain Risks*: Issue 2011, http://www.zurich.com/internet/main/SiteCollection Documents/products-and-services/SCI_Risk_Insight_WSJ_articles.pdf

[18] Mike Kalfopoulos, presentation at MIT CTL, "Crossroads," March 26, 2009.

[19] http://www.zurichna.com/internet/zna/SiteCollectionDocuments/en/corporatebusiness/Supply%20Chain/10-0894_FINAL_W%20Supply%20Chain%20Guide.pdf

[20] http://www.annualreport2012.philips.com/annual_report_2012/en/sustainability_statements/supplier_indicators.aspx

[21] http://www.supplybusiness.com/debates/executive-debate-supply-base-consolidation-how-far-is-too-far/

[22] Zurich, "Avoiding the Pitfalls of Supply Chain Disruptions," *Insights, Supply Chain Risks*: Issue 2011 http://www.zurich.com/internet/main/SiteCollectionDocuments/products-and-services/SCI_Risk_Insight_WSJ_articles.pdf

[23] http://graphics.eiu.com/upload/eb/Oracle_Supply_Chain_WEB.pdf

[24] Economist Intelligence Unit, *Resilient Supply Chains in a Time of Uncertainty*. 2010, http://www.m2mevolution.com/conference/east-13/presentations/oracle_supply_chain_web.pdf

[25] http://online.wsj.com/article/SB10001424127887323415304578369403991284398.html

[26] http://graphics.eiu.com/upload/eb/Oracle_Supply_Chain_WEB.pdf

[27] The Economist Intelligence Unit, Resilient Supply Chains in a Time of Uncertainty.

[28] 同上。

[29] 同上。

[30] http://www.autonews.com/apps/pbcs.dll/article?AID=/20110419/BLOG06/110419849/1503&template=printart

[31] http://press.ihs.com/sites/ihs.newshq.businesswire.com/files/2011-09-06_HDD_Market_Share_0.jpg

[32] http://thoughtleadership.aonbenfield.com/Documents/20120314_impact_forecasting_thailand_flood_event_recap.pdf

[33] http://www.digitimes.com/news/a20111117PD210.html

[34] http://news.techworld.com/personal-tech/3320401/thailand-floods-hard-drive-shortage-makes-small-pc-makers-hike-prices/

[35] http://www.digitimes.com/news/a20111127PD201.html

[36] 参见谢菲在《弹性的企业》一书中的完整故事。

[37] http://www.mwpvl.com/html/walmart.html

[38] http://www.us.am.joneslanglasalle.com/Lists/ExpertiseInAction/Attachments/108/SupplyChain_%20eBulletin_final.pdf

[39] http://www.bbc.co.uk/news/business-12891710

[40] 2012 年 7 月 31 日，对伟创力 Milipas 运营总经理 Tim Griffin 的采访。

[41] 2012 年 8 月 3 日，对通用汽车 Powertrain/GmCH 供应链总监 Mike Lypka 的采访。

[42] http://www.plasticsnews.com/article/20120418/NEWS/304189961/nylon-12-shortage-creates-opportunities-for-material-substitution

[43] http://www.ism.ws/files/RichterAwards/CiscoSubmissionSupportDoc2012.pdf

[44] James Healy, "6 Chrysler Recalls: Airbag Lights, Brakes, Fuel Tubes," USA Today, April 9, 2013, http://www.usatoday.com/story/money/cars/2013/04/09/chrysler-300-dodge-charger-challenger-recall-airbag/2067947/

[45] http://us.mobile.reuters.com/article/Deals/idUSTRE73K08C20110421? irpc=932

[46] http://www.supplybusiness.com/debates/executive-debate-supply-base-consolidation-how-far-is-too-far/

[47] http://www.unido.org/fileadmin/import/29959_CSR.pdf

[48] 2012 年 7 月 30 日，采访 Verifone 全球供应链高级副总裁 Patrick McGiven。

[49] Colum Murphy, Joseph White and Jake Maxwell Watts, "GM Doesn't Plan to Change Supply-Chain Safety Process," *Wall Street Journal*, August 5, 2014.

[50] https://supplier.intel.com/static/bc/considerations.htm

[51] Tony Sundermeier, "Simulating Disruption to Business Recovery," presentation at MIT CTL, "At the Crossroads of Supply Chain and Strategy: Simulating Disruption to Business Recovery," April 11, 2006.

[52] https://supplier.intel.com/static/bc/

[53] Kevin Harrington and John O'Connor, "How Cisco Succeeds," *Supply Chain Management* Review, July/August 2009, http://www.imperiallogistics.co.za/documents/06.HowCiscoSucceeds_.pdf

[54] BCI 2009 Survey, http://www.bcifiles.com/BCISupplyChainResilienceSurvey2009MainReport2.pdf

[55] BCI 2011 Survey, http://www.zurichna.com/internet/zna/sitecollectiondocuments/en/corporatebusiness/riskengineering/supply_chain_resilience_2011.pdf

[56] Dan Miklovic and Roberta Witty, Case Study: Cisco Addresses Supply Chain Risk Management. *Gartner Industry Research*, September 17, 2010.

[57] BCI 2011 Survey, http://www.zurichna.com/internet/zna/sitecollectiondocuments/en/corporatebusiness/riskengineering/supply_chain_resilience_2011.pdf

[58] http://globalens.com/DocFiles/PDF/cases/inspection/GL1428881I.pdf

[59] Rebecca Ellinor, "BA Joins Fight for Suppliers," *Supply Management*, February 14, 2008, http://www.supplymanagement.com/news/2008/ba-joins-fight-for-suppliers/

[60] http://www.supplybusiness.com/debates/executive-debate-supply-base-consolidation-how-far-is-too-far/

[61] Rebecca Ellinor, "BA Joins Fight for Suppliers," *Supply Management*, February 14, 2008, http://www.supplymanagement.com/

news/2008/ba-joins-fight-for-suppliers/

[62] Jerome Chandler, "Thrust Alignment," *Air Transport World*, March 31, 2008, http://atwonline.com/operations/thrust-alignment

[63] http://www.supplybusiness.com/debates/executive-debate-supply-base-consolidation-how-far-is-too-far/

[64] https://www.ism.ws/files/Pubs/Proceedings/BBBew.pdf

[65] http://www.supplymanagement.com/news/2014/strong-supplier-relationships-leads-to-higher-profitability

[66] http://www.cnn.com/2013/02/09/world/europe/uk-horsemeat-probe/index. html

[67] Greg Weston, "Canada Dismisses U.S. Concern Over Fake Chinese Military Parts" CBS News, Jun 11, 2012 http://www.cbc.ca/news/politics/canada-dismisses-u-s-concern-over-fake-chinese-military-parts-1.1157278

[68] http://manufacturing-geek.com/electronics/2012/11/coming-revolution-preventing-counterfeit-electronics/

[69] http://www.cbsnews.com/8301-202_162-57569474/

[70] http://www.bbc.co.uk/news/world-europe-21501568

[71] Stephen Castle, "Iglo and Birds Eye Pull Meat After Finding Horse Meat," *New York Times*, February 22, 2013.

[72] http://www.bbc.co.uk/news/world-21453370

[73] Anna Molin and John Stoll, "Ikea's Iconic Meatball Drawn Into HorseMeat Scandal," *Wall Street Journal*, February 25, 2013.

[74] http://www.bbc.co.uk/news/world-europe-21501568

[75] http://www.theguardian.com/world/2013/feb/08/how-horsemeat-scandal -unfolded-timeline

[76] http://www.theguardian.com/uk/2013/mar/01/horsemeat-taco-bell-withdraws-beef-uk

[77] Nicola Clark and Stephen Castle, "Anger Flares in Europe as Scandal Over Meat Widens," *New York Times*, February 11, 2013.

[78] http://www.independent.co.uk/news/uk/home-news/horsemeat-found-in-british-supermarkets-may-be-donkey-8489030.html

[79] http://www.bbc.co.uk/news/world-europe-21501568

[80] Neil Buckley, "Romania Hits Back over Horsemeat Scandal," *The Financial Times*, Feb 11, 2013, http://www.ft.com/intl/cms/s/0/6b4c75ce-7465-11e2-b323-00144feabdc0.html#axzz3I9kPtOI0

[81] 同上.

[82] http://www.couriermail.com.au/news/breaking-news/german-horsemeat-scandal-traced-to-poland/story-e6freoo6-1226584628884

[83] James Meikle and Simon Naville, "Horsemeat Scandal: Welsh Firm Recalls Burgers after Tests Show Illicit Meat," *Guardian*, February 21, 2013.

[84] Jens Hansegard, "A Horse Is a Horse—But Not in IKEA Meatballs, *Wall Street Journal*, December 26, 2013, http://online.wsj.com/news/articles/SB10001424052702304854804579236373135317120

[85] http://www.gpo.gov/fdsys/pkg/CRPT-112srpt167/pdf/CRPT-112srpt167.pdf

[86] http://www.gpo.gov/fdsys/pkg/CRPT-112srpt167/pdf/CRPT-112srpt167.pdf

[87] http://www.cbc.ca/news/politics/fake-parts-in-hercules-aircraft-called-a-genuine-risk-1.1345862

[88] http://www.gpo.gov/fdsys/pkg/CHRG-112shrg72702/html/CHRG-112shrg72702.htm

[89] http://www.gpo.gov/fdsys/pkg/CRPT-112srpt167/pdf/CRPT-112srpt167.pdf

[90] http://www.gpo.gov/fdsys/pkg/CHRG-112shrg72702/pdf/CHRG-112shrg72702.pdf

[91] http://www.gpo.gov/fdsys/pkg/CRPT-112srpt167/pdf/CRPT-112srpt167.pdf

[92] http://www.gpo.gov/fdsys/pkg/CHRG-112shrg72702/pdf/CHRG-112shrg72702.pdf

[93] http://www.gpo.gov/fdsys/pkg/CHRG-112shrg72702/pdf/CHRG-112shrg72702.pdf

[94] "Senate Armed Services Committee Releases Report on Counterfeit Electronic Parts," May 21, 2012 http://www.armed-services.senate.gov/press-releases/senate-armed-services-committee-releases-report-on-counterfeitelectronic-parts

[95] "Senate Armed Services Committee Releases Report on Counterfeit Electronic Parts," May 21, 2012 http://www.armed-services.senate.gov/press-releases/senate-armed-services-committee-releases-report-on-counterfeitelectronic-parts

[96] Caroline Winter, "How the Pentagon Is Using DNA to Combat Counterfeiters," *BloombergBusinessweek*, August 14, 2013, http://www.businessweek.com/articles/2013-08-14/how-the-pentagon-is-using-dna-to-combat-counterfeiters#r=shared

[97] Greg Weston, "Canada dismisses U.S. concern over fake Chinese military parts" CBS News, Jun 11, 2012 http://www.cbc.ca/news/politics/canada-dismisses-u-s-concern-over-fake-chinese-military-parts-1.1157278

[98] Winter, "How the Pentagon Is Using DNA to Combat Counterfeiters."

[99] http://www.cbc.ca/m/touch/news/story/1.1157278

[100] http://www.highbeam.com/doc/1G1-146197861.html

[101] IHS Press Release, "One of Every Two Counterfeit Parts is Obsolete—But Managing Obsolescence Is Not Enough," June 11, 2012, http://press.ihs.com/press-release/design-supply-chain/one-every-two-counterfeit-parts-obsolete-managing-obsolescence-no

[102] James Carbone, "Most Counterfeit Parts Involve Obsolete Semiconductors and Other EOL Components," *The Source*,

August 2012, http://www.eciaonline.org/documents/August2012.pdf

[103] "Most Counterfeit Parts Involve Obsolete Semiconductors and ECIA," http://www.docstoc.com/docs/131368522/Most-Counterfeit-Parts-Involveobsolete-Semiconductors-and-ECIA

[104] "One of Every Two Counterfeit Parts is Obsolete," *Integrated Circuit Electronics*, June 12, 2012

[105] http://www.electronicsweekly.com/news/business/counterfeits-driven-by-obsolete-parts-says-ihs-2012-06/

[106] http://eur-lex.europa.eu/LexUriServ/LexUriServ.do?uri=OJ:L:2003:037:00 19:0023:EN:PDF

[107] http://www.slideshare.net/rorykingihs/security-economics-technology-andthe-sustainability-paradox (slide #7).

[108] IHS Press Release, "One of Every Two Counterfeit Parts is Obsolete—But Managing Obsolescence Is Not Enough," June 11, 2012, http://press.ihs.com/press-release/design-supply-chain/one-every-two-counterfeit-parts-obsolete — -managing-obsolescence-no

[109] 同上。

[110] 同上。

[111] Carbone, "Most Counterfeit parts Involve Obsolete Semiconductors and Other EOL Components."

[112] http://www.electronicsnews.com.au/features/countering-counterfeits

[113] http://www.adnas.com/signature-dna-marking-authentication-for-anticounterfeiting-diversion-security

[114] Caroline Winter, "How the Pentagon Is Using DNA to Combat Counterfeiters, *BloombergBusinessweek*, August 14, 2013, http://www.businessweek .com/articles/2013-08-14/how-the-pentagon-is-using-dna-to-combat-counterfeiters#r=shared

[115] 同上。

[116] http://www.who.int/impact/events/IMPACT-ACTechnologiesv3LIS.pdf

[117] http://www.bbc.co.uk/news/world-europe-21501568

[118] http://www.examiner.com/article/birds-eye-and-taco-bell-now-involved-horse-meat-scandal

[119] http://www.e-certa.com/assets/counterfeit-symposium-paper.pdf.

[120] http://www.gscreview.com/feb10_john_interview.php

[121] http://www.gscreview.com/feb10_john_interview.php

第 8 章

[1] http://www.craneaccidents.com/2008/05/report/three-injured-two-critically-in-black-thunder-crane-accident/

[2] http://trib.com/special_breaking_news/three-injured-two-critically-in-black-thunder-crane-accident/article_09ba2344-f94f-5e66-822b-8cc1cd9a6f8a.html

[3] http://skywarn.org/about/

[4] http://www.aoml.noaa.gov/hrd/tcfaq/E11.html

[5] http://www.goes.noaa.gov/

[6] http://www.nwas.org/committees/rs/radar.html

[7] http://www.noaa.gov/features/02_monitoring/weather_stations.html

[8] http://skywarn.org/about/].

[9] UPS Logistics - http://thenewlogistics.ups.com/customers/ontime-delivery/

[10] A. Pawlowski, "UPS, Fedex Meteorologists get Your Packages to You on Time," *USA Today*, December 20, 2012, http://www.today.com/money/ups-fedex-meteorologists-get-your-packages-you-time-1C7695990

[11] UPS Logistics - http://thenewlogistics.ups.com/customers/ontime-delivery/

[12] http://www.esi911.com/esi/index.php/products-mainmenu-68/resources-mainmenu-105/doc_download/52-walgreens-gains-real-time-awareness-of-more-than-8-000-stores

[13] http://www.esi911.com/esi/index.php/products-mainmenu-68/resources-mainmenu-105/doc_download/52-walgreens-gains-real-time-awareness-of-more-than-8-000-stores

[14] http://www.sec.gov/about/laws/wallstreetreform-cpa.pdf

[15] http://www.flextronics.com/supplier/supplierquality/Files/Conflict%20Minerals%20Supplier%20Training.pdf

[16] http://www.whitehouse.gov/the-press-office/proclamation-address-market-disruption-imports-certain-passenger-vehicle-and-light

[17] http://www.businessinsider.com/china-announces-another-massive-cut-in-rare-earth-exports-2011-12

[18] "The Hidden Persuaders," *Economist*, October 12, 2013, http://www.economist.com/node/21587381

[19] http://cei.org/sites/default/files/Wayne%20Crews%20-%2010,000%20Commandments%202013.pdf

[20] http://www.poole.ncsu.edu/erm/index.php/articles/entry/regulatory-risk -cost/

[21] Nghi Luu, presentation at MIT CTL, "Advancing Supply Chain Risk Management: Emerging Challenges and Strategies," October 10, 2012, in Cambridge, MA.

[22] 同上。

[23] www.nc4.us

[24] http://www.anvilgroup.com

[25] http://www.ijet.com

[26] https://www.osac.gov/Pages/Home.aspx

[27] www.cargonet.com/

[28] https://www.osac.gov/Pages/Home.aspx

[29] http://www.nc4.us/RiskCenterStats.php

[30] http://www.nc4.us/FI_Archived.php

[31] http://www.nc4.us/riskcenter_security.php

[32] http://www.cisco.com/web/strategy/docs/manufacturing/Cisco_Case_Study_AMR_10-0917.pdf

[33] http://www.supplychainriskinsights.com/archive/scri-protection

[34] Luu, presentation at MIT CTL, "Advancing Supply Chain Risk Management," on October 10, 2012.

[35] http://www.nj.com/news/index.ssf/2012/10/gov_christie_blasts_ac_mayor_f.html

[36] http://hw-lab.com/cougar-point-sandy-bridge-chipset-lineups.html

[37] http://www.anandtech.com/show/4142/intel-discovers-bug-in-6series -chipset-begins-recall

[38] http://www.anandtech.com/show/4142/intel-discovers-bug-in-6series -chipset-begins-recall

[39] http://www.wired.com/2011/02/intels-chipset-fail/

[40] http://www.notebookcheck.net/Intel-s-defective-Sandy-Bridge-ChipsetsStatus-Report.45596.0.html

[41] Verne Kopytoff, "Intel, Finding a Chip Flaw, Expect to Lose $1 Billion," *New York Times*, January 1, 2011.

[42] http://seekingalpha.com/article/264363-intels-ceo-discusses-q1-2011-results-earnings-call-transcript?source=cc

[43] http://www.utrechtlawreview.org/index.php/ulr/article/viewFile/URN%3ANBN%3ANL%3AUI%3A10-1-101040/21

[44] http://www.fwi.co.uk/articles/12/11/2004/21719/dioxin-in-milk-scare-shuts -farms.htm

[45] http://archive.newsweaver.com/fsai/newsweaver.ie/fsai/e_article00034042864e4.html?x=b11,0,w

[46] http://ec.europa.eu/transparency/regcomitology/index.cfm?do=Search.getPDF&2ZAqunybzgEqS2dzX8g/PeCXCTkEMvjCaXWh-WTT3prm5SVAw47eF02NzJJLXFBE77kGvLzo2Pu5uyjPyPE0HGhn1Yyu8a5hceFqN5ixnqYI=

[47] http://ec.europa.eu/food/food/foodlaw/traceability/factsheet_trace_2007 _en.pdf

[48] http://archive.newsweaver.com/fsai/newsweaver.ie/fsai/e_article00034042864e4.html?x=b11,0,w

[49] http://www.cdc.gov/foodsafety/facts.html#tracking

[50] Cory Young, and Arhlene Flowers, "Fight Viral with Viral: A Case Study of Domino's Pizza's Crisis Communication Strategies." *Case Studies in Strategic Communication, 1*, article 6. 2012, Available online: http://cssc.uscannenberg .org/cases/v1/v1art6

[51] GM Board Report, http://s3.documentcloud.org/documents/1183506/valukas-report-from-gm-redacted.txt

[52] NHTSA Review http://energycommerce.house.gov/sites/republicans.energycommerce.house.gov/files/Hearings/OI/20140915GMFootnotes/NHTSAreportfinal.pdf

[53] GM Board Report, http://s3.documentcloud.org/documents/1183506/valukas-report-from-gm-redacted.txt

[54] NHTSA Review http://energycommerce.house.gov/sites/republicans.energycommerce.house.gov/files/Hearings/OI/20140915-GMFootnotes/NHTSAreportfinal.pdf

[55] http://www.npr.org/2014/03/31/297158876/timeline-a-history-of-gms -ignition-switch-defect

[56] NHTSA Review http://energycommerce.house.gov/sites/republicans.energycommerce.house.gov/files/Hearings/OI/20140915-GMFootnotes/NHTSAreportfinal.pdf

[57] http://www.thecarconnection.com/news/1090367_2005-2007-chevrolet-cobalt-2007-pontiac-g5-recalled-for-faulty-ignition-switch

[58] http://time.com/2819690/gm-recall-deaths-ignition-switch/

[59] GM Board Report, http://s3.documentcloud.org/documents/1183506/valukas-report-from-gm-redacted.txt

[60] http://www.ibtimes.com/ignition-switch-recall-only-1-5-cars-key-rotation-problem-are-covered-gm-compensation-fund-1694984

[61] http://fortune.com/2014/09/25/chrysler-recalls-350000-cars-due-to-faulty-ignition-switch/

[62] http://www.theverge.com/2014/6/30/5858108/gm-announces-it-will-recall-another-7-6-million-cars

[63] http://www.businessweek.com/news/2014-04-06/gm-investors-unshaken-as-recall-cuts-3-billion-in-market-value

[64] http://www.conflictfreesmelter.org/ConflictMineralsReportingTemplateDas hboard.htm

[65] http://www.flextronics.com/supplier/supplierquality/Files/Conflict%20Minerals%20Supplier%20Training.pdf

[66] https://www.wewear.org/assets/1/7/ConflictMineralsGuideline_v2_May2013.pdf

[67] http://ec.europa.eu/environment/forests/pdf/EUTR_Leaflet_EN.pdf

[68] http://www.fda.gov/Food/GuidanceRegulation/FSMA/ucm270851.htm

[69] US Government Publishing Office, "Public Law 113 - 54 - Drug Quality and Security Act" http://www.gpo.gov/fdsys/pkg/PLAW-113publ54/content-detail.html

[70] http://www.resilinc.com/index.aspx

[71] http://www.razient.com/

[72] http://www.metricstream.com/solutions/supply_chain_risk_management .htm

[73] Yossi Sheffi, Bindiya Vakil and Tim Griffin, "New Software Tools to Manage Risk and Disruptions: Part II" *Supply Chain Management Review*, March 29, 2012, http://www.scmr.com/article/new_software_tools_to_manage_risk_and_disruptions1/

[74] http://www.cdcsoftware.com/en/Solutions/CDC-Event-Management-Framework-EMF/Solutions/Supply-Chain-Event-Management

[75] http://www.manh.com/solutions/supply-chain-event-management

[76] http://www.pwc.be/en/pharma/pdf/supply-chain-risk-assessment-PwC-09 .pdf

[77] http://www.jltgroup.com/Supply-Chain-Risk-Management/

[78] http://usa.marsh.com/ProductsServices/MarshRiskConsulting.aspx

[79] https://www.linkedin.com/company/capitol-risk-concepts-ltd.

[80] http://www.lmi.org/Services/Logistics-%281%29/Planning/Supply-Chain -Risk-Mitigation.aspx

[81] Mike Kalfopoulos, Senior Manager, Global Sourcing at Boston Scientific, presentation at MIT CTL, "Crossroads," March 26, 2009.

[82] http://www.turnaround.org/Publications/Articles.aspx?objectID=6850

[83] MIT CTL, "Crossroads," March 26, 2009.

[84] 当然，如果供应商是上市公司，他们无法在其时间之前发布有意义的财务数据。这更适用于私有公司（许多供应商是私有公司）即使早期数据可能会有修改。

[85] http://www.nexis.co.uk/pdf/LexisNexis_Early_Warning_Investigation.pdf

[86] http://www.turnaround.org/Publications/Articles.aspx?objectID=6850

[87] MIT CTL,"Advancing Supply Chain Risk Management," October 10, 2012.

[88] http://www.supplychainmovement.com/wp-content/uploads/Supply-Chain-Movement-Quarterly-No3-2011.pdf

[89] MIT CTL, "Advancing Supply Chain Risk Management," October 10, 2012.

[90] MIT CTL, "Crossroads," March 26, 2009.

[91] http://report.basf.com/2012/en/managementsanalysis/responsibilityalongthevaluechain/supplychainmanagement/print.html

[92] en.wikipedia.org/wiki/Melamine.

[93] http://www.ncbi.nlm.nih.gov/pubmed/17823396

[94] http://www.cbsnews.com/8301-504763_162-57466913-10391704/u.n-panel-sets-limits-for-chemical-melamine-in-infant-milk-following-2008-china -scandal/

[95] http://www.law.uh.edu/healthlaw/perspectives/2008/(SB)%20heparin.pdf

[96] Jacob Goldstein, "Heparin Likely Cut with Cheap Counterfeit Ingredient," *Wall Street Journal Health Blog*, March 19, 2008, http://blogs.wsj.com/health/2008/03/19/heparin-likely-cut-with-cheap-counterfeit-ingredient/?mod

[97] Walt Bogdanich, "F.D.A. Tracked Poisoned Drugs but Trail Went Cold in China," *New York Times*, June 17, 2007, http://www.nytimes.com/2007/06/17/health/17poison.html?pagewanted=all&_r=0

[98] http://www.verisk.com/

[99] http://www.supplychainbrain.com/content/general-scm/sc-security-risk-mgmt/single-article-page/article/using-data-to-mitigate-risk-and-build-supply -chain-resiliency-1

[100] http://www.cisco.com/web/strategy/docs/manufacturing/Cisco_Case_Study_AMR_10-0917.pdf

[101] http://www.spc.noaa.gov/products/outlook/archive/2012/day2 otlk_20120413_0600.html

[102] http://www.srh.noaa.gov/oun/?n=events-20120413-norman

[103] http://enterprisesolutions.accuweather.com/assets/documents/AccuWeather_Success_Better_Radar__Better_Tornado_Tracking.pdf

[104] http://enterprisesolutions.accuweather.com/assets/documents/AccuWeather_Success_BNSF_Receives_41_Minutes_Advance_Tornado.pdf

[105] http://www.senseaware.com/what-is-senseaware/

[106] http://www.mckinsey.com/insights/high_tech_telecoms_internet/the _internet_of_things

[107] http://www.schneider.com/groups/public/@marketing-public/documents/document/prd006124.htm

[108] http://fleet.omnitracs.com/rs/omnitracsllc1/images/LCL1135_11-13 _TT210_Brochure.pdf

[109] Sheffi, *The Resilient Enterprise*.

[110] https://www.abiresearch.com/press/45-million-windows-phone-and-20-million-blackberry

[111] http://mobiledeviceinsight.com/2011/12/sensors-in-smartphones/]

[112] http://www.consumerreports.org/cro/news/2011/08/irene-disaster-recovery-there-are-smartphone-apps-for-that/index.htm

[113] http://www.capgemini-consulting.com/sites/default/files/resource/pdf/Global_Supply_Chain_Control_Towers.pdf

[114] http://www.amberroad.com/pdf/June-2013-JOC-Control-Towers.pdf

[115] http://www.dinalog.nl/en/themes/4c__cross_chain_control_center/

[116] Greg Johnsen, "Your Global Supply Chain Control Tower Has A Memory," Supply Chain Digest, February 25, 2010, http://www.scdigest.com/assets/Experts/Guest_10-02-25.php and Richard Strollo, "The Rise of Global Controls Towers, Logistics Insight Asia, June 1, 2014, http://www.logasiamag.com/article/the-rise-of-global-control-towers/3987

[117] http://info.e2open.com/rs/e2open/images/WP_E2open_ControlTower.pdf

[118] http://www.rfidjournal.net/masterPresentations/rfid_live2012/np/casto _apr4_220_enhancVis_Trac.pdf

[119] William Tate and Mark Abkwitz, "Emerging Technologies Applicable to Hazardous Materials Transportation Safety and Security" *Hazardous Materials Cooperative Research Program Report #4*, Washington, DC: TRB, 2011. http://onlinepubs.trb.org/onlinepubs/hmcrp/hmcrp_rpt_004.pdf

[120] MIT CTL, "Advancing Supply Chain Risk Management," October 10, 2012.

[121] http://newsfeed.time.com/2013/03/25/more-people-have-cell-phones-than-toilets-u-n-study-shows/

[122] http://www.bloomberg.com/news/2012-08-31/twitter-beats-u-s-geological-survey-to-philippines-quake-news.html

[123] http://www.slideshare.net/USArmySocialMedia/army-social-media -handbook-2011

[124] http://connectedcops.net/2013/07/18/social-media-is-the-new-face-of -disaster-response/

[125] http://seeclickfix.com

[126] http://wis.ewi.tudelft.nl/twitcident/

[127] http://www.newscientist.com/blogs/onepercent/2012/04/making-twitter-make-sense-for.html

[128] http://www.digitaltrends.com/social-media/how-on-earth-can-twitter-fight-fires-save-you-from-earthquakes-or-find-help-during-hurricanes/

[129] http://mashable.com/2010/12/08/dell-social-listening-center/

[130] http://socialaxis.wordpress.com/2012/05/15/how-dell-reinvented-itself-thanks-to-social-media/

[131] http://www.cmo.com/articles/2011/2/23/listen-up-dell-lends-its-ear-to -social-media.html

[132] http://www.idfblog.com/facts-figures/rocket-attacks-toward-israel/

[133] http://www.haaretz.com/business/1.549524

[134] http://static1.businessinsider.com/image/4fe4dec26bb3f7267800000a-480/ iron-dome.jpg

[135] http://en.wikipedia.org/wiki/Reverse_911

[136] http://www.missionmode.com/solutions/emergency_notification/technical .htm

[137] http://emcomus.org/index1.html

[138] http://earthquake.usgs.gov/earthquakes/ted/

[139] USGS, Earthquake Notification Service, https://sslearthquake.usgs.gov/ens/

[140] http://en.wikipedia.org/wiki/Earthquake_Early_Warning_(Japan)

[141] http://en.wikipedia.org/wiki/P-wave

[142] Jane Lee, "How do Earthquake Early Warning Systems Work?" *National Geographic*, September 27, 2013, http://news.nationalgeographic.com/news/2013/09/130927-earthquake-early-warning-system-earth-science/

[143] http://www.jma.go.jp/jma/en/Activities/eew2.html

[144] http://www.scientificamerican.com/article.cfm?id=tsunami-seconds-before-the-big-one&page=3

[145] http://en.wikipedia.org/wiki/Tsunami_warning_system

[146] Thomas Choi and Tom Linton, "Don't Let Your Supply Chain Control Your Business," *Harvard Business Review*, December 2011, http://hbr.org/2011/12/dont-let-your-supply-chain-control-your-business/ar/

第9章

[1] Business Continuity Institute, "Supply Chain Resilience, BCI Survey Report" 2009, 2010, 2011, 2012.

[2] Council on Competitiveness, "The Resilient Economy: Integrating Competitiveness and Security," 2007 www.tisp.org/index.cfm?pk=download&id=11018&pid=10261

[3] http://spectrum.ieee.org/telecom/security/the-real-story-of-stuxnet

[4] Robert McMillan, Siemens: "Stuxnet Worm Hit Industrial Systems," Computerworld, September 14, 2010, http://www.computerworld.com/s/article/9185419/Siemens_Stuxnet_worm_hit_industrial_systems?taxonomyId=142&pageNumber=1

[5] Joseph Gross, "A Declaration of Cyber-War," *Vanity Fair*, April 2011, http://www.vanityfair.com/culture/features/2011/04/stuxnet-201104

[6] http://blogs.wsj.com/cio/2012/11/08/stuxnet-infected-chevrons-it-network/

[7] http://www.symantec.com/content/en/us/enterprise/media/security_response/ whitepapers/w32_stuxnet_dossier.pdf

[8] Robert O'Harrow, "Tridium's Niagara Framework: Marvel of Connectivity Illustrates New Cyber Risks," *Washington Post*, July 11, 2012.

[9] 同上。

[10] 同上。

[11] http://www.informationweek.com/security/attacks/zombie-hackers-exploited-emergency-alert/240148682

[12] Andrew Bagrin, "What Will 2015 Bring for Cybersecurity?" Wired Innovation Insights, December 30, 2014 http://insights.wired.com/profiles/blogs/what-will-2015-bring-for-cyber-security#ixzz3U5auW8lU

[13] http://www.usatoday.com/story/tech/personal/2013/11/12/iphone-hack-while-charging/3505753/

[14] http://www.wired.com/2014/07/usb-security/

[15] Antone Gonsalves "Georgia Tech Warns of Emerging Threats in Cloud, Mobile," CSO, Nov 8, 2013 http://www.csoonline. com/article/2134150/network-security/georgia-tech-warns-of-emerging-threats-in-cloud--mobile.html

[16] http://investors.target.com/phoenix.zhtml?c=65828&p=irol-newsArticle&ID=1903678&highlight=

[17] http://op.bna.com/der.nsf/id/sbay-9hktrf/$File/Rockefeller%20report%20on%20Target%20breach.pdf

[18] http://krebsonsecurity.com/tag/fazio-mechanical-services/

[19] http://www.reuters.com/article/2014/02/05/us-target-breach-vendor-idUSBREA1425O20140205

[20] http://faziomechanical.com/Target-Breach-Statement.pdf

[21] http://www.reuters.com/article/2014/02/05/us-target-breach-vendor-idUSBREA1425O20140205

[22] http://krebsonsecurity.com/2014/02/target-hackers-broke-in-via-hvac -company/

[23] http://krebsonsecurity.com/2014/01/new-clues-in-the-target-breach/

[24] http://www.seculert.com/blog/2014/01/pos-malware-targeted-target.html

[25] Monica Langley, "Inside Target: CEO Gregg Steinhafel Struggles to Contain Giant Cybertheft," Wall Street Journal, February 18, 2014.

[26] http://krebsonsecurity.com/2013/12/cards-stolen-in-target-breach-flood-underground-markets/

[27] Langley, "Inside Target."

[28] http://investors.target.com/phoenix.zhtml?c=65828&p=irol-newsArticle &ID=1903678&highlight=

[29] 同上。

[30] http://news.yahoo.com/data-breach-costs-toll-target-profit-123047290--finance.html

[31] http://www.cbanet.org/News%20and%20Media/Press%20Releases%20 2014/02182014_pressrelease.aspx

[32] Langley, "Inside Target."

[33] http://www.supermoney.com/2013/12/target-faces-potential-3-6-billion-liability-credit-card-breach/#.UriH-2RDtdE

[34] http://www.safenet-inc.com/news/2014/breach-level-index-q2-375-million-data-records-lost-stolen-2014/

[35] Ellen Nakashima, "DHS Contractor Suffers Major Computer Breach, officials say," Washington Post, August 6, 2014.

[36] Nicole Perlroth, "Hackers Lurking in Vents and Soda Machines," New York Times, April 7, 2014.

[37] 同上.

[38] Tim Worstall, "Analyzing Friday's Google Outage," Forbes, August 8, 2013, http://www.forbes.com/sites/timworstall/2013/ 08/19/analysing-fridays-google-outage/

[39] https://engineering.gosquared.com/googles-downtime-40-drop-in-traffic

[40] http://www.google.com/intl/en/about/products/

[41] http://www.slashgear.com/expired-ssl-certificate-causes-microsoft-azureoutages-23270828/

[42] http://www.theregister.co.uk/2013/10/30/windows_azure_global_fail/

[43] http://www.informationweek.com/news/cloud-computing/infrastructure/240002170?google_editors_picks=true

[44] Cisco Annual Security Report, 2013, https://www.cisco.com/web/offer/gist_ty2_asset/Cisco_2013_ASR.pdf

[45] Georgia Tech Information Security Center, Emerging Cyber Threats Reports, 2014, http://www.gtsecuritysummit.com/ 2014Report.pdf

[46] http://blogs.cisco.com/security/byod-many-call-it-bring-your-own-malware-byom/

[47] http://www.mobilepaymentstoday.com/article/219713/Mobile-malware-to-have-doubled-in-2013-says-McAfee

[48] http://www.trendmicro.com/cloud-content/us/pdfs/business/reports/rpt_implementing_byod_plans.pdf

[49] http://www.scmagazine.com/android-malware-spreads-via-mail-tracking-sms-spam/article/364236/

[50] http://www.trendmicro.com/cloud-content/us/pdfs/business/reports/rpt_implementing_byod_plans.pdf

[51] https://www.securelist.com/en/analysis/204792326/Mobile_Malware _Evolution_2013

[52] Jeff Drew, "Managing Cybersecurity Risks," Journal of Accountancy July 31, 2012 http://www.journalofaccountancy. com/Issues/2012/Aug/20125900.htm

[53] https://www.securelist.com/en/analysis/204792326/Mobile_Malware _Evolution_2013

[54] http://www.networkworld.com/news/2012/112912-cisco-csirt-264643 .html?page=1

[55] http://www.computerworld.com/s/article/9241352/Researchers_reveal_methods_behind_car_hack_at_Defcon] [http://illmatics.com/car_hacking.pdf

[56] http://www.ibtimes.com/car-hacking-white-paper-released-darpa-funded-researchers-shows-how-hack-ford-escape-toyota-prius

[57] http://www.digitaltrends.com/range-reviews/dacor-discovery-iq-wall-oven -review/

[58] http://www.digitaltrends.com/home/wemo-crock-pot-adds-smart-features -slow-cooker/

[59] http://www.cnet.com/products/samsung-4-5-cu-ft-front-load-washer-w-vrt -plus-white/

[60] http://www.globaltoynews.com/2013/12/for-cyber-monday-a-connected-toys-round-up-a-guide-to-whats-available-and-whats-coming-.html

[61] http://www.kb.cert.org/vuls/id/656302

[62] http://en.wikipedia.org/wiki/Heartbleed

[63] http://www.zdnet.com/belkin-patches-vulnerabilities-in-wemo-devices -7000026499/

[64] http://www.truckinginfo.com/channel/fleet-management/article/story/2014/02/pushing-the-telematics-boundaries.aspx

[65] Abel Sanchez, "Cyber Security," presentation at MIT CTL's roundtable,"Supply Chain Visualization Analytics," June 27, 2013, in Cambridge, MA.

[66] Cisco Annual Security Report, 2013, https://www.cisco.com/web/offer/gist_ty2_asset/Cisco_2013_ASR.pdf

[67] http://www.pcworld.com/article/2036177/one-in-five-data-breaches-are-the-result-of-cyberespionage-verizon-says.html

[68] http://www.pcworld.com/article/2036177/one-in-five-data-breaches-are-the-result-of-cyberespionage-verizon-says.html

[69] Michael Fitzgerald, "Organized Cybercrime Revealed," CSO, September 28, 2009 http://www.csoonline.com/article/2124411/malware-cybercrime/organized-cybercrime-revealed.html

[70] http://en.wikipedia.org/wiki/Melissa_(computer_worm)

[71] http://en.wikipedia.org/wiki/ILOVEYOU

[72] http://en.wikipedia.org/wiki/Bagle_(computer_worm)]

[73] Tom Simonite, "Welcome to the Maleware-Industrial Complex, *MIT Technology Review*, February 13, 2013

[74] Michael Fitzgerald, "Organized Cybercrime Revealed," CSO, September 28, 2009 http://www.csoonline.com/article/2124411/malware-cybercrime/organized-cybercrime-revealed.html

[75] https://scm.symantec.com/resources/b-symantec_report_on_attack_kits_and_malicious_websites_21169171_WP.en-us.pdf

[76] http://news.cnet.com/8301-1009_3-10105963-83.html

[77] Joseph Gross, "A Declaration of Cyber-War," *Vanity Fair*, April 2011, http://www.vanityfair.com/culture/features/2011/04/stuxnet-201104

[78] Michael Fitzgerald, "Organized Cybercrime Revealed," *CSO Magazine*, September. 28, 2009. Accessed 03/19/2015. http://www.csoonline.com/article/2124411/malware-cybercrime/organized-cybercrime-revealed.html

[79] http://www.securelist.com/en/blog/208193767/

[80] Nicole Perlroth, "In Cyberattacks on Saudi Firm, U.S. Sees Iran Firing Back, *New York Times*, October 23, 2012

[81] http://www.reuters.com/article/2013/08/29/us-syria-crisis-cyberspace-analysis-idUSBRE97S04Z20130829

[82] David Sanger and Steven Erlanger, "Suspicion Falls on Russia as 'Snake' Cyberattacks Target Ukraine's Government," *New York Times*, March 8, 2014.

[83] http://www.reuters.com/article/2013/02/24/us-cybersecurity-battle-idUSBRE 91N03520130224 100. http://intelreport.mandiant.com/Mandiant_APT1_Report.pdf

[84] http://www.theatlantic.com/technology/archive/2010/11/the-stuxnet-worm-more-than-30-people-built-it/66156/

[85] Nicole Perlroth and David Sanger, "Cyberattacks Seem Meant to Destroy, Not Just Disrupt," *New York Times*, March 28, 2013.

[86] Joseph Gross, "A Declaration of Cyber-War," *Vanity Fair*, April 2011, http://www.vanityfair.com/culture/features/2011/04/stuxnet-201104

[87] Nicole Perlroth and David Sanger, "Cyberattacks Seem Meant to Destroy, Not Just Disrupt," *New York Times*, March 28, 2013.

[88] http://www.cnet.com/8301-1009_3-57501066-83/saudi-oil-firm-says-30000-computers-hit-by-virus/

[89] Perlroth and Sanger, "Cyberattacks Seem Meant to Destroy, Not Just Disrupt."

[90] Geoff Dyer, "Panetta warns US of 'Cyber Pearl Harbor,'" *Financial Times*, October 12, 2012.

[91] Elizabeth Bumiller and Thom Shanker, "Panetta Warns of a Dire Threat of Cyberattacks on the U.S.," *New York Times,* October 11th, 2012.

[92] http://secunia.com/vulnerability-review/vulnerability_update_all.html

[93] Eric Hutchins, Michael Cloppert, and Rohan Amin, "Intelligence-Driven Computer Network Defense Informed by Analysis of Adversary Campaigns and Intrusion Kill Chains," Lockheed Martin Corporation, ttp://www.lockheedmartin.com/content/dam/lockheed/data/corporate/documents/LM-White-Paper-Intel-Driven-Defense.pdf

[94] Kelly Higgins, "How Lockheed Martin's 'Kill Chain' Stopped SecurID Attack," *Information Week*, February 12, 2013. http://www.darkreading.com/attacks-breaches/how-lockheed-martins-kill-chain-stopped-securid-attack/d/d-id/1139125?

[95] Hutchins, Cloppert, and Amin, "Intelligence-Driven Computer Network Defense Informed by Analysis of Adversary Campaigns and Intrusion Kill Chains."

[96] http://www.appliednsm.com/making-mandiant-apt1-report-actionable/

[97] http://gigaom.com/2013/05/15/google-io-statshot-900-million-android -devices-activated/

[98] http://www.theverge.com/2013/6/10/4415258/apple-announces-600-million-ios-devices-sold

[99] https://www.securelist.com/en/analysis/204792326/Mobile_Malware _Evolution_2013

[100] http://www.sophos.com/en-us/security-news-trends/security-trends/malware-goes-mobile/why-ios-is-safer-than-android.aspx

[101] http://www.forbes.com/sites/timworstall/2013/06/27/googles-android-malware-problem-its-the-os-fragmentation-that-makes-it-so-bad/

[102] http://www.csoonline.com/article/2134117/mobile-security/the-department-of-homeland-security-and-its-obsolete-android-os-problem.html

[103] http://techcrunch.com/2014/03/23/mixpanel-ios-7-adoption-at-90-while-android-kit-kat-remains-at-under-10/

[104] http://searchconsumerization.techtarget.com/feature/Mobile-device-security-policies-Asserting-control-over-mobile-devices

[105] http://searchconsumerization.techtarget.com/tip/Remote-wipe-101-Policy-and-how-tos-for-protecting-mobile-data

[106] http://technet.microsoft.com/en-us/library/dn283963.aspx

[107] Geoffrey Fowler, "You Won't Believe How Adorable This Kitty Is! Click For More!," *Wall Street Journal*, March 26, 2013.

[108] 同上。

[109] Supply Chain Leadership Council, *Emerging Threats in the Supply Chain*, 2013, http://www.scrlc.com/articles/Emerging_Risks_2013_feb_v10.pdf

[110] Deloitte, "Aftershock: Adjusting to the New World of Risk Management" Forbes, June 2012, http://www.forbes.com/forbesinsights/risk_management_2012/index.html#sthash.41mnuy6L.zcBPrTfu.dpuf

[111] Supply Chain Leadership Council, *Emerging Threats in the Supply Chain*, 2013, http://www.scrlc.com/articles/Emerging_Risks_2013_feb_v10.pdf

[112] Joel Schectman, "Netflix Amazon Outage Shows Any Company Can Fail," *Wall Street Journal*, December 27, 2012, http://blogs.wsj.com/cio/2012/12/27/netflix-amazon-outage-shows-any-company-can-fail/

[113] Forrester Research analyst Rachel Dines, cited in http://blogs.wsj.com/cio/2012/12/27/netflix-amazon-outage-shows-any-company-can-fail

[114] Dan Raywood, "ENISA Organizes European Stress Test against DdoS Attacks," *SC Magazine*, October 5, 2012, http://www.scmagazineuk.com/enisa-organises-european-stress-test-against-ddos-attacks/article/262382/

[115] http://en.wikipedia.org/wiki/White_hat_(computer_security)

[116] Raywood, "ENISA Organizes European Stress Test against DDoS Attacks."

[117] https://www.cs.purdue.edu/homes/fahmy/papers/catch.pdf

[118] http://www.procurementleaders.com/news-archive/news-archive/european-banks-and-companies-warned-of-cyber-attacks

[119] http://www.reuters.com/article/2012/06/17/us-media-tech-summit-cyber-strikeback-idUSBRE85G07S20120617

[120] http://venturebeat.com/2013/03/19/investors-clamber-to-back-fraud-fighting-startup-sift-science/

[121] Kelly Higgins, "How Lockheed Martin's 'Kill Chain' Stopped SecurID Attack," *Information Week*, February 12, 2013, http://www.darkreading.com/attacks-breaches/how-lockheed-martins-kill-chain-stopped-securid-attack/d/d-id/1139125?

[122] http://mobile.reuters.com/article/idUSBRE91N03520130224?irpc=932

[123] Bruce Schneier, "The Story Behind the Stuxnet Virus," *Forbes*, October 7, 2010, http://www.forbes.com/2010/10/06/iran-nuclear-computer-technologysecurity-stuxnet-worm.html

[124] https://threatpost.com/microsoft-closes-door-stuxnet-december-patch -121410

[125] http://www.esecurityplanet.com/windows-security/did-microsoft-improve-security-in-2012.html

[126] http://technet.microsoft.com/en-us/security/dn436305

[127] http://www.esecurityplanet.com/windows-security/did-microsoft-improve-security-in-2012.html

[128] https://community.qualys.com/blogs/laws-of-vulnerabilities/2013/12/05/december-2013-patch-tuesday-preview

[129] http://www.gfi.com/blog/security-patching-trends-for-major-software -vendors/

[130] http://news.softpedia.com/newsTag/botched+update

[131] http://nakedsecurity.sophos.com/2013/04/12/patch-tuesday-fatal-system -error/

[132] http://www.computerworld.com/s/article/9153638/Windows_7_stability_update_makes_PCs_unstable_users_report

[133] http://www-03.ibm.com/press/us/en/pressrelease/37257.wss

[134] Nicole Perlroth, "Hackers Lurking in Vents and Soda Machines," *New York Times*, April 7, 2014 http://www.nytimes.com/2014/04/08/technology/the-spy-in-the-soda-machine.html?_r=0

[135] http://www.theiia.org/bookstore/downloads/freetoall/5036.dl_GRC%20Cyber%20Security%20Research%20Report.pdf

第 10 章

[1] http://research.stlouisfed.org/fred2/graph/?id=GASDESW

[2] Catherine Bolgar,"Getting a handle on those quickly shifting corporate risks," *Supply Chain Risk Insights*, October 18, 2010 http://www.supplychainriskinsights.com/archive/scri-future

[3] World Economic Forum report, Global Risks 2012, World Economic Forum, January 2012.

[4] Charles Shehadi III and Michael Witalec, How to Utilize hedging and a Fuel Surcharge Program to Stabilize the Cost of Fuel,

Master of Engineering in Logistics Thesis, *MIT Center for Transportation and Logistics*, May 2010.

[5] MIT CTL's roundtable, "Exploring the Impact of Energy Volatility on the Global Supply Chain," held on October 22, 2008, in Cambridge, MA.

[6] Dave Blanchard, Portrait of Best-In-Class Risk Management, *IndustryWeek*, January 9, 2009.http://www.industryweek.com/planning-amp-forecasting/portrait-best-class-risk-management

[7] Y. Cynthia Lin and Lea Prince, "Gasoline Price Volatility and the Elasticity of Demand for Gasoline," *Journal of Energy Economics* 38: 111–117, 2013.

[8] James D. Hamilton, "Causes and Consequences of the Oil Shock of 2007–08" Brookings Papers on Economic Activity, Spring 2009, http://www.brookings .edu/~/media/Projects/BPEA/Spring%202009/2009a_bpea_hamilton.PDF

[9] 这一结论基于 1949—2007 年美国的数据。随着国家的发展，石油消费的收入弹性下降的现象在其他发达国家也有所体现。参见 James Hamilton, "Understanding Crude Oil Prices," *Energy Journal* 30, no.2 (2009): 179–206.

[10] Micheline Maynard, "Southwest Has First Loss in 17 Years," *New York Times*, October 16, 2008, http://www.nytimes.com/2008/10/17/business/17air .html

[11] Rick Blasgen, presentation at MIT CTL's conference "Achieving the Energy-Efficient Supply Chain," held on April 30, 2007, in Cambridge, MA.

[12] 2012 年 8 月，采访通用汽车车辆调度经理 Annette Prochaska。

[13] MIT CTL's roundtable, "Exploring the Impact of Energy Volatility on the Global Supply Chain," October 22, 2008.

[14] 同上。

[15] 同上。

[16] Jill Dunn, "Study: Fuel Efficiency Efforts Pay Off for Carriers," September 8, 2014, *Commercial Carrier Journal*, http://www.ccjdigital.com/study-fuel-efficiency-efforts-pay-off-for-carriers/

[17] http://nacfe.org/wp-content/uploads/2014/06/June-26-TE-Workshop-Master-Little-Rock-061614.pdf

[18] 到 2014 年底，世界上最大的集装箱船是中国海运集装箱公司（China Shipping Container Lines）运营的环球号（Globe），它可以装载 19 100 只货柜。2015 年，瑞士邮轮 MSC Oscar 以 19 224 只货柜的处理量胜出。

[19] http://www.greencarcongress.com/2011/02/maersk-20110221.html

[20] http://www.boeing.com/commercial/aeromagazine/articles/qtr_4_07/AERO_Q407_article2.pdf

[21] Mike Ramsey, "Will Cheap Gas Hurt Sales of Ford's New Pickup?" *Wall Street Journal*, October 21, 2014, http://online.wsj.com/articles/will-cheap-gas-hurt-sales-of-fords-new-pickup-1413921646. See also Alex Taylor III, "Ford's Epic Gamble: The Inside Story," *Fortune*, July 24, 2014,http://fortune .com/2014/07/24/f-150-fords-epic-gamble/

[22] http://abcnews.go.com/US/wireStory/gas-prices-gallon-texas-oklahoma -27395888

[23] http://time.com/money/3614039/suv-sales-increase-luxury/

[24] Ramsey, "Will Cheap Gas Hurt Sales of Ford's New Pickup?"

[25] http://www.morningstar.com/invest/articles/1169113-update-these-u-s-oil-producers-have-the-most-lose.html

[26] http://www.industryweek.com/planning-amp-forecasting/majority-companies-have-suffered-supply-chain-disruptions

[27] http://science.time.com/2013/12/20/rare-earths-are-too-rare/

[28] http://blogs.ei.columbia.edu/2012/09/19/rare-earth-metals-will-we-have -enough/

[29] Marc Humphries, "Rare Earth Elements: The Global Supply Chain," Congressional Research Services, June 8, 2012, http://www.fas.org/sgp/crs/natsec/ R41347.pdf

[30] 同上。

[31] Randolph Kirchain, presentation at the MIT CTL's conference, "Crossroads 2012: "Supply Chains in Transition," held on June 28, 2012, in Cambridge, MA.

[32] 同上。

[33] Humphries, "Rare Earth Elements."

[34] Randolph Kirchain, presentation at the MIT CTL's conference, "Crossroads 2010: Building Supply Chains that Deliver Sustainability," held on March 25, 2010, in Cambridge, MA.

[35] http://www.farmdocdaily.illinois.edu/2012/07/update_on_the_shutdown _price_o.html

[36] Simon Romero, "Big Tires in Short Supply," *New York Times*, April 20, 2006.

[37] http://www.kitcometals.com/charts/copper_historical.html

[38] Soroya Permalasari, David Stringer and Liezel Hill, "Gold Miners Lose $169 Billion as Price Slump Adds EFT Pain," *Bloomberg*, April 18, 2013, http:// www.bloomberg.com/news/2013-04-17/gold-miners-lose-169-billion-as-priceslump-compounds-etf-pain.html

[39] Josh OKane, "Gold Producers Need to Stop Piling on Debt, S&P Warns," *Globe and Mail*, December 18, 2012, and Ernst and Young, A New World, A New Strategy, *Global Steel 2013 Report*, http://www.ey.com/Publication/vwLUAssets/Global-Steel-Report-2013/$FILE/Global-Steel-Report-2013_ ER0046.pdf

[40] http://www.forbes.com/sites/larrybell/2012/04/15/chinas-rare-earth-metals-monopoly-neednt-put-an-electronics-stranglehold-on-america/

[41] Eric Martin and Jennifer Freedman, "Obama Says China Rare-Earth Case is Warning for WTO Violators," *Bloomberg*, March 13, 2012, http://www .bloomberg .com/news/2012-03-13/eu-joins-u-s-japan-in-challenging-china-s-rare-earth -export-restrictions.html.

[42] http://www3.weforum.org/docs/WEF_SCT_RRN_NewModelsAddressing SupplyChainTransportRisk_IndustryAgenda_2012.pdf

[43] http://www.kitcometals.com/charts/copper_historical.html

[44] http://blogs.ei.columbia.edu/2012/09/19/rare-earth-metals-will-we-have -enough

[45] Ernst and Young, "Resource Nationalism Remains Number One Risk for Miners" http://www.ey.com/RU/en/Newsroom/ News-releases/ PressRelease---2012-07-10

[46] http://www.bbc.co.uk/news/business-17441170

[47] http://www.cnbc.com/id/46714747

[48] Wayne Morrison and Rachel Tang, "China's Rare Earth Industry and Export Regime: Economic and Trade Implications for the United States," *Congressional Research Service Report*, April 30, 2012.

[49] http://www.nbcnews.com/id/9146363/ns/business-local_business/t/pump-prices-jump-across-us-after-katrina/

[50] Grant Thornton Report, Creating a Reliable, Profitable Supply Chain: Navigating Exchange Rate, Working Capital and Business Uncertainties, http://www .grantthornton.es/publicaciones/AHGT.ES%20supply%20chain%20solutions .pdf]

[51] BASF 2011 Annual Report, report.basf.com/2011/.

[52] http://www3.weforum.org/docs/WEF_SCT_RRN_NewModelsAddressingSupplyChainTransportRisk_IndustryAgenda_2012.pdf

[53] http://www.ag.senate.gov/download/schloss-testimony

[54] http://report.basf.com/2013/en/servicepages/downloads/files/BASF _Report_2013.pdf

[55] http://www.cfo.com/article.cfm/14504913

[56] Maynard, "Southwest Has First Loss in 17 Years."

[57] Jack Nicas, "Delta Expect Lower Fuel Prices to Boost Profits in 2015," *Wall Street Journal*, December 11, 2014.

[58] http://www.chron.com/business/steffy/article/Hedging-turned-out-to-be-a-bad-idea-for-oil-1566272.php

[59] http://www.uschamber.com/sites/default/files/international/agenda/files/G20-B20%20Bridge%20Report.pdf

[60] Nicole Hing, "Small Importers, Travel Firms, Take to Hedging," *Wall Street Journal*, December 5, 2012, http://online.wsj.com/ article/SB1000142412788732 478440457814491472475622.html

[61] Maynard, "Southwest Has First Loss in 17 Years."

[62] http://www.grantthornton.com/staticfiles/GTCom/CIP/Consumer%20and%20industrial%20products%20publications/Supply %20Chain%20Solutions/GrantThornton_SupplyChainSolutionsPart1.pdf

[63] http://www.hybridcars.com/ghosn-localization-key-to-nissans-success/

[64] MIT CTL, "Exploring the Impact of Energy Volatility on the Global Supply Chain," October 22, 2008.

[65] http://www.bcg.com/media/PressReleaseDetails.aspx?id=tcm:12-104216

[66] Susan Carey, "Delta Flies New Route to Profits: Older Jets," *Wall Street Journal*, November 15, 2012.

[67] Jad Mouawad, "Delta Buys refinery to Get Control of Fuel Costs" *New York Times*, April 30, 2012.

[68] http://www.forbes.com/sites/steveschaefer/2012/04/30/delta-pulls-the-trigger-on-purchase-of-philly-refinery-from-phillips-66/

[69] http://www.ey.com/Publication/vwLUAssets/Global-Steel-Report-2013/$FILE/Global-Steel-Report-2013_ER0046.pdf

[70] Jerry DiColo, "Delta Air Says Trainer Refinery Lost $22 Million in First Quarter," *Wall Street Journal*, August 23, 2013.

[71] http://www.ey.com/Publication/vwLUAssets/Global-Steel-Report-2013/$FILE/Global-Steel-Report-2013_ER0046.pdf

[72] http://www.platinum.matthey.com/media/820682/07_palladium.pdf

[73] http://www.stillwaterpalladium.com/production.html

[74] http://www.people.hofstra.edu/geotrans/eng/ch8en/conc8en/fuel_consumption_containerships.html

[75] http://ports.com/sea-route/port-of-shanghai,china/port-of-rotterdam, netherlands/

[76] http://www.bairdmaritime.com/index.php?option=com_content &view=article&id=13224

[77] http://www.bridgestonetrucktires.com/us_eng/real/magazines/ra_special-edit_4/ra_special4_fuel-speed.asp

[78] http://205.186.149.248/wp/wp-content/uploads/Slow-Steaming-Research-Study-by-Centrx-BDP-International-and-SJU.pdf

[79] http://www.inboundlogistics.com/cms/article/is-slow-steaming-good-for-the-supply-chain/

[80] http://www.scientificamerican.com/article/rare-earths-elemental-needs-of-the-clean-energy-economy/

[81] http://serc.carleton.edu/integrate/teaching_materials/mineral_resources/student_materials/unit2cobaltexample.html

[82] http://www1.eere.energy.gov/cleancities/waste_management.html

[83] Rebecca Smith, "Will Truckers Ditch Diesel?" *Wall Street Journal*, May 23, 2012.

[84] 同上.

[85] http://www.eia.gov/dnav/ng/hist/rngwhhdm.htm

[86] http://research.stlouisfed.org/fred2/graph/?id=GASDESW
[87] Smith, "Will Truckers Ditch Diesel?"
[88] http://www.platinum.matthey.com/media/820682/07_palladium.pdf
[89] http://www.pwc.com/mx/es/forms/archivo/PwC-PRTM_SupplyChain_092811_r_v3.pdf
[90] E. Alonso, F. Field and R. Kirchain, "Platinum Availability for Future Automotive Technologies," *Environmental Science & Technology* 46, no. 23 (2012): 12986–12993.
[91] 同上.
[92] http://www.johnsoncontrols.com/content/us/en/products/power_solutions/global_battery_recycling.html
[93] http://www.dell.com/learn/us/en/uscorp1/corp-comm/us-goodwill-reconnect
[94] http://www.recycling-guide.org.uk/materials/computers.html
[95] http://www.theguardian.com/environment/2011/dec/29/japan-leads-field-plastic-recycling?newsfeed=true
[96] http://www.environmentalleader.com/2014/02/05/epas-toxic-substances-rules-discourage-recycling/
[97] http://usatoday30.usatoday.com/money/industries/manufacturing/2004-02-20-steel_x.htm
[98] http://energy.gov/sites/prod/files/DOE_CMS2011_FINAL_Full.pdf
[99] http://minerals.usgs.gov/minerals/pubs/mcs/2013/mcs2013.pdf
[100] http://www.eia.gov/petroleum/gasdiesel/
[101] Randolph Kirchain, presentation at MIT CTL, "Crossroads 2012: "Supply Chains in Transition," June 28, 2012.
[102] http://seekingalpha.com/article/424331-ford-motors-management-host-ford-university-conference-call-transcript?source=cc
[103] http://www.nasdaq.com/markets/copper.aspx?timeframe=5y
[104] http://ir.tyson.com/files/doc_financials/2013/TSN-2013-Annual-Report-on-Form-10-K.PDF
[105] https://www.google.com/url?q=http://www.wsj.com/articles/commodities-go-from-hoard-to-floored-heard-on-the-street-1418583983 106. http://www.ag.senate.gov/download/schloss-testimony
[107] Charles Mulford and Eugene E. Comiskey, "The Non-designation of Derivatives as Hedges for Accounting Purposes," Georgia Tech Financial Analysis Lab, Georgia Institute of Technology, September 2008, http://scheller.gatech.edu/centers-initiatives/financial-analysis-lab/files/2008/ga_tech_cf_hedges_2008.pdf
[108] https://www.wellsfargo.com/downloads/pdf/com/focus/fx_survey/FX_Survey_Summary_2011.pdf

第 11 章

[1] http://www.reocities.com/Athens/Acropolis/5232/edmonton.htm
[2] http://www.insurancejournal.com/news/international/2011/10/11/219349 .htm
[3] http://business.time.com/2010/03/01/warren-buffetts-boring-brilliantwisdom/
[4] 例如：http://www.brandchannel.com/papers_review.asp?sp_id=357
[5] http://www.rankingthebrands.com/PDF/2012%20RepTrak%20100-Global_Report,%20Reputation%20Institute.pdf
[6] http://www.bloomberg.com/news/2010-06-06/foxconn-to-double-china-factory-worker-salaries-by-october-after-suicides.html
[7] Reed Albergotti and Elizabeth Rappaport, "US Not Seeking Goldman Charges," *Wall Street Journal*, August 9, 2012.
[8] http://www.bbc.co.uk/news/world-asia-22476774
[9] http://www.guardian.co.uk/commentisfree/2013/may/12/savar-bangladesh-international-minimum-wage
[10] http://abcnews.go.com/Blotter/fire-kills-112-workers-making-clothes-us-brands/story?id=17807229
[11] http://www.bbc.co.uk/news/world-asia-22474601
[12] http://www.nytimes.com/2013/05/02/business/some-retailers-rethink-theirrole-in-bangladesh.html?_r=0
[13] http://online.wsj.com/article/SB10001424127887323401904578159512118 148362.html?google_editors_picks=true
[14] http://www.nytimes.com/2013/05/02/business/some-retailers-rethink-theirrole-in-bangladesh.html?pagewanted=all
[15] http://www.nytimes.com/2013/05/02/business/some-retailers-rethink-their-role-in-bangladesh.html?_r=0
[16] http://www.nytimes.com/2013/05/14/world/asia/bangladeshs-cabinet-approves-changes-to-labor-laws.html?pagewanted=all&_r=0
[17] http://www.autonews.com/article/20140803/GLOBAL02/140809957/gm-looks-for-alternative-supplies-in-china-after-deadly-factory-blast
[18] Colum Murphy, Joseph White and Jake Maxwell Watts, "GM Doesn't Plan to Change Supply-Chain Safety Process," *Wall Street Journal*, August 5, 2014.
[19] 同上。
[20] http://asq.org/qualitynews/qnt/execute/displaySetup?newsID=18877
[21] http://www.dicastal.com/en/index_mnewlook_t12_i16.html
[22] http://media.gm.com/media/us/en/gm/news.detail.html/content/Pages/news/us/en/2011/Mar/0311_soy.html
[23] http://english.caixin.com/2014-08-26/100721484.html
[24] http://www.bjreview.com.cn/nation/txt/2014-08/11/content_633994.htm
[25] www.gscreview.com/feb10_john_interview.php

[26] Steven Greenhouse, "Some Retailers Rethink Their Role in Bangladesh," *New York Times*, May 1, 2013.

[27] 同上.

[28] Nazli Kibria, Becoming a Garments Worker: The Mobilization of Women into the Garments Factories of Bangladesh, *Occasional Paper* 9, March 1998, UN Research Institute for Social Development, http://www.unrisd.org/unrisd/website/document.nsf/0/523115d41019b9d980256b67005b6ef8/$FILE/opb9.pdf

[29] See http://www.enoughproject.org/

[30] http://www.enoughproject.org/publications/can-you-hear-congo-now-cell-phones-conflict-minerals-and-worst-sexual-violence-world

[31] 2012 年 7 月 23 日，采访 Intel 全球公民项目总监 Gary Niekerk。

[32] 同上.

[33] 同上.

[34] 同上.

[35] 同上.

[36] http://www.eiccoalition.org/about/members/

[37] http://www.intel.com/content/dam/doc/policy/policy-conflict-minerals.pdf

[38] http://thinkprogress.org/security/2014/01/07/3126271/intel-announces-launch-conflict-free-microprocessors/

[39] Jim Low, "Dodd-Frank and the Conflict Minerals Rule," *KPMG Directors and Boards*, 4th Quarter, 2012, pp.44－45.

[40] http://www.csr360gpn.org/magazine/feature/ms-ethical-model-factories/

[41] http://betterwork.org/global

[42] Steven Greenhouse, "Some Retailers Rethink Their Role in Bangladesh," *New York Times*, May 1, 2013.

[43] http://www.sedex.org.uk

[44] http://www.fairtrade.net

[45] http://www.fairtrade.net/products.html

[46] Jens Hainmueller, Michael J. Hiscox, and Sandra Sequeira, Consumer Demand for the Fair Trade Label: Evidence from a Field Experiment (April 1, 2011). *MIT Political Science Department Research Paper* no. 2011-9B. Available at SSRN, http://ssrn.com/abstract=1801942 or http://dx.doi.org/10.2139/ssrn.1801942

[47] http://www.coca-colacompany.com/our-company/hours-of-work-improve ment-guide

[48] Tom Mitchell and Jonathan Birchall, "Wal-Mart Orders Chinese Suppliers to Lift Standards," *Financial Times*, October 23, 2008.

[49] http://articles.businessinsider.com/2011-03-24/strategy/300817

[49] 1_ routes-engineers-map-ups#ixzz1gGl5niKg.

[50] Mark Buckley, VP Environmental Affairs at Staples, "Implementing Sustainability at the Corporate Level," presentation at MIT "Crossroads 2010," March 25, 2010.

[51] http://www.brightfleet.com/blog/2012/interview-with-mike-payette-atstaples-about-speed-limiters-fuel-economy-and-safety/

[52] William Newman, "The Race to Greener Bottles Could Be Long," *New York Times*, December 15, 2011.

[53] MIT CTL, "Crossroads 2010," March 25, 2010.

[54] http://www.staples.com/sbd/cre/marketing/easy-on-the-planet/our-goalsand-initiatives.html

[55] "In Hot Water," *Economist*, October 6, 2005, http://www.economist.com/node/4492835

[56] http://www.ens-newswire.com/ens/jun2007/2007-06-05-07.asp

[57] http://www3.weforum.org/docs/GAC12/IssueBrief/IB_WaterSecurity.pdf

[58] http://www.ens-newswire.com/ens/jun2007/2007-06-05-07.asp

[59] MIT CTL, "Crossroads 2012," June 28, 2012.

[60] Alexa Olesen, "Coca Cola Begins Water Conservation Bid," *Washington Post*, June 4, 2007, http://www.washingtonpost.com/wp-dyn/content/article/2007/06/05/AR2007060500265_pf.html

[61] http://www.coca-colacompany.com/sustainabilityreport/world/water -stewardship.html

[62] Alexa Olesen, "Coca Cola Begins Water Conservation Bid," *Washington Post*, June 4, 2007, http://www.washingtonpost.com/wp-dyn/content/article/2007/06/05/AR2007060500265_pf.html

[63] http://www.unilever.com/mediacentre/pressreleases/2002/safety.aspx

[64] MIT CTL, "Crossroads 2010," March 25, 2010.

[65] http://www.pwc.com/us/en/supply-chain-management/assets/pwc -sci-112008.pdf

[66] Interface Flor, RePrise Collection Brochure, 2007. Interface products.

[67] Carpet Recovery, "Carpet Cycle, InterFace Flor Named CARE Recyclers of the Year," 2007, http://www.carpetrecovery.org/070509_CARE_Conference.php

[68] YouTube, "I AM Mission Zero," 2007, http://www.youtube.com/watch?v=chPD3g4dMJI

[69] Prof. Randy Kirchain, presentation at MIT CTL "Crossroads 2010," March 25, 2010.

[70] http://www.environmentalleader.com/2014/10/17/zero-interest-loans-to -develop-recycling-infrastructure-available/

[71] P&G, presentation at MIT CTL "Crossroads 2010," March 25, 2010.

[72] http://www.guardian.co.uk/sustainable-business/best-practice-exchange/marks-and-spencer-change-better

[73] "Plan A: Doing the Right Thing," http://global.marksandspencer.com/hk/en/about-ms/

[74] MIT CTL, "Crossroads 2010," March 25, 2010.

[75] http://www.pwc.com/us/en/supply-chain-management/assets/pwc -sci-112008.pdf

[76] http://www.imdb.com/title/tt0390521/

[77] http://www.dailymail.co.uk/news/article-2529302/McDonalds-shuts-website-telling-staff-not-eat-food.html

[78] The Economist, "Coulrophobia," May 19, 2012, http://www.economist.com/node/18713690

[79] http://www.stopcorporateabuse.org/news/national-campaign-against-mcdonalds-mascot-kicks-cedar-mill

[80] http://www.cspinet.org/new/201204041.html 和 http://newsandinsight.thomsonreuters.com/Legal/News/ 2012/04_-_April/Judge_tosses_ Happy_Meal_lawsuit_against_McDonald_s/

[81] http://fitbie.msn.com/eat-right/mcdonald-s-announces-healthier-happy-meal

[82] Lisa Baertlein, "Anti-obesity Proposal Fails Again at McDonald's," Chicago Tribune, May 24, 2012, http://articles. chicagotribune.com/2012-05-24/lifestyle/sns-rt-us-mcdonalds-obesitybre84n1ci-20120524_1_childhood-obesity-happy-meals-chief-executive-jim-skinner

[83] Stephanie Strom, "McDonald's Menu to Post Calorie Count," New York Times, September 12, 2012.

[84] http://www.usatoday.com/story/money/business/2014/01/06/mcdonalds-nutrition-fast-food-mcdonalds-menu/4339395/

[85] Allison Aubrey, "Bowing to Pressure, McDonald's Makes Happy Meals More Healthful," NPR, July 26, 2011 http://www.npr.org/blogs/health/2011/07/26/138702964/bowing-to-pressure-mcdonalds-makes-happy-meals-more-healthful

[86] http://www.yaleruddcenter.org/newsletter/issue.aspx?id=36

[87] Stephanie Strom, "McDonald's Trims Its Happy Meal," New York Times, July 26, 2011.

[88] D M Klurfeld, J Foreyt, T J Angelopoulos and J M Rippe, "Lack of Evidence for High Fructose Corn Syrup as the Cause of the Obesity Epidemic" International Journal of Obesity (2013) 37, 771-773; doi:10.1038/ijo.2012.157; published online 18 September 2012, http://www.nature.com/ijo/journal/v37/n6/full/ijo2012157a.html and Tara Parker-Pope "Still Spooked by High-Fructose Corn Syrup," New York Times, October 30, 2008 http://well.blogs.nytimes.com/2008/10/30/still-spooked-by-high-fructose-corn-syrup/?_r=0

[89] http://www.nytimes.com/2012/05/31/nyregion/bloomberg-plans-a-ban-on-large-sugared-drinks.html?pagewanted=all&_r=0

[90] http://www.npr.org/blogs/thesalt/2012/01/12/145112865/could-a-soda-tax-prevent-26-000-deaths-per-year

[91] http://en.wikipedia.org/wiki/Golden_rice

[92] http://www2.ca.uky.edu/entomology/entfacts/ef130.asp

[93] http://en.wikipedia.org/wiki/Roundup_Ready_soybean

[94] http://www.scientificamerican.com/article/corn-genetically-modified-to -tolerate-drought/

[95] 同上.

[96] Godfray, C., J. Beddington, I. Crute, et al., Food Security: The Challenge of Feeding 9 Billion People 327 (2010): 812–818

[97] "China Pushes Genetically Modified Food," Wall Street Journal, http://blogs.wsj.com/chinarealtime/2013/10/23/china-pushes-genetically-modified-food-draft/?KEYWORDS=gmo

[98] Mark Lynas, "Time to call out the anti-GMO conspiracy theory." Retrieved from: http://www.marklynas.org/2013/04/time-to-call-out-the-anti-gmo-conspiracy-theory/

[99] http://www.medicalnewstoday.com/articles/260022.php

[100] http://www.fda.gov/Food/GuidanceRegulation/GuidanceDocumentsRegula toryInformation/Allergens/ucm106187.htm

[101] http://www.bbc.co.uk/news/technology-15671823

[102] Srini S..Srinivasan, Brian D. Till, (2002) "Evaluation of Search, Experience and Credence Attributes: Role of Brand Name and Product Trial," Journal of Product & Brand Management 11 (7): 417–431.

[103] Darby, M. and Karni, E. (1973). "Free Competition and the Optimal Amount of Fraud," Journal of Law and Economics 16, no. 1 (1973): 67–88.

[104] http://www.greenpeace.org/international/en/news/features/Clickers-and-Stickers-Make-HM-Detox/

[105] http://www.oxfam.org/sites/www.oxfam.org/files/rr-unilever-supply-chain-labor-rights-vietnam-310113-en.pdf

[106] http://www.insead.edu/facultyresearch/centres/isic/ecsr/research/documents/UnderstandingtheImpactsofBusinessonPoverty.pdf

[107] MIT CTL, "Crossroads 2010," March 25, 2010.

[108] Ariel Schwartz, "Walmart Plans to Cut 20 Million Metric Tons of Greenhouse Gas Emissions from Supply Chain," Fast Company, February 25, 2010, http://www.fastcompany.com/1563121/walmart-plans-cut-20-million-metric-tons-greenhouse-gas-emissions-supply-chain

[109] http://www.ab-inbev.com/go/social_responsibility/environment/water_use .cfm

[110] http://www.coca-colacompany.com/setting-a-new-goal-for-water-efficiency
[111] http://www.ghgprotocol.org
[112] http://www.ghgprotocol.org/about-ghgp
[113] http://sustainability.baxter.com/environment-health-safety/environmental-performance/ghg-emissions-across-value-chain.html
[114] Lynn Beavis, "M&S: Doing the Right Thing Leads to Change—for the Better" *Guardian*, May 30, 2012, http://www.guardian.co.uk/sustainable-business/best-practice-exchange/marks-and-spencer-change-better
[115] MIT CTL's, conference "Crossroads 2011: Disruptive Innovations That Will Shape the Future of Supply Chains," held on June 16, 2011, in Cambridge, MA.
[116] http://www.conservation.org/partners/Pages/starbucks.aspx
[117] http://www.conservation.org/campaigns/starbucks/Pages/default.aspx
[118] 2014 年 5 月，采访星巴克道德采购总监 Kelly Goodejohn。
[119] Jonathan Johnson, professor of management at the Sam M. Walton College of Business, University of Arkansas, presentation at MIT CTL's symposium "Future Freight Flows," held on March 11 – 12, 2010, in Cambridge, MA.
[120] Georgina Grenon, director of operations PSO at Booz Allen Hamilton, presentation at MIT CTL "Achieving the Energy-Efficient Supply Chain," April 30, 2007.
[121] Alexandra Alter, "Yet Another 'Footprint' to Worry About: Water," *Wall Street Journal*, February 17, 2009.
[122] Tesco (2007). Prepared remarks, T. Leahy, http://www.tesco.com/climatechange/speech.asp
[123] Charles Boyle, "Aon, Zurich Launch Innovative $100 Million Reputational Risk Coverage," *Insurance Journal*, October 11, 2011, http://www.insurancejournal.com/news/international/2011/10/11/219349.htm
[124] MIT CTL, "Advancing Supply Chain Risk Management," October 10, 2012.
[125] 同上.
[126] Klout 是 Klout.com 上面所计算的分数，衡量一个人的影响力（他们的社交媒体作品如何影响人们的反应和行为）。
[127] MIT CTL, "Advancing Supply Chain Risk Management," October 10, 2012.
[128] http://www.theguardian.com/environment/2014/mar/03/tim-cook-climate-change-sceptics-ditch-apple-shares
[129] http://www.guardian.co.uk/sustainable-business/best-practice-exchange/marks-and-spencer-change-better
[130] Theodore F. Piepenbrock, Toward a Theory of the Evolution of Business Ecosystems: Enterprise Architectures, Competitive Dynamics,Ffirm Performance, and Industrial Co-evolution, *MIT* dissertation, 2009.
[131] http://www.accenture.com/SiteCollectionDocuments/PDF/Driving_Value_from_Integrated_Sustainability_High_Performance_Lessons_from_the_Leaders.pdf（当然，这只能是一种关联，而且可能只有利润更高的公司才有能力投资于利益相关者的顾虑。）
[132] Kevin Wrenn, vice president of PC business and operations at Fujitsu Computer Systems Corp., presentation at MIT CTL "Achieving the Energy-Efficient Supply Chain," April 30, 2007.
[133] http://repository.law.umich.edu/cgi/viewcontent.cgi?article=1158&context=law_econ_current

第 12 章

[1] http://www.marketingcharts.com/direct/landline-phone-penetration-dwindles-as-cell-only-households-grow-22577/cdc-us-household-phone-status-h12008-h22011-jul2012png/
[2] http://www.gallup.com/poll/156833/one-five-adults-smoke-tied-time-low .aspx
[3] http://news.bbc.co.uk/2/hi/8074663.stm
[4] http://www.sportingnews.com/mlb/story/2011-04-15/declining-attendance-could-signal-deeper-problems-for-baseball
[5] http://atruegolfer.com/2012/12/the-decline-of-golf/
[6] http://assets.aarp.org/rgcenter/general/approaching-65.pdf
[7] Joseph Coughlin, presentation at MIT CTL, "Future of Freight Flows," March 11 – 12, 2010.
[8] OECD statistics, http://www.oecd.org/els/health-systems/47884543.pdf
[9] Joseph Coughlin, presentation at MIT CTL, "Future of Freight Flows," March 11 – 12, 2010.
[10] "Demography, China's Achilles Heel," *Economist*, April 21, 2012.
[11] http://www.telegraph.co.uk/women/sex/divorce/9705967/Silver-separation-the-surge-in-older-divorce.html
[12] http://www.dailymail.co.uk/femail/article-1285392/The-40-year-itch-Divorce-falling-age-group-60s--ARE-couples-splitting-lifetime-together.html
[13] Coughlin, presentation at MIT CTL, "Future of Freight Flows," March 11 – 12, 2010.
[14] MetLife Mature Market Institute, David DeLong & Associates, and Zogby International, Living Longer, Working Longer: The Changing Landscape of the Aging Workforce – A MetLife Study, April 2006. https://www.whymetlife.com/downloads/MetLife_LivingLongerWorkingLongerStudy.pdf
[15] http://www.ncdc.noaa.gov/sotc/global/2013/13
[16] http://en.wikipedia.org/wiki/List_of_scientists_opposing_the_mainstream_scientific_assessment_of_global_warming

[17] http://ipcc-wg2.gov/SREX/images/uploads/SREX-SPMbrochure_FINAL.pdf

[18] Ross McKitrick, "IPCC Models Getting Mushy," *Financial Post*, September 16, 2013.

[19] Bruna Waterfield, "EU Policy on Climate Change Is Right Even if Science Was Wrong, Says Commissioner," *Telegraph*, September 16, 2013.

[20] George Shultz in a speech at MIT, September 30, 2014.

[21] http://www.epa.gov/climatechange/basics/

[22] http://www.esrl.noaa.gov/news/2013/CO2400.html

[23] Ernst Moniz presentation at MIT CTL, "Achieving the Energy-Efficient Supply Chain," April 30, 2007.

[24] http://www.ipcc.ch/pdf/assessment-report/ar4/syr/ar4_syr.pdf

[25] http://www.thelocal.de/national/20111122-39035.html

[26] http://www.hellenicshippingnews.com/News.aspx?ElementId=553a8ae3-1663-4fe7-beac-0d9f4cfd26ed

[27] http://www.thelocal.de/national/20111122-39035.html

[28] http://www.rita.dot.gov/bts/sites/rita.dot.gov.bts/files/publications/freight_in_america/html/table_01.html

[29] Alan McKinnon, *European Freight Transport Statistics: Limitations, misinterpretations and Aspirations*, Logistics Research Center, Heriot-Watt University, Edinburgh, UK. Report prepared for the 15 ACEA Scientific Conference Advisory Group Meeting, Brussels, September 8, 2010. See figure 1 on p. 6.

[30] http://www.basf.com/group/corporate/us/en/function/conversions:publishdownload/content/sustainability/economy/basf-shares/images/ Programme_Response_Investor_CDP_2012.pdf

[31] http://www.csmonitor.com/World/Americas/2011/0506/Food-inflation-land-grabs-spur-Latin-America-to-restrict-foreign-ownership

[32] http://www.thejakartaglobe.com/archive/aging-farmers-threaten-indonesian-food-security/446190/

[33] S. F. Balica, N. G. Wright, and F. van der Meulen, "A Flood Vulnerability Index for Coastal Cities and Its Use in Assessing Climate Change Impacts," *Journal of International Society for the Prevention and Mitigation of Natural Hazards* 64 (2012): 73–105, http://link.springer.com/content/pdf/10.1007%2Fs11069-012-0234-1.pdf, section 5.1.

[34] 同上。见 section 5.1, figure 8, p.96.

[35] http://www.worldshipping.org/about-the-industry/global-trade/top-50-world-container-ports

[36] Balica, Wright, and van der Meulen, "A Flood Vulnerability Index for Coastal Cities and Its Use in Assessing Climate Change Impacts." See section 4.2, p. 90.

[37] http://www.nationmultimedia.com/national/Severe-drought-looms-nationwide-30188892.html

[38] http://www.hiso.or.th/hiso/picture/reportHealth/ThaiHealth2011/ eng2011_15.pdf

[39] http://thoughtleadership.aonbenfield.com/ThoughtLeadership/Documents/20120314_impact_forecasting_thailand_flood_event_recap.pdf

[40] http://geology.com/articles/northwest-passage.shtml

[41] http://www.epa.gov/climatechange/ghgemissions/sources/transportation .html

[42] http://www.guardian.co.uk/environment/damian-carrington-blog/2011/aug/25/food-price-arab-middle-east-protests

[43] Maria Godoy, "Can Riots Be Predicted? Experts Watch Food Prices," Oct. 02, 2012, http://www.npr.org/blogs/thesalt/2012/09/20/161501075/high-food-prices-forcast-more-global-riots-ahead-researchers-say

[44] David Tenenbaum, "Food vs. Fuel: Diversion of Crops Could Cause More Hunger," *Environmental Health Perspectives*. 2008 June; 116(6): A254–A257.

[45] Adam Thomson, Tortilla Riots' Give Foretaste of Food Challenge, *Financial Times*, October 12h, 2012.

[46] http://news.bbc.co.uk/2/hi/6319093.stm

[47] http://www.cnn.com/WORLD/9802/12/indonesia/

[48] Leon C. Megginson, "Lessons from Europe for American Business," *Southwestern Social Science Quarterly* 44 (1).

[49] Sheffi, *The Resilient Enterprise*.

[50] http://tech.fortune.cnn.com/2011/01/13/iphone-sales-in-the-pre-verizon-era/

[51] http://www.gartner.com/it/page.jsp?id=612207

[52] http://www.canalys.com/newsroom/smart-mobile-device-shipments-hit-118million-2007-53-2006

[53] Jack Gold, "Will Anyone Answer When Apple iPhone Home?" *Computerworld,* January 10, 2007. http://www.computerworld.com/s/article/9007753/Will_anyone_answer_when_Apple_iPhones_home_

[54] http://blogs-images.forbes.com/canaccordgenuity/files/2012/02/Smartphone-unit-sales-and-market-share-estimates-by-OEM-millions.png

[55] http://www.statista.com/statistics/12861/market-share-of-nokia -smartphones-since-2007/

[56] Nick Wingfield, "Microsoft Gets Nokia Units, and Leader," *New York Times*, September 3, 2013.

[57] http://bgr.com/2011/12/13/apple-and-google-dominate-smartphone-space-while-other-vendors-scramble/

[58] Anton Troianovski and Sven Grundberg, "Nokia's Bad Call on Smartphones," *Wall Street Journal*, July 18, 2012.

[59] Mathew Lynn, "Apple iPhone Will Fail in a Late, Defensive Move," *Bloomberg*, January 15, 2007, http://www.bloomberg.com/apps/news?pid=news archive&sid=aRelVKWbMAv0

[60] Clayton Christensen, *The Innovator's Dilemma* (Boston: Harvard Business School Press, 1997).

[61] http://technologizer.com/2010/02/01/iphone-skeptics/

[62] http://www.hung-truong.com/blog/2007/01/09/4-reasons-why-the-apple -iphone-will-fail/

[63] Rory Prior, ThinkMac Blog, "Will the iPhone Fail?" *Macworld*, January 12, 2007, as cited in http://www.macworld.co.uk/ipad-iphone/news/?newsid=28556&pn=5

[64] Christensen, *The Innovator's Dilemma.*

[65] http://www.bloomberg.com/news/2013-02-05/dell-s-drop-mirrors-descent-of-pc-industry-in-mobile-world-tech.html

[66] Christensen, *The Innovator's Dilemma.*

[67] http://www.forbes.com/sites/stevedenning/2011/11/18/clayton-christensen-how-pursuit-of-profits-kills-innovation-and-the-us-economy/

[68] http://www.businessweek.com/news/2014-03-10/sbarro-files-second-bankruptcy-as-mall-traffic-dwindles-1

[69] https://www.fidelity.com/viewpoints/investing-ideas/mall-shopping

[70] http://www.utsandiego.com/news/2014/Feb/03/hot-dog-on-stick-bankruptcy -carlsbad/

[71] "Welcome to the 'Sharing Economy.'" *New York Times* (2013), http://www.nytimes.com/2013/07/21/opinion/sunday/friedman-welcome-to-the-sharing-economy.html?pagewanted=all&_r=0

[72] http://techcrunch.com/2013/12/19/airbnb-10m/

[73] http://techcrunch.com/2014/04/18/airbnb-has-closed-its-500m-round-offunding-at-a-10b-valuation-led-by-tpg/

[74] http://www.hospitalitynet.org/news/4060119.html

[75] http://venturebeat.com/2013/10/01/relayrides-changes-direction-to-focus-on-airport-and-long-term-car-rentals/

[76] http://www.pmgbenchmarking.com/public/product/scorecard/PIB/metrics .aspx

[77] http://www.15inno.com/2010/01/22/innovationmetrics/

[78] 这也被称为阿马拉定律。http://www.pcmag.com/ encyclopedia/term/37701/amara-s-law

[79] 以下描述了场景开发的严格过程: Shardul Phadnis, Chris Caplice, Mahender Singh, and Yossi Sheffi, "Axiomatic Foundation and a Structured Process for Developing Firm-Specific Intuitive Logics Scenarios," *Technological Forecasting & Social Change* 88 (July 2014): 122 - 139.

[80] NCHRP Report 750, http://onlinepubs.trb.org/onlinepubs/nchrp/nchrp_rpt_750v1.pdf

[81] 同上.

[82] http://www.forumforthefuture.org/sites/default/files/project/downloads/consumer-futures-2020-full-document.pdf

[83] NCHRP Report 750, http://onlinepubs.trb.org/onlinepubs/nchrp/nchrp_rpt_750v1.pdf

[84] Shardul Phadnis, Chris Caplice, Mahender Singh, and Yossi Sheffi, "Effect of Scenario Planning on Field Experts' Judgment of Long Range Investment Decisions," *Strategic Management Journal*, June 2014.

[85] 同上.

[86] Presentation at MIT CTL's conference "Crossroads 2013: Supply Chain as Future Enabler," held on June 26, 2013, in Cambridge, MA.

[87] http://www.economist.com/news/special-report/21569570-growing-number-american-companies-are-moving-their-manufacturing-back-united

[88] http://www.bloomberg.com/news/2013-01-28/latin-america-commits-to-open-trade-after-year-of-protectionism.html

[89] http://www.washingtonpost.com/blogs/worldviews/wp/2014/05/09/china-may-build-an-undersea-train-to-america/

[90] http://bigstory.ap.org/article/vigilantes-reject-disarming-mexico-standoff

[91] Kate Galbraith, "Strong Rules on Fracking in Wyoming Seen as Model," *New York Times*, November 22, 2013.

[92] http://www.forbes.com/2010/08/17/business-obama-finance-companies-opinions-contributors-brook-watkins.html

第 13 章

[1] http://www.mckinsey.com/features/leading_in_the_21st_century/ellen _kullman

[2] http://www.mckinsey.com/features/leading_in_the_21st_century/ellen _kullman

[3] iSupply, Spansion cited in http://online.wsj.com/article/SB10001424052748703766704576009071694055878.html

[4] Barry Lynn, "Built to Break: The International System of Bottlenecks in the New Era of Monopoly," *Challenge* 55, no. 2 (March/April 2012): 87 - 107.

[5] http://www.intel.com/content/dam/www/public/us/en/documents/packaging-databooks/packaging-chapter-14-databook.pdf

[6] http://www.docstoc.com/docs/88638192/Japan-Earthquake---Related-Industry-News-Update-Compiled-by

[7] "Japan Earthquake Aftermath—Related Industry News Update," compiled by Advanced MP Technology, http://www.docstoc.com/docs/88638192/Japan-Earthquake-Related-Industry-News-Update-Compiled-by

[8] Mark LaPedus. "Quake to Cause Prices Hikes, Shortages," 3/15/2011 http://www.eetimes.com/document.asp?doc_id=

1258944

[9] Japan Earthquake Aftermath—Related Industry News Update.

[10] www.researchinchina.com/news/NewsInfo.aspx?Id=18292

[11] http://www.paintsquare.com/news/?fuseaction=view&id=5329&nl_versionid=859

[12] Mariko Sanchanta, "Chemical Reaction: iPod Is Short Key Material," *Wall Street Journal*, March 29, 2011.

[13] http://www.advisorperspectives.com/commentaries/gmo_112612.php

[14] 2012 年 7 月 31 日，采访 Jackie Sturm。

[15] Stephen Wagner and Christoph Bode, "An Empirical Investigation into Supply Chain Vulnerability," *Journal of Purchasing & Supply Management* 12, no. 6 (2006): 301‐312.

[16] http://www.reuters.com/article/2013/04/11/us-toyota-recall-idUSBRE93A04D20130411

[17] http://www.blumenthal.senate.gov/newsroom/press/release/blumenthal-markey-call-on-department-of-justice-to-open-criminal-investigation-of-takata

[18] http://www.cdc.gov/salmonella/bredeney-09-12/index.html

[19] http://concord-ca.patch.com/groups/politics-and-elections/p/peanut-butter-recall-expands-as-salmonella-outbreak-worsens

[20] http://www.cdc.gov/salmonella/bredeney-09-12/index.html

[21] "Peanut Industry: Recall Price Tag $1 billion," Associated Press, March. 11, 2009, http://www.msnbc.msn.com/id/29634279/

[22] http://en.wikipedia.org/wiki/Air_travel_disruption_after_the_2010_Eyjafjallajökull_eruption

[23] http://pubs.usgs.gov/ds/545/DS545.pdf

[24] http://blog.van.fedex.com/blog/business-unusual-flight-planning-and-iceland-volcano-eruption

[25] http://in.reuters.com/article/2010/04/20/idINIndia-47840520100420

[26] Richard Wray and Graeme Wearden, "Flight Ban Could Leave the UK Short of Fruit and Veg," *Guardian*, April 16, 2010, http://www.guardian.co.uk/business/2010/apr/16/flight-ban-shortages-uk-supermarkets

[27] Bernice Lee and Felix Preston, with Gemma Green, "Preparing for High Impact, Low Probability Events: Lessons from Eyjafjallajokull," *Chatham House Report*, January 2012, http://www.chathamhouse.org/sites/default/files/public/Research/Energy,%20Environment%20and%20Development/r0112_highimpact.pdf

[28] Lee and Preston, "Preparing for High Impact, Low Probability Events."

[29] Jeffrey Gettleman, "With Flights Grounded, Kenya's Produce Wilts," *New York Times*, April 19, 2010 http://www.nytimes.com/2010/04/20/world/africa/20kenya.html?_r=0

[30] Lee and Preston, "Preparing for High Impact, Low Probability Events," and Airmic Technical, "Supply Chain Failures" http://www.airmic.com/sites/default/files/supply_chain_failures_2013_FINAL_web.pdf.

[31] https://www.cia.gov/library/publications/the-world-factbook/geos/ke.html

[32] Gettleman, J. "With Flights Grounded, Kenya's Produce Wilts." *New York Times*, April 19, 2010 http://www.nytimes.com/2010/04/20/world/africa/20kenya.html?_r=0

[33] http://www.worldtradewt100.com/blogs/14-wt100-blog/post/iceland-s-volcano-does-a-number-on-global-supply-chains

[34] http://news.bbc.co.uk/2/hi/8631676.stm

[35] Wray and Wearden, "Flight Ban Could Leave the UK Short of Fruit and Veg," http://www.guardian.co.uk/business/2010/apr/16/flight-ban-shortages-uk-supermarkets

[36] http://money.cnn.com/2010/04/19/news/companies/airlines_volcano/

[37] James Pomfret, "Ash Cloud Disrupts Asia's Links to Global Supply Chain," April 20, 2010, http://in.mobile.reuters.com/article/worldNews/idINIndia-47839520100420

[38] Gettleman, "With Flights Grounded, Kenya's Produce Wilts."

[39] http://virtualofficefaq.wordpress.com/2010/04/19/update-mail-and-courier-delays-due-to-eyjafjallajokull-ash/

[40] www.science20.com/planetbye/volcanic_eruptions_science_and_risk_management-79456

[41] Wray and Wearden, "Flight Ban Could Leave the UK Short of Fruit and Veg,"

[42] www.science20.com/planetbye/volcanic_eruptions_science_and_risk_management-79456

[43] http://news.bbc.co.uk/2/hi/8631676.stm 44. Ibid.

[44] 同上.

[45] http://www.thestate.com/2010/04/20/1251405/volcano-disrupts-bmw-supply-chain.html

[46] http://news.bbc.co.uk/2/hi/8631676.stm

[47] http://www.toponline.org/books/kits/welcome%20to%20germany/WTGpdf/Handout%204.pdf

[48] http://www.handyshippingguide.com/shipping-news/more-misery-for-rhine-shippers-as-drought-continues_626

[49] http://www.hellenicshippingnews.com/News.aspx?ElementId=1c36a1ec-edf3-4a27-a8c5-d107b0a268c2

[50] http://www.csmonitor.com/World/Latest-News-Wires/2011/0113/Acid-tanker-capsizes-on-Rhine-in-Germany

[51] Mathew Day, "War Bombs Cause Chaos on the Rhine," *Telegraph*, November 23, 2011.

[52] http://www.nytimes.com/2012/05/08/us/chicago-train-congestion-slows-whole-country.html?pagewanted=all

[53] John Rogers, "LA Mayor Says Both Sides in West Coast Port Strike Have Agreed To Mediation," *CommercialAppeal.com News*, December 4, 2012

[54] 同上.

[55] "NRF Renews Call for Obama to Intervene in Port Strike," December 3, 2012, http://www.reuters.com/article/2012/12/03/idUS191936+03-Dec-2012+BW20121203

[56] Lori Ann LaRocco, "Strike by East Coast Port Workers Could Devastate US Supply Chains," *Alaska Dispatch News*, December 21, 2012, http://www.adn.com/article/strike-east-coast-port-workers-could-devastate-us-supply-chains

[57] http://labusinessjournal.com/news/2012/dec/05/ports-reopen-following-tentative-labor-deal/

[58] Lori Ann LaRocco, "'Container Cliff': East Coast Faces 'Devastating' Port Strike," December 21, 2012, http://www.cnbc.com/id/100332472

[59] See, for example, *Sheffi, The Resilient Enterprise*.

[60] http://www.bloomberg.com/news/2011-12-08/floods-tsunami-may-dent-black-box-of-supply-chain-insurance.html

[61] 同上.

[62] http://www.canadianunderwriter.ca/news/supply-chain-and-business-interruption-losses-due-to-earthquake-in-japan-may-end-up-on-the-low-end/ 1000617448/?&er=NA

[63] European Food Safety Authority, "E. coli: Rapid Response in a Crisis," http://www.efsa.europa.eu/en/press/news/120711.htm

[64] Joshua Chaffin, "Source of E. coli Eludes Experts," *Financial Times*, May 31st, 2011.

[65] "New Epidemiological Data Corroborate Eexisting Recommendation on Consumption by BfR." Bundesinstitut für Risikobewertung.

[66] http://www.bbc.co.uk/news/world-europe-13605910

[67] http://www.thejournal.ie/spanish-cucumbers-not-responsible-for-e-coli-outbreak-146922-Jun2011/

[68] http://www.theguardian.com/uk/2011/may/31/e-coli-deaths-16-germany -sweden

[69] http://www.bbc.co.uk/news/world-europe-13605910

[70] http://metro.co.uk/2011/06/01/1500-now-hit-by-e-coli-bug-as-spain-sues-for-damages-30231/

[71] http://www.thejournal.ie/spanish-cucumbers-not-responsible-for-e-coli-outbreak-146922-Jun2011/

[72] http://english.cntv.cn/program/newsupdate/20110601/103130.shtml

[73] http://english.cntv.cn/program/newsupdate/20110601/103130.shtml

[74] Peter Walker, Abby D'Arcy Hughes, and Adam Gabbatt, "E. coli Outbreak 'Trail' Leads to German Bean Sprouts, Authorities Say," *Guardian*, June 6, 2011.

[75] "German Farmer Denies E. coli Link to Farm's Bean Sprouts," *Telegraph*, June 6, 2011, http://www.telegraph.co.uk/health/healthnews/8558899/Germanfarmer-denies-E.coli-link-to-farms-bean-sprouts.html

[76] http://www.bfr.bund.de/cm/349/ehec-outbreak-2011-updated-analysis-as-a-basis-for-recommended-measures.pdf

[77] Quentin Hardy, "Intel Sees Opportunity in Storage Drives," *New York Times*, December 12, 2011.

[78] http://www.digitimes.com/news/a20111127PD201.html

[79] Eric Smally, "Thai Flood Sink Intel Chip Orders," *Wired*, December 12, 2011.

[80] http://www.bloomberg.com/news/2011-12-12/intel-reduces-forecast-for-fourth-quarter-sales-on-hard-disk-drive-supply.html

[81] Charles Arthur, "Intel Cuts Revenue Forecast as Thai Floods Hit PC Sales," *Guardian*, December 12, 2011.

[82] 2012 年 7 月 31 日，采访 Jackie Sturm。

[83] http://www.zurich.com/internet/main/SiteCollectionDocuments/products-and-services/SCI_Risk_Insight_WSJ_articles.pdf

[84] http://www.dailykos.com/story/2008/12/01/668305/-Side-Product-of-the-Economic-Meltdown-160-Important-Research-Chemical-in-Short-Supply

[85] http://www.dupont.com/products-and-services/plastics-polymers-resins/thermoplastics/press-releases/teams-help-pa12-shortage.html

[86] http://www.plasticsnews.com/article/20120426/NEWS/304269984/evonik-offers-nylon-12-alternatives-while-plant-is-repaired

[87] http://pipeline.corante.com/archives/2009/01/22/the_great_acetonitrile _shortage.php

[88] http://www.broughtonlaboratories.co.uk/downloads_bl/acetonitrileshortage.pdf

[89] 同上.

[90] http://cen.acs.org/articles/87/i42/Acetonitrile.html

[91] Mark Szakoyi, "Iceland's Volcano Disruption Put Vistakon in Response Mode," *Jacksonville Business Journal*, October 29, 2010, http://www.bizjournals.com/jacksonville/print-edition/2010/10/29/icelands-volcano-eruption-put.html?page=all

[92] Mark Pearson and Bill Read, "A Volcano's Fallout: Strategies for Disruption," *BloombergBusinessweek*, June 15, 2010, http://www.businessweek.com/stories/2010-06-15/a-volcanos-fallout-strategies-for-disruptionbusinessweek-business-news-stock-market-and-financial-advice

[93] http://www.thestate.com/2010/04/20/1251405/volcano-disrupts-bmw-supply-chain.html

[94] http://erm.ncsu.edu/az/erm/i/chan/library/AICPA_ERM_Research_Study_20142.pdf

[95] http://www.coso.org/documents/coso_erm_executivesummary.pdf

[96] http://www.iso.org/iso/home/standards/iso31000.htm

[97] http://www.iso.org/iso/home/standards.htm

[98] http://www.pwc.com/us/en/corporate-governance/annual-corporate-directors-survey/assets/annual-corporate-directors-survey-full-report-pwc.pdf

[99] http://erm.ncsu.edu/az/erm/i/chan/library/AICPA_ERM_Research_Study_20142.pdf

[100] 见世界经济论坛的讨论：http:// www.weforum.org/issues/supply-chain-risk

[101] Nassim Taleb, *Antifragile: Things that Gain from Disorder* (New York: Random House, 2012).

[103] http://www.businessinsider.com/new-york-restaurants-fail-rate-2011-8

[104] Peter March, "Industry Left High and Dry," *Financial Times*, April 12, 2011.

[105] Andy Hooper, "Iceland Volcano: And You Thought the Last Disruption was Bad…," *Telegraph*, April 10, 2012.

[106] http://en.wikipedia.org/wiki/Types_of_volcanic_eruptions

[107] http://www.reuters.com/article/2011/03/16/us-japan-quake-california-idUSTRE72F5KG20110316

[108] http://news.discovery.com/earth/megaquake-schedule-pacific-northwest.htm

[109] http://www.dw.de/tokyo-prepares-for-long-overdue-big-one/a-16524572

[110] http://www.theguardian.com/science/2010/sep/16/british-science-festival2010-british-science-festival

[111] Amy Chozick, "Toyota Sticks By 'Just in Time' Strategy After Quake," *Wall Street Journal*, July 24, 2007.

[112] Timothy J. Pettit, "Supply Chain Resilience: Development of a Conceptual Framework, an Assessment Tool and an Implementation Process." PHD dissertation, Ohio State University, 2008, www.dtic.mil/cgi-bin/GetTRDoc?AD=ADA488407

[113] Barry Lynn, "Built to Break: The International System of Bottlenecks in the New Era of Monopoly," *Challenge*, 55, no. 2 (March/April 2012): 87 – 107.

[114] Juro Osawa, "Chip Maker Runs at Half Speed," *Wall Street Journal*, March 26, 2011.

[115] http://www.gpo.gov/fdsys/pkg/CHRG-110shrg50418/html/CHRG-110shrg50418.htm

[116] http://www.gpo.gov/fdsys/pkg/CHRG-110shrg50418/html/CHRG-110shrg50418.htm

[117] http://asq.org/qualitynews/qnt/execute/displaySetup?newsID=13192

[118] Bryce Hoffman, "Inside Ford's Fight to Avoid Disaster," *Wall Street Journal*, March 8, 2012.

[119] http://www.theferrarigroup.com/supply-chain-matters/2012/03/09/

[120] http://asq.org/qualitynews/qnt/execute/displaySetup?newsID=13192

[121] Richard Milne, "Early warnings in the supply chain," *Financial Times*, March 24, 2009, http://www.ft.com/intl/cms/s/0/cfaf418e-1813-11de-8c9d-0000779fd2ac.html?siteedition=intl#axzz2u4SRMn6w

[122] http://ec.europa.eu/environment/waste/rohs_eee/events_rohs1_en.htm

[123] http://www.earth.columbia.edu/news/2005/story03-29-05.html

[124] Peter March, "Industry Left High and Dry," *Financial Times*, April 12, 2011.

[125] http://www.emsnow.com/npps/story.cfm?pg=story&id=45416

[126] Lisa Eadicicco, "Korean conflict could nuke your next phone, experts say," *Laptop Magazine*, April 16, 2013, http://www.foxnews.com/tech/2013/04/16/korean-conflict-could-nuke-your-next-phone/

[127] Sheffi, *Logistics Clusters*.

[128] http://www.siemens.com/innovation/apps/pof_microsite/_pof-spring-2012/_html_en/global-logistics-chains.html

[129] Allianz, *Managing Disruptions*, http://www.agcs.allianz.com/assets/PDFs/white%20papers/AGCS%20Managing%20disruptions%20Nov2012.pdf

[130] 同上.

[131] David Turner, "Credit Crunch Failure Explained to Queen," *Financial Times*, July 26 2009.

[132] "The Tragedy of the Commons," *Science* 162, no. 3859 (1968): 1243 – 1248.

[133] William Forster Lloyd, *Two Lectures on the Checks to Population*, 1833.

[134] Anton Troianovski and Sarah Portlock, "Outage Exposes Carriers' Backup Plans," *Wall Street Journal*, November 2, 2012.

[135] Peter March, "Industry Left High and Dry," *Financial Times*, April 12, 2011.

[136] 2012 年 7 月，采访伟创力采购和供应链首席官 Tom Linton.

[137] MIT CTL's conference, "Global Ocean Transportation Initiative," held on November 29, 2012, in Cambridge, MA.

[138] Micheline Maynard, "Southwest Has First Loss in 17 Years."

[139] www.science20.com/planetbye/volcanic_eruptions_science_and_risk_management-79456

第 14 章

[1] See also, for example, Myron Gordon and Jeffrey Rosenthal, "Capitalism's Growth Imperative," *Cambridge Journal of*

Economics 27 (1):25－48.

[2] 标普全球信贷门户，http://www.standardandpoors.com/servlet/BlobServer?blobheadername3=MDT-Type&blobcol= urldata& blobtable =MungoBlobs&blobheadervalue2=inline%3B+filename%3DCorporates_ERM _FAQ_06_24_10.pdf&blobheadername2= Content-Disposition&blobheadervalue1=application%2Fpdf&blobkey=id&blobheadername1=content-type&blobwhere=12437310925 22&blobheadervalue3=UTF-8

[3] Mateo Tonello, *Emerging Governance Practices In Enterprise Risk Management*, Research Report R-1398-07-WG, The Conference Board, 2007 and http://www.bcifiles.com/Engaging%26Sustaining.pdf and http://hal.archives-ouvertes .fr/docs/ 00/85/74/35/PDF/Gates_Nicolas_Walker_MAQ_2012.pdf and Stephen Gates and Ellen Hexter, *From Risk Management to Risk Strategy*, The Conference Board Research Report, R-1363－05-R, 2005, p. 32. 数据基于对北美和欧洲 271 家公司高管的调查。

[4] http://www.ralphkeyes.com/quote-verifier/

[5] Scott Price, *A Bright Light on the Darkest of Days: The U.S. Coast Guard's Response to Hurricane Katrina*, US Coast Guard, http://www.uscg.mil/history/katrina/docs/DarkestDay.pdf

[6] 同上。

[7] 同上。

[8] 同上。

[9] http://www.uscg.mil/history/katrina/katrinaindex.asp

[10] http://www.cnn.com/2006/POLITICS/04/14/fema.ig/

[11] http://www.fema.gov/news-release/2004/07/23/hurricane-pam-exercise -concludes

[12] GAO Report, *COAST GUARD: Observations on the Preparation, Response, and Recovery Missions Related to Hurricane Katrina*, GAO-06-903, June 2006, http://www.gao.gov/new.items/d06903.pdf

[13] 同上。

[14] http://www.economist.com/node/4086117

[15] GAO Report, COAST GUARD.

[16] Price, *A Bright Light on the Darkest of Days*.

[17] 同上。

[18] Sheffi, *The Resilient Enterprise*

[19] Price, *A Bright Light on the Darkest of Days*.

[20] http://www.greenpeace.org/usa/en/campaigns/toxics/justice-for-bhopal/

[21] Lee Wilkins, *Shared Vulnerability: The Mass Media and American Perceptions of the Bhopal Disaster* (Westport, CT: Greenwood Press, 1987).

[22] http://finance.yahoo.com/echarts?s=bp+interactive

[23] Chris Bryant. "BASF to Focus Investments Outside Europe," *Financial Times*, February 25, 2014, http://www.ft.com/ intl/cms/s/0/c0c9b448-9e2c-11e3-95fe-00144feab7de.html?siteedition=intl#axzz3JMRe1BBN

[24] BASF 2013 Report, http://www.basf.com/group/corporate/en/function/conversions:/publish/content/about-basf/facts-reports/ reports/2013/BASF_Report_2013.pdf

[25] http://www.coso.org/documents/coso_erm_executivesummary.pdf

[26] http://rzv113.rz.tu-bs.de/Bieleschweig/pdfB4/Bieleschweig4_Folien_Kuhn .pdf

[27] Trevor Kletz, *An Engineer's View of Human Error*. IChemE, 2009 p1.

[28] http://www.academia.edu/4194035/Sources_of_Industrial_Accidents? login=sheffi@mit.edu&email_was_taken=true

[29] BASF 2013 Report.

[30] http://view.fdu.edu/files/brkpreswallwarrenbasfdec10.pdf]

[31] BASF 2012 Report, https://www.basf.com/group/corporate/us/en/function/conversions:/publishdownload/content/about-basf/ facts-reports/reports/2012/BASF_Report_2012.pdf

[32] http://www.cefic.org/Documents/Annual%20reports/ICCA-Responsible-Care-annual-report-2002-2012.pdf

[33] http://www.basf.com/group/corporate/en/function/conversions:/publish/content/about-basf/facts-reports/reports/2013/BASF_Report_ 2013.pdf

[34] http://www.businessinsider.com/these-are-the-20-most-valuable-brands-in-the-world-2013-9?op=1

[35] Disney, International Labor Standards, http://thewaltdisneycompany.com/sites/default/files/ILSProgramManualFINAL4_ 10_12.pdf

[36] FM Global, "A Conversation with Susan Shaw," http://www.fmglobal.com/assets/pdf/p09094a_0309.pdf

[37] http://www.grifols.com/en/web/singapore/view-news/-/new/grifols-los-angeles-site-is-awarded-highly-protected-risk-hpr-status

[38] FM Global, "A Conversation with Susan Shaw."

[39] http://www.wsj.com/articles/malaysia-air-mystery-fails-to-spur-changes-1420000398

[40] http://www.ism.ws/files/RichterAwards/CiscoSubmissionSupportDoc2012.pdf

[41] http://www.scientificamerican.com/article.cfm?id=tsunami-seconds-before-the-big-one&page=3

[42] Christopher Bode, Stephan Wagner, Kenneth Petersen, and Lisa Ellram, "Understanding Responses to Supply Chain Disruptions: Insights from Information Processing and Resource Dependent Perspectives," *Academy of Science Journal* 54 (5) (2011): 833 – 856.

[43] Ford, *Code of Conduct Handbook* http://corporate.ford.com/doc/sr13-corporate-conduct-standards-2007.pdf

[44] 同上。

[45] http://report.basf.com/2012/en/managementsanalysis/responsibilityalongthevaluechain/responsiblecare.html

[46] 同上。

[47] Kevin Harrington and John O'Connor, "How Cisco Succeeds," *Supply Chain Management Review*, July/August 2009, pp. 10-17.

[48] Dave Turbide, "Insurance for Your Business: The Value of Risk Prevention – Even if You Never Need It," *APICS Magazine*, January/February 2013, p. 21.

[49] http://www.propertycasualty360.com/2010/04/26/volcano-claims-success-unlikely-for-business-interruption-aviation

[50] http://www.intc.com/intel-annual-report/2012/other-information/risk -factors/

[51] http://www.shlegal.com/Asp/uploadedFiles/File/Newsletters/2010_newsletters/10_10/Briefing_note_October_2010_Business_ interruption_ cover .pdf

[52] http://www.cnn.com/2004/US/12/06/chicago.fire/ and http://www.chicagotribune.com/news/local/chi-0412220352dec22,0,144514.story

[53] http://training.fema.gov/EMIWeb/edu/docs/busind/BCCM%20-%20Session%2015%20-%20Handout%20II%20-%20The%20LaSalle%20 Bank%20Fire.pdf and http://www.bcifiles.com/Continuity_Magazinejan2008 .pdf

[54] Constance Hays, "What Walmart Knows About Customer Habits," *New York Times*, November 14, 2004.

[55] http://www.imperiallogistics.co.za/documents/Global-Supply-Chain-Trends-2010-2012.pdf p.7.

[56] 同上.

[57] 同上。

[58] 2012 年 7 月 31 日, 采访 Intel 客服、计划和物流副总裁、总经理 Frank Jones。

[59] http://supplychain.dhl.com/Resilience-360（需要免费注册）.

[60] 同上.

[61] MIT, March 26, 2009.

[62] http://www.bcifiles.com/Engaging%26Sustaining.pdf

[63] www.nescon.org/docs/2007/3A-Weinstein-Millson--Kalfopoulos.pdf

[64] 采访 Hiro Fukutomi, http://www.pharmaboardroom.com/article/interview-with-hiro-fukutomi-managing-director-takeda-uk

[65] http://www.pwc.com/en_US/us/risk-performance/assets/pwc-risk-performance-2009.pdf

[66] PricewaterhouseCoopers, *Management Information and Performance: CFOs Face New Demands for High-Quality Data That Drives Decisions* (June2007).

[67] Tom Aabo, John Fraser, and Betty Simkins, "The Rise and Evolution of the Chief Risk Officer," *Journal of Applied Corporate Finance*, Summer 2005.

[68] PWC, *Risk Performance*, http://www.pwc.com/en_US/us/risk-performance/assets/pwc-risk-performance-2009.pdf

[69] http://www.standardandpoors.com/servlet/BlobServer?blobheadername3=MDT-Type&blobcol=urldata&blobtable=Mungo-Blobs&blobheadervalue2=inline%3B+filename%3DSafety_8_23_11.pdf&blobheader name2=Content-Disposition&blobheadervalue1= application%2Fpdf&blobkey= id&blobheadername1=content-type&blobwhere=1243952370388&blobheader value3=UTF-8

[70] PWC, *Risk Performance*.

[71] http://www.ferma.eu/app/uploads/2012/11/ferma-survey-part-1-the-maturity-of-risk-management-in-europe.pdf

[72] Stephen Gates and Ellen Hexter, "From Risk Management to Risk Strategy," *The Conference Board Research Report*, R-1363-05-R, 2005, p. 32.

[73] http://www.bcifiles.com/Engaging%26Sustaining.pdf

[74] http://wrap.warwick.ac.uk/36084/

[75] http://www.standardandpoors.com/servlet/BlobServer?blobheadername3=MDT-Type&blobcol=urldata&blobtable=MungoBlobs&b-lobheadervalue2=inline%3B+filename%3DSafety_8_23_11.pdf&blobheadername2=Content-Disposition&blobheadervalue1=applicat ion%2Fpdf&blobkey=id&bl obheadername1=content-type&blobwhere=1243952370388&blobheadervalue 3=UTF-8

[76] Brian Hindo, "Rewiring Westinghouse," *BloombergBusinessweek* Magazine, May 7, 2008, http://www.businessweek.com/ stories/2008-05-07/rewiring -westinghouse

[77] Jeanne Liedtka, Robert Rosen, and Robert Wiltbank, "The Catalyst: How You Can Become an Extraordinary Growth Leader" (New York: Racom Communications, 2011).

[78] Brian Hindo, "Rewiring Westinghouse," *BloombergBusinessweek Magazine*, May 7, 2008, http://www.businessweek.com/stories/

2008-05-07/rewiring-westinghouse

[79] http://triblive.com/business/headlines/3685293-74/westinghouse-nuclearreactors#axzz34wPpJkL7

[80] http://www.automationregion.com/library/081111_westinghouse1.pdf

[81] Liedtka, Rosen, and Wiltbank, *The Catalyst.*

[82] Andrew S. Grove, *Only the Paranoid Survive.* Crown Publishing Group, May 5, 2010.

[83] David Rogers, "Rising Global Middle Classes Pose Huge Resource Threat," *Global Construction Review*, May 8, 2014, http://www.globalconreview.com/trends/rising-global-middle-classes8-pose-huge100/

[84] http://wwf.panda.org/?204732%2FRising-consumption-increased-resource-use-by-a-growing--population-puts-unbearable-pressure-on-our-Planet--WWF -2012--Living-Planet-Report